Symbole in den Religionen der Welt

Für Kinder von 8–14 Jahren

Herausgegeben von
Monika und Udo Tworuschka

Kaufmann · Butzon & Bercker

Für unseren Vater und Schwiegervater, Alfred Tworuschka,
zum 75. Geburtstag gewidmet

Die Deutsche Bibliothek – CIP-Einheitsaufnahme

Symbole in den Religionen der Welt: für Kinder von 8–14 Jahren /
hrsg. von Monika und Udo Tworuschka. – Lahr: Kaufmann;
Kevelaer: Butzon & Bercker, 1996
   ISBN 3-7806-2386-2 (Kaufmann)
   ISBN 3-7666-0038-9 (Butzon & Bercker)
NE: Tworuschka, Monika [Hrsg.]

1. Auflage 1996
© 1996 Verlag Ernst Kaufmann, Lahr
Alle Rechte vorbehalten · Printed in Germany
Umschlaggestaltung: JAC
Hergestellt bei Bercker GmbH, Kevelaer
ISBN 3-7806-2386-2 (Kaufmann)
ISBN 3-7666-0038-9 (Butzon & Bercker)

Einleitung

Seit 1988 unsere beiden „Vorlesebücher Fremde Religionen" (Bd. 1: Judentum – Islam; Bd. 2: Buddhismus – Hinduismus) erschienen, hat sich die religionspädagogische Diskussion um die „Weltreligionen" schon wieder erheb-
lich geändert. Religionen in narrativer Form vorzustellen, in Geschichten und
Erzählungen Menschen anderen Glaubens zu begegnen, war damals im
deutschsprachigen Raum etwas Neues. Doch konnte ein Blick über den
europäischen Zaun zeigen, daß es in anderen Ländern, etwa in England und
den Niederlanden, schon Vergleichbares gab.

Immer häufiger tauchen in letzter Zeit die Begriffe „interreligiöses/inter-
kulturelles Lernen" auf. Sie scheinen sich vor die traditionelle Bezeichnung
„Weltreligionen im Unterricht" – noch früher war von „Fremdreligionen"
die Rede – zu schieben. Diese neuen Begriffe stehen für eine veränderte Qua-
lität im Umgang mit den Religionen im Unterricht. Gesellschaftliche und
theologische Gründe haben mit dazu beigetragen, Religionspädagogen
„interreligiös" zu sensibilisieren. Die Stichworte „multireligiöse Gesellschaft"
und das „Wiedererwachen der Religionen"[1] sowie „interreligiöser Dialog"
und „pluralistische/globale Theologie"[2] signalisieren diesen Paradigmawech-
sel, der auf eine über zwei Jahrzehnte dauernde Entwicklung zurückblicken
kann. Diese Entwicklung und die Erträge der Religionen-Didaktik seit den
1960/70er Jahren können hier nicht dargestellt werden.[3]

Schon vor über 30 Jahren hat der kanadische Religionswissenschaftler
Wilfred Cantwell Smith folgende „visionäre" Erkenntnis vorgetragen: „Die
traditionelle Haltung der westlichen Wissenschaft in der Erforschung einer
fremden Religion bestand in einer unpersönlichen Darstellung eines ,es'. Die
erste große Neuerung auf diesem Gebiet in unserer Zeit bestand in der Per-
sonalisierung der untersuchten Glaubensrichtungen, die als ,sie' zum Gegenstand der Diskussion gemacht wurden. Da aber nunmehr auch der Beobach-
ter persönlich beteiligt ist, ergibt sich die Situation eines ,wir'-sprechen-über-
,sie'. Der nächste Schritt besteht in einem Dialog, in welchem ,wir' zu ,euch'
sprechen. Falls wir einander anhören, und aufeinander eingehen, mag es
dahinkommen, daß ,wir' mit ,euch' sprechen. Der Höhepunkt dieser Entwicklung ist dann erreicht, wenn ,wir alle' miteinander über ,uns' sprechen".[4]

Was Cantwell Smith für die Religionswissenschaft vorhergesagt hat, und
was dort eher geringe Akzeptanz fand, gilt mutatis mutandis für die Religionspädagogik: Aus dem einstigen, vermeintlich objektiven oder missionsge-
leiteten Informieren über religiöse *Gegenstände* (der Islam, der Hinduismus,
die chinesischen Religionen usw.) entwickelte sich allmählich ein *personali-
sierender* Zugang, der die andersgläubigen *Menschen* ernst nimmt und diese

als Vertreter ihrer Religion in den Mittelpunkt stellt. Inzwischen ist die Erkenntnis gereift, daß es im Religionsunterricht darum gehen muß, den Dialog, die Begegnung mit Menschen anderen Glaubens, unterrichtlich zu organisieren. Ob wir heute bereits dort angelangt sind, wo wir im Sinne Wilfred Cantwell Smiths „mit euch sprechen", mögen nicht wenige bezweifeln. Karl-Ernst Nipkows Hinweis auf die beiden unterschiedlichen Formen des Aufeinandertreffens von Menschen verschiedener Religionen, die er als „harten" und „weichen Pluralismus" bezeichnet, dürfte zweifellos zu einer realistischeren Einschätzung unserer Situation verhelfen. Gleichwohl besteht „an international, intercultural and interreligious need for coexistence and cooperation", wie der Zürcher Religionswissenschaftler Fritz Stolz formuliert hat. Es gehöre zu den wichtigen Aufgaben des Religionsunterrichts, die Kompetenz in religiöser Kommunikation vor allem im Blick auf fremde Religionen und fremde Frömmigkeit zu fördern.[5]

Den von Wilfred Cantwell Smith „prophezeiten" entscheidenden Schritt, der darin besteht, daß wir alle miteinander über uns und unsere (überlebens-)wichtigen Probleme sprechen, hat Hans Küng in seinem bahnbrechenden „Projekt Weltethos" thematisiert.[6] Erste religionspädagogische Konsequenzen daraus hat der Nürnberger Religionspädagoge Johannes Lähnemann auf dem von ihm organisierten V. Nürnberger Forum 1994 gezogen.[7]

Unter der Flagge des „interreligiösen/-kulturellen Lernens" sind in letzter Zeit einige beachtenswerte Publikationen erschienen.[8]

„Warum trägt Nurten ein Kopftuch?" – „Warum hat Christine ein Kreuz?" – „Warum macht Hassan so verschiedene Verbeugungen beim Gebet?" So oder so ähnlich lauten die elementaren Fragen unserer Schülerinnen und Schüler, die mit Kindern und Jugendlichen anderer Religionen zusammenleben und zusammen in Kindergarten und Schule gehen. Der angewachsenen Präsenz der Religionen in unserer Gesellschaft steht jedoch eine erdrutschartig erfolgte „religiöse Analphabetisierung" (Hubertus Halbfas) unserer „christlichen" Schüler gegenüber. Angesichts dieses beklagenswerten Traditionsabbruchs bei weiten Teilen unserer Kinder und Jugendlichen – der katholische Religionspädagoge Adolf Exeler hat davon gesprochen, daß der Glaube „verdunstet" – erscheint die These, erst einmal gründlich die eigene Religion kennenzulernen, bevor man sich mit anderen beschäftigt, nur zu verständlich. Erst wer solide Fundamente unter den Füßen hat, wer mit beiden Beinen fest auf religiöser „Heimaterde" steht, kann die Fenster seines Hauses weit in Richtung der anderen Religionen öffnen. Dieses Argument ist in kirchlich gebundenen Kreisen häufig anzutreffen und läßt sich als ein Zweistufen-Modell charakterisieren. Stufe 1: Christliche/bzw. konfessionelle Beheimatung und Verwurzlung. Stufe 2: Behutsames Wahrnehmen des anderen, des Fremden, der anderen Religion. Mag sich ein solches Modell für religiös-homogene Gebiete anbieten, so kann man fragen, ob es für multireligiös geprägte Regionen auch noch zutrifft. Längst haben Kinder in Kindergarten und Grundschule ihre ganz persönlichen Erfahrungen mit Kindern und Jugendlichen anderer nationaler, kultureller und religiöser Herkunft gemacht oder zumindest machen können.[9]

Es wäre der Frage nachzugehen, wie die durchaus vorhandenen Vorzüge des Zweistufenmodells und die multireligiös gewandelte Wirklichkeit vermittelt werden können. Ein vertieftes Nachdenken darüber wäre angebracht, ob christliche/jüdische/islamische/hinduistische/buddhistische „Alphabetisierung" wirklich nur isoliert, abgeschottet voneinander, unverbunden miteinander organisiert werden kann. Gibt es Möglichkeiten, das Eigene auf dem Wege über die Konfrontierung mit dem anderen und Fremden buchstabieren zu lernen?

„Wer nur England kennt, kennt England nicht" – auf die Religionen angewendet heißt dies: Wer nur sein Christentum, seine Variante des Protestantismus oder Katholizismus kennt, kennt diese letztlich gar nicht. Die Religionen haben zum Teil sehr viel Energie darauf verwendet, „Unterscheidungslehren" zu entwickeln, um sich von anderen Konfessionen bzw. Religionen abzugrenzen. Sie haben auf diese oder jene „Besonderheit", ja Einmaligkeit ihres jeweiligen Profils hingewiesen. Oft decken aber schon einfachste religionsgeschichtliche Vergleiche die Kühnheit solcher „Beweise" auf.[10] Um nicht mißverstanden zu werden: Selbstverständlich ist jede Religion ein Ganzes, selbstverständlich sind viele ihrer jeweiligen Einzelzüge „einmalig", „besonders", „charakteristisch". Doch wird man solche differentia specifica erst durch einen Vergleich mit anderen Religionen erkennen. Rudolf Otto, Heinrich Frick und Gustav Mensching haben auf den wichtigen Unterschied zwischen (äußerlich) „Homologem" und (eigentlich) „Analogem" hingewiesen.[11]

Ein mit den „Grundsätzen" der Religionsgemeinschaften übereinstimmender, konfessionell bzw. ökumenisch ausgerichteter Religionsunterricht hat vor dem Hintergrund unserer pluralistisch gewordenen Welt und einer zumindest in Teilen den Religionen gegenüber aufgeschlosseneren Theologie die Chance, die religiöse Alphabetisierung nicht im geschlossenen konfessionellen Binnenraum, im religiösen Ghetto, sondern *im Kontext der Religionen* anzustreben. Christliche Glaubensinhalte werden auf diese Weise nicht etwa reduziert, sondern dadurch, daß man sie in Beziehung zu jüdischen, islamischen usw. Glaubensinhalten vermittelt, um so deutlicher profiliert. Den interreligiösen Symbolen kommt hierbei eine wichtige Bedeutung zu.

Die „Kompetenz zu religiöser Kommunikation" ist ohne eine „Hermeneutik interkulturellen Verstehens"[12] nicht erreichbar. Verstehen meint hier nicht das in der abendländischen Hermeneutik, insbesondere in der „existentialen Interpretation", geübte Verstehen meiner selbst, sondern das Verstehen des religiös „Anderen", des religiös „Fremden". Der Religionswissenschaftler und Missionstheologe Theo Sundermeier hat in diesem Zusammenhang folgende These formuliert: „Es geht ja gerade in der Begegnung mit Menschen anderer Kultur um ihr Anderssein, dem ich mich aussetzen muß und das ich nicht von Anfang an zu mir hinbiegen kann, damit eine ‚Horizontverschmelzung' stattfindet, so die schöne, letztlich dem Idealismus verhaftete Zielbestimmung des Verstehens durch Gadamer. Verstehen muß im Aushalten des Fremden, anderen geschehen, oder es findet gar nicht statt. Es ist schlicht falsch und führt nicht weiter, wenn bei der Darstellung einer fremden Kultur die Hörer immer schon den Vergleich zur Hand haben und die Einebnung mit dem Satz beginnt: ‚Das haben wir bei uns auch'".[13]

Religionspädagogisch hat sich Dietrich Zilleßen mit dem Problem des Fremden beschäftigt[14] und auf das folgende Paradoxon hingewiesen: „Das andere fremd sein lassen, es achten und ihm kritisch begegnen. Akzeptieren, kritisieren und sich selbst kritisieren lassen." Verstehen des anderen und Fremden darf für Zilleßen kein Einverleiben, kein Vereinnahmen des anderen sein, sondern muß beachten, daß es auch ein Nichtverstehen des anderen gibt, dem gegenüber die Haltung der „Achtung" entgegenzubringen sei. „Ein interreligiöser Dialog kann nur sinnvoll sein, wenn er von der Wahrnehmung eines Mangels ausgeht. (…) Gewiß kann kein Dialog ohne verstehende Identifizierungen auskommen, ohne Abgrenzungen und Zurückweisungen. Aber erst die Bereitschaft, dem Nichtverstehen Platz zu lassen, entzieht sowohl dem Eigenen wie dem Fremden die argumentative Basis, macht es anfechtbar, kritisierbar, was kein Gegensatz zur Achtung des Fremden ist. Das Recht des unbewußten, nicht wißbaren anderen ermöglicht streitbar-versöhnliches Zusammenleben, im tiefen Sinn Zu-zweit-sein statt vereinnahmendes Einssein. Interreligiöses Lernen heißt nicht zuletzt: lernen, zu zweit zu sein".[15]

Eine interreligiöse Hermeneutik, die Fremdes nicht vorschnell eliminieren, dem Fremden gleichsam das Fremde austreiben will, die aber auch nicht an mangelnder Zuversicht leidet, das Fremde von dessen eigenen Voraussetzungen immer besser verstehen zu können, ist nicht unabhängig von bestimmten religiösen bzw. theologischen Vorentscheidungen. Vertreter einer Denkrichtung, die einen *gemeinsamen Transzendenzgrund* postuliert, also einen gemeinsamen Gott, „das Heilige", the Real/das Wirkliche usw., tendieren dazu, das Fremde an den fremden Religionen für weniger fremd, mithin also für prinzipiell verstehbar, erlebbar zu halten. Der islamische Allah und das buddhistische Nirvana sind von dieser Position her gesehen Erscheinungsformen ein und desselben Transzendenten, wenngleich in unterschiedlicher, nicht vorschnell harmonisierbarer Gestalt. Gustav Mensching hat die Ansicht vertreten, daß diese einander widersprechenden Gotteserfahrungen sich nicht ausschließen, sondern ergänzen, „weil sie beide aus echter Erfahrung des Heiligen stammen".[16] Diese Position ist (s. weiter unten) innerhalb der Religionswissenschaft nicht unbestritten geblieben.

Vertreter der anderen Position teilen diese Grundannahme nicht und halten das religiös Fremde für grundsätzlich viel fremder als die anderen, da sie der Auffassung sind, daß „die Partikularität der einzelnen religiösen Bezugsrahmen nicht hintergehbar ist. (...) Ein allen Religionen vorausliegender Einheitsgrund läßt sich bestenfalls als Hypothese postulieren – wirklich *erreichbar* für die Gläubigen sind nur die in ihren religiösen Traditionen offenbarten und verehrten Gottheiten".[17]

Auf die Bedeutung der *Imagination* als interreligiöse Verstehensbrücke haben vor allem US-amerikanische Theologen aufmerksam gemacht. John Dunne hat die Methode des „passing over" (Überwechseln) entwickelt. Mit den Gefühlen anderer Glaubender komme man dadurch in Kontakt, daß man die *Symbole* und *Geschichten* ihrer Religionstraditionen auf sich wirken läßt. Dadurch entstehen in der eigenen Phantasie Vorstellungsbilder, denen man folgen soll, wohin sie auch immer führen. „Die Technik des *passing over* beruht auf dem Prozeß, den eigenen Gefühlen Vorstellungsbilder zu entlocken, Einsichten über die eigenen Bilder zu gewinnen und dann die Einsicht in eine Leitlinie für das eigene Leben umzuformen. Bei diesem *passing over* versucht man, sich auf mitfühlende Weise in die Gefühle eines anderen Menschen hineinzuversetzen, für die Bilder empfänglich zu werden, die seinen Gefühlen Ausdruck verleihen, Einsicht in diese Bilder zu erlangen, zu einem Verständnis des eigenen Lebens voranzuschreiten, das einen in die Zukunft geleiten kann".[18]

Innerhalb protestantischer und katholischer Religionspädagogik ist eine (in sich differenzierte) „Symboldidaktik" entstanden, die den vieldeutigen Begriff des Symbols in den Mittelpunkt stellt.[19] Über die Bedeutung der religiösen Symbole im Kontext der *interreligiösen Begegnung*, insbesondere der Schüler in unserer multikulturellen Wirklichkeit, ist noch wenig reflektiert worden. Offensichtlich stehen die Religionen vielen Religionspädagogen immer noch ziemlich fern. Eine interreligiös ausgerichtete Symboldidaktik eröffnet aber neue Möglichkeiten interreligiösen Verstehens. Der von Hubertus Halbfas geäußerten These, daß sich der „Religionsunterricht (...) grundlegend als religiöse Sprachlehre verstehen lernen" müsse,[20] ist unter der Voraussetzung zuzustimmen, daß „Sprachlehre" als ein Teilelement religiöser Gesamtsymbolik verstanden wird.

Eine Symbole aufschließende Religionsdidaktik kann von den Überlegungen des Bonner Religionswissenschaftlers Gustav Mensching (1901–1978) profitieren. Mensching definierte seine Disziplin, die Vergleichende Religionswissenschaft, gelegentlich als „Symbolverstehen". Von seinen frühesten

Untersuchungen an stand für den Gelehrten das Symbol im Mittelpunkt seines Interesses. Mit ein Grund für Menschings frühe Untersuchungen zum Symbolverständnis war wohl sein Interesse an der Liturgiereform. Dies kommt vor allem in zwei einschlägigen Frühschriften sowie in den von ihm mitherausgegebenen „Liturgischen Blättern" zum Ausdruck.[21]

Schon Menschings früheste Arbeiten zum Symbol[22] zeigen sein Interesse an der religiösen *Erfahrungsdimension*. So ist ein religionsgeschichtlicher „Tatbestand" für Mensching immer ein mehrdimensionales Gebilde, das eine über das Empirische hinausgehende, transempirische Dimension besitzt. Religion ist für Mensching „erlebnishafte Begegnung des Menschen mit dem Heiligen und antwortendes Handeln des vom Heiligen bestimmten Menschen". Symbole gehören nicht nur auf die Seite der „Begegnung mit dem Heiligen", sondern finden sich auch beim „antwortenden Handeln". Mensching definiert Symbol folgendermaßen: „Symbol kann alles werden, was für ein Subjekt zu einer von sich selbst verschiedenen im Symbol gemeinten Sinnwirklichkeit in ein Verhältnis der Repräsentation gesetzt wird".[23] Jedes Symbol besteht aus zwei Schichten: dem „vordergründigen Gegenstand" und dem „Gemeinten". Diese beiden Ebenen stehen im Verhältnis der „Repräsentation" zueinander, „weil das Gemeinte durch den Gegenstand repräsentiert wird, und zwar für ein Subjekt".[24] Prinzipiell besteht „keine Einschränkung der Symbolfähigkeit vom Gegenstand aus".[25] Nicht alles ist von Hause aus schon ein Symbol, wohl aber kann alles zum Symbol „werden"; denn „Symbole werden gestiftet".[26] „Symbole an sich gibt es im strengen Sinne nicht. Damit ist aber zugleich gesagt, daß die Gültigkeit von Symbolen innerhalb der Subjektwelt auf die jeweils zum Symbolvollzug befähigten Subjekte beschränkt ist".[27] Alle irdischen Erscheinungen werden erst dann zu Symbolen, „wenn Menschen in ihnen und durch sie dem Heiligen begegnet sind".[28] Die Art des „Zusammenkommens" von konkretem Gegenstand und „einer von ihm selbst verschiedenen Sinnwirklichkeit" heißt Repräsentation, Vergegenwärtigung, Gegenwartwerdung. Wird dieser Repräsentationscharakter nicht beachtet, fallen also der Symbolgegenstand und die gemeine Wirklichkeit zusammen, dann geht der Symbolcharakter zugrunde, und es liegt ein magisches Verhältnis vor. Mensching unterscheidet verschiedene Symbolgattungen: *Naturerscheinungen* und *Naturgegenstände* (Stein, Berg, Baum, Wasser u. a.), *Sprachsymbole* (Mythos, Bekenntnisformel, Begriff u. a.), *Handlungssymbole* (Opferhandlungen, Weiheakte u. a.), *künstlich* und z. T. auch *künstlerisch hergestellte Symbole* (Mandala, Kreuz, Bodhibaum u.a.).[29]

Ob die bei Mensching, Heiler, Eliade u. a. vorausgesetzte Erfahrung des „Heiligen" universalisierbar ist, also *jeder* religiösen Erscheinung zugrundeliegt, ist in der vergleichenden Religionswissenschaft umstritten. Forscher wie Jacques Waardenburg vermeiden darum den Bezug auf das Heilige und definieren Symbole – strukturell im übrigen nicht anders als Mensching – als „empirische Tatbestände (…), die sich auf eine andere, nicht-empirische bzw. auf eine andere Seite der Wirklichkeit beziehen, die als religiös wichtig aufgefaßt wird und nur in symbolischer Weise faßbar ist".[30] Fritz Stolz unterscheidet verschiedene Ebenen, auf denen sich die Symbole realisieren: Handlungsebene, Ebene des Visuellen, Ebene der Sprache. Religion ist für ihn ein „System von Symbolen". „Was in der Sprache als einzelner ‚Text' erscheint, als Gefüge von Sätzen und Wörtern in bestimmtem Zusammenhang und mit bestimmter Bedeutung, zeigt sich in der Religion als religiöse Verhaltensweise (‚Ritual'), als Gefüge von handlungsmäßigen, visuellen und sprachlichen Elementen, welche eine Bedeutungseinheit abgeben. Die Synthese solcher Rituale ergibt dann das Symbolsystem".[31]

Ein Blick in die *Religionsphänomenologie* zeigt, daß es quer durch die Religionsgeschichte hindurch eine unübersehbare Fülle religiöser Symbole gibt. Eine reichhaltige Übersicht bieten die Gesamtüberblicke von Gerardus van der Leeuw, Friedrich Heiler, Gustav Mensching, Mircea Eliade, Kurt Goldammer, Geo Widengren u. a.[32]

Eliade hat darauf hingewiesen, daß die einzelnen Symbole sich „Symbolsystemen" zuordnen lassen. Es gebe uranische, tellurische, vegetative, solarische, räumliche, zeitliche Symbolismen, die Eliade als „autonome Systeme" betrachtet. So ist zum Beispiel der „Wassersymbolismus (…) ein Ganzes aus Symbolen, die sich gegenseitig beeinflussen und ein System zu bilden vermögen". Trotzdem ist dieser „Wassersymbolismus" „nirgends konkret manifestiert". Eliade will in der ihm oft eigenen unscharfen Argumentationsstruktur ausdrücken, daß ein konkretes Symbol, wie zum Beispiel das Wasser, immer über sich hinausweist. Es impliziert viele andere, miteinander zusammenhängende Einzelbedeutungen („Kohärenz der Symbole"): Taufe, Sintflut, Atlantis, Reinigung, Insel usw.[33]

Eliades religionswissenschaftliche Ansichten sind Ausdruck einer religiösen Position des Autors: Es gibt „ewige Bilder und Sinnbilder",[34] die beim kulturellen „Sturz in die Geschichte" jeweils konkrete, besondere Formen annehmen. Interessant sind für Eliade aber nicht in erster Linie diese konkreten Manifestationsformen, sondern die „sich durchhaltende, sich immer neu manifestierende konstante Struktur der Symbole. Sie wiederzuerkennen, ist der erlösende Akt der Erkenntnis, der die Menschen aus dem Provinzialismus ihrer eigenen geschichtlichen Kulturen befreit".[35]

In dem vorliegenden Buch haben wir zu insgesamt zehn Grundsymbolen (Licht; Wasser; Baum; Berg; Stein; Feuer; Wind; Sonne, Mond und Sterne; Farben; Zahlen) narrative Texte gesammelt und kurz kommentiert. Die Geschichten stammen aus den folgenden Religionen: Christentum, Judentum, Islam, Buddhismus und Hinduismus. Gelegentlich sind auch Beispiele aus afrikanischen, indianischen usw. Stammesreligionen sowie aus der alt-ehrwürdigen Religion des „Priester-Propheten" Zarathustra, dem Parsismus bzw. Zoroastrismus aufgenommen worden. Ausgangspunkt ist immer die christliche Religion: Von ihrer Nähe aus soll der Weg allmählich in die weitere religionsgeschichtliche Ferne beschritten werden.

Was kann der Umgang mit interreligiösen Symbolgeschichten leisten?

1. Zum einen kann deutlich werden, daß die „christlichen" Symbole, bzw. genauer ausgedrückt, die „christlich gedeuteten" Symbole in einem „Gesamtbedeutungszusammenhang"[36] stehen. Aus der Fülle der Deutungsmöglichkeiten, die ein Symbol in sich birgt, greifen die Religionen bestimmte Bedeutungen heraus. Andere blenden sie dafür aus oder lassen sie zumindest stark in den Hintergrund treten (vgl. Eliades Hinweis auf die „Symbolsysteme").

2. Symbole können in verschiedenen Religionen, ja selbst innerhalb derselben Religion widersprüchlich sein. Sie sind nicht starr, sondern lebendig, geschichtlichem Wandel unterworfen. Ihre Bedeutung ist auf „die jeweils zum Symbolvollzug befähigten Subjekte beschränkt" (Mensching). Diese Bedeutung zu erkennen ist ein wichtiger Schritt beim interreligiösen Symbolverstehen.

3. Statt nach der vermeintlichen „Grundbedeutung" von Symbolen zu suchen, statt sich an „ewigen Bildern und Sinnbildern" zu berauschen, sollte man das Interesse dem jeweils Individuellen am konkreten Symbol zuwenden. Wer sich bemüht, ein Symbol aus einer anderen Religion zu verstehen, sollte als ersten Schritt immer konkret ansetzen und nach der Bedeutung eines religiösen Datums für eine einzelne Religion fragen. Zugleich gilt es, den „Gesamtbedeutungszusammenhang" mitzubedenken, innerhalb dessen die jeweilige Religion diesen oder jenen symbolischen Bedeutungsschwerpunkt gelegt hat. Innerhalb ihrer jeweiligen Deutungsgemeinschaft sind also Symbole „trotz ihrer Offenheit nicht beliebig, sondern haben eine Verbindlichkeit, die zu denken gibt".[37]

4. Bei der vergleichenden Betrachtung von Symbolen ist auf die genannte Unterscheidung von „Homologem" und „Analogem" (siehe S. 11) zurückzukommen, wie sie insbesondere Gustav Mensching in seinen vorbildhaften Religionsvergleichen verwendet hat: „Vor zwei Gefahren muß der religionswissenschaftliche Vergleich (...) sich hüten: vor voreiliger Identifizierung und ebenso auch vor dem Gegenteil, der voreiligen Unterscheidung. Der ersten dieser beiden Gefahren erlag die ältere religionswissenschaftliche Forschung häufig dadurch, daß sie die zum Erstaunen der Zeit entdeckten zahlreichen Parallelen zu den aus dem Christentum bekannten Anschauungen und Kultpraktiken in fremden Religionen ohne Bedenken für identisch hielt, ohne

darauf zu achten, ob nicht vielleicht nur eine äußere Ähnlichkeit und keine innerliche Verwandtschaft besteht. (...) Es besteht die Gefahr, Homologes im Erscheinungsbild einer Religion mit Analogem zu verwechseln. Homolog sind Erscheinungsformen, die einander zwar ähnlich sind und vielleicht sogar mit gleichem Namen benannt werden, und die dennoch in den zum Vergleich stehenden Religionen etwas Verschiedenes bedeuten. Das läßt sich an folgendem Beispiel gut illustrieren: Wenn man sich die Aufgabe stellt, die Gottesidee im Buddhismus und im Christentum zu vergleichen, dann wird der jener Gefahr der Verwechslung von Homologem mit Analogem nicht Ansichtige geneigt sein, die als Götter bezeichneten Gestalten mit dem christlichen Gott zu vergleichen. Dabei würde ein völlig schiefes Ergebnis herauskommen, weil die buddhistischen Götter dem christlichen Gott nur homolog, aber nicht wahrhaft analog sind. Das Analoge zur christlichen Gottesidee ist das buddhistische Nirvana, die impersonale numinose Wirklichkeit schlechthin. Die Götter aber sind nur erlösungsbedürftige Wesen, die, wie Menschen und Tiere und hungrige Geister, eine Wiedergeburtsform darstellen. Nicht was gleichlautet, ohne wesenhaft einander analog zu sein, soll verglichen werden, sondern diejenigen Größen, die vielleicht ganz verschieden benannt werden, die aber im Lebensbereich der betreffenden Religion eine wesenhaft analoge Bedeutung haben."[38]

5. An einem berühmten konkreten Beispiel soll die Unterscheidung zwischen Homologem und Analogem demonstriert werden. Der schwedische lutherische Theologe, Religionswissenschaftler, Erzbischof und Friedensnobelpreisträger Nathan Söderblom (1866–1931) hat einmal gesagt: „Was die Lehre für den Buddhismus und der Koran für den Islam sind, das ist Christi Person für das Christentum." Der Marburger Missionswissenschaftler Heinrich Frick hat das Symbol der Nacht in Buddhismus, Islam und Christentum miteinander verglichen:

„Alle drei Religionen kennen eine heilige Nacht, die in der Phantasie der frommen Gemeinde verklärt ist mit allen Empfindungen von Dank und Seligkeit. Aber woran haftet jedesmal das Gefühl?

In der heiligen Nacht am Ufer des Flusses Nairanjara ist es gewesen, daß der Buddha Gotama die Erleuchtung empfing (...). Die Stiftung ist klar: Es sind die vier edlen Wahrheiten der Heilslehre und der Pfad zur Erlösung.

Auch der Islam kennt eine heilige Nacht, die Nacht der göttlichen Vollmacht (...), in der Mohammed seine erste Offenbarung empfing, und die noch jetzt am 27. Ramadan von allen Muslimen festlich begangen wird. Von ihr handelt die 97. Sure. (...)

Die heilige Nacht der Christenheit bezieht sich nicht auf die Lehre und nicht auf das Buch. Weihnacht wird es, wenn Er selbst, der Stifter, in die Welt eintritt."[39]

Der religionsgeschichtliche Symbolvergleich könnte herausarbeiten: Es gibt einen „Gesamtbedeutungszusammenhang" im Symbol „Nacht", der von den Schülerinnen und Schülern aufgrund ihrer eigenen Erfahrung mit Dunkelheit und Nacht erschlossen werden kann. Darüber hinaus ist die charakteristische Besonderheit der Nächte zu berücksichtigen. So haben die drei Nächte für die betreffenden Religionen jeweils zentrale Bedeutung. Doch ihr Sinn ist jeweils ein verschiedener.

6. Das Bewußtsein für die Zusammengehörigkeit bestimmter Religionen (Stichworte: Judentum – Christentum – Islam, „Trialog", Abrahamsreligionen) ist inzwischen theologisch größer geworden. Eine Bibel-Koran-Synopse[40] zeigt, wie die drei Traditionen ihre gemeinsamen Symbole mehr oder weniger voneinander abweichend entfaltet haben. Die friedliche „Auseinandersetzung" niederländischer christlicher und islamischer Grundschüler (in der Juliana-van-Stolberg-Schule in Ede) um das Symbol „Wasser" im Kontext der biblischen und koranischen Mose-Überlieferung, die einer der Herausgeber in einer Unterrichtsstunde miterleben konnte, belegt deutlich die Chancen einer interreligiösen Symboldidaktik.

7. Symbole sind in einen gesamtkulturellen Zusammenhang eingebettet, stehen in einem historischen Kontext, der beim Verstehen berücksichtigt werden muß.

8. Weil Symbole „Sinnlichkeit und Sinn" miteinander verbinden, eine „Nähe zum Leiblichen, Kosmischen und Visuellen"[41] besitzen, eignen sie sich besser als die Distanz herstellenden theologischen Begriffe und Konzeptionen zum interreligiösen Brückenbau.

9. Der auf S. 16 angedeutete Weg von der Nähe zur religionsgeschichtlichen Ferne bezog sich primär auf die betreffenden Religionen, weniger auf die Vertrautheit der Schülerinnen und Schüler mit diesen Traditionen. Man wird zunehmend stärker die religiöse Anaphabetisierung der „christlichen" Kinder und Jugendlichen berücksichtigen müssen. Angesichts dieser Situation eröffnet ein interreligiöser Symbolvergleich neue Möglichkeiten der Sensibilisierung für „religiöse Sprache", die weithin abhanden gekommen ist. Wer die Sprache der Religionen – zum Beispiel in Mythos, Gebet, Bekenntnis oder Dogma – in elementarisierter Weise kennenlernt und weiß, daß religiöse Sprache Symbolsprache ist (vgl. S. 14f.), lernt dadurch auch die Sprache der Bibel mit neuen Augen sehen. Biblische Symbole können zum Sprechen gebracht werden, also in ihrem Symbolsinn aufgeschlossen werden, wenn man sie mit ähnlichen (homologen bzw. analogen) Symbolen anderer Religionen vergleicht.

Zusammenfassung der Fußnoten

1 Vgl. Johannes Lähnemann (Hg.), Das Wiedererwachen der Religionen als pädagogische Herausforderung. Interreligiöse Erziehung im Spannungsfeld von Fundamentalismus und Säkularismus, Hamburg 1992.

2 Vgl. die Auswahlbibliographie zum Thema „Dialog der Religionen" in: Gustav Mensching, Toleranz und Wahrheit in der Religion. Mit einem Vorwort von Hans Küng neu herausgegeben von Udo Tworuschka, Weimar/Jena 1996, S. 264f.

3 Udo Tworuschka, Weltreligionen im Unterricht oder Interreligiöses Lernen? Versuch einer vorläufigen Bilanzierung. In: Johannes A. van der Ven/Hans-Georg Ziebertz (Hg.), Religiöser Pluralismus und Interreligiöses Lernen, Kampen/Weinheim 1994, S. 171–196. – Ders., Perspektiven für eine Religionen-Didaktik vor dem Hintergrund neuer Entwicklungen in Theologie und Religionswissenschaft. In: Ingrid Lohmann/Wolfram Weiße (Hg.), Dialog zwischen den Kulturen. Erziehungshistorische und religionspädagogische Gesichtspunkte interkultureller Bildung, Münster/New York 1994, S. 245–254.

4 Wilfred Cantwell Smith, Vergleichende Religionswissenschaft: Wohin – Warum? In: Mircea Eliade/Joseph M. Kitagawa (Hg.), Grundfragen der Religionswissenschaft, Salzburg 1963, S. 79.

5 Fritz Stolz, The Spirit in World Religions. In: Allan Brown/Klaus Goßmann (Hg.), Fundamental Conditions for the Studies of World Religions, Münster 1989, S. 7–19, hier S. 14 und 16.

6 Hans Küng, Projekt Weltethos, München 1990. Wichtig: seine 1995 ins Leben gerufene „Stiftung Weltethos für interkulturelle und interreligiöse Forschung, Bildung, Begegnung".

7 Johannes Lähnemann (Hg.), „Das Projekt Weltethos" in der Erziehung, Hamburg 1995.

8 Längst sind die einschlägigen Beiträge so zahlreich geworden, daß sich ein vollständiger Überblick nur schwer erreichen läßt. Vgl. besonders Hartwig Berger/Ruthild Großhennig/Dietrich Schirmer, Von Ramadan bis Aschermittwoch, Weinheim/Basel 1989; Jahrbuch der Religionspädagogik, Bd. 8, Neukirchen 1991; Stephan Leimgruber, Interreligiöses Lernen, München 1995; Gottfried Orth, „Du sollst nicht bekehren deines Nächsten Kind", Frankfurt/M. 1995. Bemerkenswert ist die Gründung einer innovativen Zeitschrift, die den bewußt „bunten" Titel „Feuervogel. Lernen in der Vielfalt" trägt und vom „Evangelischen Missionswerk in Deutschland" (Hamburg) herausgegeben wird.

9 Vgl. Peter Schreiner, Hermeneutik der Aneignung – Anfragen aus dem Bereich interreligiösen Lernens. In: Ulrich Becker/Christoph Th. Scheilke (Hg.), Aneignung und Vermittlung, Gütersloh 1995, S. 138–147.

10 Heinz-Jürgen Loth/Monika und Udo Tworuschka (Hg.), Christsein im Kontext der Weltreligionen, Frankfurt/München 1981. – Vgl. auch Gustav Mensching, Buddha und Christus, Stuttgart 1978, wo ein methodisch vorbildlicher Vergleich gezogen wird.

11 Vgl. Udo Tworuschka, Methodische Zugänge zu den Weltreligionen, Frankfurt/München 1982, S. 112 („Regeln des religionsgeschichtlichen Vergleichs", S. 105–112).

12 Vgl. Theo Sundermeier, Erwägungen zu einer Hermeneutik interkulturellen Verstehens. In: Ders. (Hg.), Die Begegnung mit dem anderen. Plädoyers für eine interkulturelle Hermeneutik, Gütersloh 1991, S. 13–28.

13 Ebd., S. 18.

14 Vgl. Dietrich Zilleßen, Das Fremde und das Eigene. Über die Anziehungskraft von Fremdreligionen. In: Der Evangelische Erzieher, S. 564–571. – Ders., Dialog mit dem Fremden. Vorüberlegungen zum interreligiösen Lernen. In: Ebd., 46 (1994), S. 338–347.

15 Ebd., S. 344.

16 Gustav Mensching, Buddha und Christus – ein Vergleich, Stuttgart 1987, S. 272.

17 Reinhold Bernhardt (Hg.), Horizontüberschreitung. Die Pluralistische Theologie der Religionen, Gütersloh 1991, S. 22.

18 Zitiert bei Paul F. Knitter, Ein Gott – viele Religionen, München 1988, S. 169.
19 Auf die grundlegenden Arbeiten von Peter Biehl, Hubertus Halbfas, Paul Schwarzenau u. a. sei hingewiesen. Vgl. die kritische Bestandsaufnahme von Ulrich Hemel, Ist eine religionspädagogische Theorie des Symbols möglich? Zum Verhältnis von Symboldidaktik und religionspädagogischer Theoriebildung. In: Religionspädagogische Beiträge 25/1990, S. 145–176.
20 Hubertus Halbfas, Nach vorne gedacht. In: rhs 35 (1992). Heft 6, S. 372–377, hier S. 374.
21 Die liturgische Bewegung in der evangelischen Kirche. Ihre Formen und ihre Probleme, Tübingen 1925. – Katholische Kultprobleme. Dargestellt in ihrem Verhältnis zur Evangelischen Kultauffassung, Gotha 1927. – Liturgische Blätter für Prediger und Helfer, hg. von Rudolf Otto, Gustav Mensching, René Wallau, veröffentlicht in zwangloser Folge im Leopold Klotz Verlag, Gotha.
22 Analyse des Symbolbegriffs. In: Christliche Welt 44 (1930), Sp.1070–1077. Erneut abgedruckt in: Topos und Typos, S. 197–206.
23 Die Religion, S. 244.
24 Ebd., S. 245.
25 Ebd., S. 244.
26 Ebd.
27 Ebd., S. 245.
28 Ebd., S. 246.
29 Ebd., S. 245–248.
30 Jacques Waardenburg, Religionen und Religion, Berlin 1986, S. 212.
31 Fritz Stolz, Grundzüge der Religionswissenschaft, Göttingen 1988, S. 116.
32 Eine Kurzcharakterisierung dieser Handbücher bei Udo Tworuschka, Methodische Zugänge zu den Weltreligionen, Frankfurt/München 1982, S. 17–24.
33 Mircea Eliade, Die Religionen und das Heilige. Elemente der Religionsgeschichte, Salzburg 1954, S. 508ff.
34 So der Titel eines in deutscher Übersetzung 1958 (frz. Original 1952) erstmals und 1988 in zweiter Auflage erschienenen Buches von Eliade.
35 Alex Stock, Bild und Symbol. In: Religionspädagogische Beiträge 23/1989, S. 3–16, hier S. 8.
36 Norbert Claes, Sind religiöse Symbole interkulturell? In: Theo Sundermeier (Hg.), a.a.O., S.109–120, hier S. 119.
37 Peter Biehl, Die Chancen der Symboldidaktik nicht verspielen. In: Religion heute 3/1986, S. 168–173, hier S. 168f.
38 Gustav Mensching, Die Religion, a. a. O., S. 9 f.
39 Heinrich Frick, Vergleichende Religionswissenschaft, Berlin 1928, S. 68 ff.
40 Johann-Dietrich Thyen, Bibel und Koran. Eine Synopse gemeinsamer Überlieferungen, Köln – Wien, 2. erw. Aufl. 1993.
41 Ebd., S. 169.

Licht

Licht vertreibt die Angst oder läßt sie zumindest leichter ertragen. Vor allem das lebendige, wohlige Licht der Kerze, das geheimnisvoll hin- und herflackert, übt auf viele Menschen eine starke Wirkung aus.

Kerzen findet man oft in Kirchen. Täuflinge zum Beispiel erhalten „ihre" eigene Taufkerze. Die Kerze gehört seit dem Mittelalter zu jeder Brautmesse. Die Flammen sollen die Gebete um Glück und Segen zum Himmel tragen. In manchen Gegenden trägt die Braut statt Blumen eine reich verzierte Kerze, die während der Brautmesse neben ihr steht. Die Kerze brennt entweder schon oder wird zu Beginn der Trauung an der Osterkerze oder am „ewigen Licht" entzündet.

Seit dem vierten Jahrhundert gibt es Osterkerzen. In Jerusalem war es alter Brauch, das Licht der Osterkerze an alle Mitfeiernden weiterzugeben. Nach seiner erneuten Blüte im Frühmittelalter wird dieser Brauch heute wiederbelebt. Die Osterkerze wird in der Osternachtliturgie am geweihten Feuer entzündet und in die dunkle Kirche getragen.

Am ersten Advent zünden wir die erste Kerze des Adventskranzes an. Bald schon sind es zwei, drei, am Ende vier. Schritt für Schritt, das soll mit dem Lichterbrauch ausgedrückt werden, vertreibt das Licht die Finsternis. Am Heiligabend schmückt dann der brennende Weihnachtsbaum viele Wohnungen und Häuser: Christus ist geboren, die Dunkelheit hat keine Macht mehr, das Licht, die Mächte des Guten, haben die Finsternis besiegt.

In Schweden wird im Advent das Fest der Luzia („die Leuchtende") gefeiert.

Festlichkeit, Hoffnung und Freude wollen Kerzen auch im säkularen Bereich ausdrücken. Auf der Geburtstagstorte steht für jedes Jahr eine Kerze. Und in der Mitte des Kuchens steckt das „Lebenslicht": Licht und Leben gehören also zusammen. Deshalb darf man das Lebenslicht niemals mit den anderen Kerzen ausblasen.

In vielen Religionen spielt das „ewige Licht" eine große Rolle. Es ist geradezu ein Kennzeichen von katholischen Kirchen und soll die Anwesenheit Christi anzeigen.

„Der Herr segne dich und behüte dich; der Herr lasse sein Angesicht leuchten über dir und sei dir gnädig; der Herr hebe sein Angesicht über dich und gebe dir Frieden" (4. Mose 6,24–26).

Dieser sogenannte „Priestersegen" erklingt im Gottesdienst der Synagoge. Aber auch protestantischen Ohren klingt dieser Segen durchaus vertraut. Das strahlend-leuchtende Angesicht des Ewigen: Dieses in der Hebräischen Bibel öfter vorkommende Bild steht für Gottes heilvolle Gegenwart. Wenn der altisraelitische Fromme zu einem Heiligtum ging, dann „suchte er Gottes Angesicht" (1 Chr 16,11). Das Antlitz Gottes versinnbildlicht die Offenbarung der Barmherzigkeit und Gnade Gottes. „Köstlich" wird es genannt, wenn der Mensch sein Herz vor dem Angesicht Gottes ausschütten darf. „Schrecklich" aber ist es, wenn Gott sein Angesicht gegen die Übeltäter richtet oder die verborgenen Taten in das Licht seines Antlitzes rückt. Wo aber der heilige, lebendige und furchtbare Herr-Gott sein „Angesicht *leuchten*" läßt, wo man im Lichte seines Angesichtes wandeln darf, ist Segen und Sieg.

In einer Berufungsvision mit ihrem dreifach-numinosen „heilig" sieht der Prophet Jesaja (8. Jh. v. Chr.) Gott in seiner Erhabenheit auf dem Thron sitzen (Jes 6,3). Den gewaltigen Lichtglanz, der die ganze Erde erfüllt, erblicken aber nur die himmlischen Seraphen. Der Lichtglanz als eine spezielle Form der Offenbarung findet sich nicht nur in späten Texten des Alten Testaments, zum Beispiel bei Hesekiel, sondern auch in früheren. Bei Jesaja heißt es: „Mache dich auf, werde licht; denn dein Licht kommt, und die Herrlichkeit des Herrn geht auf über dir! Denn siehe, Finsternis bedeckt das Erdreich und Dunkel die Völker; aber über dir geht auf der Herr, und seine Herrlichkeit erscheint über dir" (Jes 60,1.2).

Ein Blick hinüber zum Neuen Testament: „…und das Leben war das Licht der Menschen. Und das Licht scheint in der Finsternis, und die Finsternis hat's nicht ergriffen. Es war ein Mensch, von Gott gesandt, der hieß Johannes. Der kam zum Zeugnis, daß er von dem Licht zeugte, auf daß sie alle durch ihn glaubten. Er war nicht das Licht, sondern er sollte zeugen von dem Licht. Das war das wahrhaftige Licht, welches alle Menschen erleuchtet, die in diese Welt kommen" (Joh 1,4–9). Vor allem im Schrifttum des Johannes ist das Licht Symbol Gottes und Jesu Christi. Das Licht kommt zum Beispiel als Gericht: „Das ist aber das Gericht, daß das Licht in die Welt gekommen ist, und die Menschen liebten die Finsternis mehr als das Licht, denn ihre Werke waren böse. Wer Arges tut, der hasset das Licht und kommt nicht zu dem Licht, auf daß seine Werke nicht an den Tag kommen. Wer aber die Wahrheit tut, der kommt zu dem Licht, daß seine Werke offenbar werden, denn sie sind in Gott getan" (Joh 3,19–21). Jesus wird „Licht der Welt" (Joh 9,5) genannt.

Im 1. Johannesbrief (der Verfasser ist nicht identisch mit dem Verfasser des Johannesevangeliums) wird Gott selbst als reines „Licht" beschrieben: „Und das ist die Botschaft (…), daß Gott Licht ist und in ihm ist keine Finsternis" (1 Joh 1,5).

Das Licht ist in allen Religionen ein besonders eindrucksvolles Symbol für das Heilige und Numinose, für Gott. Sonne, Mond, Blitz und Feuer sind oft Manifestationen der Gottheit. Den himmlischen Wesen, den Engeln und

Heilbringern, werden ebenfalls lichtvolle Eigenschaften zugeschrieben. So wird der japanische Buddha Amithaba – eine gnadenspendende Gottheit – als Verkörperung des „unermeßlichen Lichtglanzes" erfahren.

Die beiden altägyptischen Gottheiten Serapis und Isis werden „Licht", insbesondere „Licht der Menschen" genannt. Religionswissenschaftler bezeichnen eine Reihe von Gottheiten als „Lichtgottheiten". Eine imposante Lichtmetaphysik findet sich in der einstigen Weltreligion des Manichäismus: Dem ewigen Reich des Lichtes steht das Reich der Finsternis gegenüber. Beide einst getrennte Welten sind nach der Kosmologie der Manichäer inzwischen miteinander vermischt. Welt und Menschheit sind aus der Vermischung von Licht und Finsternis hervorgegangen. Die Erlösung besteht darin, die gefangenen Lichtelemente wieder aus den Klauen der finsteren Materie zu befreien.

Allah, „der Gott", wird von Muslimen als „barmherziger Erbarmer" gepriesen, der es gut mit seinen Geschöpfen meint. Zu nichts anderem, wohl aber „zur Barmherzigkeit" hat er sich „verpflichtet". Der Koran ist ein gewaltiger Hymnus zu Ehren der göttlichen Schöpfung. Er preist Gott als den Erhabenen, ganz anderen, aber zugleich auch als den ganz Nahen, der dem Menschen „näher ist, als seine eigene Halsschlagader" (Sure 50,16). In der sogenannten „Lichtsure" (Sure 24,35) wird Gott – jenseits aller personalen Ausdrucksformen – als Licht erfahren.

Der Prophet hat die Aufgabe, die Menschen aus der Finsternis des Unglaubens zum Licht zu geleiten. Berühmt ist das „Lichtgebet": „Gott, setze Licht in mein Herz, in mein Grab und Licht vor mich und hinter mich, Licht rechts von mir und Licht links von mir und Licht über mir und Licht unter mir.

Licht in mein Sehen und Licht in mein Begreifen, Licht in mein Antlitz und Licht in mein Fleisch, Licht in mein Blut und Licht in meine Knochen.

Laß mein Licht zunehmen und gib mir Licht. Schick mir Licht und gib mir mehr Licht! Gib mir mehr Licht!"

Muhammads Lebensgeschichte wurde mit Licht umgeben und er selbst zur Lichtgestalt. Als er geboren wurde, schien Licht von Mekka bis zu den Schlössern von Basra in Syrien. Die Nacht der Offenbarung des Korans wurde als lichterfüllt vorgestellt. Fromme Muslime hoffen auf eine Lichtvision, die das Herabsenden der letzten umfassenden Offenbarung anzeigt.

Das göttliche Licht kann aber auch bedrohlich sein. Die Schrecken erregende Gefährlichkeit, das „mysterium tremendum" im Wesen Gottes, kommt zum Ausdruck, wenn Jahwe gepriesen wird, der auf dem Sinai wohnt und dessen Erscheinung die Israeliten wie ein verzehrendes Feuer erfahren. Licht ist also einerseits ein Symbol der Freude, der Geborgenheit, der menschlichen Hoffnung, andererseits ein Symbol göttlicher Macht, das den Menschen zu erschrecken vermag.

Licht bei der Geburt von Religionsstiftern

1 Die Verkündigung an die Hirten

Christentum

Die Nacht der Geburt Jesu ist erfüllt von Licht. Ein Engel, den der Lichtglanz Gottes umgibt, verkündet den Hirten die frohe Botschaft: Christus ist geboren; die Dunkelheit hat keine Macht mehr.

Alter: ab 8 Jahren

Josef von Nazaret aus Galiläa machte sich auf den Weg nach Betlehem, zur Stadt Davids im Lande Juda, weil er zum Haus und zur Familie Davids gehörte. Da wollte er sich mit Maria, seiner Frau, in die Steuerlisten eintragen lassen. Maria aber war schwanger.

Als sie in Betlehem waren, kam die Zeit der Geburt. Da gebar Maria ihren ersten Sohn, wickelte ihn in Windeln und legte ihn in eine Krippe; denn in der Herberge war kein Platz.

In der Nähe waren Hirten auf dem Feld. Sie hüteten in der Nacht ihre Herde. Und siehe, der Engel des Herrn trat zu ihnen. Der Lichtglanz des Herrn umstrahlte sie, und sie fürchteten sich sehr.

Der Bote Gottes sprach zu ihnen: Fürchtet euch nicht. Siehe, ich verkündige euch große Freude, die dem ganzen Volk widerfahren wird; denn euch ist heute in der Stadt Davids der Heiland geboren, das ist Christus, der Herr. Und das soll für euch das Zeichen sein: Ihr werdet ein Kind finden, das in Windeln gewickelt ist und in einer Krippe liegt.

Plötzlich war bei dem Engel die Menge der himmlischen Heerscharen, die priesen Gott und sprachen: „Ehre sei Gott in der Höhe und Friede auf der Erde unter den Menschen, an denen Gott Wohlgefallen hat."

Als die Engel zu Gott zurückgekehrt waren, sprachen die Hirten zueinander: Laßt uns nun nach Betlehem gehen und sehen, was geschehen ist, wie es uns der Herr verkündet hat. Sie gingen schnell und fanden Maria und Josef und das Kind in der Krippe. Als sie es gesehen hatten, erzählten sie überall, was ihnen von diesem Kind gesagt worden war. Alle, die es hörten, wunderten sich über das, was ihnen die Hirten erzählten. Aber Maria behielt alle diese Worte und bedachte sie in ihrem Herzen.

Die Hirten kehrten wieder um, priesen und dankten Gott für alles, was sie gehört und gesehen hatten.

Lukas 2,4–20. Nacherzählt von Markus Hartenstein

Die Ankündigung und Geburt des Propheten Muhammad

2

Islam

Auch bei der Geschichte der Geburt Muhammads spielt Licht eine besondere Rolle. Von der Mutter des Propheten geht ein überirdisches Licht aus. Ursprünglich war der Geburtstag des Propheten kein besonderer Feiertag. Heute aber wird er festlich begangen. Der Geburtstag gehört neben dem Gedächtnis der nächtlichen Himmelsreise des Propheten, der Nacht des Gedächtnisses der ersten Koranoffenbarung, der Nacht der Bestimmung und der Nacht der Sichtung des Neumonds zu Ramadanbeginn zu den fünf heiligen Nächten. Am Geburtstag des Propheten sind die Moscheen festlich erleuchtet, und es werden Fackelzüge veranstaltet.

Alter: ab 9 Jahren

Die Menschen erzählen, daß zu Amina, als die den Propheten unter dem Herzen trug, eine Stimme kam, die zu ihr sprach:

„Du hast empfangen den Herrn dieses Volkes, und wenn er geboren wird, so sprich: ‚Ich gebe ihn in die Obhut des Einzigen vor dem Übel eines jeden Neiders!‘ Und nenne ihn Muhammad, der Gepriesene!“

Auch sah sie in der Schwangerschaft, wie ein Licht von ihr ausging, in dem sie die Schlösser von Busra in Syrien erblickte.

Nur kurze Zeit, nachdem Amina den Propheten empfangen hatte, starb Abdallah, der Vater Muhammads.

Der Prophet wurde am Montag, dem 17. Tag des Monats Rabi I. im Jahr des Elefanten, geboren. Nach der Geburt sandte Amina einen Boten zu seinem Großvater Abdalmuttalib und ließ ihm sagen: „Ein Knabe wurde dir geboren. Komm und sieh ihn dir an!“

Abdalmuttalib kam und betrachtete ihn. Amina aber erzählte ihm, was sie in der Schwangerschaft für eine Stimme gehört und welchen Namen dem Kind zu geben man ihr geheißen hatte.

Auch von dem Licht erzählte sie, in dem sie die Schlösser von Busra gesehen hatte. Da nahm Abdalmuttalib den Knaben, brachte ihn in die Kaaba und betete zu Gott, um ihm für seine Gabe zu danken.

Ibn Ishaq

3   Ein Buddha wird er sein, ein Erleuchteter

Buddhismus

Bei der Geburt Buddhas spielt Licht in zweierlei Hinsicht eine wichtige Rolle: Zum einen ist es ein Sinnbild für die Lehre Buddhas, der später unter dem Bodhibaum seine Erleuchtung über den Ursprung des „Leidens" in der Welt und die Befreiung aus dem „Leiden" erhalten wird. Zum anderen weist der große Glanz, den die Mutter des Buddha vor seiner Geburt gesehen haben soll, wie bei Muhammad darauf hin, daß hier kein gewöhnliches Kind zur Welt kommen wird (siehe Nr. 2).

Alter: ab 12 Jahren

König Shuddhodanas Glück schien vollkommen zu sein, als ihm die Diener die Geburt seines ersten Sohnes meldeten. Voller Freude ging er zur Königin Maya und betrachtete das Kind. „Nun wird mein Reich dauern", sagte er. „Mein Sohn wird die Feinde besiegen und ein mächtiger König werden."

Das sagten auch die weisen Männer, die Brahmanen, die der König sogleich herbeirufen ließ. Es waren zeichenkundige Brahmanen, die die Wahrsagekunst studiert hatten. Sie sagten: „Ein großer Mann wird der Prinz werden, ein weltbeherrschender König, in dessen Reich Gerechtigkeit wohnt. Er wird der Welt ein neues Gesetz geben, ein besseres Gesetz. Er wird ein Friedensreich errichten bis zur Weltmeergrenze, alle Völker werden unter seiner Herrschaft glücklich sein."

Als die Brahmanen so geweissagt hatten, betrat der alte ehrwürdige Seher Asita den Palast. Alle Blicke richteten sich auf ihn. Er nahm das Kind in seine Arme und sprach:

„Ein Buddha wird er sein, ein Erleuchteter.
Er wird das Rad des Gesetzes drehn, das Rad der Lehre.
Eine neue Lehre wird er in Umlauf bringen.
Das Reich der Wahrheit wird er begründen,
den Menschen zu Heil und Freude."

„Ich freue mich", fuhr Asita dann fort, „daß ich den Knaben noch sehen durfte, der ein Höchster unter den Menschen sein wird. Doch nun bin ich traurig und schmerzbetroffen; denn ich werde die Lehre des Buddha nicht mehr hören. Nur ein kurzer Rest ist übrig von meinem Leben. Ich muß sterben, ehe sich meine Weissagung erfüllt."

Als der König diese Weissagungen gehört hatte, gab er dem Kind den Namen Siddhartha. Namen waren damals Wünsche, die die Eltern ihren Kindern mitgaben. Siddhartha bedeutet: Er wird sein Ziel erreichen und Vollkommenheit gewinnen. König Shuddhodana dachte dabei daran, daß Siddhartha der vollkommene Weltkaiser werden möchte, der über die ganze Welt in Frieden und Gerechtigkeit herrscht.

Am siebten Tag nach Siddharthas Geburt starb Königin Maya. Sie soll einen großen Glanz gesehen haben, als Siddhartha geboren wurde. Dieses wunderbare Licht umgab sie auch in der Todesstunde. König Shuddhodana konnte das Licht nicht vergessen, das auf ihrem Gesicht leuchtete, ehe sie für immer von ihm ging.

Der König trauerte um sie. Immer aber dachte er an die Weissagung des Sehers Asita. Er hoffte, daß dieser falsch geweissagt haben möchte, und daß die zeichenkundigen Brahmanen Recht behielten. Ein Kaiser sollte sein Sohn werden, kein Buddha. Er sollte vollenden, was er, der König, begonnen hatte.

König Shuddhodana wußte aus alten Erzählungen, daß der Buddha und der Friedenskaiser zusammengehören. Beide werden „Raddreher" genannt. Einst wird der Kaiser, so hieß es in den Erzählungen, ein helles Licht am Himmel schauen, er wird dem Licht folgen. Dieses Licht aber ist ein Sinnbild für die Lehre des Buddha. Der Buddha wird eine neue Lehre in Umlauf bringen, der Kaiser ein neues Gesetz. So wird das Reich der Gerechtigkeit entstehen. Weiter hieß es in den alten Erzählungen: „Der Buddha wird die Wahrheit erkennen, weil er das Leiden in der Welt erkennt. Ohne Erkenntnis des Leidens gibt es kein Mit-Leiden mit anderen, ohne Mit-Leiden keine Gemeinschaft des Menschen, kein Reich der Gerechtigkeit, keinen Frieden."

Paul Schwarzenau

Indische Weihnacht   4

Hinduismus

Die von dem katholischen Theologen und Indologen Klaus Klostermaier mit „Indische Weihnacht" überschriebene Erzählung handelt vom Glauben an den Gott Vishnu. Vishnu ist eine monotheistische Gottheit des Hinduismus, der einen besonderen Verehrerkreis um sich aufgebaut hat. Seine Anhänger glauben an zahlreiche Menschwerdungen (Avataras, wörtlich: Herabstiege) Vishnus, und zwar immer dann, wenn das Hindugesetz (Dharma) darniederliegt und die Ungesetzlichkeit zunimmt. Diese Herabstiege werden von besonderen Zeichen begleitet, zum Beispiel leuchtenden Sternen, Blitzen und einem überirdischen Glanz. In der vorliegenden Geschichte feiert der gläubige Hindu Gopalji das Andenken an eine der Menschwerdungen Vishnus: Gott Vishnu steigt in der Gestalt von Krishna, dem am meisten gefeierten Held der Hindu-Mythologie, vom Himmel herab.

Alter: ab 13 Jahren

Gopalji rüstete für das Fest der Geburt seines Herrn und Gottes: Es war der siebte Krischnapakscha des Monats Schravana im Jahre zweitausendundeinundzwanzig Vikram. Gopalji war vierundsiebzig Jahre alt – er hatte das

Leben hinter sich. Seine Frau war schon vor vielen Jahren gestorben, die Kinder seiner Söhne waren bereits erwachsen. Er hatte keine Wünsche mehr, stellte keine Ansprüche an das Leben. Dieses Fest blieb der Höhepunkt im Ablauf des Jahres; seit er hierher gekommen war in die Stadt, in der vor vielen tausend Jahren sein Gott und Herr als Mensch geboren wurde, gehörte all seine Liebe ihm und dem Andenken an seine glorreiche Geburt.

Den ganzen Tag über hatte er gefastet. Kein Körnchen Reis, kein Tropfen Wasser war über seine Lippen gekommen. Es war heiß und schwül – der Monsun hatte eingesetzt. Die Felder waren schon grün, das Laub der Bäume war dicht und dunkel. Mensch und Tier würden wieder Nahrung haben und Wasser, das lebenspendende Wasser. Es war alles die Gnade des Herrn – mit seinem Kommen blühte die Welt auf, mit seiner Ankunft kam der Segen des Himmels auf die Erde. Die Pfauen in den Bäumen stießen ihre langgezogenen klagenden Schreie aus – sie kündeten Regen an. Blauschwarze Wolken türmten sich am Himmel auf.

„Wie schön der Herr ist", kam es Gopalji in den Sinn, als er die kleine metallene Figur des göttlichen Kindes wusch und bekleidete. Mit großer Liebe legte er ihm die festliche Robe aus gelber Seide um. Die kunstvolle silberne Wiege polierte er mit feuchter Erde und weichen Tüchern. Dann legte er das Kind auf seidene Kissen. Er steckte die Weihrauchstäbchen in den Halter und ordnete die vielen kleinen Schüsselchen und Geräte, die für die Puja, den Gottesdienst, nötig sind.

Es begann zu dunkeln. Blitze durchzuckten den Abendhimmel. Einer nach dem andern kamen die Freunde, die täglich mit ihm zusammen das Lob Gottes sangen. Sie ließen ihre Sandalen vor dem Eingang stehen, warfen sich vor dem Bild des Herrn zu Boden und berührten dann zum Zeichen der Ehrfurcht die Füße Gopaljis. Mit untergeschlagenen Beinen setzten sie sich auf den Teppich vor dem Schrein. Leise intonierte Gopalji den ersten Bhajan: „Gopala gokula vallavi priya gopa gosuta vallabham…" Die meisten begannen mit einem rhythmischen Klatschen der Hände, einer markierte mit einer Dhol-Trommel den Takt, mehrere ließen die Zimbeln erklingen, der Gesang blieb verhalten. Doch nach einer halben Stunde schon hatte die Begeisterung die kleine Gemeinde erfaßt. Der Gesang wurde laut, die begleitenden Instrumente dröhnten und klangen, hier rief plötzlich einer ein lautes „Jai Krischna", „Heil!", „Sieg Ihm!" aus, ein anderer stand auf und begann zu tanzen, setzte sich wieder, ein dritter schlug einen scharfen Schlag mit den Zimbeln.

Es war fast Mitternacht. Gopalji nahm das heilige Buch zur Hand, aus dem er täglich las und in dem er alle Weisheit und Frömmigkeit, Philosophie und Lebensregeln fand. „Als nun die Gnadenstunde der Menschwerdung Vishnus gekommen war, die glückbringende Zeit mit günstigen Sternen, da klärten die Himmel sich auf, das Firmament strahlte, erleuchtet von zahllosen Sternen: Die ganze Erde, die Städte und die Dörfer im Festschmuck, die Flüsse voll von klarem Wasser, die Lotosblumen in den Teichen in prangender Schönheit, die Bäume des Waldes in Blüten, überall der süße Sang der Vögel und das Summen der Bienen. Ein sanfter Wind brachte süßen Duft. Die heiligen Feuer flammten auf. Die Gemüter der Guten, so lange bedrückt von den bösen Geistern und Dämonen, wurden froh.

Als der ungeborene Herr als Mensch geboren ward, da dröhnten Pauken im Himmel, die himmlischen Chöre sangen und spielten, die Elfen und Nymphen tanzten frohlockend. In freudigem Schauer taumelten die himmlischen Blütenblätter herab, die Wolken rollten leise wie die Wellen des Meeres.

Als es Mitternacht ward, in undurchdringlicher Dunkelheit, da offenbarte sich der in allen Herzen wohnende Herr in seiner vollen Natur durch Devaki, die Mutter Krishnas, die einer Himmlischen glich, wie der Vollmond am östlichen Himmel. Das neugeborene Kind erleuchtete mit seinem Glanz den Raum. So war Vasudeva, der (Pflege-)Vater Krishnas, gewiß, daß es Vishnu selbst war. Und er schickte sich an, ihn mit reinem Sinn und gefalteten Händen tief gebeugt zu preisen: „Du, Herr, hast dich mir sinnenhaft gezeigt, der du der Höchste bist, jenseits alles Stofflichen, voll Seligkeit und einzig, Alleserkenner. Obwohl *in* den Dingen, kannst du doch nicht *mit* ihnen erkannt werden. In dir ist kein Innen und kein Außen. Du bist in allem, und alles ist in dir. In dir ist Anfang, Bestand und Ende dieser Schöpfung. In der Absicht, diese Welt zu beschützen, o Herr und Herrscher aller, stiegst du herab in mein Haus."

Klaus Klostermaier

Licht als Symbol für Gottes Erhabenheit

5 Zeige mir deinen Gott

Judentum

Dieses jüdische Märchen zeigt die schreckliche, Furcht einflößende Seite im Wesen Jahwes, der auf dem Sinai wohnt und dessen Erscheinen die Israeliten wie ein verzehrendes Feuer erfahren. Große geschichtliche Ereignisse sind vom Lichtglanz Jahwes begleitet worden. Als die Gemeinde Mose und Aaron steinigen will, erscheint ihnen das Licht Gottes. In dem Märchen „Zeige mir deinen Gott" kann das menschliche Auge den Glanz und die Herrlichkeit Gottes nicht ertragen. In 2. Mose 33,20 heißt es: „Mein Angesicht kannst du nicht sehen; denn kein Mensch wird leben, der mich sieht."

Alter: ab 10 Jahren

Ein römischer Kaiser sagte eines Tages zu Rabbi Jehoschua, Sohn Chananjas: „Zeige mir deinen Gott. Ich will ihn kennenlernen. Ich will ihm ins Antlitz schauen!"

Der Rabbi erwiderte: „Das ist unmöglich, kein Sterblicher auf Erden kann zu solcher Vollkommenheit je gelangen."

„Was? Unmöglich? Kann wohl irgendein Wunsch einem römischen Herrscher unerfüllt bleiben? Ich verharre bei meinem Verlangen, deinem Gott, dem Gott Israels, kühn ins Antlitz zu schauen."

Da antwortete der Rabbi: „Morgen soll deinem Wunsch Genüge geleistet werden."

Tags darauf, es war eben im Monat Tamus, in der heißesten Julisonne, bat der weise Rabbi den Kaiser, daß er ihn auf einem Spaziergang vor die Stadt begleiten möge, da wolle er ihm Gott zeigen. Der Herrscher war damit einverstanden.

Auf einer freien Ebene angelangt, zeigte Rabbi Jehoschua auf die hellstrahlende Mittagssonne und sagte zu dem Kaiser: „Schau hinein!"

„Das ist nicht möglich", rief der Römer aus, „mein Auge ist nicht imstande, den ungeheuren Glanz dieses großen Himmelskörpers zu ertragen."

„Wie", versetzte der Rabbi lächelnd, „kann einem mächtigen römischen Kaiser irgend etwas auf Erden unmöglich sein?"

Der Kaiser senkte betroffen seinen Blick. Rabbi Jehoschua aber rief: „Kaiser, wenn schon die Sonne, die nur ein Diener jenes großen Meisters ist, dein schwaches Auge zu blenden vermag, wie solltest du es wagen, jenes erhabenste Wesen selbst mit dem Auge schauen zu wollen? Gestehe, mein Fürst, daß solches dem Staubgeborenen nicht möglich ist."

Die Sage erzählt, daß der römische Kaiser nach diesem Spaziergang heimlich das Judentum annahm.

Jüdisches Märchen

Saulus 6

Christentum

Auf dem Weg nach Damaskus erfährt Saulus, der spätere Paulus, die Gegenwart Gottes als ein überwältigendes Licht, das ihn drei Tage erblinden läßt. Die Begegnung mit dem erhöhten Christus hat Saulus nicht nur bekehrt, sondern zum Glaubensverkünder gemacht.
Alter: ab 9 Jahren

In Jerusalem lebte ein Mann namens Saulus. Er gehörte zum jüdischen Volk, war aber in Griechenland aufgewachsen. Sein griechischer Name war Paulus.

Saulus war der Meinung, daß Jesus ein Aufwiegler gewesen und zu Recht verurteilt worden sei. Darum verfolgte er alle, die sich zu Jesus bekannten und die man bald „Christen" nannte. Als er hörte, daß in der Stadt Damaskus viele Christen lebten, beschloß er, sie gefangenzunehmen, sie nach Jerusalem zu führen und vor das Gericht zu stellen.

Zusammen mit einigen Begleitern machte er sich auf den Weg nach Damaskus. Kurz vor der Stadt umstrahlte ihn plötzlich ein überirdisch helles Licht. Saulus stürzte zu Boden und hörte eine Stimme. Sie sprach: „Saulus, Saulus, warum verfolgst du mich?"

Erschrocken fragte Saulus: „Wer bist du, Herr?"

„Ich bin Jesus, den du verfolgst", antwortete die Stimme. „Steh auf! Geh in die Stadt! Dort wirst du erfahren, was ich von dir will."

Auch die Männer, die Saulus begleiteten, waren zutiefst erschrocken. Sie hatten die Stimme gehört, aber nichts gesehen.

Saulus erhob sich vom Boden. Als er die Augen öffnete, konnte er nichts mehr sehen. Da nahmen ihn die Begleiter an den Händen und führten ihn in die Stadt hinein. Sie brachten ihn in das Haus eines Freundes, der Judas hieß. Es lag in der Geraden Straße. Drei Tage blieb Saulus blind. Während dieser Zeit aß und trank er nichts. Bedrückt und schwach lag er auf seinem Lager.

In Damaskus lebte ein Anhänger Jesu namens Hananias. Eines Tages hörte er in sich eine Stimme. Er wußte, daß es die Stimme Jesu war. „Hananias, geh in die Gerade Straße. Im Haus des Judas befindet sich ein Mann namens Saulus. Er ist blind. Leg ihm die Hände auf die Stirn, damit er wieder sehen kann."

„Aber das ist doch derselbe Saulus, der uns verfolgt!" antwortete Hananias. „Ich habe gehört, daß er alle verhaften will, die an dich glauben."

„Du brauchst keine Angst zu haben", antwortete Jesus. „Ich selber habe Saulus zu meinem Werkzeug ausgesucht. Er soll meinen Namen und meine Botschaft in viele Länder bringen. Er wird auch viel für mich leiden müssen."

Da machte sich Hananias auf und ging in das Haus des Judas. Er legte Saulus die Hände auf die Stirn und sagte: „Bruder Saulus, Jesus hat mich zu dir geschickt. Du sollst wieder sehen können, und Gottes Geist soll zu dir kommen." Im gleichen Moment wurden Sauls Augen geöffnet, und er konnte alles klar sehen. Da stand er auf und ließ sich taufen. Er aß und trank und kam schnell wieder zu Kräften.

Die Christen nannten Saulus bald nur noch nach seinem griechischen Namen: Paulus.

Als die früheren Begleiter erfuhren, daß Paulus ein Jünger Jesu geworden war, wollten sie ihn töten. Aber Paulus erfuhr es und versteckte sich. In der Nacht ließen ihn seine Freunde vom Dach eines Hauses, das an die Stadtmauer gebaut war, in einem Korb an der Mauer hinunter. So konnte Paulus fliehen.

Paulus wurde ein Apostel Jesu. Zusammen mit anderen Aposteln zog er durch viele Länder und Städte und verkündete überall die frohe Botschaft von Jesus Christus.

Apg 9,1–25. Nacherzählt von Werner Laubi

Gott ist das Licht von Himmel und Erde 7

Islam

In der folgenden mystischen Geschichte wird die Erschaffung des „Lichts Muhammads" beschrieben und daraus die weitere Schöpfung abgeleitet. Allah-ta'ala bedeutet: Gott der Allmächtige. Die erwähnten Personen Abu Bakr, Omar, Othman und Ali sind vier „rechtgeleitete" Kalifen des frühen Islam.

Einen wichtigen Aspekt der mystischen Prophetenverehrung stellt die Deutung des Propheten als Licht dar. Ursprung dieser Auslegung ist der berühmte Lichtvers: „Gott ist das Licht von Himmel und Erde. Sein Licht ist einer Nische zu vergleichen mit einer Lampe darin. Die Lampe ist in einem Glas, das so blank ist, als wenn es ein funkelnder Stern wäre. Sie brennt mit Öl von einem gesegneten Baum, einem Ölbaum, der weder östlich noch westlich ist und dessen Öl fast schon Licht gibt, ohne daß Feuer daran gekommen wäre. Licht über Licht. Gott führt seinem Licht zu, wen er will. Und er prägt den Menschen die Gleichnisse. Gott weiß über alles Bescheid" (Sure 24,35).

Muhammad ist derjenige, der das göttliche Licht in der Welt bekannt machte und der als Licht der Rechtleitung die Menschen zu Gott führte. Solche Lichtspekulationen wurden von dem bekannten islamischen Mystiker al-Halladsch weiter verbreitet, der 922 wegen seiner ketzerischen Ideen gekreuzigt wurde.

Alter: ab 13 Jahren

In der Überlieferung heißt es, daß Allah-ta'ala einen Baum mit vier Ästen erschuf und ihn den Baum der Gewißheit nannte. Alsdann erschuf er das Licht Muhammads in einem Schleier aus weißem Perlmutter und setzte es auf jenen Baum. Dort rief das Licht siebzigtausend Jahre lang: „Lob sei Allah!"

Alsdann erschuf Allah den Spiegel des Lebens, der aufgestellt wurde, um das Licht zu empfangen. Als der Pfau in diesen Spiegel blickte, schaute er seine Gestalt als die allerschönste Gestalt und seine Erscheinung als die von größter Pracht. Da schämte er sich vor Allah-ta'ala und begann zu schwitzen. Sechs Schweißtropfen fielen von ihm herab. Da erschuf Allah-ta'ala aus dem ersten Tropfen Abu Bakr, möge Allah zufrieden mit ihm sein; aus dem zweiten Omar, möge Allah zufrieden mit ihm sein; aus dem dritten Othman, möge Allah zufrieden mit ihm sein; aus dem vierten Ali, möge Allah zufrieden mit ihm sein; aus dem fünften die Rose und aus dem sechsten die Zeder.

Alsdann warf jenes muhammadanische Licht sich fünfmal nieder, so daß jene fünf Niederwerfungen zu festgelegten Zeiten eine Pflicht für uns wurden und Allah-ta'ala die fünf Gebete für Muhammad und seine Gemeinde zur Pflicht machte.

Dann schaute Allah-ta'ala jenes Licht ein zweites Mal an, und es schwitzte vor Bescheidenheit vor Allah-ta'ala. Aus dem Schweiß seiner Nase schuf Allah die Engel.

Aus dem Schweiß seines Antlitzes erschuf er den Thron, die Fußbank, die wohlverwahrte Formentafel, die Feder, die Sonne, den Mond, die Schleier und Sterne und alles, was in den Himmeln ist.

Aus dem Schweiß seiner Brust erschuf er die Propheten, die Gesandten, die Weisen, die Märtyrer und die Edlen und Aufrichtigen.

Aus dem Schweiß seines Rückens erschuf er das Besuchte Haus, die Kaaba und die Stätten der Moscheen in dieser Welt.

Aus dem Schweiß seiner zwei Augenbrauen erschuf er die Gemeinde Muhammads, der Frieden und die Segenskräfte seien mit ihm, die Muslime, sowohl Männer als auch Frauen.

Aus dem Schweiß seiner Ohren erschuf er die Seelen der Juden, Christen, Magier und aller Häretiker, die ihnen gleichen, sowie jener, welche die Einheit leugnen, und der Heuchler.

Aus dem Schweiß seiner zwei Füße erschuf er die Erde von Osten bis Westen, und was auf ihr ist.

Alsdann hieß Allah-ta'ala jenes Licht: „Schau vor dich, du Licht Muhammads!" Da blickte es vor sich und sah ein Licht vor sich, und ein Licht hinter sich, und ein Licht auf seiner Rechten, und ein Licht auf seiner Linken, und diese sind Abu Bakr, Omar, Othman und Ali, möge Allah zufrieden mit ihnen sein. Alsdann rief jenes Licht siebzigtausend Jahre lang: „Lob sei Allah!"

Alsdann erschuf Allah das Licht der Propheten aus dem Lichte Muhammads, der Friede sei mit ihm.

Dann schaute Allah jenes Licht an, und er erschuf die Seelen der Propheten aus dem Schweiße Muhammads, der Friede sei mit ihm. Dann erschuf er die Seelen der Gemeinden dieser Propheten aus dem Schweiße der Propheten.

Die Seelen der Gläubigen der Gemeinde Muhammads sind erschaffen worden aus dem Schweiße Muhammads, der Friede sei mit ihm. Deshalb sagten sie: „Es gibt keinen Gott außer Gott, Muhammad ist der Gesandte Gottes."

Alsdann erschuf Allah einen Leuchter aus rotem Karneol, dessen Äußeres aus seinem Inneren zu sehen ist. Alsdann erschuf er die Gestalt Muhammads, der Friede sei mit ihm, als seine eigene Gestalt in dieser Welt. Er stellte sie in jenen Leuchter, und sie stand darinnen, wie man im Gebete steht. Dann vollzogen die Seelen der Propheten die Umwandlung des Lichtes Muhammads, der Friede sei mit ihm. Dann riefen sie hunderttausend Jahre lang: „Es gibt keinen Gott außer Gott. Gott ist erhaben."

Imam Abd ar-Rahim Ibn Ahmad al-Qadi

Licht bei religiösen Festen

Vom allerersten Adventskranz   8

Christentum

Besonders in der Vorweihnachtszeit spielt das Kerzenlicht bei uns eine wichtige Rolle. Rolf Krenzer beschreibt die Entstehung des Adventskranzes, der nicht viel älter als 100 Jahre ist.

Alter: ab 8 Jahren

Was ein Weihnachtsbaum ist, weiß jeder. Und den Adventskranz kennen auch alle. Er hängt in der Kirche, aber auch im Kindergarten, in der Schule und bei uns zu Hause.

Ohne den Adventskranz mit seinen vier dicken roten Kerzen können sich viele die Adventszeit gar nicht vorstellen. Aber den Adventskranz gibt es noch gar nicht so lange.

Angefangen hat es vor über hundert Jahren in Hamburg. Hamburg ist eine große Stadt im Norden Deutschlands. Damals gab es dort viele Kinder, die keine Eltern hatten. Sie hatten kein Zuhause und bettelten auf den Straßen. Aus Not wurden manche sogar zu Dieben und landeten im Gefängnis. In den armen Ländern ist das auch heute noch so. Leider!

Aber damals wohnte ein Pfarrer in Hamburg, der kümmerte sich um diese Kinder und Jugendlichen, besonders um die Jungen. Er baute ein großes Haus in Hamburg so um, daß er viele von der Straße dorthin holen konnte. Sie hatten einen Platz in dem Haus, schliefen dort und bekamen zu essen. Aber sie erlernten auch einen Beruf. Sie wurden Schuhmacher oder Maler, Schneider und Gärtner. So brauchten sie nicht mehr zu betteln, sondern konnten selbst ihr Geld verdienen. Dieses Haus hieß das „Rauhe Haus". Und der Pfarrer hieß Johann Hinrich Wichern.

Nun wurde im Rauhen Haus jedes Jahr im Advent eine Andacht gehalten. Dann versammelten sich alle Jungen, und Pfarrer Wichern erzählte von Advent und Weihnachten. Sie sangen auch viele Lieder. Weil aber jeden Tag eine Kerze angesteckt wurde, hieß die Andacht auch Kerzenandacht. Jeden Tag kam eine Kerze mehr hinzu.

Vierundzwanzig Kerzen standen auf einem großen Holzreifen, der an einem Kronleuchter aufgehängt war. Und jeden Abend wurde eine weitere Kerze angezündet. An Weihnachten brannten dann alle vierundzwanzig Kerzen.

Weil den Jungen dieser große Holzreifen mit den Kerzen so gut gefiel, schmückten sie ihn noch mit Tannenzweigen. So hing vor über hundert Jahren im Rauhen Haus in Hamburg der erste Adventskranz.

Viele Leute fanden diesen Adventskranz so schön, daß sie auch einen solchen Lichterkranz zu Hause haben wollten. Doch wer hat schon so viel Platz in seiner Wohnung, daß er einen Adventskranz aufhängen kann, der Platz für vierundzwanzig Kerzen hat!

So kommt es, daß auf unserem Adventskranz nur vier dicke Kerzen stehen, für jeden Adventssonntag eine.

Es dauerte aber lange, bis der Adventskranz in ganz Deutschland bekannt wurde. Erst vor rund sechzig Jahren wurde zum erstenmal in einer katholischen Kirche in München der erste Adventskranz aufgehängt.

Und heute? Heute gehört er zur Adventszeit wie der Weihnachtsbaum zum Heiligen Abend.

Rolf Krenzer

9 Luzia hilft in der Hungersnot

Christentum

In der katholischen Kirche wird am 13. Dezember das Fest der Luzia gefeiert. Luzia („die Leuchtende") lebte nach der Legende als mildtätige Jungfrau um 300 n. Chr. in Syrakus/Sizilien. Sie heilte ihre Mutter von schwerer Krankheit, gab ihr ganzes Vermögen den Armen und wurde schließlich wegen übler Nachrede ihres Bräutigams vor Gericht gestellt und zum Tod verurteilt. Nach einer anderen Quelle war Luzia ein Opfer der Christenverfolgung.

In Schweden wird der Luziatag bis heute besonders gefeiert. Am Morgen des 13. Dezembers erscheinen die ältesten Töchter als „Luziabräute" mit Kerzenkränzen auf dem Kopf und bringen der ganzen Familie das Frühstück ans Bett. Jede Stadt wählt ihre eigene Luzia, die Altenheime, Krankenhäuser und Gefängnisse besucht, um Freude zu bringen.

Alter: ab 8 Jahren

Vor vielen Jahren herrschte in Schweden eine große Hungersnot. Die Ernte war so schlecht gewesen, daß kaum einer im kalten Winter noch Mehl zum Backen hatte. In ihrer Not backten die Leute aus Sägemehl Brot. Am allerschlimmsten war es in dem Gebiet um den Väner-See.

Doch eines Tages erblickten die Menschen ein Schiff, das über den See kam. Wie staunten sie aber, als sie an Bord ein Mädchen entdeckten, das von Licht umstrahlt war. Es war die heilige Luzia, die Lichtträgerin. Als das Schiff anlegte, lud Luzia die Leute ein, an Bord zu kommen.

Und sie schenkte ihnen, was sie unter Deck geladen hatte: allerbeste Lebensmittel wie Mehl und Brot, Fleisch, Schinken und Wurst. Und dazu Bier und Wein. Als die Leute genug hatten, um satt zu werden, wurde der Anker eingezogen, und Luzia fuhr mit ihrem Schiff davon, weiter über den Väner-See, weiter zum nächsten Ufer, wo bereits andere auf sie warteten, die hungrig waren.

Von Licht umstrahlt stand sie auf ihrem Schiff. Licht brachte sie in die Dunkelheit und linderte Hunger und Not.

Deshalb trägt sie bis heute die Lichterkrone auf ihrem Haar.

Neu erzählt von Rolf Krenzer

Ein Ostermorgen 10

Christentum

Um drei Uhr morgens wandert eine Jugendgruppe nach Bursfelde in die Kirche, um dort gemeinsam den Ostermorgen zu erleben.
Alter: ab 12 Jahren

Es tat gut, sich in der dunklen, ehrwürdigen Kirche niederzusetzen. Offensichtlich waren noch andere Jugendgruppen nach Bursfelde gewandert, denn der große Kirchenraum war bereits bis auf wenige Plätze gefüllt. Auf dem Altar brannten zwei Kerzen. Sonst war alles dunkel. Fred mußte sich ganz nah hinüberbeugen, um überhaupt seinen Nachbarn zu erkennen. Aber seine Augen gewöhnten sich bald an die Dunkelheit, und nun konnte er sogar Siggi am Ende der Bank entdecken.

Der Ostergottesdienst begann. Dunkle Stimmen tönten vom Altar herüber. Sie erinnerten an Jesus, der unschuldig gestorben war, „...damit wir Frieden hätten", hörte er eine Stimme vorlesen. Danach entzündeten zwei Mädchen ihre Kerzen am Altar und gaben ihr Licht weiter in die dunklen Bankreihen. Ein Murmeln begann vorn im Kirchenraum und setzte sich durch die Reihen fort. Anfangs konnte Fred nichts verstehen, bis das Licht immer näher auf ihn zukam. Jeder gab es seinem Nachbarn weiter mit den Worten: „Der Herr ist auferstanden." Und wer seine Kerze angezündet hatte, antwortete: „Er ist wahrhaftig auferstanden."

Es schoß Fred durch den Sinn, wie Siggi einmal ausgerufen hatte: „Es ist eine Freude zu leben!" Und er erinnerte sich, daß ihm jemand von diesem alten Bursfelder Kloster erzählt hatte, wie die Mönche vor Jahrhunderten für die Menschen dieser Gegend gebetet, Unterricht gegeben und die Felder bearbeitet hatten. Ob das alles mit diesem Wort zusammenhing: „Der Herr ist auferstanden?"

Immer heller wurde es in der Kirche; die alten Pfeiler und Bogen schimmerten, als schließlich alle ihre brennenden Kerzen in den Händen hielten. Sie sangen Osterlieder und Kanons, bis die Kerzen fast niedergebrannt waren. Fred war kein besonderer Sänger, aber in der großen Runde hätte er das fast vergessen. Das Unheimliche war überwunden; die Freude steckte an; er gehörte dazu.

Draußen vor der Kirche gab es dann ein lautes Begrüßen und viel zu erzählen. Und dunkel war es auch nicht mehr; denn während sie in der Kirche gefeiert und gesungen hatten, war draußen die Sonne aufgegangen. Als sie endlich ihr Jugendheim wieder erreichten, duftete es schon auf dem Flur nach warmem Kaffee. Und der Frühstückstisch war festlich geschmückt mit bunten Sträußen, an denen Ostereier hingen. Selten hatte Fred so munter gefrühstückt wie heute.

Heinz Strothmann

11   Lichter neu anzünden

Christentum

In der Geschichte erzählt die Autorin von einem festlich gestalteten Tauferinnerungstag in der Gemeinde. Dabei entzünden die Kinder, die ihrer Taufe gedenken, eine Kerze.
Alter: ab 8 Jahren

„Oh Mami!" hat Lena am Samstag nach dem Kindergottesdienst gerufen. „Am nächsten Sonntag müßt ihr alle in die Kirche mitgehen. Auch Vati. Nämlich: Da sing ich was vor!"

„Ja, und alle Kinder, die im Mai getauft worden sind", hat Lars erklärt, „oder im April – die feiern ihren Tauftag. Hat Frau Strübing gesagt. Im Kinderspielkreis. Guck mal schnell nach, Mami! Bin ich im Mai getauft?"

Die Mama hat gelacht.

„Da muß ich nicht nachschauen. Das weiß ich auswendig: Du bist am 16. Mai getauft worden."

„Au prima!" hat sich Lars gefreut. „Dann werd' ich gefeiert. Aber ihr müßt mit!"

Tja, was hätten die Eltern machen sollen? Sie haben getan, was die Kinder sich so sehr wünschten.

Allerdings sind sie reichlich spät losgegangen. Nur auf der breiten Fensterbank rechts sind noch Plätze gewesen. Aber ziemlich weit vorn. Da hat man das Spiel, das nun vorgeführt wurde, gut sehen können.

Viele Kinder sind nach vorne gegangen. Die haben alle Kerzen getragen. Nur: Die sind nicht angezündet gewesen.

„Oh, ich weiß schon, was kommt!" hat Lena geflüstert. „Jetzt kommt die Geschichte, wie Jesus zu seinen Jüngern gesagt hat: ‚Geht in die ganze Welt und erzählt allen Leuten von mir.'"

„Und tauft sie!" hat Lars gebrummt.

„Na, das wollt' ich doch auch gerade sagen! ‚Tauft alle, die zu mir gehören wollen!' So hat's uns Frau Strübing erzählt. Und paß auf: Da stehen die Jünger ganz traurig. Die wissen nicht, wie sie das machen sollen!"

Aber Lena irrte sich. Das Spiel heute war die Fortsetzung von der Geschichte, die sie bei Frau Strübing gehört hat: die Geschichte vom allerersten Pfingstfest!

„Da ist den Jüngern ein Licht aufgegangen", hat der Pfarrer erzählt. „Gott hat ihnen etwas ins Herz gegeben. Ein Stück von sich selbst: Seinen heiligen Geist. Neue Kraft. Neue gute Gedanken."

Dann haben die Spieler alle ihre Kerzen angezündet. Am Osterlicht. An der ganz großen Kerze, die seit der Osternacht brennt.

Ja, und dann sind alle losgegangen. Zu den Zuhörern hin. Mit den leuchtenden Flämmchen.

„Sie merkten: wir brauchen nur weiterzusagen, was wir gehört und gesehen haben. Von Jesus. Von allem, was er gesagt und getan hat", hat der Pfarrer weiter erzählt.

„In ihren Worten ist etwas wie Feuer gewesen. Wie Wind. Der hat's weitergetragen. Und so ist's gekommen, daß viele sagten: ‚Ich möchte auch gern zu Gott gehören!' Die wurden gleich alle getauft."

Auf den Stufen vorn hat ein Korb gestanden. In dem sind ganz viele Kerzen gewesen. Und jeder, der wollte, durfte sich eine nehmen und bei jemand anders anzünden. Bald ist die Kirche voll brennender Lichter gewesen.

„So ist das Licht immer weitergegeben worden, bis heute!" hat der Pfarrer gesagt. „An jenem Tag hat es angefangen: Das war der ‚Geburtstag der Kirche'. Dreitausend Menschen auf einmal haben sich damals taufen lassen. Danach wieder andere. Und noch andere. Und noch andere. Und irgendwann auch mal alle, die heute hier in der Kirche sitzen. Aber ihr wißt wohl: Licht kann auch verlöschen! Pustet mal alle Kerzen aus!"

„Pssssst!" Alle Lichter sind ausgegangen.

„Ooooh!" hat ein Kleiner ganz traurig gesagt.

„Ja", hat der Pfarrer genickt. „So ist das: Und säße die ganze Kirche voll Leute, die alle getauft sind, aber sie hätten's vergessen, dann wären sie wie

Lichter, die ausgelöscht sind. Keiner könnte die Botschaft mehr weitertragen."

Tja, da haben sie nun alle dagesessen mit den erloschenen Kerzen.

„Aber", hat Lars auf einmal gerufen, „Kerzen kann man doch wieder anzünden!"

„Stimmt", hat der Pfarrer gesagt. „Wir werden's gleich sehen. Ich bitte alle Kinder, die im April oder Mai getauft sind, jetzt nach vorne zu kommen."

Über zwanzig Kinder sind zum Altar hingegangen. Lars gleich als erster.

Diesmal hat Lena gewußt, was kommt. Jetzt wurden die Tauftage gefeiert. Zum ersten Mal hier in der Kirche.

„Zu Haus haben's manche schon immer getan!" hat der Pfarrer gesagt.

Zwei Frauen haben für jedes Kind eine Taufkerze angezündet. An der großen Osterkerze. Und allen Taufkindern sagte der Pfarrer nochmal, was er ihnen damals an ihrer Taufe auch gesagt hat: „Du darfst zu Gott gehören. Gott kennt dich mit Namen."

Die kleine Frau Krispel hat sich ans Klavier gesetzt und eine Melodie gespielt. Und Lena ist zu ihr ans Klavier gegangen und hat ganz alleine für die Taufkinder gesungen: „Ich heiß' Lena, und ich bin getauft!"

Der ganze Kinderchor hat geantwortet: „Ja, du heißt Lena, und du bist getauft."

Da haben sich noch mehr Kinder aus dem Kinderspielkreis getraut und den Taufkindern vorgesungen. Einer hat ganz tief gebrummt: „Ich heiß' Markus…" Eine Kleine hat gepiepst: „Ich heiß' Mucki."

Und so ist das weitergegangen. Immer nochmal und nochmal haben alle den Schluß miteinander gesungen und dazu in die Hände geklatscht: „Freut euch alle, freut euch alle. Wir sind getauft. Gott hat uns lieb."

Was danach kam, hat Lena recht bald vergessen. Aber noch tagelang hat sie gesungen: „Ich heiß' Lena, und ich bin getauft."

„Das ist schön, wie du das singen kannst", sagte die Mutter jedes Mal und war stolz auf Lena.

Die Taufkerze von Lars aber steht heute noch im Wohnzimmer, und Lars zeigt sie jedem, der zu Besuch kommt.

Friderun Krautwurm

Chanukka auf Massada 12

Judentum

Beim Chanukka-Fest denken Juden an ihre Geschichte, insbesondere an die Wiedereinweihung des Jerusalemer Tempels 164 v. Chr. durch die Makkabäer (siehe Nr. 13). Bis heute erinnern sich viele Juden auch an die Eroberung der Festung von Massada durch die Römer im Jahre 73 n. Chr. Das Chanukka-Licht wird hier erneut zum Sinnbild der Hoffnung für das Überleben des jüdischen Volkes trotz Verfolgung und Unterdrückung. Beim Chanukka-Fest wird jeden Abend eine weitere Kerze an achtarmigen Chanukka-Leuchter angezündet. Es gibt aber auch den umgekehrten Brauch, mit acht Kerzen zu beginnen und immer eine Kerze weniger anzuzünden, wie es in der folgenden Geschichte erzählt wird. Mikwe ist das Bad für rituelle Reinigungsbäder.

Alter: ab 11 Jahren

Im Jahr siebzig nach unserer Zeitrechnung geschah etwas Furchtbares im jüdischen Land. Die Römer, die die Macht übernommen hatten, verwüsteten den Tempel in Jerusalem und raubten alle Kostbarkeiten.

Die Besetzung des Landes durch die Römer war das Ende der Freiheit, in der das jüdische Volk bis dahin gelebt hatte. Die Menschen durften nicht mehr denken, sagen oder schreiben, was sie wollten. Und nun, da der Tempel verwüstet war, konnten sie auch ihren Glauben nicht mehr so leben, wie es Gott ihnen aufgetragen hatte. Das war eigentlich das allerschlimmste. Aber was konnte man dagegen tun? „Nichts", dachten die meisten. Ja, sie murrten, aber das war auch alles.

Ben Jair war ein Mann, der meinte, daß es nicht beim Murren bleiben dürfe. Er fing an, eine Widerstandsgruppe zu organisieren.

Es gab mehrere solcher Gruppen, aber die von Ben Jair ist die bekannteste geworden.

Das kam dadurch, daß sie die schlaue Idee hatten, sich auf Massada zu verschanzen, einem Felsenplateau in der Wüste von Judäa am Rand des Toten Meeres. Auf Massada hatte einst der bekannte jüdische König Herodes einen Palast bauen lassen. Aber nun war Massada verlassen.

Von Massada aus hatte man eine großartige Aussicht über die Berge und über das Tote Meer. Und das wichtigste: Es war äußerst schwierig zu erreichen. Es gab nur einen schmalen Pfad, der Schlangenpfad genannt wurde, weil er sich in vielen Biegungen den Berg hinaufschlängelte.

Der Palast des Herodes war ziemlich verfallen, aber das konnte Ben Jair und seine Leute nicht erschüttern. Um des Luxus willen hatten sie Massada nicht ausgewählt. Sie hatten das Ziel, von Massada aus die Römer immer wieder hier und da zu überfallen. Wirklich verjagen konnten sie sie nicht, aber vielleicht, so dachte Ben Jair, ärgern die kleinen Aktionen sie auf Dauer so, daß sie klein beigeben und sich aus dem Staub machen. Dann werden wir wieder frei sein, so zu leben, wie wir das wollen, oder besser gesagt, wie Gott es von uns will.

So erhielt Massada im Laufe des Jahres neue Bewohner.

Aber schließlich lief es nicht so, wie Ben Jair es sich vorgestellt hatte. Sie hatten gerade angefangen, Massada ein wenig bewohnbar zu machen, als die Römer mit einem riesigen Heer anrückten. Sie umzingelten ganz Massada, so daß es sehr schwierig, ja fast unmöglich war, nach Massada hinein- oder von dort herauszukommen. Ben Jair und seine Leute saßen wie Ratten in der Falle.

Diese Geschichte fängt an, als das Jahr dreiundsiebzig fast vorüber ist...

An einem dunklen Tag im November des Jahres 73 kamen die Römer auf die Idee, mit ihren riesigen Katapulten ein Loch in die südliche Mauer zu schießen, die Massada von der Außenwelt abschloß.

Es blieb nicht bei dem einen Loch. Innerhalb weniger Stunden war ein großer Teil der Mauer verschwunden. Weil die meisten Steine nach unten weggerollt waren, füllten die Männer von Ben Jair das Loch mit schweren Holzbalken auf. Hinter der neuen Holzmauer meinten sie, sicher zu sein. Das war auch so, bis der schreckliche Tag im Dezember anbrach. Was selten oder nie passierte, geschah an jenem Tag. Der Wind blies immer von Norden nach Süden, aber an diesem Tag war es genau umgekehrt. Er blies auf die Holzmauer zu. Nun konnte die zwar einen Windstoß vertragen, aber was taten die Römer? Als sie merkten, daß der Wind auf die Holzmauer zuwehte, warfen sie brennende Fackeln dagegen. Es dauerte nicht lange, bis die Menschen in Massada den Brandgeruch bemerkten, und schnell wußten es alle: Die Mauer brennt!

Jochanan war der Sohn von Ben Jair. Er war etwa zwölf Jahre alt. Und er hatte Angst, furchtbare Angst. Was würde geschehen, wenn die Mauer abbrannte? Die Römer konnten dann leicht hinein.

„Warum löschen sie das Feuer nicht?" schrie Jochanan seiner Großmutter zu, die aus dem Palast herausgelaufen kam.

Großmutter schüttelte den Kopf. „Du weißt doch, daß im Herbst kaum Regen gefallen ist. Die meisten Wasservorratshöhlen sind leer. Wir haben kaum genug Trinkwasser."

„Und was ist mit dem Wasser aus dem großen Bad?" fragte Jochanan.

„Aus der Mikwe?" erwiderte Großmutter erschrocken, und sie sah Jochanan direkt in die Augen. „Du weißt doch, daß die Mikwe immer voller Wasser sein muß. Das steht in den Geboten, und dafür kämpfen wir."

Jochanan wurde rot. Er wagte nicht mehr, weiter zu fragen.

Die Mauer brannte völlig ab, und jeder dachte: „Das ist unser Ende!" Aber verrückt genug, es blieb still. Nichts geschah. Als es fast dunkel war, kam jemand mit einem Tonscherben herangelaufen. Darauf schrieb man damals Nachrichten und Briefe. Auf der Scherbe, die jemand in der Nähe der abgebrannten Mauer gefunden hatte, stand: „Mistjuden, das ist euer Ende, für euch alle! Es ist vorbei. Morgen früh, wenn es hell wird, wird es geschehen. Aber, wer weiß, vielleicht hilft euch ja euer Gott! Ihr habt noch eine ganze Nacht zum Beten. Viel Erfolg!" Die Unterschrift des römischen Generals stand darunter: Flavius Silva.

Jener Abend war der Chanukka-Abend, und Jochanan durfte zum erstenmal länger aufbleiben, um das ganze Fest mitzufeiern. Aber Jochanan empfand alles andere als eine Feststimmung. Er konnte nur an die Römer denken und an die Dinge, die morgen geschehen würden, wenn es wieder hell war. Er zitterte am ganzen Körper.

Das Fest fing später an als in anderen Jahren. Ehe die Lichter angezündet wurden, ließ Ben Jair jeden – sie waren etwa neunhundertundsiebzig – herbeirufen. Er wollte zu seinen Leuten sprechen.

„Liebe Leute, es steht schlecht um uns. Morgen fangen die Römer mit ihrem Überfall an, und wir werden uns gegen sie nicht halten können. Gewinnen können wir nicht, und daß alle entfliehen, ist unmöglich. Die Römer haben ganz Massada umstellt. Das einzige, was wir können, ist sterben."

Rund um Ben Jair wurde es totenstill. Er sah eindringlich jedem einzelnen ins Gesicht und redete ruhig weiter. „Du kannst auf verschiedene Weise sterben. Du kannst zu Tode gefoltert werden. So versuchen sie, noch Informationen über andere Widerstandsgruppen im Land von dir zu bekommen. Sie können dich von den Mauern werfen. Und sie werden das gewiß mit den Kindern und den Alten tun, denn die können sie für nichts gebrauchen. Du kannst", sagte Ben Jair noch einmal, „auf verschiedene Weise sterben. Aber für uns gibt es nur einen Weg: Sterben, das tun wir selbst! Wir werden es den Römern nicht gönnen, uns umzubringen. Wir lassen uns nicht umbringen."

Es war sehr seltsam: Aus der Menge tönte kein Protest. „Wenn die Römer morgen in Massada einfallen", führte Ben Jair seine Rede fort, „werden sie hier nichts mehr finden, was Wert für sie hat. Unsere Leben nicht, und unseren Besitz nicht. Den werden wir in Brand setzen, ehe sie kommen. Bis auf eine Vorratskammer mit Nahrungsmitteln. Sie sollen nicht denken, wir wären verhungert oder hätten uns aus Mangel an Nahrung selbst das Leben genommen. Nein, wir werden als freie Menschen sterben."

An jenem Abend wurde zum letztenmal Chanukka auf Massada gefeiert. Jochanan hatte Angst, große Angst, und zugleich war er auch neugierig. Denn was Chanukka genau war, das wußte er nicht.

Während sein Vater, Ben Jair, mit den anderen Leitern besprach, wie es morgen gehen sollte, erzählte Großmutter Jochanan die Geschichte von Chanukka. Erst zündete sie den Leuchter an. Acht Lichter wurden von dem neunten angezündet. Eine Woche lang mußte jeden Tag ein Licht weniger brennen, bis nur noch das Anzündelicht übrig war. Jochanan schaute traurig in die unruhig flackernden Flämmchen.

„Immer", so fing Großmutter die Geschichte an, „muß ein Licht brennend bleiben. Das ist seit der Zeit so, da der Tempel erneut eingeweiht wurde. Chanukka bedeutet auch: ‚Einweihung'."

Jochanan schaute seine Großmutter erstaunt an. „Aber in Jerusalem steht doch gar kein Tempel mehr!" sagte er.

„Stimmt", sagte Großmutter, „du hast recht." Und sie seufzte. „Es ist nun noch viel schlimmer als damals, aber dennoch. Hör zu. Vor ungefähr zweihundert Jahren waren es nicht die Römer, die uns besetzt hatten, sondern die Syrer. Auch sie verboten uns, so zu sein, wie wir sein wollten. Auch sie verboten uns, nach den Gebeten zu leben, die Gott uns gegeben hat. In jener Zeit wurde der Tempel nicht zerstört, aber entweiht. Das bedeutet, daß sie Dinge im Tempel taten, die Gott verboten hatte. Sie zerrissen auch die Torarollen, und sie nahmen den großen Leuchter mit, der seinen Platz im Tempel hat. Dann geschah eigentlich genau dasselbe wie heute. Es gab Menschen wie deinen Vater, die das nicht hinnahmen und einen Aufstand machten. Um die lange Geschichte zu kürzen: Sie schafften es, die Syrer aus Jerusalem zu verjagen und den Tempel wieder so einzurichten, daß wir, das heißt unsere Vorväter, dort wieder Gottesdienst feiern konnten. Sogar den großen Leuchter bekamen sie zurück. Aber als sie ihn anzünden wollten, gab es nirgendwo Öl. Sie hatten die Hoffnung fast aufgegeben, als jemand mit einem kleinen Krüglein kam. Das war irgendwo in den Kellern des Tempels gefunden worden. Sie füllten den Leuchter mit dem Öl, und er brannte so, wie er früher auch gebrannt hatte.

In den nächsten Tagen geschah etwas Seltsames. Jeden Tag füllten sie den Leuchter mit Öl aus jenem kleinen Krug. Eine ganze Woche lang. Und das Öl ging nicht zu Ende. Ein Wunder war das!"

Jochanan blickte seine Großmutter erstaunt an. „Ein Wunder? Glaubst du das etwa wirklich?"

Seine Großmutter nickte. „Ich glaube es auf meine Weise", sagte sie. „Schau, hier siehst du das Fläschchen." Und sie hielt es hoch. Das Fläschchen glänzte ein wenig im Licht der flackernden Flammen des Leuchters. „Was ist darin?"

„Nichts", sagte Jochanan. Denn er sah nichts.

„Licht ist darin", sagte seine Großmutter, „weiches, freundliches, leuchtendes Licht. Das Fläschchen habe ich von meiner Mutter bekommen und die wieder von ihrer Mutter und so weiter. Ganz früher hat es im Tempel gestanden, im Lichte des Leuchters. In diesem Fläschchen steckt das Licht von damals. Heute mittag sagte dein Vater zu mir: ‚Gib das Fläschchen, gib das Licht weiter an Jochanan. Denn wenn er das Fläschchen hat, hat er auch die Geschichte von damals, von dem neuen Anfang vor langer Zeit. Und er wird auch die Geschichte von morgen mit dem Fläschchen mitnehmen. Morgen werden die meisten von uns hier auf Massada sterben, außer ihm und noch einigen anderen Kindern. Wir werden dafür sorgen, daß sie über den Schlangenpfad entfliehen können.‘"

Großmutter drückte das Fläschchen in Jochanans Hände. „Immer, wenn du das Fläschchen siehst", sagte sie, „sollst du dich an das erinnern, was hier auf Massada geschehen ist. Unser Volk wird nicht sterben, solange es Menschen wie dich gibt, die die Geschichte unseres Volkes mit sich tragen. Das Licht erinnert dich daran, daß wir zu Gott gehören."

René Süss

Das Lichterfest 13

Judentum

Die Geschichte stammt aus dem Buch „Neues von der Mädchenfamilie", in dem das Leben einer kinderreichen jüdischen Familie in der Lower East Side, dem alten Judenviertel von New York, beschrieben wird. Zur Familie gehören fünf Mädchen, das Nesthäkchen Charlie sowie Verwandte, die im Leben der Kinder eine Rolle spielen. Die Familie begeht den ersten Abend von Chanukka, dem jüdischen Lichterfest. Chanukka bedeutet Einweihung. Mit diesem Fest erinnert sich die jüdische Gemeinde an die Wiedereinweihung des Jerusalemer Tempels im Dezember 164 v. Chr. durch die Makkabäer. Die hellenistischen Könige hatten Jerusalem zuvor zu einer heidnischen Militärkolonie gemacht und den Tempel entweiht. Nach der Rückeroberung fanden die Juden einen Ölkrug vor, mit dessen Öl acht Tage lang ein Licht brannte, obwohl es normalerweise nur für einen Tag gereicht hätte. Zum Gedenken daran zünden die Juden jeden Abend eine weitere Kerze am achtarmigen Chanukka-Leuchter an.

Alter: ab 9 Jahren

„Heute gibt's Latkes zum Abendessen!" Henny lief das Wasser im Mund zusammen.

„Hmmmm! Hmmmm!" antwortete es im Chor.

Mama lächelte. „Kinder, ich glaube, alle essen gern Latkes. Es ist ein echtes Chanukka-Essen. Wer will die Kartoffeln reiben?"

„Ich! Ich!" schrien die Kleinen.

So ließ Mama Charlotte und Gertie abwechselnd Kartoffeln reiben. Als die Kleinen müde wurden, übernahmen Ella und Henny diese Arbeit. Sehr bald war die große Rührschüssel bis zum Rand mit dem rohen Kartoffelbrei gefüllt.

Dann rieb Sarah die Zwiebeln. „Ui, das beißt in den Augen!" beschwerte sie sich. Sie rieb sehr rasch, das Gesicht vor Eifer verzogen, und die Zwiebeltränen liefen ihr über die Wangen.

„Schaut her, wie die arme Sarah weinen muß! Sie ist traurig wegen der armen Zwiebeln!" sagte Henny.

Nun wanderten noch Eier in die Schüssel, Mazzotmehl, Salz und Pfeffer. Mama rührte und rührte. Inzwischen war das Öl in der Bratpfanne heiß geworden. Es brutzelte den Löffeln voll Brei entgegen, die Mama hineintat. Bald verbreitete sich ein köstlicher Duft. Die Kinder umstanden den Herd und warteten auf eine Kostprobe von dem ersten fertigen heißen Kartoffelpfannkuchen.

Oh, das schmeckte! Außen war er knusprig und knackig, dieser Pfannkuchen, und innen würzig und flaumig. Er verschwand im Mund, rutschte in den Magen hinunter und rief nach mehr. Mama mußte achtgeben, daß noch Pfannkuchen für das Abendessen übrigblieben.

„Da ist Papa!"

„Ich komme gerade zurecht, wie ich sehe", sagte Papa und schnupperte.

Papa war sehr fröhlich. Er lachte und alberte mit den Kindern beim Abwaschen. Die ganze Familie war heute abend sehr vergnügt. Es war auch der Tag, vergnügt zu sein. Der erste Abend von Chanukka – des Festes der Lichter – war es, des fröhlichen Feiertages mitten im dunklen Dezember. Überall feiern die Juden das Chanukkafest mit Gesang und Spielen und geselligen Zusammenkünften, mit Geschenken und Geld.

Ella hatte den messingenen Menora-Leuchter poliert, bis er glänzte, daß man sich darin spiegeln konnte. Er stand nun auf dem obersten Brett des Wandregals, seine acht kleinen Arme warteten auf die schlanken goldgelben Kerzen, die Papa extra für das Fest gekauft hatte. Etwas erhöht in der Mitte befand sich der „Schammes", die Kerze vom Dienst, sozusagen. An ihrer Flamme entzündete man alle anderen.

Die Kinder stellten sich um Papa. Mama hob Charlie auf einen Stuhl. Papa steckte eine Kerze in den ersten Kerzenhalter der Menora. Dann, den brennenden „Schammes" in der Hand, wandte er sich an Charlie. „Willst du die Kerze anzünden?"

Charlie hopste auf und ab. „Ja, ja! Charlie Kerze anzünden!" Seine kleine Hand griff nach dem „Schammes". Papa führte Charlies Hand gegen den Docht der Kerze Nummer eins. Die flammte auf, hell und leuchtend, und warf ihren Schein auf Charlies Gesicht.

Papas Stimme erklang nun dunkel und ehrfurchtsvoll: „Gepriesen seiest du, o Herr unser Gott, Beherrscher des Universums, der uns geboten hat, die Chanukka-Lichter zu entzünden."

Über zweitausend Jahre zuvor hatte Antiochos, der König von Syrien, eine mächtige Armee nach Palästina gesandt, um die Juden zu zwingen, ihrer Religion zu entsagen. Es war verboten, Gottesdienste im Tempel von Jerusalem abzuhalten, und Gottes höchsteigenes Haus wurde in einen griechischen Tempel umgewandelt. Die Juden, die sich der Unterwerfung widersetzten, wurden vernichtet. Es waren die ersten religiösen Märtyrer, die die Geschichte kennt.

Da erhob sich ein starker und mutiger Mann; er hieß Judas Makkabäus. Er rief sein Volk zum Kampf für die Freiheit auf. Drei Jahre lang wütete der Kampf, der letzte Sieg gehörte den Juden. Im Triumph kehrten die jüdischen Soldaten in die Stadt Jerusalem zurück.

Als die Heiden den Tempel erobert hatten, hatten sie ihn durch das Opfern unreiner Tiere entweiht. Die Priester suchten nach unentweihtem Öl, um das ewige Menora-Licht zu entzünden. Alles, was sie finden konnten, war ein winziges Gefäß mit Öl, das Siegel darauf war noch unverletzt. Das Öl reichte höchstens für einen Tag.

Durch ein Wunder aber reichte der kärgliche Vorrat dann doch acht volle Tage lang – Zeit genug, Oliven zu sammeln, zu pressen und frisches Öl zu bereiten.

Nun konnten wieder Gottesdienste im Tempel gehalten werden, mit Gesängen und Gebeten zu Gott. Kerzen leuchteten in den Wohnungen, und sogar die Straßen der Stadt waren erleuchtet. Acht Tage dauerten die Feierlichkeiten an. Und seither wird jedes Jahr die Kerzen-Zeremonie acht Tage lang wiederholt, jeden Abend wird eine Kerze mehr angezündet.

„Morgen halte ich den ‚Schammes', und zünde die zweite Kerze an", sagte Gertie.

„Sechs Kinder und Papa und Mama machen zusammen acht", sagte Sarah. „Es geht genau auf!"

„Ja", sagte Papa und nickte. „Jeder kommt einmal dran. Ella, sing etwas für uns!"

Und so sang Ella „Fels der Zuflucht", und nach kurzer Zeit sang die ganze Familie mit:

„Fels der Zuflucht, deine Macht
rette uns vor der Feinde Sturm.
Laß dich preisen! In Not und Nacht
warst du uns immer der schützende Turm."

Sydney Taylor

14   Festtage

Judentum

Diese Geschichte stammt aus dem Buch „Sternkinder" von Clara Asscher-Pinkhof, die als jüdische Lehrerin zur Zeit der Judenverfolgung durch die Nationalsozialisten freiwillig mit ihren Schülern und Schülerinnen in das Konzentrationslager Bergen-Belsen ging. 1944 wurde sie zusammen mit 250 anderen Lagerinsassen gegen deutsche Gefangene ausgetauscht und in das heutige Israel geschickt. Beide Söhne und ihre fünf Brüder starben im Konzentrationslager. Die Geschichte beschreibt, wie jüdische Kinder in einem Lager trotz Verbotes das Chanukka-Fest feiern und wie das Kerzenlicht für sie zum Hoffnungsträger wird.

Alter: ab 10 Jahren

Weiß der Kommandant, daß die Juden ihr Judentum nicht nur im Herzen durch die Welt tragen, sondern es in diesem Lager offen oder heimlich so stark leben und beleben, wie sie es in der Freiheit nicht getan haben? Wenn er es weiß, dann ahnt er jedenfalls nicht, wie unantastbar sie das macht. Wer läßt seinem Feind die stärksten Waffen und nimmt ihm lediglich ab, was unwichtig ist, – das bißchen Freiheit, das bißchen Besitz, das bißchen äußerliche Würde, das bißchen Gesundheit, das bißchen Leben?

In der Kinderbaracke sind alle eifrig an der Arbeit.

Die Chanukka, das achttägige jüdische Tempelfest, soll andächtig begangen, die Menora, der achtarmige Leuchter, im Eßsaal aufgestellt und mit Kerzen das Wunder der Befreiung aus einer Unterdrückung gefeiert werden, die ebenso schwer war wie die heutige.

Da scheint der Kommandant auf einmal zu begreifen, welche Kraft Lichter auszustrahlen vermögen. Am ersten Abend der Chanukka ergeht der Befehl: Es darf kein Fest gefeiert werden, aus welchem Anlaß auch immer, ganz gleich, ob es ein jüdisches oder ein christliches Fest ist.

Die Menora brennt schon, als das Verbot kein Gerücht mehr ist, sondern öffentlich verkündet wird. Der erste Abend ist ein Fest des Lichtes gewesen, das kann nicht mehr zunichte gemacht werden. Doch morgen, wenn zwei Kerzen brennen sollten, und die ganze nächste Woche hindurch, wenn die Reihe der Kerzen auf acht anwachsen müßte…

Die Kleinen rechnen nicht weiter als bis heute. Die Größeren gehen betrübt zu Bett, sie denken an das Fest, das ihnen genommen werden soll. Und dann gibt es eine kleine technische Panne, wie sie jederzeit und überall eintreten kann: Am nächsten Tag ist die elektrische Leitung gestört, im ganzen Lager, in der näheren Umgebung und auch draußen in der Villa des Kommandanten. Alles ist dunkel. Das darf nicht sein, wo Hunderte von Menschen durch überfüllte Baracken irren, wo große und kleine Kinder bis unter die Decke in den mehrstöckigen Betten der Schlafsäle gestapelt sind. Es muß Licht gemacht werden. Heller als vorher, da sie von den elektrischen Lampen überstrahlt wurden, leuchten zwei Kerzen durch die Finsternis des weiten Saales und verbreiten festlichen Glanz auf den ergriffenen jungen Gesichtern.

Es ist der zweite Abend der Chanukka.

Wie schwierig ist es, gegen die unfaßbare Kraft zu kämpfen, die von ein wenig Kerzenlicht ausstrahlt!

Clara Asscher-Pinkhof

Sabbat in einer polnischen Familie 15

Judentum

Bella Chagall (1895–1944) schildert die Vorbereitungen zur Sabbatfeier in ihrem Elternhaus um die Jahrhundertwende. Die Feier beginnt am Freitagabend mit dem Anzünden der Sabbatkerzen im Familienkreis und dem Besuch der Synagoge. Anschließend wird der Segensspruch (Kiddusch) über einem Glas Wein gesprochen.

Alter: ab 10 Jahren

Der Freitag ist schon vom Morgen an ganz anders als jeder andere Tag. Auf den breiten Fensterbrettern liegen Fladen und kleines Backwerk zum Frühstück, daneben türmen sich Berge von Zwiebelkuchen.

Freitags wird zu Mittag nicht gekocht. Statt warmer Speisen erhält jeder einen Zwiebelkuchen. Wie ein Ofen mit roten Kohlen ist er dick mit gebratenen Zwiebeln gefüllt und so groß, daß die Hand ihn kaum halten kann. Schon beim ersten Bissen klebt der Mund, der Teig bleibt einem im Hals stecken, bis ein Glas kalter Milch ihn hinunterspült. (...)

Am Tag vor dem Sabbat ist alles im Haus in Bewegung. In aller Frühe werden Zwiebeln geschält und gehackt. In der Küche herrscht ein Betrieb wie in einer Mühle. Backofen und Herd sind heiß. Chawa kocht, bäckt Brot, rupft Hühner. Der weiche Flaum bleibt an ihrer Schürze hängen, löst sich aus ihren Haaren und umflattert sie wie kleine Küken. Dann hackt sie auf einem kleinen Brett ein Häufchen Zwiebeln, bis sie zu Mus werden.

Chawas Augen tränen. Mir ist, als dufteten wir schon alle nach Zwiebeln. Allerlei Gerüche, einer schärfer als der andere, erfüllen das ganze Haus.

Alles gerät in Bewegung. Meine jüngeren Brüder eilen mit dem Rabbiner, ihrem Lehrer, ins Bad. Sascha geht im Eßzimmer hin und her und schilt einen meiner Brüder, der dort noch herumtrödelt.

„Auf, marsch! Du hast genug Tee getrunken! Ich muß den Samowar putzen, es ist schon bald Sabbat."

„Was? Nicht einmal ein Gläschen Tee läßt sie mich austrinken! Der rein-
ste weibliche Rabbiner!"

Sascha, die Russin, dient seit Jahren in unserem Haus und hält streng auf
die Speisengebote, wacht über den Sabbat, als wäre er ihr Sonntag. Wortlos
zieht sie den schweren Samowar mitsamt dem Tablett und der mit Wasser
gefüllten Tropfschale vom Tisch, nimmt meinem Bruder die Zuckerdose weg,
den Löffel aus der Hand, und kehrt ihm den Rücken. Wie ein Esel beladen,
schleppt sie alles in die Küche, um es blank zu putzen.

Chawa mit ihren dicken Beinen kommt ihr entgegengestapft, ein mehl-
bestreutes Brett in den Händen. Es ist so lang, daß es aussieht, als trage sie eine
aus dem Boden gehobene Diele vor sich her. Zwei, drei große geflochtene,
goldglänzende Sabbatbrote thronen wie Königinnen darauf, von kleineren,
mit dünnen Teigzöpfen verzierten Broten umgeben. Ganz oben liegt ein winziges Sabbatbrot, das sie aus dem letzten Teigrestchen für mich gebacken
hat. Frisch aus dem Ofen geholt, glänzen die Brote wie von der Sonne ge-
bräunt.

Ein herzerfreuender Anblick für Chawa. Sie kann sich fast nicht davon
trennen.

„Gott sei Lob und Dank! Wohlgeratene Sabbatbrote", sagt sie und lächelt
beglückt.

Wir ziehen den großen Eßtisch aus, legen Bretter dazwischen. Er wird so
lang, daß man auch mit den längsten Armen das andere Ende nicht erreichen
könnte. Ein weißes, glänzendes Damasttuch breitet sich raschelnd über die
Tischplatte aus. Die Füße des Tisches verschwinden unter den Ecken des
Tuches, die bis zur Erde reichen und sich wie eine Schleppe in Falten legen.

Sascha jagt mich hinaus, dann ruft sie mich wieder: „Baschinka, komm
her, hänge die Handtücher auf, jedes an seinen Nagel."

„Da sind noch Servietten. Was soll mit denen geschehen?"

„Lege eine an Vaters Platz!"

Ich gehe zu Vaters Platz und bedecke das Sabbatbrot mit der Serviette, wie
man eine Braut mit dem Schleier verhüllt.

Am anderen Ende der Tafel steht schon Mamas großer fünfarmiger silberner Leuchter. Man stellt noch zwei Leuchter dazu, wohl um eine Glückszahl
zu erreichen. In allen sieben Haltern stecken lange weiße Kerzen. Neben
Mamas Leuchtern steht mein silberner Kerzenstock schüchtern und klein auf
seinen kurzen Beinchen. Papa hat ihn mir als Geschenk mitgebracht. Er ist
ziseliert, wie mit feinem Spinnengewebe überzogen, unter der Tülle ist eine
kleine Scheibe, die später, wenn das Licht brennt, die Tropfen der Kerze auffangen wird.

Der Tisch steht da wie ein verträumtes weißes Schloß, so still, als erwarte er etwas. Plötzlich bewegen sich die an den Ecken herunterhängenden Fransen des Tischtuchs. Aus der Ferne kommt ein Geräusch auf mich zu: der eiserne Rolladen des Geschäfts wird heruntergelassen. Beim Festschrauben kreischt das Metall. Gott sei Dank! Endlich wird der Laden geschlossen! Man hört die Stimmen der Angestellten, die sich beeilen, nach Hause zu kommen...

Sascha bringt den Samowar herein und zündet die Lampe an. Der blitzblanke Samowar dampft und zischt wie eine Lokomotive. Die Hängelampe streut feurige Strahlen aus. Ringsum wird es hell und warm. Papa setzt sich an den Tisch und trinkt in aller Ruhe mit Konfitüre gesüßten Tee.

Mama verläßt als letzte den Laden. Sie sieht nach, ob alles gut verschlossen ist. Jetzt höre ich ihre kleinen Schritte. Sie schließt die eiserne Hintertür ab. Jetzt raschelt ihr Kleid. Jetzt kommt sie in ihren weichen Schuhen ins Eßzimmer. Einen Augenblick bleibt sie auf der Schwelle stehen, wie von dem weißen Tischtuch und den silbernen Leuchtern geblendet. Dann wäscht sie sich schnell Gesicht und Hände und legt den frisch gewaschenen Spitzenkragen um, den sie immer am Freitag abend trägt. Eine ganz neue Mama tritt nun zu den Leuchtern und zündet mit einem Streichholz ein Licht nach dem anderen an. Alle sieben Kerzen erglänzen. Sie beleuchten Mamas Gesicht von unten, und wie verzaubert senkt sie den Blick. Langsam, dreimal hintereinander, schließen sich ihre Hände zum Kreis um jede Flamme, als umschlinge sie ihr eigenes Herz. Mit den Kerzen schmelzen die Sorgen der Woche dahin.

Mama bedeckt ihr Gesicht mit den Händen und segnet die Lichter. Ihre leisen gemurmelten Segenswünsche dringen zwischen den Fingern durch und geben den gelben Flammen noch mehr Kraft. Mamas Hände leuchten im Kerzenschein wie die Gesetzestafeln in der Lade.

Ich drücke mich ganz dicht an Mama, um den segnenden Händen nahe zu sein, blicke auf, suche ihr Gesicht, möchte in ihre Augen schauen. Sie sind hinter ihren Händen verborgen.

Nun zünde ich mein eigenes Licht an, halte wie die Mutter die Hände vors Gesicht und spreche ihr die Segenssprüche leise nach, murmle sie wie durch ein Gitter in mein kleines Licht.

Kaum angezündet, beginnt meine Kerze schon zu tropfen. Rasch versuche ich, ihre Tränen mit einer Hand aufzuhalten.

Ich höre Mama den einen und den anderen Namen in ihrem Gebet erwähnen – Vater, uns Kinder, ihren eigenen Vater, ihre Mutter. Nun ist auch mein Name in die Flamme der Kerze gefallen. Mir wird ganz heiß. „Der Allvater möge sie alle segnen!" Jetzt endlich läßt Mama die Hände sinken.

„Amen", sage ich mit erstickter Stimme hinter meinen Fingern.

„Guten Sabbat!" ruft Mama laut. Ihr Gesicht ist wie geläutert, als hätte es die Helle der Sabbatlichter in sich aufgenommen.

„Guten Sabbat!" antwortet Vater vom anderen Ende des Tisches und steht auf, um in die Synagoge zu gehen.

„Guten Sabbat!" ruft die Köchin Chawa aus der Küche. Auch sie hat ihre zwei Messingleuchter vom Regal heruntergenommen, zwei Kerzen hineingesteckt und ein kleines weißes Tuch über den frisch gescheuerten Tisch gebreitet. Die vielbenutzte, von der Arbeit müde Küche ist wie verwandelt. Das weiße Tuch und die beiden Kerzen haben ihr Ruhe und Stille gebracht.

Bella Chagall

16   Ramadan in der Türkei

Islam

Der Erzähler beschreibt die festliche Stimmung zur Zeit des abendlichen „Fastenbrechens" im Monat Ramadan. Jeder erwachsene, gesunde Muslim soll in diesem Monat von der Morgendämmerung bis zum Sonnenuntergang aus Ehrfurcht vor Gottes barmherziger Gegenwart, aus Dankbarkeit über die Offenbarung des Korans und als Zeichen der Selbstdisziplin fasten. In neuerer Zeit wird das Fasten auch zunehmend als Kritik an der modernen Konsumgesellschaft begriffen. Allabendlich findet das „Fastenbrechen" statt, ein kommunikatives Ereignis im Kreise von Verwandten, Nachbarn und Freunden. In islamischen Ländern sind vor allem die Moscheen und öffentlichen Gebäude festlich erleuchtet. Diese festliche Stimmung vermißt der im Ausland lebende Muslim.

Alter: ab 9 Jahren

Obwohl der diesjährige Ramadan schon längst vorbei ist, möchte ich doch für euch aufschreiben, was ich in der Türkei erlebt habe. Der Ramadan begann am 25. Juli. Zu dieser Zeit befand ich mich gerade auf Urlaub in Corlu, das ist eine Stadt in der Nähe von Istanbul.

Schon einen Tag vorher wurden allerlei Vorbereitungen getroffen. Die Hausfrauen kochten und buken viel mehr als üblich, Fruchtsäfte wurden kaltgestellt, Wohnungen und Häuser besonders sorgfältig geputzt. Die Kinder freuten sich besonders darauf, daß rund um die Minarette der Moscheen wieder Lichter aufleuchten würden. Jeden Abend, wenn der Muezzin zum Gebet ruft und damit die Erlaubnis zum Fastenbrechen gegeben wird, werden diese Lichter eingeschaltet. Auch ich freute mich auf die Lichter, die mich daran erinnerten, wie wir bei Anbruch der Dämmerung immer zu den Minaretten hinaufgeschaut hatten und dann, wenn sie zu leuchten begannen, schnell zu unseren Eltern gelaufen waren, um ihnen zu sagen, daß sie nun essen dürften. Da nahmen sie dann einen Schluck Wasser und eine Olive oder Dattel zu sich, bevor sie ihr Abendgebet verrichteten. Als Kind verstand ich damals noch nicht so genau, was für einen tiefen Sinn das alles hat. Aber heute ist es auch für mich selbstverständlich, das Fasten einzuhalten. Und den Ramadan in der Türkei zu erleben ist etwas ganz Besonderes. Es ist sehr viel anders als hier in Deutschland, zumindest als hier, wo ich wohne. Denn da gibt es keine Moschee, und immer weniger Muslime halten die Fastentage ein, was ich sehr bedaure.

Einige Tage meines Urlaubs verbrachte ich auch in Istanbul. In dieser riesig großen Stadt mit ihren mehreren Millionen Muslimen und den vielen großen bekannten und kleinen unbekannten Moscheen waren die Lichter besonders schön. Bei einer der großen Moscheen, die zwei Minarette besitzt, war ein breites Schriftband zwischen den beiden hohen Türmen befestigt, auf dem zu lesen war: Ramazaniniz Mübarek Olsun. Das heißt so viel wie „Gesegnet sei der Ramadan".

Wer zum Tarawih-Gebet – dem Gebet, das während des Ramadan vor dem Nachtgebet verrichtet wird – in die Moschee ging, traf dort sehr viele Muslime, die sich versammelt hatten, um das Namaz gemeinsam zu beten. Manche der Moscheen waren so überfüllt, daß gar nicht alle Menschen hineingelangen konnten. In fast allen Moscheen gibt es auch Gebetsplätze für Frauen. Es war wunderschön für mich, unter so vielen Muslimen mein Gebet zu sagen. Ganz warm wurde mir dabei ums Herz.

al-Fajr

Aschule und seine Lichterschiffchen   17

Hinduismus

Die Geschichte erzählt, wie der Junge Aschule mit seinen Eltern, Großeltern und anderen Verwandten eine Pilgerbootsfahrt auf dem Ganges zu der Stadt Varanasi (Benares) unternimmt. Nach einem Bad in dem heiligen Fluß Ganges werden die sogenannten Lichterschiffchen abgesandt. Jedes Familienmitglied steckt eine Kerze in ein blumengeschmücktes Schiffchen und läßt seine Gebete und Wünsche für die Götter im heiligen Wasser schwimmen. Die Kerzen sind hier ein Symbol für die Hoffnungen der Pilger.

Alter: ab 9 Jahren

Aschule klettert aus dem Boot und stößt mit dem Kopf in einen Grasberg. Vor ihm geht ein Mann mit einem riesigen Ballen Gras auf den Schultern. Aschule klaubt sich das Gras aus dem Gesicht und beeilt sich, seinen Eltern nachzukommen. Die Mutter faßt ihn an der Hand. So kann er dahinstapfen und alles bestaunen und muß nicht auf den Weg achten.

Sie steigen breite Holztreppen hoch. Hier stehen Holztische mit vielen Dingen zum Kaufen. In der Schnelligkeit kann Aschule wenig wahrnehmen. Er sieht weiße und rosa Blüten, kleine Krüge und Teller, Schüsseln und Töpfe und andere Dinge.

Aschule gibt gut acht. Etwas möchte er unbedingt finden. Und dann sieht er es.

„Mutter, hier sind die Lichterschiffchen", ruft er.

Doch die Mutter zieht ihn weiter und sagt: „Jetzt kaufen wir nichts. Wir müssen zuerst in unser Quartier gehen."

SSSSS! Aschule springt zurück. Vor seinem Gesicht wiegt eine Schlange ihren Kopf hin und her. Ein Mann hält sie um den Arm gewickelt und lacht. Er ist ein Schausteller und zeigt die Schlange für Geld her. Sie sieht gefährlich aus, aber sie ist nicht giftig.

Der Großvater führt die Familie durch einige Gassen zu einem kleinen Haus aus Lehm. Ein Mann empfängt sie, führt sie in das Haus und sagt: „Die Ecke hier neben der Tür rechts und die rechte hintere Ecke gehören euch."

Der Großvater gibt dem Mann Geld für zwei Nächte. In den anderen Ecken sitzen Leute auf Matten. Sie essen Reis und Gemüse aus Schalen. Der Vater und die Onkel lösen die Bündel, und die Frauen breiten die Matten und die Decken auf dem Boden aus. In der hinteren Ecke richten sich die Großeltern und die Eltern mit Aschule ein, in der Ecke neben der Tür werden die Onkel und die Tanten ihre Plätze haben.

Nach dem Mittagessen geht die ganze Familie zum goldenen Tempel. Vor dem Tempel legt Aschule den Kopf weit in den Nacken, um hinaufschauen zu können. Der Tempel steht in einer sehr engen Gasse. Aschule muß die Augen zusammenkneifen. So stark blendet ihn das Gold, mit dem der Turm rundherum bedeckt ist.

Am späten Nachmittag gehen sie wieder zum Fluß.

„Du darfst für uns alle die Lichterschiffchen aussuchen", sagt der Großvater. Auf einem Verkaufstisch liegen viele Schiffchen. Aschule findet bald neun fast gleich große Schiffchen. Der Vater bezahlt. Der Großvater kauft neun kleine weiße Kerzen. „Steck sie in die Schiffchen", sagt er und gibt sie dem Vater. Die Mutter trägt sie im Korb, in dem rosa und weiße Blüten liegen. Aschule geht dicht an der Seite der Mutter. Auf einer Holzstufe warten sie auf den Sonnenuntergang. Und mit ihnen warten viele Pilger, bis die Sonne sinkt.

Die letzten roten Sonnenstrahlen malen bunte Kreise auf das braune Wasser des heiligen Flusses Ganges. Niemand spricht laut.

Langsam steigt die Abenddämmerung herauf. Die Mutter gibt jedem ein Schiffchen. Sie gehen bis zu den Knien ins Wasser.

„Du bist der erste", sagt der Großvater. Die Mutter legt in das Schiffchen Aschules ein paar rosa Blüten, der Vater zündet die Kerze an.

Aschule faßt das Schiffchen mit beiden Händen und setzt es vorsichtig auf das Wasser. Er hält es noch fest. Nach ihm setzen alle ihre Schiffchen auf den Fluß. Sie lassen sie los.

Aschules Schiffchen dreht sich einmal um sich selbst, dann gleitet es langsam dahin, von den anderen acht gefolgt. Wie eine kleine Lichterflotte schwimmen sie den heiligen Fluß Ganges hinunter.

Alle schauen nach, bis die Lichter ihrer Schiffchen mit den Lichtern der anderen zu einem hellen Lichterteppich verschmelzen.

Der heilige Fluß Ganges trägt die Schiffchen weiter. Keines geht unter. Die Götter nehmen die Opfer an. Werden sie die Bitten der Pilger erfüllen? Alle hoffen es.

Elfriede Becker

Divali 18

Hinduismus

Divali ist das hinduistische Lichterfest, das zu Beginn des indischen Neujahrs im November gefeiert wird. Das Fest wird zu Ehren der Göttin Lakshmi, der Frau des großen monotheistischen Gottes Vishnu, insbesondere von Studenten und Kaufleuten begangen; denn Lakshmi ist vor allem für Reichtum und geschäftlichen Erfolg zuständig. Divali symbolisiert den Sieg des Guten über das Böse, des Lichts über die Finsternis. Die Straßen werden festlich geschmückt, und die Frauen backen Gebäck und bereiten Süßspeisen. Im folgenden Erzählabschnitt verläßt der 14jährige Jeffrey zunächst nur widerstrebend das Krankenbett seines Vaters, um im Haus eines Freundes Divali zu feiern.

Alter: ab 12 Jahren

Eines Abends sagte der Vater zu Jeffrey: „Ist nicht morgen Divali?"

Divali ist das wichtigste Fest der Inder, zur Feier des Sieges des Guten über das Böse.

„Schon möglich", sagte Jeffrey.

„Schon möglich? Wohin gehst du denn feiern?"

„Nirgendwohin."

„Hat dich denn niemand in sein Haus eingeladen?"

„Doch. Rama…"

„Dann geh hin."

„Nein, ich mag nicht, Dad."

„Du magst nicht hingehen?"

Jeffrey schüttelte den Kopf, obwohl er um nichts in der Welt Divali versäumen wollte. Seit Monaten hatten er und seine Schulkameraden sich auf das Fest gefreut.

„Geh nur, Jeffrey."

„Ich bleibe lieber hier."

„Geh zu Rama, geh nur. Divali ist eine wunderbare Zeit. Genieße sie. Geh zu Rama."

Und so machte sich Jeffrey am nächsten Tag vor Sonnenuntergang bereit fortzugehen. Noch einmal klopfte er Vaters Kissen aus und strich das Bettuch glatt. Er versprach, nur eine Stunde auszubleiben, bestand noch einmal darauf, nicht wirklich gehen zu wollen – aber schon klopfte sein Herz schneller, als er aus der Ferne das Geräusch explodierender Feuerwerkskörper hörte.

Er drückte kurz Vaters Hand und lief in die Dämmerung hinaus. Er durchquerte das Dorfzentrum, wo die Festlichkeiten, die schon vor Tagen begonnen hatten, heute nacht ihren Höhepunkt erreichen würden. In allen Straßen herrschte lebhafte Bewegung. Beißender Rauch wirbelte in Dunstschleiern durch die engen Gassen. Jeder Laden war mit bunten Glühlampen-Girlanden dekoriert – sein Vater hatte einmal gesagt, es sähe aus wie Weihnachten in Amerika. Ein junger Bursche warf eine Schnur mit Schwärmern direkt vor die Beine kreischender Mädchen. Von weither waren die Bauern gekommen, um sich das geschmückte Dorf anzusehen und starken Punsch zu trinken. Zigarren rauchende Händler boten Pfauenfedern, Konfekt und schillernde seidene Saris an. Jeffrey winkte einigen Schulfreunden zu, die wie zufällig einen Tea-Shop umdrängten und ihm zugrinsten – wahrscheinlich waren sie gerade drauf und dran, eine höllische Ladung von Knallfröschen und Kanonenschlägen explodieren zu lassen.

Als Jeffrey die Hauptstraße verließ und in eine enge Gasse einbog, ernüchterte ihn die plötzliche Stille. War es richtig, daß er heute abend ausging? Er hatte doch geschworen, nie das Haus zu verlassen. Aber hatte denn Vater nicht darauf bestanden, daß er ging? Seit Tagen hatte er keinen Anfall mehr. Und doch: Warum hatte Jeffrey das Haus verlassen? Die Antwort war ein Eingeständnis: Weil er das ewige Eingesperrtsein nicht mehr ertrug – und weil Divali war!

Er schlenderte die Gasse entlang und begann sogar ein Lied vor sich hinzupfeifen, das zur Stimmung dieses Abends paßte. Jenseits einer Mauer knatterten Feuerwerkskörper. Vor ihm stieg plötzlich eine blaue Flamme hoch, und dann explodierte hoch über den Palmen eine Rakete in roten und grünen Kaskaden.

Jetzt hatte er Ramas Haus erreicht. Es war groß, hatte zwei Obergeschosse und sogar eine Garage, denn Ramas Vater war einer der acht Männer im Dorf, die ein Auto besaßen.

Rama und seine vier Brüder waren bereits im Hof. Sie trugen brennende Wunderkerzen, mit denen sie Raketen, Knallkörper und Leuchtkugeln entzündeten. Wie eine Wand aus Licht und zuckender Bewegung spannte sich der helle Schein weit über die Blumenbeete.

Rama lief auf Jeffrey zu, begrüßte ihn und drückte ihm eine Wunderkerze in die Hand. Gemeinsam ließen die beiden nun einen Feuerwerkskörper nach dem anderen explodieren. Diener reichten in Tassen süßen Reis und Sauerrahm mit Rosinen herum. Ramas Vater, in langen weißen Hosen und einem Polohemd, überwachte das Anzünden der nicht ungefährlichen Knallbomben, die mit ohrenbetäubendem Krachen barsten. Dann wieder erhellten bengalische Lichter oder Raketen die ganze Umgebung. Ramas Urgroßmutter hockte auf der Veranda, ließ ihre zahnlosen Kiefer knacken und freute sich an der Farbenpracht und am lautstarken Treiben. Im Inneren des Hauses, in der Küche, überwachten Ramas Mutter und Großmutter die Zubereitung weiterer Speisen. Später würde es für alle Geschenke geben, man würde Spiele veranstalten, und aus dem ganzen Dorf würden die Besucher kommen und den Abend mit fröhlichen Liedern beschließen.

Jeffrey blickte, die Wunderkerzen in der Hand, zu Rama hinüber, der lachend den Blick erwiderte. Dann sahen sie zu, wie Ramas Vater sich bückte, um Feuer an die Lunte eines Schwärmers zu legen.

Malcolm J. Bosse

Feuer

Das Feuer stellt eines der höchsten Güter der Menschheit dar. Es erwärmt und erhellt den Lebensraum des Menschen. Erst durch das Feuer wurden Kultur und Zivilisation möglich.

Das Feuer war stets Symbol der Sonne, die alles erwärmt und Leben gibt. Wenn die Sonne nach dem langen Winter wieder höher steigt und den Schnee vertreibt, werden an vielen Orten Frühlingsfeuer entzündet. Die Feuer sind einerseits Begrüßung der Sonne, aber auch kultische Sicherung von Leben, Wachstum und Ernte. In vielen Gegenden Deutschlands lodern heute noch zu Ostern die Osterfeuer. Oder es werden Strohräder in Brand gesetzt und von den Höhen herabgerollt. Damit, so glaubte man früher, sollen die Dämonen, die bösen Geister des Winters, vertrieben werden.

Einen wichtigen Platz nimmt das Feuer in der Eschatologie ein. Es gibt die indogermanische Vorstellung von einem Weltenfeuer und den Mythos vom Weltenbrand. Die Hölle gilt als Feuerofen. Das Feuer ist der Bibel ein beliebtes Symbol für Gottes Sein und Wirken: der brennende Dornbusch, die Feuersäule, in der Jahwe dem aus Ägypten ausgewanderten Volk nachts voranleuchtet (2. Mose 13,21), die Feuerzungen in der Pfingstgeschichte (Apg 2,3), die die Gegenwart von Gottes heiligem Geist versinnbildlichen (siehe Nr. 95). Im Hebräerbrief 12,29 heißt es: „Unser Gott ist ein verzehrend Feuer."

Feuer ist Bild der göttlichen Klarheit und Liebe. Die Seele gilt als Funken des göttlichen Urfeuers. Im Hinduismus wird in einem Gleichnis aus der Brhad-Aranyaka Upanishad (II,1,20) erzählt, wie aus dem Feuer die winzigen Funken hervorgehen. Genauso gehen „aus diesem Atman hervor alle Lebensgeister, alle Welt, alle Götter, alle Wesen".

Für die Parsen, die Anhänger des altiranischen „Priester-Propheten" Zarathustra (13. Jahrhundert v. Chr.) ist das heilige Feuer der Mittelpunkt ihrer Religion. Niemals darf es in den Tempeln verlöschen. Immer sind Priester zur Hand, um die Flammen am Leben zu erhalten. In Sharifabad, im südlichen Iran, brennt ein Feuer seit mehr als 2000 Jahren ununterbrochen! Das Feuer ist für die Parsen nicht Gott selbst, sondern ein Symbol für ihn.

Das oft im Koran vorkommende Wort Feuer bedeutet fast immer Höllenfeuer. Sein überaus schmerzhaftes Brennen ist notwendig, um die Herzen zu reinigen. Möglicherweise sind die gefährlichen Aspekte des Feuers im Islam durch Erinnerungen an den zoroastrischen (parsistischen) Feuerkult noch verstärkt worden. Spätere iranische Dichter behaupteten, daß ihre Herzen in Liebe feuriger brennen als die Feuertempel des alten Iran. Auch in der hebräischen Bibel ist die verzehrende Kraft des Feuers ein Symbol für das Strafgericht Gottes: „Der Herr wird kommen mit Feuer" (Jes 66,15), „Gott rief das Feuer, um zu strafen" (Am 7,4). Gott errettet aber auch aus dem Feuer, wie zum Beispiel die Geschichte von den drei Männern im Feuerofen (Dan 3) erzählt (siehe Nr. 24).

In der islamischen Mystik (Sufismus) spielt das Feuersymbol beim Gedanken des Verschmelzens der menschlichen Seele mit dem Göttlichen eine wichtige Rolle. Dschalal ad-Din Rumi beschreibt den Mystiker al-Halladsch, der den ketzerischen Ausspruch „Ich bin die absolute Wahrheit (also Gott)" als Ausdruck der Unio Mystica tat, mit einem Stück Eisen, das im göttlichen Feuer verglüht. Die Mystik kennt das Motiv des Falters, der sich in die Flamme stürzt.

Feuer als Symbol der Gegenwart Gottes   19

Mose erhält einen Auftrag

Judentum

Nach der Darstellung des Jahwisten erscheint Jahwe dem Mose im Feuer. Der brennende Dornbusch befindet sich auf heiligem Boden. Mose soll ihn nicht durch seine Ledersandalen entweihen; denn Leder stammt von toten Tieren und ist unrein. Typisch ist die Vorstellung, daß Gott einen Menschen mit dessen Namen ruft, der Angesprochene mit „Da bin ich" antwortet und Gott sich daraufhin vorstellt. Gott ist Feuer, das brennt, doch es verbrennt denjenigen, in dem es brennt, nicht. Das Symbol des brennenden, jedoch nicht verbrennenden Dornbusches deutet auf eine Macht hin, die nicht von Zerstörung lebt. Es wird auf eine Zukunft hingewiesen, in der Feuer lodert, ohne zu verzehren: die Befreiung der Sklaven aus Ägypten bedeutet Befreiung aus den zerstörerischen Zwängen der Geschichte und gleichzeitig aus den Gesetzen der Natur.

Alter: ab 8 Jahren

Mose zog mit den Herden seines Schwiegervaters durch die Steppe. Eines Tages kam er an den Berg Sinai. Dort sah er einen Dornbusch, aus dem Flammen aufloderten. Trotzdem verbrannte der Busch nicht; keine Asche fiel auf den Boden. Das kam Mose seltsam vor. „Ich muß mir den Busch ansehen", sagte er zu sich selber und ging näher.

Da hörte er eine Stimme: „Mose!"

Sofort blieb Mose stehen. Er wußte, daß Gott mit ihm sprach.

„Komm nicht näher!" sprach Gott. „Du stehst auf einem besonderen Land. Der Boden hier ist heilig. Darum: Zieh deine Schuhe aus!"

Mose zog seine Schuhe aus. Er hielt sich die Enden seines Hirtenmantels über den Kopf, weil er dachte: „Niemand darf Gott anschauen. Auch ich nicht."

Die Stimme sprach: „Ich sehe, wie das Volk Israel in Ägypten Sklavenarbeit verrichten muß. Ich höre, wie es um Hilfe schreit. Ich weiß, wie schlimm es ihm geht. Darum will ich die Israeliten befreien. Ich will sie in ein schönes Land bringen. In ein Land, wo Milch und Honig fließen. Du aber, Mose: Geh zum Pharao. Sag ihm: Laß mein Volk aus Ägypten ziehen!"

„Ich soll zum Pharao gehen?" antwortete Mose erschrocken. „Das kann ich nicht."

Gott sprach: „Ich begleite dich. Ich helfe dir."

„Aber", wandte Mose ein, „wenn mich die Israeliten fragen: Was hat der Gott, der uns befreien will, für einen Namen – was soll ich ihnen antworten?"

Gott sprach: „Mein Name ist JAHWE. Mein Name ist: ICHBINDA. Ich bin da gewesen, als die Welt entstand. Ich bin bei Abraham, bei Jakob und bei Josef gewesen. Ich bin bei dir, Mose, und ich bin beim Volk Israel. Ich werde immer bei ihm bleiben, wenn es mir gehorcht."

„Aber", erwiderte Mose, „wenn mir die Israeliten nicht glauben? Wenn sie sagen: Gott ist dir gar nicht erschienen! Du hast es dir nur eingebildet! Was soll ich dann sagen?"

Gott sprach: „Was hast du in deiner Hand?"

„Meinen Hirtenstock", antwortete Mose.

„Nimm deinen Mantel vom Gesicht", sprach Gott. „Wirf deinen Stock auf den Boden!"

Mose warf den Stock auf den Boden. Sogleich bewegte er sich, wurde zu einer Schlange. Mose wich ihr entsetzt aus.

Gott sprach: „Pack die Schlange am Schwanz!"

Als Mose nach der Schlange griff, wurde aus ihr wieder der Hirtenstock.

Gott sprach: „Zeige dies den Israeliten, damit sie dir glauben."

Mose schwieg.

Gott sprach: „Steck deine Hand unter deinen Mantel!"

Mose gehorchte. Als er die Hand wieder hervorzog, war sie schneeweiß von der Krankheit des Aussatzes.

Gott sprach: „Steck deine Hand noch einmal unter deinen Mantel!"

Mose tat es, und seine Hand war wieder gesund.

Gott sprach: „Wenn die Israeliten dann noch immer nicht glauben wollen, dann hol im Nil Wasser und schütte es auf den Boden. Es wird zu Blut werden."

Aber Mose war noch immer nicht überzeugt. „Ich kann nicht gut reden",
sagte er. „Ein schlechter Redner wird nicht ernst genommen, sondern ausge-
lacht."

Da sprach Gott: „ICHBINDA! Ich gebe den Menschen den Mund. Ich
gebe den Menschen die Sprache. Ich gebe den Menschen das Reden. Ich
werde auch dir sagen, was du reden sollst."

„Sei mir nicht böse, wenn ich dir noch einmal widerspreche", sagte Mose.
„Aber nimm doch lieber einen andern als mich."

Gott sprach: „Du hast einen Bruder, Aaron. Der kann gut reden. Nimm
ihn mit, wenn du zum Volk und zum Pharao gehst. Sag ihm, was er reden
soll. Ich will ihm helfen."

Als Gott so mit Mose gesprochen hatte, erlosch das Feuer. Der Dornbusch
aber stand unversehrt am Fuß des Berges.

2. Mose 3,1–4.17. Nacherzählt von Werner Laubi

Musa führt die Bani Israel aus Ägypten 20

Islam

Der Koran erzählt davon, wie Gott Musa (Mose) im brennenden Dornbusch erscheint.
Auch hier ist Feuer ein Symbol für das Heilige, Numinose.

Alter: ab 10 Jahren

Musa hatte Frau und Kinder, Diener und seine eigene Viehherde, aber er war
rastlos, denn er wußte, daß Allah ihn für eine besondere Aufgabe vorgesehen
hatte. Ständig war er auf der Wanderschaft, begleitet von seiner Familie, dem
Gesinde und den Tieren.

Als sie einmal in der Wüste rasteten, erblickte Musa in der Ferne ein Feuer.
Er sprach zu seinen Leuten: „Wartet hier einen Augenblick, ich sehe dort ein
Feuer. Vielleicht kann ich euch einen Brand mitbringen, damit ihr euch wär-
men könnt, oder vielleicht kann ich dort einen neuen Weg finden.

„Er machte sich auf den Weg dorthin und gelangte bald an einen brennenden Busch. Daraus erklangen Stimmen, die sprachen: „Heilig sind diejenigen im Feuer und diejenigen in seiner Nähe, und Lob sei Allah, dem Herrn
der Welten."

Als er näher trat, sprach eine Stimme zu ihm: „O Musa, ich bin wahrhaftig dein Herr! Zieh deine Schuhe aus, denn du befindest dich im heiligen Tal
Tuwa! Ich habe dich auserwählt, darum höre, was ich dir sage. Wahrhaftig,
ich bin Allah, außer mir gibt es keinen Gott. Darum diene nur mir und ver-

künde mein Lob in Wort und Tat. Wahrhaftig, die Zeit wird kommen – wann, das bleibt mein Geheimnis, aber dereinst wird jeder es deutlich sehen – wo jede Seele ihren Lohn zugemessen bekommt nach dem, was sie erstrebt hat. Darum laß dich nicht ablenken von denen, die nicht daran glauben, damit du nicht verlorengehst."

Und die Stimme sprach weiter: „Was hast du da in deiner rechten Hand?"

Musa erwiderte: „Das ist mein Stab. Ich stütze mich darauf, wenn ich müde bin, und ich schlage damit Blätter von den Sträuchern als Futter für die Tiere, und er dient noch vielen anderen nützlichen Zwecken."

Allah sprach: „Wirf ihn auf den Boden!"

Musa tat, wie ihm geheißen war, und plötzlich verwandelte sich der Hirtenstab in eine lebendige Schlange, die zischend herumkroch, so daß Musa einen richtigen Schrecken bekam und ein paar Schritte zurücktrat.

Aber Allah sprach: „Hab keine Angst. Faß sie nur am Schwanz an, dann will ich ihr wieder ihre alte Gestalt geben." Zögernd faßte Musa die Schlange an, aber da hatte er nichts anderes in der Hand als seinen Hirtenstab.

„Steck nun deine Hand in dein Gewand", sprach Allah. „Wenn du sie herausziehst, wird sie schneeweiß aussehen, aber nicht etwa wegen einer Krankheit, wie die Leute glauben, sondern als Wunderzeichen. Denn ich will dir und den Menschen meine Macht zeigen. Reise nach Ägypten und rede mit dem Pharao, denn er hat alle Grenzen der Menschlichkeit überschritten."

Bei dem Gedanken, dem Pharao gegenübertreten zu müssen, fühlte sich Musa nicht wohl, denn er war kein guter Redner. Wenn es nun nicht gelang, den Tyrannen zu überzeugen? Gleichzeitig wußte Musa, daß er sich Allahs Auftrag nicht entziehen konnte. Darum sprach er: „O mein Herr, mach meine Brust weit und löse den Knoten in meiner Zunge, damit der Pharao versteht, was ich sage. Und gib mir einen Helfer von meiner Familie, meinen Bruder Harun, damit er mich unterstützt und mir bei meiner Aufgabe hilft, so daß wir dich unablässig loben und an dich denken, denn du bist der, der unser Innerstes kennt."

„Deine Bitte soll gewährt sein", sprach Allah.

Nacherzählt von Halima Krausen

Im Feuertempel 21

Parsismus

Eine herausragende Rolle spielt das Feuer in der Religion der Parsen. Es darf nie verlöschen und wird in Gang gehalten von den Mobads, den weißgekleideten Priestern, die einen Mundschutz tragen, um das Feuer durch unreinen Atem nicht zu verunreinigen. Die Reinheit des Feuers symbolisiert die Reinheit Gottes. Parsen sind keine „Feueranbeter" – eine in ihren Augen verletzende Bezeichnung. Der evangelische Theologe Ulrich Mann (1915–1989) hat Parsenheiligtümer kennengelernt und die dort herrschende Stimmung einfühlsam geschildert.

Alter: ab 13 Jahren

Noch ein letzter Blick auf das ernste Eisentor im düsterroten Gemäuer. Ringsum leuchtet die erhabene Berglandschaft im Licht des Spätnachmittags. Abstieg; wir verlassen die Stätte der Toten; der Feuertempel der Lebenden ist unser Ziel. Feuertempel heißt auf neupersisch Ateshqah; in Yazd sind mehrere Ateshqahs. Der Hauptempel, unser Ziel, liegt an der großen Ausfallstraße nach Süden, in einer gepflegten Vorstadt mit Gärten und neueren Häusern. Ein starkes Eisengitter sichert den Vorgarten, das Tor ist fest verschlossen, das mag seine Gründe haben. Am Hintereingang öffnet uns dann ein Tempeldiener; wir müssen jetzt irgend etwas, und sei es bloß das Taschentuch, auf den Kopf legen. Dann betreten wir die Halle, die sich an drei Seiten um das Allerheiligste herumlegt. Der Mobad empfängt uns hier; er stammt aus Bombay und lebt noch nicht lang in Yazd. Bereitwillig antwortet er auf alle Fragen.

Wir stehen in dem fensterlosen Saal, der etwas nüchtern anmutet, sehr rein gehalten, eine Stuhlreihe zieht sich den Wänden entlang. Was unsere Augen fesselt, ist der Mittelraum, das Aduriyan: auf vier Säulen, zwischen denen Metallschranken laufen, ruht eine tief-dunkle Decke, darunter flackert das ewige Feuer in einer großen messingnen Schale auf hohem Fuß. Einige Gerätschaften sind daneben zu erkennen, Ständer zum Auflegen der Barsombündel, Schalen und Krüge, Gefäße für den Haoma-Trank, Feuergabeln, Glocken und Metallscheiben, „Chatr" genannt. Weiße Asche scheint den Feuerkessel bis zum Rand zu füllen, starke Scheite liegen darüber, aus denen die Lohe rauchlos aufsteigt. Es ist ein ergreifender Augenblick, Stille herrscht in dem heiligen Raum.

Mit leiser Stimme erhebt dann der Mobad seinen Bericht an. Tausend Jahre schon brenne hier das Feuer; vor einigen Jahrzehnten wurde dann der jetzige Tempel errichtet, mit Hilfe von Stiftungen aus Bombay. Ob denn das Feuer nie ausgehen könne, fragen wir; ja schon, dann aber bedürfe es sehr umfangreicher Vorbereitungen und eines komplizierten Ritus, und diese Feier

sei „very expensive" – schon aus diesem Grund sei große Sorgfalt selbstverständlich, aber natürlich noch weit mehr aus Gründen der Frömmigkeit.
Nein, Feueranbeter seien sie, die Zorostrier, nicht, wie die Muslime behaupten. Das Feuer sei ihnen heilig, aber es sei ein „Symbol" und nicht das Göttliche selbst: Ahura Mazda sei ewig unsichtbar und erhaben über alles Irdische, doch von allem Irdischen sei das Feuer ihm das Nächste, das am meisten Analoge, das Medium seiner Offenbarung.

Das Feuer muß ständig unterhalten werden, das ist die Aufgabe des dienst-
tuenden Mobad. Zahlreiche Feiern gibt es im Festkalender, von verschiedener Art und verschiedenem Rang. An die islamische – und christliche wie
jüdische – Wocheneinteilung halten sich die Zoroastrier nicht; das wird sehr
zurückhaltend, beinahe scheu gesagt, aber wir verstehen: die Zoroastrier wissen sich als die weitaus Älteren, sie kümmern sich nicht um die Neuein-
führungen der Epigonen.

Wer könne denn Priester werden? Nur ein von priesterlicher Familie
Abstammender – nicht jeder davon werde es, aber wer es werde, könne nur
aus altem Priestergeschlecht sein, das wird wiederholt. Und wieder verstehen
wir: der noch jugendliche stille Mann in seiner weißen Gewandung ist ein
unmittelbarer Nachfahre des alten Magierstamms! Seine Gesichtszüge wirken nicht sehr indisch, das ist nun begreiflich, es muß in diesen Familien seit
nunmehr Jahrtausenden stets und unangefochten ein überaus strenges Prin-
zip der abstammungsmäßigen „Reinhaltung" geherrscht haben. Da steht
also vor uns einer, dessen in direkter Linie nachweisbare Ahnen einst Prie-
sterdienst in Shiz getan haben! Ja, die zu jenen medischen Magiern gehörten,
die vor Zeiten Zarathustras Lehre im Westen Irans aufgenommen und verbreitet haben, ja und überhaupt: hier begegnen wir einem Nachkommen
jener, die wie auf dem Relief von Persepolis, das Recht hatten, hinter Darei-
os und Xerxes zu stehen…

Der Priester erlaubt uns freundlich, Aufnahmen vom Innenraum des Feuertempels zu machen, womit wir nicht zu rechnen wagten. Ja, er bindet sich
das Mundtuch vor und betritt nun selbst den Innenraum: in diesem Augenblick bin ich wohl mit den Augen ganz in Yazd, und wie, doch mit der Erinnerung in Shiz! Nicht anders kann es dort gewesen sein, vor anderthalb Jahrtausenden, wenn die Magier ihren Feuerdienst verrichteten. Und hier sehen
wir nun einen Abkömmling eben dieser Magier vor uns, sehen ihn nicht nur,
sondern hören ihn: Er stimmt einen Hymnus an, psalmodierend umschreitet
er das Feuer, sorgsam legt er die großen aschenweißen Scheite zurecht und
schichtet sie neu. Hell schlägt die Flamme nach oben, ohne Rauch, nur reine
Lohe, reines Licht, reines Symbol. Goldroter Flackerschein durchzuckt den
ganzen Raum, sonorer Psalmenton durchklingt ihn. Zarathustra lebt, der
alte Glaube offenbart sich neu.

Wir treten durch eine Vorhalle mit Säulen, die, sehr verkleinert natürlich, denen von Persepolis nachgebildet sind; Stierkapitelle tragen den Dachrand, über dem Architrav ist in buntglasierter Ziegelarbeit das alte Symbol angebracht, Ahura Mazda über der geflügelten Sonnenscheibe. Der Garten hat seinen Mittelpunkt in einem runden Teich, um ihn herum stehen Granatapfelbäume, deren Früchte das alte Symbol der Anahita sind, und Tamarisken, aus denen früher die Barsombündel hergestellt wurden: heute bestehen die für die hohen Feuerkulte benötigten Bündel aus Metallstäbchen. Zahlreiche Blumen blühen ringsumher, auch sie werden für Feierzwecke benötigt. So zweckbestimmt aber auch all das ist, so herrscht zugleich eine stille Harmonie in dem grünen Park, eine weihevolle Stimmung. Das Teichrund vor der Tempelhalle gemahnt wieder an Shiz. In rotem Abendschein erstrahlen am Horizont die einsamen Berge hoch über den Gärten der Oase, wo immer noch die heilige Flamme lodert.

Ulrich Mann

Wie Gott Agni versuchte, sich zu verstecken 22

Hinduismus

Im Hinduismus gilt Agni (etymologisch verwandt mit lateinisch ignis = Feuer) als der Gott des Feuers. Die Inder vertrauten auf die alles verwandelnde Macht des Feuers. Durch seine Schöpferkraft wird das Feuer, auch die Opferflamme, zur Gottheit. Agni war der wichtigste Gott in der Frühzeit des Hinduismus. Er ist der einzige Unsterbliche, die anderen Götter und Asuras (Dämonen) besitzen keine Seele und sind damit sterblich. In Indien wurde kein Gott höher gepriesen. Von den zehn Büchern des Rigveda (um 1000 v. Chr.) beginnen acht mit einer Hymne an Agni. Um die erneuernde Kraft des Feuers zu verstehen, muß man das Wesen des flammenden Gottes Agni begreifen, der auch den modernen Indern als Symbol dessen gilt, was über den Tod und allen Wechsel hinaus bestehen bleibt.

Diese Geschichte berichtet davon, wie Agni, der Gott des Feuers, der Schöpfer sowohl der Sonne als auch des einfachen Herdfeuers, Angst hatte, daß man sein Feuer auslöschen könnte. Daher wollte er sichergehen, daß die anderen Götter seine Wichtigkeit erkannten.

Alter: ab 12 Jahren

Eines Tages war der Gott Agni verschwunden. Niemand konnte ihn finden. Die Götter schauten überall nach. Wo war Herr Agni, der Gott des Feuers, dessen Licht sogar die dunkelsten Ecken des Universums erleuchtet und dessen Macht den Dämonen Furcht einflößt?

Niemand erriet, daß er sich in den Wassern unter der Erde versteckt hielt. Da beklagte sich ein kleiner Frosch: „Wenn ihr Agni sucht, der befindet sich im Wasser. Ich kann nicht schwimmen, ohne versengt zu werden. "

Agni verfluchte den Frosch, weil er ihn verraten hatte: „Von nun an wirst du weder Zunge noch Geschmackssinn besitzen. "

Die Götter kamen zum Wasser und stellten fest, daß Agni geflohen war. Sie trösteten den weinenden Frosch. „Tröste dich", sagten sie, „du wirst verschiedene Geräusche machen können, und die Erde wird sich immer um dich kümmern. "

Agni hatte sich in einem Feigenbaum versteckt. Aber ein Elefant sah das brennende Feuer, das die Blätter verdorren ließ.

„Kommt schnell her!" rief er den Göttern zu. „Agni ist hier!"

Die Götter eilten herbei, aber Agni war verschwunden.

„Agni sagt, daß meine Zunge sich von nun an nur nach hinten biegen läßt", weinte der arme Elefant. „Mach dir nichts daraus", trösteten ihn die Götter. „Das Geräusch, das du machst, wird dafür so klangvoll sein wie eine Trompete. "

Agni versuchte weiterhin, sich zu verstecken und schlüpfte in einen hohlen Sami-Baum. Aber ein Papagei hatte ihn gesehen und flog zu den Göttern. „Agni hält sich im Inneren des Sami-Baums versteckt", rief er.

Die Götter sahen, wie die Flammen aus dem Baum schlugen, als Agni den Papagei verfluchte: „Von nun an wirst du niemals mehr sprechen können", brüllte er.

„Mach dir nicht daraus!" sagten die Götter. „Dein Laut wird „Ka" sein – der Laut, den Babys von sich geben." „Ka!" rief der Papagei dankbar und flog weg.

Die Götter fragten: „Warum versteckst du dich vor uns? Wir haben nach dir Ausschau gehalten und uns nach dir gesehnt im Himmel und auf der Erde. Wir brauchen deine feurigen Waffen, um die Dämonen zu bekämpfen, und ohne deine heilige Flamme können wir keine Opfer darbringen. "

Agni war aufgebracht. „Das ist schön und gut", antwortete er. „Aber wo ist mein Lohn? Ihr benutzt mich und blast mich dann aus. Ich hatte drei Brüder, die euch dienten. Aber als ihr genug von ihnen hattet, habt ihr sie ausgelöscht. Wollt ihr mir dasselbe antun? "

„Von nun an", sagten die Götter, „ist dieser Sami-Baum dein Wohnort. Jeder, der seine Zweige aneinanderreibt, wird dich entstehen lassen. Du wirst so lange leben, wie es einen Funken Leben im Universum gibt. "

Agni war zufrieden. Von nun an wurde er der Bote zwischen Himmel und Erde. Kein Herd war zu einfach für seine flackernde Flamme, und dank seines hellen Lichtes brauchte niemand mehr die Dunkelheit zu fürchten.

Nacherzählt von Monika Tworuschka

Das Gleichnis vom brennenden Haus   23

Buddhismus

Das folgende Gleichnis schildert den Buddha als Vater. Dieser ist von Angst und Sorge um seine Kinder erfüllt, die in einem brennenden Haus so sehr in ihr Spiel vertieft sind, daß sie die Todesgefahr nicht bemerken. Der Vater denkt sich daraufhin ein „geschicktes Mittel" aus: Er verspricht jedem Kind einen wunderbar geschmückten Wagen, der ihn vor dem Haus erwartet. Das Gleichnis will verdeutlichen, daß Buddha mit seinem Erbarmen für die Menschen sorgt wie ein Vater für seine Kinder. Das brennende Haus symbolisiert die irdische Welt als Stätte der Leidenschaften und Begierden, als Ort von Geburt, Alter, Krankheit und Tod. So wie die Flamme das Haus zerstört, wird der Mensch von seinen Wünschen und Begierden verzehrt. Nirwana ist der Ort, an dem alle irdische Begierde verloschen ist. Das Bild der geschmückten Wagen bedeutet, daß Buddha so predigt, daß die Menschen ihn verstehen. Er führt die Menschen stufenweise in die Wahrheit ein: Alle bekommen zunächst in gleicher Weise einen prächtigen Wagen. Das große Fahrzeug ist ein Bild für den Mahayana-Buddhismus, der allen, mithin auch der breiten Masse der Gläubigen, zugänglich ist.

Shariputra ist der Jünger, dem Buddha das Gleichnis erzählt.
Tathagata (wörtlich: der so Gegangene), einer, der auf dem Weg zur Wahrheit, zur höchsten Erleuchtung gelangt ist, Ausdruck für Buddha.

Die drei Einsichten sind:
1. Die Einsicht in die sterblichen Bedingungen von sich und anderen in früheren Leben
2. Übernatürliche Einsicht in zukünftige Bedingungen
3. Innenschau des Nirwana, um alle Leidenschaften und Versuchungen zu tilgen.

Die *Sechs Durchdringungen* sind:
1. Spontane Sicht der Dinge
2. Fähigkeit, an allen Orten alles zu hören
3. Fähigkeit, die Gedanken aller anderen Gesinnungen zu wissen
4. Wissen von allen früheren Existenzen von sich selbst und anderen
5. Fähigkeit, an jedem beliebigen Ort zu sein oder irgend etwas nach seinem Willen zu tun
6. Fähigkeit, die Daseinselemente zu erschöpfen.

Pratyeka-Buddha bedeutet wörtlich „Einsam Erwachter". Bezeichnung für einen Erwachten, der die Erleuchtung nur für sich allein erlangt hat. Er steht eine Stufe unter den Buddhas, die die vollkommene Erleuchtung verwirklicht haben.
Bodhisattva: ein Erleuchtungswesen, ein Anwärter auf die Buddhaschaft, der aber auf den eigenen Eingang ins Nirwana verzichtet, um andere Wesen zu erlösen.
Shravakas: wörtlich: Hörer, persönliche Schüler Buddhas, die im Gegensatz zum Pratyeka-Buddha die Erleuchtung nur durch das Hören der Lehre und die Einsicht in die vier edlen Wahrheiten erlangen (Wahrheit vom Leiden, Entstehung des Leidens, Aufhebung des Leidens und vom Weg, der zur Aufhebung des Leidens führt).
Samsara: Kreislauf der Wiedergeburten
Nirwana: Erlösungsziel, Ort oder Zustand, an dem alles Leiden erloschen ist .

Alter: ab 13 Jahren

Angenommen, da ist ein Vater, der ein einziges großes Haus hat. Dieses Haus ist alt, es neigt sich schon und sieht verfallen aus. Die Hallen sind hoch und in gefährlichem Zustand. Die Säulensockel sind gespalten und bröckeln. Die Balken und der Dachfirst neigen sich ganz schief. Das Fundament und die Treppen zerfallen und brechen heraus. Wände und Zwischenwände sind gespalten und geborsten. Der Putz bröckelt und fällt ab, Decke und Binsendach sind verschoben und hängen herunter. Dachsparren und Quersparren fallen heraus. Die Einzäunung ist krumm und gebrochen und voll von Unrat. An die fünfhundert Menschen wohnen darin.

Dieses verfallene, alte Haus gehört also einem Mann. Dieser Mann ist ein wenig weggegangen, erst vor kurzer Zeit. Danach brach in dem Haus plötzlich Feuer aus. Gleichzeitig an den vier Seiten schlagen die Flammen hoch, Dachfirst, Balken, Quersparren, Säulen bersten unter Krachen, stürzen und fallen herunter, Wände und Zwischenwände stürzen ein. Die verschiedenen Dämonen und Geister erheben ihre Stimmen und schreien laut.

Zu dieser Zeit steht der Herr des Hauses außerhalb des Tores. Da hört er jemanden sagen: „Alle deine Kinder sind vorher zum Spielen in dieses Haus gegangen. In ihrem kindlichen Alter und in ihrer Unwissenheit sind sie freudig und vergnügt ins Spiel vertieft."

Als der Vater das hört, erschrickt er und läuft in das brennende Haus, um sie zu retten, damit sie nicht durch das Feuer Schaden nehmen.

So spricht er zu ihnen und nennt ihnen die drohende Gefahr: „Es gibt böse Geister und giftiges Gewürm, und das Feuer breitet sich aus. Leid auf Leid folgt und hat kein Ende."

Weil die Kinder noch kein Wissen haben, spielen sie weiter, obwohl sie die Mahnung des Vaters hören. Nun überlegt der Vater bei sich dies:

„Kinder wie diese vermehren meine Sorge und meinen Kummer. Dieses Haus enthält nichts, woran man sich freuen kann. Aber die Kinder, von ihrem Spiel verzaubert, hören nicht auf meine Anweisung, so daß sie vom Feuer versehrt werden müssen."

Um so mehr denkt er nach und plant, ein geschicktes Mittel anzuwenden. Er sagt seinen Kindern: „Ich habe verschiedene Arten von kostbaren Spielzeugen: schöne Wagen mit Ziegengespann und Wagen mit Hirschgespann und Wagen mit einem Ochsengespann. Sie sind außerhalb des Tores. Kommt heraus, ihr alle! Ich habe euch diese Wagen machen lassen. Ihr könnt damit herumfahren und spielen."

Als die Kinder hören, daß er von solchen Wagen spricht, laufen sie sofort hinaus. Sobald sie im Freien angelangt sind, sind sie von allen Leiden und Gefahren frei. Als der Vater sieht, daß seine Kinder aus dem brennenden Haus herausgekommen sind, setzt er sich auf den Meister-Sitz und spricht freudig bei sich:

„Jetzt bin ich froh! Alle diese Kinder waren so schwierig zu zeugen und zu erziehen. Dumm, klein und unwissend, wie sie sind, gingen sie in das gefährliche Haus, wo das Gift-Gewürm zahlreich und die Dämonen schrecklich sind. Groß-Feuer, wütende Flammen, brachen gleichzeitig an den vier Seiten aus, aber diese Kinder waren begierig und vergnügt mit ihrem Spiel beschäftigt. Jetzt habe ich sie gerettet und erreicht, daß sie den Gefahren entgingen. Deshalb, ihr Menschen alle, bin ich jetzt froh."

Als die Kinder nun wahrnehmen, daß der Vater in Frieden dasitzt, gehen sie alle zu ihm hin und sagen zu ihm: „Gib uns doch bitte die drei verschiedenen juwelengeschmückten Wagen, die du uns vorhin versprochen hast. Du hast gesagt: Wenn ihr Kinder herauskommt, könnt ihr von den drei Wagen den nehmen, den ihr wollt. Jetzt sind wir da. Gib sie uns!"

Der Vater ist sehr reich. Gold, Silber, Lapislazuli, Mondsteine und Achate besitzt er. Aus all diesen Edelsteinen macht er die großen Wagen, mit prächtigem Schmuck verziert, rundherum mit gedrechselten Sitzen. An den vier Seiten hängen Glöckchen, mit Goldschnüren befestigt, Netzwerk von Perlen ist über sie gebreitet, Girlanden von goldenen Blumen hängen überall herab. Abwechselnde Verzierung in vielen Farben umgibt das Ganze. Aus weichen Seiden sind die Kissen gemacht. Bester wunderbarer feiner Filz, Tausende von Millionen wert, schneeweiß und rein, ist darüber gelegt. Große weiße Ochsen stehen da, stark gebaut, prächtige kraftvolle Tier. Sie sind vor die Juwelen-Wagen gespannt. Viele Begleiter versorgen und hüten sie. Diese wundervollen Wagen sind alle gleich und ein Geschenk an alle Kinder.

Die Kinder sind begeistert vor Freude. Sie besteigen die Juwelen-Wagen und fahren in die vier Richtungen. Sie sind von ihrem Spiel hingerissen und betreiben es, wie sie wollen, ohne Hindernis.

Ich sage dir, Shariputra, genau wie dieser Vater bin ich. Höchst verehrt unter allen Weisen bin ich der Vater der Welt. Alle Lebewesen sind meine Kinder. Tief am weltlichen Vergnügen haftend haben sie kein Herz des Wissens. Die dreifache Welt ist nicht friedlich, sondern dem brennenden Haus zu vergleichen. Sie ist voll von vielem Leid und höchst schreckenerregend. Ohne Ende gibt es die Bedrängnis der Geburt und die Nöte des Alters, der Krankheit und des Todes. Diese Feuer hören nicht auf zu brennen. Der Tathagata ist bereits von dem brennenden Haus der dreifachen Welt frei. Er lebt ruhig und gelassen in Abgeschiedenheit und weilt friedlich in Wald und Feld. Diese dreifache Welt nun ist mein Reich, und die Lebewesen darauf sind alle meine Kinder. Aber jetzt sind an diesem Ort die verschiedenen Bedrängnisse und Nöte zahlreich, und nur ich allein vermag die Lebewesen zu retten und zu beschützen. Doch obwohl ich sie lehrte und ermahnte, nahmen sie nichts gläubig auf, weil sie eingetaucht waren in ihre Begierden. Darum lehrte ich für sie mit dem geschickten Mittel die drei Fahrzeuge. Somit machte ich den verschiedenen Lebewesen die Leiden der drei Welten bewußt. Den Weg, der aus der Welt herausführt, eröffne ich, zeige, lege dar und predige ich. Wenn diese Kinder alle im Herzen fest entschlossen sind, werden sie in den drei Einsichten und sechs Durchdringungen vollkommen sein. Und sie werden Pratyeka-Buddhas oder Bodhisattvas, die nicht mehr zurückfallen, werden.

Shariputra! Um der Lebewesen willen lehre ich mit diesem Gleichnis das eine Buddha-Fahrzeug. Wenn ihr fähig seid, diese Worte gläubig aufzunehmen, dann werdet ihr alle den Buddha-Weg vollenden. Dieses Fahrzeug ist feinsinnig und wunderbar, rein, makellos und einzigartig. In den verschiedenen Welten gibt es in der Tat kein höheres. Alle Lebewesen sollten es preisen, verehren und anbeten. Unermeßliche Millionen von Tausenden von verschiedenen Kräften und Befreiungen, Versenkungen und Wissen gibt es, auch die anderen Lehren des Buddha. Ein solches Fahrzeug stelle ich bereit und wirke darauf hin, daß alle Kinder in einer Vielzahl von Weltzeitaltern Tag und Nacht, beständig sich vergnügen, darin zu fahren. All die Bodhisattvas und die Schar der Sravakas besteigen dieses Juwelen-Fahrzeug und gelangen geradewegs an den Platz der Erleuchtung. Deshalb gibt es, auch wenn man in den zehn Richtungen genau danach sucht, kein anderes Fahrzeug, nur dieses geschickte Mittel des Buddha.

Ich sage dir, Shariputra! Alle ihr Menschen seid meine Kinder. Ich bin der Vater. Euch, die ihr eine Anzahl von Weltzeitaltern in den verschiedensten Leiden branntet, habe ich alle gerettet, so daß ihr die dreifache Welt verlassen könnt. Obwohl ich früher lehrte, daß ihr erlöscht und ins Nirwana eingeht, so habt ihr doch nur Leben und Tod erschöpft, aber seid noch nicht ins wahre Nirwana gelangt. Das, was ihr jetzt erlangen sollt, ist allein die Weisheit Buddhas.

Aus dem Lotos-Sutra

Feuer als Ort der Bewährung und Läuterung

Die Feuerprobe   24

Judentum / Christentum

Das Buch Daniel entstand um 165 n. Chr. unter der Herrschaft Antiochos IV, der durch sein hartes Vorgehen gegen die jüdische Gottesverehrung in Jerusalem den Aufstand der Makkabäer verursachte. Der unbekannte Verfasser des Danielbuches will die verfolgten Juden ermutigen. Der Feuerofen als Ort äußerster Bedrohung wird in der folgenden Geschichte zu einem Ort der Bewahrung, die Gott denen zuteil werden läßt, die standhaft an ihrem Glauben festhalten.

Alter: ab 12 Jahren

König Nebukadnezar ließ ein Standbild aus Gold gießen und im Tal Dura in der Provinz Babel aufrichten. Das Bild war 60 Ellen hoch und 6 Ellen breit.

Zur Einweihung ließ der König alle Würdenträger, die Ratgeber und Verwaltungsbeamten der ganzen Provinz antreten. Feierlich nahmen sie Aufstellung vor dem gewaltigen Bilde. Der Herold des Königs rief mit lauter Stimme: „Ihr Völker und Bewohner des Landes Babylon, hört den Befehl: Sobald ihr den Klang der Hörner, Pfeifen, Harfen, Zithern und aller anderen Instrumente hört, sollt ihr niederfallen und das goldene Bild anbeten. Wer nicht gehorcht und wer nicht niederfällt, soll in einem Schmelzofen verbrannt werden."

Bald darauf ertönten die Instrumente. Alle Anwesenden fielen gehorsam vor dem Bilde nieder und beteten es an.

Nur Sadrach, Mesach und Abed-Nego, die drei Freunde Daniels, hatten sich nicht vor dem Bilde niedergeworfen. Als Juden waren sie nicht bereit, irgendeine Macht oder irgendein Bild wie Gott zu verehren und anzubeten.

Da gingen einige Babylonier zum König und zeigten sie an. Die drei Freunde wurden zum König gerufen. Der fuhr sie zornig an und sprach: „Sobald ich das Signal nochmals ertönen lasse, habt ihr vor dem Bilde niederzufallen. Sonst werdet ihr verbrannt. Denkt nicht, daß ein Gott euch aus meiner Hand erretten könnte!"

Die drei Freunde aber sprachen: „Was sollen wir darauf antworten! Wenn es jemanden gibt, der uns vor deinem Zorn und vor dem Tod im Schmelzofen befreien kann, so ist es unser Gott. Doch wenn es sein Wille sein sollte, uns preiszugeben, so erklären wir dennoch: Ein Götterbild werden wir niemals verehren und anbeten!"

Da wurde der König von Zorn erfüllt, und sein Gesicht verzerrte sich. Er gab den Befehl, den Schmelzofen siebenmal stärker anzuheizen als üblich. Dann ließ er die drei Freunde festnehmen und von oben herab in den Schmelzofen hineinwerfen. Der Ofen war so überhitzt, daß die Henker, die dabei von außen an ihn herantreten mußten, von der Hitze versengt wurden und starben.

Gefesselt fielen Sadrach, Mesach und Abed-Nego mitten hinein in den glühenden Ofen. Der König aber schaute durch ein Fenster, das so angebracht war, daß man ungefährdet in den Ofen hineinblicken konnte. Dann kehrte er zurück zu seinen Ratgebern und fragte: Haben wir nicht drei Männer gebunden in das Feuer hineinwerfen lassen?" Sie antworteten: „Gewiß, o König!" Verwundert sprach Nebukadnezar: „Ich sah vier Männer, die ungefesselt im Feuer umhergingen. Sie sind unverletzt. Der vierte sah aus, als wäre er ein Sohn der Götter!"

Dann trat der König noch einmal vor das Ofenfenster und rief laut: „Sadrach, Mesach und Abed-Nego, ihr Diener des höchsten Gottes! Tretet hervor und kommt heraus!" Da traten die drei Freunde mitten aus dem Feuer hervor. Alle Ratgeber des Königs kamen staunend herzu. Sie wunderten sich darüber, daß das Feuer keine Gewalt über die drei gehabt hatte. Die Haare waren nicht angesengt, die Kleidung war unverändert, und man konnte keinen Brandgeruch an ihnen feststellen.

Ehrfürchtig bekannte König Nebukadnezar vor allen Umstehenden: „Gepriesen sei der Gott Sadrachs, Meachs und Abed-Negos! Er hat seine Diener befreit, die sich fest auf ihn verließen! Sie waren bereit, sogar den Feuertod zu erleiden, um nicht einen anderen Gott anbeten zu müsen als ihren Herrn. Darum ergeht nun der Befehl: Wer verächtlich redet über den Gott Sadrachs, Meachs und Abed-Negos, der wird mit dem Tode bestraft."

Dann entließ der König die drei Freunde. Er setzte sie wieder in ihre Ämter in der Provinz Babel ein.

Dan 3. Nacherzählt von Marianne Timm

Über das Feuer   25

In den folgenden Überlieferungen wird das Höllenfeuer beschrieben, das die Muslime immer stark beschäftigt hat. Zu Beginn von Muhammads Predigt stand im Vordergrund die Warnung vor dem Jüngsten Gericht und der Gedanke eines barmherzigen Schöpfergottes, der die Menschen zur Umkehr aufruft. Das Höllenfeuer wird so stark und gewaltig beschrieben, daß es die menschliche Vorstellungskraft kaum fassen kann.
Jibril ist der Engel Gabriel, der Muhammad den Koran überbrachte.
Allah-ta'ala bedeutet: Gott, der Allmächtige
Malik ist ein weiterer Engel
O Mu'minun bedeutet: o Gläubige

Alter: ab 13 Jahren

Es heißt in der Überlieferung, daß Jibril, der Friede sei mit ihm, zum Propheten kam, der Friede sei mit ihm, und dieser sprach: „O Jibril! Beschreibe mir das Feuer!"

Da erzählte ihm dieser: „Allah erschuf das Feuer und schürte es eintausend Jahre lang, bis es rot wurde. Alsdann schürte er es eintausend Jahre lang, bis es weiß wurde. Dann schürte er es eintausend Jahre lang, bis es schwarz wie die Nacht wurde. Seine Flammen ersterben nie, noch schwelen seine Scheite."

In einer Überlieferung heißt es, daß Allah-ta'ala Jibril, der Friede sei mit ihm, zum Engel des Feuers sandte, um etwas von dessen Feuer zu holen und es Adam zu bringen, der Friede sei mit ihm, damit dieser Essen damit kochen könne. Malik fragte: „O Jibril! Wieviel vom Feuer wünschest du?"

Da antwortete ihm Jibril: „Ich möchte die einer Dattel entsprechende Menge."

Da antwortete ihm Malik: „O Jibril! Gäbe ich dir die Menge einer Dattel vom Feuer, so würden die sieben Himmel und Erden durch seine Hitze zerschmelzen!"

Da bat er ihn: „Gib mir die Menge eines Dattelkernes."

Da entgegnete Malik ihm: „Wenn ich dir gäbe, was du verlangtest, so würde kein einziger Tropfen Wasser mehr vom Himmel fallen, und nicht eine einzige Pflanze würde noch auf der Erde wachsen!"

Da rief Jibril aus: „Mein Gott! Wieviel vom Feuer soll ich nehmen?"

Allah-ta'ala antwortete ihm: „Nimm die Menge eines einzigen Atoms."
Also nahm Jibril die Menge eines Atoms vom Feuer und tauchte sie siebzigmal in einen Fluß. Alsdann brachte er das Feuer zu Adam, der Friede sei mit ihm, und setzte es auf einen hohen Berg. Der Berg schmolz, und das Feuer kehrte an seinen Platz zurück, doch sein Rauch verblieb in den Steinen und

dem Eisen bis zum heutigen Tag. Alles Feuer der Erde besteht aus dem Rauch jenes Atoms. Nehmet Kenntnis davon, o Mu'minun!

Der Prophet, der Friede sei mit ihm, sagte: „Derjenige unter den Menschen des Feuers, der die leichteste Strafe erleidet, wird zwei Sandalen aus Feuer tragen, die sein Gehirn zum Kochen bringen, wie ein Kessel kocht. Also werden ihn seine Nachbarn hören. Seine Zähne und Lippen werden wie glühende Kohlen brennen, und aus seinen Füßen und aus seinen Eingeweiden werden Flammen schlagen. Er selbst glaubt sich der härtesten Strafe der Menschen im Feuer ausgesetzt, und doch ist dies nicht mehr als die leichteste der Strafen im Feuer."

Jibril, der Friede sei mit ihm, sprach: „Bei dem, der dich als einen Propheten mit der Wahrheit sandte: Würde ein Loch von den Größe eines Nadelöhrs vom Feuer gen Osten hin aufgetan, so würden die Menschen im Westen von seiner Hitze verbrennen.

Bei dem, der dich als einen Propheten mit der Wahrheit sandte: Würde eines der Gewänder der Höllenmenschen zwischen den Himmel und die Erde gehängt, so würden die Menschen von dessen Hitze sterben, kämen sie auch nur mit einem Hauch seines Gestankes in Berührung!

Bei dem, der dich als einen Propheten mit der Wahrheit sandte: Würde nur eine Armeslänge jener Ketten, die Allah in seinem Buche erwähnt, auf einen Berg gelegt, so würde der Berg schmelzen bis hinab zur siebenten Erde!

Bei dem, der dich als einen Propheten mit der Wahrheit sandte: Würde nur einer der Menschen des Feuers im Westen bestraft, so würde jedermann im Osten durch die Härte seiner Strafe verbrannt. Gewaltig ist die Hitze des Feuers und sein Grund abgrundtief. Sein Brennstoff sind Menschen und Felsen. Seine Tränke sind heißer Eiter und Hamim (kochendes Wasser). Die Gewänder des Feuers sind aus Pech."

Abd ar-Rahim Ibn Ahmad al-Qadi

Feuer in religiösen Ritualen

Osternacht, wunderbare Nacht

26

Christentum

Ein kleiner Junge erzählt, wie er das erste Mal die Osternachtfeier in seiner katholischen Kirche erlebt. Die Messe wird von einem Osterfeuer vor der Kirche begleitet. Liturgie, Lieder und Geschichten beeindrucken das Kind tief.

Alter: ab 9 Jahren

„Morgen ist Ostern!"

„Was du nicht sagst!" Daniel holt vorsichtig ein Ei aus dem Färbebad, Daniel ist mein Bruder und ein Jahr älter als ich.

„Denkst du, wir treffen gerade unsere letzten Weihnachtsvorbereitungen?"

„Mensch, ich freu' mich halt. Ich freue mich auf Ostern."

Ich reibe die gefärbten Ostereier mit einer Speckschwarte ein, bis sie richtig glänzen.

In der Küche duftet es herrlich. Mama bäckt Hefeosterhasen. Ich mag Ostern: das Eierfärben und -bemalen, das Osternestersuchen im Garten, die bunten Blumen, die gerade anfangen zu blühen, und die ersten zarten grünen Blätter der Bäume. Ich mag Ostern, und heute haben wir schon das richtige „Osterfrühlingswetter" dazu. Aber dieses Jahr freue ich mich ganz besonders auf Ostern: Heute abend darf ich zum ersten Mal mit in die Osternachtfeier gehen. Ich kann es kaum erwarten. Auch Tobi, mein kleiner Bruder, darf mit. Wir können ihn ja nicht allein zu Hause lassen.

Endlich ist es soweit. Wir machen uns auf den Weg zur Kirche. Vor der Kirche stehen ein paar Ministranten und schichten Holz auf. Sie bereiten das Osterfeuer vor. Ich möchte gerne zusehen. Aber Mama zieht uns in die Kirche. „Sonst bekommen wir keinen Platz mehr", sagt sie.

Am Eingang steht ein großer Korb mit Kerzen. Papa kauft für jeden von uns eine Kerze. In der Kirche ist es ganz dunkel. Bald sind alle Plätze besetzt, aber immer noch strömen Menschen in den Kirchenraum. Es ist still. Nur von draußen hört man leise das Knacken des Osterfeuers. Jetzt stehen der Pfarrer und die Ministranten um das Feuer. Der Pfarrer segnet das Feuer. Dann wird er die Osterkerze entzünden. Daniel hat mir das alles erzählt. Er ist schon Ministrant und darf heute mit dabei sein. Hat er es gut!

Endlich geht hinten die Kirchentür auf. Als erster kommt unser Diakon herein. Er trägt die große brennende Osterkerze in die dunkle Kirche. Nach ihm laufen alle Ministranten, schön der Größe nach geordnet, und zuletzt kommt unser Pfarrer.

Der Diakon singt: „Lumen Christi".

„Das heißt, daß Christus unser Licht ist", flüstert mir Mama ins Ohr. Dreimal singt der Diakon dasselbe und jedes Mal etwas höher. Die Gemeinde antwortet auch etwas Lateinisches. Es bedeutet: Dank sei Gott! Ich finde, es klingt sehr feierlich. Die Ministranten zünden ihre Kerzen an der Osterkerze an. Dann geben sie das Licht weiter an die Leute. Es wird immer heller in unserer Kirche. Auch ich darf meine Kerze anzünden. Jeder hat sein Licht. Irgendwie gehören wir jetzt alle zusammen, wie eine große Familie. Ich halte meine Kerze ganz fest in der Hand und schaue zu, wie die Flamme leicht flackert. Es kribbelt mich richtig, so festlich und schön ist das alles!

Jetzt singt unser Pfarrer. Ganz feierlich und lang. Von Licht und Engeln und davon, daß Christus auferstanden ist, und von der wunderbaren Nacht. Ich finde, da hat er recht, unser Pfarrer. Heute ist wirklich eine wunderbare Nacht! Das elektrische Licht geht an, und alle Leute blasen ihre Kerzen aus. Das ist schade. Kerzenlicht ist doch viel schöner! Aber jetzt merke ich erst, wie schön unsere Kirche geschmückt ist. Am Altar steht ein großer Blumenstrauß. Der rote Festtagsteppich ist ausgerollt. Außerdem duftet es herrlich nach Weihrauch.

Tobi ist auf Papas Schoß eingeschlafen. Doch plötzlich fangen die Kirchenglocken an zu läuten, die Orgel braust, und auch die Ministranten läuten mit ihren kleinen Glöckchen. Da wacht Tobi auf. Die ganze Gemeinde singt: „Großer Gott, wir loben Dich…"

Warum lacht Mama auf einmal? Sie zeigt auf Tobi. Tobi hat an seiner Hose ein kleines Glöckchen hängen, das er eifrig läutet. Er stimmt ein in das laute, fröhliche Gebimmel all der vielen Glocken. Die Kirchenglocken sind sicher froh, daß sie endlich wieder erklingen dürfen. Seit Gründonnerstag waren sie stumm. Mama hat mir erzählt, daß sie früher geglaubt hat, die Glocken fliegen während der Kartage nach Rom. Sie muß schon ziemlich dumm gewesen sein als Kind, die Mama. Wie könnten so schwere Glocken denn nach Rom fliegen?

Jetzt lesen Männer und Frauen Geschichten aus der Bibel vor. Dann singt der Pfarrer das Evangelium. Er singt von den Frauen, die zu Jesu Grab kommen und ihn dort nicht finden. Engel sagen ihnen, daß Jesus auferstanden ist.

Der Gottesdienst ist zu Ende. Die Orgel spielt, und die Leute drängen nach draußen. Aber vor der Kirche geht das Fest weiter. Es duftet wunderbar nach würzig gebratenem Fleisch. Wir alle sind zum Osterlamm-Essen eingeladen. Jeder bekommt ein Stückchen Lammbraten und eine Scheibe Brot. Die Erwachsenen trinken Wein dazu, wir Kinder Traubensaft. Das Osterlamm wurde während des Gottesdienstes am Osterfeuer gegrillt. „Frohe Ostern" wünschen wir uns gegenseitig. Die Leute stehen in Grüppchen zusammen, essen und unterhalten sich.

Es ist spät, bis ich endlich zu Hause im Bett liege. „Ich glaube, Ostern ist das schönste Fest, das es gibt", sage ich, als Mama mir „Gute Nacht" sagen kommt. Ich freue mich schon auf morgen.

Eva Leineweber

Die Feier der Osternacht 27

Christentum

Die Bräuche in der Osternacht stellen symbolisch die Erfahrungen des österlichen Glaubens dar: Aus der Dunkelheit der Passionszeit ins Licht der Auferstehung.

Alter: ab 8 Jahren

Markus geht mit seinen Eltern am Samstagabend vor Ostern in die Kirche. Das ist etwas ganz Besonderes, denn die Feier der Osternacht beginnt erst dann, wenn es ganz dunkel ist.

Vor der Kirche wird das Osterfeuer angezündet. Viele Leute stehen da und sehen zu, wie das Feuer brennt. Sie sind ganz still. Jetzt tritt der Pfarrer aus der Kirche. Er trägt eine dicke Kerze in der Hand. Das ist die Osterkerze. Aber die Kerze brennt noch nicht. Sie wird nun am Osterfeuer angezündet. Die Kirche ist ganz dunkel. Es brennt kein einziges Licht. Der Pfarrer geht mit der brennenden Osterkerze in die dunkle Kirche hinein.

Langsam gehen die Leute hinter ihm her. Alle tragen eine Kerze in der Hand. Doch keine Kerze brennt. Nur die Osterkerze, die der Pfarrer in seiner Hand hält, leuchtet.

Der Pfarrer geht langsam durch die Kirche. Er bleibt immer wieder stehen und sagt: „Christus das Licht!" Er zündet eine Kerze nach der anderen mit dem Osterlicht an. Immer mehr Kerzen brennen. Jetzt brennen alle Kerzen.

Da beginnt die Messe. Seit Gründonnerstag hat die Orgel nicht mehr gespielt. Seit Gründonnerstag haben die Kirchenglocken nicht mehr geläutet. Jetzt hat der Pfarrer das Taufwasser geweiht. Jetzt flammt das elektrische Licht in der Kirche auf. Es wird hell. Überall ist es hell. Jetzt beginnt auch die Orgel wieder zu spielen. Alle Leute singen. Die Glocken läuten. Draußen ist es dunkel. Doch hier in der Kirche ist es hell und warm. Jetzt beginnt Ostern.

Rolf Krenzer

28   Wie Nikola das Osterfeuer brachte

Christentum

Im griechisch-orthodoxen Ostergottesdienst hat das Feuer als Symbol der Auferstehung Christi eine besondere Bedeutung. Kerzen werden an dem großen Osterlicht entzündet und weitergereicht, bis die ganze Kirche erhellt ist. In der folgenden Geschichte lädt Nikola seine Freunde zu einem Ostergottesdienst in Kairo ein.

Alter: ab 9 Jahren

Wenn unser Diener Abdu in Kairo die Einkäufe für unsern Haushalt beim Griechen Drakidis machte, hatte er oft so viel zu schleppen, daß Nikola, der kleine Sohn des Kaufmanns, ihm tragen helfen mußte. Nikola tat es gern. Abdu konnte viel erzählen. Außerdem fiel meistens eine kleine Belohnung für den eifrigen Träger ab. Das beste dieser Botengänge aber war für Nikola der Augenblick, wo er am Tor noch einmal haltmachte und in den Garten hineinschaute. Sehnsüchtig sah er unseren Kindern zu, die dort schaukelten und spielten. Er, der kleine Arbeiter, spielte nie.

Die Kinder sahen eines Tages seine sehnsüchtigen Blicke und holten ihn auf die Schaukel. Dies Fliegen durch die Luft wurde nun zu regelmäßigem Lohn und Beschluß seiner Botengänge bei uns und führte zu einer herzlichen Freundschaft mit ihm.

Als das Osterfest kam, versteckten die Kinder ein Nest mit süßen Eiern, und Nikola mußte es suchen. Ganz gerührt war er, als er uns dankte. Nachdenklich sah er auf die Eier. Dann sagte er mit einem Aufleuchten in den Augen: „Ich bringe euch das Osterfeuer", und blitzschnell war er davon.

Nach einigen Tagen, als es wieder etwas zu tragen gab, überreichte er uns stolz einen Brief seines Vaters. Dieser forderte uns auf, die griechische Osternacht, zehn Tage nach unserm Fest, mit ihm und seiner Familie zu feiern.

„Meinst du diese Einladung, als du vom Osterfeuer sprachst, das du uns bringen wolltest?" fragten wir ihn.

„Ihr werdet sehen, ich bringe es euch", war seine geheimnisvolle Antwort.

Am Samstag gegen elf Uhr abends ist der Weg in das Boulakviertel, in dem die griechisch-orthodoxe Kirche liegt, schwarz von Menschen. Sie alle haben dasselbe Ziel. Ein buntbenähtes Festzelt prangt am Eingang zum Kirchengrundstück, und hier treffen wir auch unseren Kaufmann mit seiner Familie. Von Nikola aber ist noch nichts zu sehen. Für jeden von uns kauft Herr Drakidis eine lange, festliche Kerze, und nachdem wir ausgiebig mit Weihwasser besprengt worden sind, treten wir vom Zelt in den weiten Hof vor der Kirche. Es wimmelt von Menschen. Alle tragen eine Kerze bei sich und haben frohe Gesichter. Der Nachthimmel über uns mit großen, leuchtenden Sternen ist wie durchsichtiges Glas, und aus irgendeinem Garten kommt der süße Duft von Orangenblüten.

Es ist gar nicht leicht, in die Kirche vorzudringen. Viele Menschen stehen wartend da. Sitze gibt es in dem Raum nicht. Aber unser Grieche ist geschickt und bringt uns bis in die Nähe der Bilderwand, hinter der der Altarraum liegt. Durch die geöffnete Mitteltür können wir den Altartisch erkennen. Und nun treten Priester aus der Tür, voran der Bischof. Er hat ein weißes, gold-besticktes Gewand, und mit einer goldenen Krone auf dem Kopf sieht er wie ein König aus. Die farbigen Steine im Gold leuchten ab und zu funkelnd auf. Die Priester kommen und gehen. Sie bringen dem Bischof den langen, oben umgebogenen, goldenen Stab. Sie tragen die Bücher herbei, aus denen sie lesen und im Wechsel mit einem Chor singen. Das Weihrauchfaß wird gebracht und der Weihrauch. Kleine Chorknaben haben die Gegenstände den Priestern gereicht und nehmen sie ihnen später wieder ab.

Da erkennen wir plötzlich unter ihnen unsern Nikola. Ganz verändert sieht er aus in dem festlichen, blauweißen Gewand.

„Es sind unsere Landesfarben", flüstert uns Herr Drakidis zu.

Ernst und andächtig sieht das sonst so vergnügte Jungengesicht aus. Als er aber das Weihrauchfaß in der Hand hat und uns bemerkt, schwenkt er es schnell zum fröhlichen Gruß zu uns herüber.

Der Gottesdienst ist ernst, die Gesänge sind traurig: Jesus liegt im Felsen-grab. Plötzlich verdunkelt sich die Kirche. Nur einige spärliche Lampen bren-nen. Die Priester verschwinden hinter der Bilderwand, und die große Mittel-tür schließt sich. Die Chorknaben stehen davor im dunklen Schatten. Der Chor schweigt. Lautlose Stille herrscht im großen Kirchenraum. Da dröhnen vom hohen, freistehenden Glockenturm die zwölf Schläge der Mitternacht. Es ist, als hielten alle Menschen den Atem an. Was wird jetzt kommen?

Nach dem letzten Glockenschlag springt die große Mitteltür weit auf. Hel-ler Lichtschein dringt in die Kirche, und der Bischof tritt heraus, in den Hän-den eine mächtige, brennende Wachskerze mit großer Flamme. Er hebt sie hoch über sein Haupt und ruft mit lauter, feierlicher Stimme in die harrende Menschenmenge die Jubelbotschaft hinein: „Christos anesti – Christ ist erstanden!"

Und von der Jubelantwort der ganzen riesengroßen Gemeinde erbebt fast die Kirche.

„Alethinos anesti – Er ist wahrhaftig auferstanden!" rufen und frohlocken sie.

Im nächsten Augenblick ist Leben und Bewegung im ganzen Raum. Prie-ster und Chorknaben eilen auf den Bischof zu und entzünden ihre Kerzen an dem großen Osterlicht. Sie tragen es weiter in die Gemeinde.

Nikola steht plötzlich vor uns. Sein ganzes Gesicht leuchtet.

„Ich bringe euch das Osterfeuer! Christos anesti", und er entzündet unsere Kerzen. „Alethinos anesti, Nikola."

Er umarmt Vater und Mutter und schüttelt uns die Hände. Das Osterfeuer wird von Kerze zu Kerze weitergegeben. Immer heller wird der Kirchenraum. Immer wieder ertönt der österliche Jubelruf, und immer wieder liegen
sich Verwandte und Freunde in den Armen. So groß ist die Osterfreude! Kleiner Nikola, du hast uns ein wunderbares Ostergeschenk gemacht.

Heti Karig

29   Wenn das Feuer vom Himmel fällt

Christentum

Der kurze Text beschreibt einen Osterritus am Heiligen Grab, bei dem das heilige Feuer
von Jerusalem nach Athen gebracht wird.

Alter: ab 11 Jahren

Schon früh am Morgen des Karsamstags ist die Grabes- und Auferstehungs-
kirche im Herzen der Altstadt von Jerusalem überfüllt, denn gegen dreizehn
Uhr wird für die griechisch-orthodoxen und armenischen Christen „das heilige Feuer vom Himmel fallen": Der Gekreuzigte hat den Tod besiegt.

Die Aufregung der singenden Menge geht fast in stumme Konzentration
über, als der griechische Patriarch und der armenische Bischof durch zwei
schmale Öffnungen auf den Seiten des Heiligen Grabes die Famme heraus-
reichen. Das Feuer breitet sich über unübersehbar viele Kerzen in Windes-
eile aus: Läufer tragen die Flamme in die verschiedenen Teile der Kirche und
durch die ganze Stadt. Mit einer Autokolonne eilt es zum Flughafen nach Tel
Aviv, von dort per Flugzeug nach Athen.

Gefährliche Szenen spielen sich in der Kirche ab, weil jeder rasch sein Bündel mit 33 kleinen Kerzen nach Hause tragen will, die auf die Lebensjahre des
Herrn weisen. Die Trauer des Karfreitags ist in Freude umgeschlagen: Christus ist auferstanden!

Christoph Strack (gekürzt)

Die Verbrennung   30

Hinduismus

Unheimliche, aber auch reinigende Kraft des Feuers kommt in dieser ergreifenden Verbrennungsgeschichte zum Ausdruck. Der vierzehnjährige Jeffrey, genannt Ganesh, muß nach hinduistischem Beerdigungsritual den Holzstoß entzünden und der Verbrennung seines Vaters beiwohnen, damit er später die Asche in einen heiligen Fluß streuen kann. Zentral bei dem Verbrennungsritual sind für Jeffrey die Worte, die sein Vater ihm zu Lebzeiten gesagt hatte: „Ich bin hier." Für Jeffrey stellt sich dabei die Frage nach dem unvergänglichen Bestandteil der väterlichen Existenz, die auch jetzt noch im Tode präsent ist. Jeffreys Eltern sind vor seiner Geburt nach Indien gekommen und Hindus geworden. Die Mutter ist bereits vor fünf Jahren gestorben. Nach dem Tod des Vaters ist Jeffrey ganz allein in dem südindischen Dorf, das seinen Eltern zur zweiten Heimat geworden ist.

Alter: ab 13 Jahren

„Ganesh", sagte der Priester und drückte ihm eine brennende Öllampe in die Hand, „ich habe aus dem Tempel Feuer gebracht."

„Danke!" sagte Jeffrey gehorsam. Er selbst würde den Holzstoß entzünden müssen, und nur eine geheiligte Flamme durfte dafür verwendet werden.

Der Zug bestand aus etwa zwanzig Männern. Die Bahre in der Mitte, setzte er sich nun zu rhythmischem Trommelschlag in Bewegung. Der Priester ging voran; dicht hinter ihm folgte Jeffrey, der die Lampe trug – eine tiefe, ölgefüllte Messingtasse mit schwimmendem Docht.

Sobald der Zug die Verbrennungsstätte erreicht hatte, verstummten die Trommel und die Flöte. Auch die Tänzer blieben zurück. Ernste Stille breitete sich aus. Alle Augen waren auf den Scheiterhaufen gerichtet, der zu Brusthöhe aufragte und abwechselnd aus Lagen von Eichenstämmen und getrockneten Fladen aus Kuhdung bestand.

Jeffrey sah den Leichenverbrenner neben der Betonplattform stehen, auf die man den Holzstoß aufgeschichtet hatte. Subish begrüßte ihn mit einem Lächeln. Er war ein hagerer Mann mit einem Ziegenbärtchen und spindeldürren Beinen, die in schmutzigen Khaki-Shorts steckten. Er trug nicht einmal ein Hemd, dafür hatte er eine abgewetzte Seemannsmütze keck in den Nacken geschoben. Sein ungebührliches, schäbiges und verdrecktes Aussehen widerte Jeffrey an. Warum hatte Subish nicht mehr Wert auf sein Äußeres gelegt?

Vorsichtig hoben die Träger den Leichnam von der Bahre und betteten ihn auf die oberste Lage der Holzstämme.

„Ich bin hier!" schoß es Jeffrey durch den Kopf. Er kämpfte mit den Tränen. Um sich wieder zu fassen, starrte er auf die zuckende Flamme, die auf dem farblosen Ölspiegel schwamm.

Subish und seine Gehilfen waren jetzt damit beschäftigt, den Feuerstoß fertigzustellen. Sie schichteten rund um den Leichnam einige weitere Lagen von Eichenbohlen und Kuhfladen auf und bedeckten zuletzt auch den Körper damit. Nur über der Brust und dem Gesicht des Toten ließen sie eine kleine Öffnung frei. Überdeutlich hörte Jeffrey das dumpfe Pochen der aneinanderschlagenden Stämme, den schweren Atem der Männer und den Wind, der in den Blättern eines Ashoka-Baumes spielte. Erschrocken blickte er auf die Flamme, wenn ein Windstoß sie zu einem schrägen Strich machte. Um seinen Geist zu beruhigen, versenkte er sich in die goldgelbe Tiefe der Öllampe. Sonst, wenn er sich auf den Yoga-Unterricht vorbereitete, hatte ihm immer das Mantra geholfen – Om Namah Shivaya. Aber nun wollte er die Götter nicht anrufen. Die Götter hatten ihn betrogen.

Schließlich war der Scheiterhaufen fertig. Der Priester trat vor und sang Verse aus Hindu-Dichtungen, während Subish den Holzstoß umkreiste und aus einem kleinen Gefäß erhitztes Ghee, konzentrierte Butter, auf die Scheite spritzte, damit sie später besser brennen würden. Nun bückte sich der Priester, nahm eine Handvoll Blumen aus einem großen Korb und warf sie auf den Holzstoß. Die anderen Trauergäste folgten seinem Beispiel, ließen Blüten regnen, neigten das Haupt. Zuletzt bückte sich auch Jeffrey über den Korb. Seine Hand zitterte. Die Finger um süßlich riechende weiße und purpurfarbene Blütenblätter gepreßt, trat er an den Scheiterhaufen heran und ließ die Blumen auf das Gesicht seines toten Vaters rieseln. Es drängte ihn danach, etwas zu sagen, aber er preßte die Lippen zusammen und schwieg.

Erst viel später, als er an diesen Augenblick zurückdachte, erkannte er, daß es Fragen waren, Fragen an seinen Vater: „Wo bist du? Bist du wirklich hier? Dein Gesicht spricht dagegen, es ist leer. Warum hast du gesagt: Wie könnte ich je sterben? Ich bin hier!?"

Jeffrey trat zurück, um dem Priester Platz zu machen, der einen neuen Gesang anstimmte. Mittlerweile holte Subish aus einem nahegelegenen Schuppen einen Tonkrug, dessen Griffe mit nassen Lumpen umwickelt waren. Der Krug war mit glühenden Kohlen gefüllt. Er stellte ihn Jeffrey vor die Füße.

Jeffrey wußte, was er zu tun hatte. Er packte den Krug, schritt zum Holzstoß, stemmte den Krug hoch und hielt ihn über die entblößte Brust des Toten. Langsam neigte er das Gefäß, bis alle Kohlen herausgekollert waren.

Zurücktretend blickte er sich nach dem Stein um. Subish zeigte ihm, wo er in den Boden eingelassen war. Jeffrey schlug den Krug mit voller Kraft dagegen, so daß er in zahllose Scherben zerbrach. Als der Priester ihm zunickte, nahm Jeffrey die Öllampe. Seine Hände zitterten nicht mehr. Das Ritual hatte sie beruhigt. „Ich werde es tun, Vater!" sagte er leise. „Ich werde es jetzt tun."

Subish reichte ihm einen langen Stab, der an einem Ende mit in Ghee getränkten Lappen umwickelt war. Jeffrey hielt ihn an den brennenden Docht der Lampe. Mit einem leisen Knall fraß sich die Flamme in den Stoff, züngelte auf und begann hell und heiß zu brennen. Wieder nickte der Priester. Jeffrey ging an den Holzstoß heran und stieß, ohne zu zögern, die Fackel seitlich hinein. Sofort schoß zwischen den mit Ghee getränkten Scheiten eine Stichflamme hoch. Jetzt ging Jeffrey um den Scheiterhaufen herum und setzte ihn auch an anderen Stellen mit der Fackel in Brand. Innerhalb weniger Sekunden war er von wild zuckendem rotgelbem Licht umhüllt, und die ungeheure Hitze ließ die Umstehenden zurückweichen. Jeffrey musterte sie prüfend. Keiner wagte es, in das Feuer zu schauen, aus Angst, mit seinen Blicken die Seele des Toten an die Erde zu fesseln. Nur Jeffrey starrte hin. Zwischen den Flammenwänden, den aufgeschichteten Stämmen und Dungfladen, sah er das Bündel, das sie umschlossen. Niemand konnte Vaters Seele zurückhalten – falls er eine hatte. Falls er eine Seele hatte, würde sie aus eigener Kraft aufsteigen, und nichts konnte sie daran hindern. Falls er eine hatte. Hatte sein Vater eine Seele, etwas Unvergängliches, etwas Bleibendes? War sie hier?

„Ich bin hier!"

Nein, er war es nicht! Jeffrey setzte sich auf den Boden, während die Flammen ins Dämmerlicht schossen und die Hitze des Brandes mit der des drückend heißen Abends verschmolz; in schmalen Bächen rann ihm der Schweiß über das Gesicht.

Der Priester hockte sich neben ihn. „Nicht hinschauen, Ganesh!"

„Ich muß hinschauen."

Ohne selbst zum Scheiterhaufen zu blicken, verzog der Priester das Gesicht und erhob sich seufzend. Mit den anderen verließ er die Verbrennungsstätte. Nur Subish, der Hüter der Flammen, würde bleiben, solange das Feuer loderte. Erst im Morgengrauen, wenn nichts mehr übrig war als Asche, würden die Leute zurückkommen.

Jeffrey blickte ins Feuer. Im Lotossitz, den er unter Anleitung seines Gurus mühsam, geduldig und unter Schmerzen erlernt hatte, saß er auf dem Boden und starrte in den lodernden Brand und auf das dunkle Bündel zwischen den berstenden Scheiten und glühenden Dungfladen. Die Sonne war untergegangen, ohne daß er es bemerkt hatte, so ausschließlich war seine Aufmerksamkeit von den Flammen gefesselt. Nein, er würde den Blick nicht abwenden. Was hier geschah, widerfuhr seinem Vater; er mußte es daher miterleben.

Er schaute auch nicht weg, als sich zu seinem Entsetzen auf dem Leichnam große Blasen formten. Die Blumen und der Dhoti waren verbrannt und hatten den nackten Körper freigegeben, den Rumpf und die Gliedmaßen den Flammen ausgesetzt. Die furchtbaren Blasen schwollen an und zerplatzten mit einem häßlichen Knall, den Jeffrey niemals vergessen würde. Er sah, wie aus den aufgebrochenen Beulen die Körpersäfte austraten und herausrannen. „Ich bin hier."

Minuten später schien es Jeffrey, als sei die Leiche stark geschrumpft – nur noch Gebeine waren geblieben und dazwischen zuckende Fleischfetzen, die eine häßliche kalkweiße Färbung angenommen hatten. Jeffrey hatte Tränen in den Augen, aber er wandte den Blick nicht ab. Er durfte sich nicht dem entziehen, was seinem Vater geschah – oder dem Leichnam. Seinem Vater, dem Leichnam, ihnen beiden? Oder nur einem von beiden?

Die Zeit verstrich; das Holz knisterte, Funkengarben sprühten, die züngelnden Flammen übten auf Jeffrey eine beinahe hypnotisierende Wirkung aus. Er hatte alles Zeitgefühl verloren; es wurde ihm nicht bewußt, wie lange er schon dagesessen hatte, bis sich die Leiche plötzlich aufrichtete.

Sein Vater setzte sich auf, in voller Größe, als wolle er sich von seinem Lager erheben! Rumpf und Kopf schnellten in die Höhe, daß die glühenden Hölzer barsten.

Jeffrey sprang auf die Beine und schrie: „Vater! Vater!"

Aus dem Nichts erschien Subish, wuchtig eine große Keule schwingend. Mit gezielten, kräftigen Schlägen hieb er auf die Leiche ein.

Jeffrey stürzte sich auf ihn: „Nicht schlagen! Schlag ihn nicht! Du darfst meinen Vater nicht schlagen!"

Subish kümmerte sich nicht um ihn, sondern drosch auf den Körper ein, bis er wieder flach ausgestreckt auf den Bohlen lag; jeder Hieb ließ von dem dunklen Knochengerüst einen Funkenregen aufstüben. Dann erst wandte Subish sich um und stieß Jeffrey von sich. „Setz dich dort drüben hin, wenn du bleiben willst! Oder geh nach Hause! Hier bestimme ich!"

Durch diese unmißverständliche Anordnung ernüchtert, zog sich Jeffrey zurück und hockte sich wieder auf den Boden. Er schluchzte und zitterte und konnte nicht begreifen, was geschehen war. „Ich bin hier!" Hatte Vater damit gemeint, daß er von der Verbrennung auferstehen werde? Daß es einer Keule bedürfen würde, ihn daran zu hindern? Natürlich nicht. „Ich bin hier." Die Worte hatten nichts zu bedeuten. Sie waren nur Lüge.

Später kam Subish herüber und setzte sich neben ihn. „Verzeih, daß ich dich angeschrien habe, Ganesh. Aber du hast nur etwas gesehen, das den meisten anderen Leuten verborgen bleibt. Und das ist gut so. Es würde die Familien nur beunruhigen."

„Mein Vater hat sich – aufgesetzt."

Subish kicherte und wischte sich mit seiner Seemannskappe den Schweiß aus den Augen. Sein kahler Kopf glänzte im Feuerschein wie eine Mahagonikugel. „Es war nicht dein Vater, Ganesh. Nicht er hat sich aufgesetzt. Es war nur sein Körper, der sich beim Austrocknen zusammenzog. Das geschieht jedesmal. In den großen Städten binden sie heutzutage die Leichen mit Kistendraht an die Scheiter; aber hier halten wir uns noch an die alten Gewohnheiten. Ach ja, ich habe oft genug erlebt, wie sie vom Feuer aufsprangen, als wollten sie geradewegs davonlaufen!" Rasch fügte er hinzu: „Verzeih. Ich rede manchmal dummes Zeug."

Jeffrey streckte die Hand nach ihm aus und berührte seinen schweißnassen Arm. „Ich muß um Verzeihung bitten, Subish. Weil ich so geschrien habe. Aber für einen Augenblick dachte ich – ich dachte…"

„Du hast gehofft…"

Jeffrey nickte und wischte sich den Schweiß aus der Stirn. „Ja, wahrscheinlich. Für einen Augenblick."

„Wenn du wirklich deinen Vater suchst, wirst du ihn hier nicht finden."

Jeffrey starrte den Mann überrascht an. Noch nie hatte Subish ihn irgendwie beeindruckt, weder im Guten noch im Bösen. Zum erstenmal studierte er das knochige Gesicht, das dünne Ziegenbärtchen, das breite Lächeln, dem zwei fehlende Vorderzähne einen unverwechselbaren Ausdruck gaben, die freundlichen, verständnisvollen Augen. Sie hielten seinem Blick stand.

„Wo sonst sollte ich Vater suchen?" fragte Jeffrey.

Subish zuckte mit den Schultern. „Geh in den Tempel wie alle anderen. Frage Lord Shiva. Frage Lord Krishna. Frage die Göttin Devi. Frage den Gott Ganesh, dessen Namen du trägst. Die Götter wissen es, ich weiß es nicht."

Jeffrey ließ nicht locker. „Aber was, meinst du, geschieht? Du hast es so oft erlebt. Du siehst, wie sich die Körper aufbäumen. Woran denkst du dabei?"

„Ich? Ich leiste meine Arbeit. Ich werde dafür bezahlt. Morgen werde ich hier saubermachen, dann nehme ich ein Bad im Fluß, ich kaufe mir Arrak, trinke nach Herzenslust und schlafe mich gründlich aus. So mache ich das immer. Alles andere überlasse ich den Göttern."

Malcolm J. Bosse

Wasser

Wasser spielt für Christen bei der Taufe eine wichtige Rolle, für katholische Christen auch als Weihwasser. Aus Erfahrung wissen wir, daß Wasser sowohl eine lebenserhaltende als auch eine lebensbedrohende Kraft sein kann. Ohne Wasser kann kein Mensch überleben. Vor allem in der Wüste ist dieses lebenserhaltende Gut oft knapp. Menschen haben um Wasserstellen und Brunnen mit Trinkwasser gestritten. Quellen und Flüsse werden als heilbringend verehrt. Manche Quellen haben Heiligkeit aufgrund von wunderbarer Heilung (u. a. Lourdes) erlangt.

Man kann aber auch im Wasser ertrinken. Menschen, die in Küstenregionen leben, werden gelegentlich von Sturmfluten bedroht. Ebenso wie ehemalige Meere und Flüsse im Lauf der Zeit austrockneten, kann das Meer auch trockenes Land zurückerobern. Zum Mond hat das Wasser eine besondere Beziehung. Beide sind Sinnbilder für Leben, Tod und Wiedergeburt.

In vielen Religionen werden Geschichten von einer großen Flut erzählt, die die ganze Menschheit bedrohte und vernichtete. Doch diese „Sintfluten" brachten nicht nur den Untergang, sondern führten zu neuem Leben.

Naturwissenschaftler vermuten, daß tatsächliche Flutkatastrophen als Folgeerscheinungen der Eiszeit Grundlagen der zahlreichen Flutgeschichten sind.

In den Flutgeschichten geht es um eine Urerfahrung des Menschen: der fürchterlichen Gefährdung durch Naturkatastrophen, die oft als Abfall von Gott gedeutet wurden. Zugleich wird deutlich, wie wichtig der Einklang menschlicher Aktivität mit Natur und Kreatur ist.

Die Weite des Ozeans sind für Judentum und Islam Manifestationen Gottes. Der jüdische Schriftsteller Joseph Roth beschreibt, was Mendel Singer, der Held seines Romans „Hiob", angesichts des Meeres empfindet: „Er warf einen flüchtigen Blick auf das Meer und trank Trost aus der Unendlichkeit des bewegten Wassers. Ewig war es. Mendel erkannte, daß Gott selbst es geschaffen hatte. Er hatte es ausgeschüttet aus seiner unerschöpflichen geheimen Quelle. Nun schaukelte es zwischen den festen Ländern. Tief auf seinem Grunde ringelte sich Leviathan, der heilige Fisch, den am Tage des Gerichts die Frommen und Gerechten speisen werden. „Neptun" hieß das Schiff, auf dem Mendel stand. Es war ein großes Schiff. Aber mit dem Leviathan verglichen und mit dem Meer, dem Himmel und mit der Weisheit des Ewigen, war es ein winziges Schiff. Nein, Mendel fühlte keine Angst. Er beruhigte den Matrosen, er, ein kleiner schwarzer Jude auf einem riesengroßen Schiff und vor dem ewigen Ozean, er drehte sich noch einmal im Halbkreis und murmelte den Segen, der zu sprechen ist beim Anblick des Meeres. Er drehte sich im Halbkreis und verstreute die einzelnen Worte des Segens über die grünen Wogen: „Gelobt seist du, Ewiger, unser Herr, der du die Meere geschaffen hast und durch sie trennest die Kontinente!"

Der Koran erzählt, daß die Erde auf Wasser ruhen soll. Er erwähnt Ozeane, auf denen Schiffe fahren. Der Ozean gilt im allgemeinen als Bild von Gott, während das Bild vom zerbrechlichen Boot für den Menschen steht.

Im Paradies und im himmlischen Jerusalem spenden Brunnen und Quellen das Lebenswasser. Brunnen, Quellen und Teiche spielen auch eine wichtige Rolle im Islam. Die babylonische Göttin Ischtar mußte in die Totenwelt hinabsteigen, um „das Wasser des Lebens" zu holen. In der Sprache der alttestamentlichen Propheten ist Jahwe die Quelle des sprudelnden, lebenserhaltenden Wassers (Jer 2,13).

Auch das Neue Testament greift solche Bilder auf: „Wahrlich, wahrlich, ich sage dir: Es sei denn, daß jemand geboren werde aus Wasser und Geist, so kann er nicht in das Reich Gottes kommen" (Joh 3,5).

Das Wasser war ursprünglich selbst eine heilige Substanz. Später wurde es als Sitz von Geistwesen und Göttern gedacht. Der griechische Naturphilosoph Thales von Milet (um 625 – um 547 vor Chr.) betrachtet Wasser als den Ursprung aller Dinge. Wegen seiner Formlosigkeit wird es dem Chaos und der Urmaterie gleichgestellt. Nach der altägyptischen Mythologie tauchte aus dem Urgewässer der Urhügel empor. In der indischen Überlieferung trägt das Wasser das Weltenei.

Die christliche Taufe symbolisiert die Zugehörigkeit zur Kirche. Bei der Taufhandlung wird Wasser verwendet. Wasser ist Symbol der Reinigung, die eine Voraussetzung für die Wiedergeburt darstellt. Das Wasser ist seinem Wesen nach geeignet, sowohl Tod als auch Leben zu bedeuten: Das Ritual des Eintauchens in das Wasser versinnbildlicht den Tod, das Ende eines vergangenen Lebensabschnitts, wohingegen das Auftauchen die Wiedergeburt, den Beginn eines neuen Lebens, symbolisiert. Deshalb verwenden viele Religionen Wasserrituale, um den Eintritt des Menschen in eine Gemeinschaft oder in einen neuen Lebensabschnitt zu vollziehen. Reinigungsbäder gab es zum Beispiel bei den jüdischen Essenern und gibt es heute noch bei den Täufergemeinschaften. Auch andere Religionen kennen Reinigungsbäder, von denen einige der christlichen Taufe vergleichbar sind. Im Kult ist das Wasser ein wichtiges Reinigungsmittel, das von der als Schmutz betrachteten Sünde reinigt. Die umfassendste Wasserreinigung ist das Tauchbad. Im Judentum wird es bei Glaubensübertritt, auch nach jeder rituellen Verunreinigung (z. B. Menstruation) vorgenommen. Der Islam fordert eine Ganzwaschung nach dem Geschlechtsakt, der Menstruation und der Geburt, aber auch vor der Hochzeit.

Im Hinduismus ist ein Tauchbad nach jeder Verunreinigung und vor jeder heiligen Handlung erforderlich. Der Buddhismus kennt Reinigungsbäder sowie das Tauchbad als Übergangsritus.

Ersatz für eine Ganzwaschung ist die Teilwaschung. Der Muslim nimmt sie vor jedem rituellen Pflichtgebet vor. Den israelitischen Priestern war die Fußwaschung vorgeschrieben. In frühchristlicher Zeit wurde die Fußwaschung am Gründonnerstag als Sakrament betrachtet. Waschung ist angedeutet in der rituellen Besprengung zum Beispiel mit Weihwasser.

Nach Aussage des Korans hat Gott das Wasser vom Himmel herabgesandt. Es hat nicht nur die Kraft, den Menschen äußerlich zu reinigen, sondern es reinigt auch symbolisch das Herz. Die rituelle Waschung kann daher für Muslime zu einem geistlichen Erlebnis werden; denn ins Wasser einzugehen, bedeutet gereinigt und wiedergeboren zu werden.

In der Antike spielte das Wasser heiliger Quellen im Zusammenhang mit dem Orakelwesen eine wichtige Rolle. Quellen und Flüsse galten als heilig, weil sie Leben und Fruchtbarkeit spenden. In der Nähe heiliger Quellen finden sich oft heilige Bäume. Mit dem Heiligtum der Kaaba in Mekka z. B. ist ein heiliger Brunnen verbunden, Zamzam genannt, den die Muslime auf Abrahams Frau Hagar zurückführen und der bis heute bei der Wallfahrt Bedeutung besitzt.

Auch die islamische Mystik verwendet das Bild des Wassers, besonders das des Tropfens, der – im unendlichen Meer sich auflösend – die im Unendlichen aufgehende Seele symbolisiert. Heilige Flüsse sind der Nil, dessen Gott wie der Strom Hapi hieß. Euphrat und Tigris galten als heilig. Der schiitische Theologe Kulayni verglich den Propheten mit einem mächtigen Strom. Alle Flüsse Indiens, vor allem der Ganges, besitzen Heiligkeit.

Neben Flüssen und Quellen gibt es künstliche Wasserbehälter. Bereits in antiken Tempeln gab es Weihwasserbecken. Die katholische Kirche unterscheidet drei Formen des Weihwassers: das gewöhnliche Weihwasser, das am Sonntag geweiht wird; das Taufwasser, das in der Oster- und Pfingstnacht geweiht wird; das gregorianische Wasser, das für die Kirchweihe bestimmt ist.

Wasser spielt eine wichtige Rolle bei der Reinigung von Götterbildern, zum Beispiel in Griechenland und im Buddhismus.

Wasser als Ort der Bedrohung und Errettung

Ea, Ziusdra und die große Flut   31

Babylonische Religion

Die folgende Flutgeschichte stammt aus dem alten Babylon und stellt vermutlich eine Vorläufergeschichte zu der biblischen Erzählung dar. Grundmotiv: Die Götter strafen und vernichten die Menschheit durch eine große Flut und lassen nur einen Gottesfürchtigen überleben.

Alter: ab 8 Jahren

Es geschah vor langer Zeit im Land Babylon, das zwischen den gewaltigen Flüssen Euphrat und Tigris lag. Da verehrten die Menschen viele Götter. Eines Tages versammelten sich die Götter am Flußufer, um über das Geschick der Menschheit zu befinden; die Menschen waren böse und faul geworden, kriegerisch und gierig nach Geld und Reichtum. Zwar kannten sie die Ratschläge und Gebote der Götter. Doch sie hatten beschlossen, sie nicht zu beachten. Deshalb mußten sie bestraft werden.

„Was sollen wir mit diesen Menschen tun?" fragte der große Gott Anu. „Es macht mich traurig, sie so zu sehen!"

„Traurig?" brüllte Enlil, der Gott der Stürme und Sturmfluten. „Mich macht es wütend nach allem, was wir für sie getan haben. Ich bin dafür, daß wir eine große Flut schicken und die ganze Erde und alles, was auf ihr lebt, ertränken. Wir wollen das Pack ein für alle Mal loswerden!"

Die anderen Götter nickten zustimmend. Ea jedoch, der Gott der Weisheit, hatte Mitleid mit den Menschen auf der Erde, und er beschloß, ihnen zu helfen. Aber zuerst mußte er die anderen Götter überzeugen, einen Mann mit Namen Ziusdra zu verschonen. Von diesem wußte er nämlich, daß er gut und freundlich war und die Gesetze beachtete.

„Ich gebe euch mein Wort", bat Ea. „Dieser Mann Ziusdra ist ein guter Mann. Sicher können wir wenigstens ihn und seine Familie verschonen?"

„O nein", entgegnete Enlil. „Nein, nein! Sie müssen alle sterben. Wir können jetzt keine Ausnahme machen. Und wage es nicht, die Menschen zu warnen! Wir müssen unsere Pläne geheimhalten."

Ea wurde traurig. Was sollte er tun? Er wollte nicht, daß ein guter Mensch wie Ziusdra starb. Aber er konnte sich auch nicht dem Befehl der anderen Götter widersetzen. Nachdem er viele Tage nachgedacht hatte, faßte er einen Plan.

In jener Nacht ging er zu dem Haus, in dem Ziusdra lebte. Da er wußte, daß er Ziusdra nicht direkt warnen durfte, flüsterte er seine Warnung in die Wände des Hauses in der Hoffnung, daß Ziusdra sie mithören würde.

„Starke Wände", begann Ea mit leiser Stimme, „hört zu, was ich zu sagen habe. Die Götter sind des sündhaften Treibens der Menschen überdrüssig und haben geschworen, sie zu bestrafen. Sie werden eine gewaltige Flut schicken, die das Land bedeckt und alles Leben auf der Erde ertränkt. Niemand wird den Fluten entkommen, wenn Ziusdra nicht tut, was ich ihm sage."

Im Haus hörte Ziusdra genau zu.

„Ziusdra muß sein Haus niederreißen und aus seinen Holzstämmen ein großes Boot bauen. Mitnehmen muß er seine Frau und Familie, seine treuen Diener und ein Paar von jeder Tierart und Vogelart, die auf der Erde leben." Ea machte eine Pause, dann fuhr er fort: „Beachtet diese Worte unbedingt. Wenn Ziusdra nicht tut, was ich sage, geht die Erde unter."

Ziusdra machte sich an die Arbeit und baute ein großes Boot, so wie Ea es ihm befohlen hatte. Seine Frau, seine Familie, seine treuen Diener halfen ihm und arbeiteten Tag und Nacht. Das Boot war so riesig wie ein Palast mit sechs Stockwerken und hundert Zimmern. Als es fertig war, nahm Ziusdra zwei Stück von jeder Tierart und jeder Vogelart, die auf der Erde lebte: Adler, Ameisen, Elefanten, Antilopen, Schlangen, Tiger und Schmetterlinge. Sie kamen, groß und klein, immer zu zweit, bis das Boot voll war. Und als das letzte Paar im Inneren des Bootes verschwunden war, begann es zu regnen, wie Ea gesagt hatte.

Der Regen war mit keinem anderen Regen zuvor zu vergleichen. Der Himmel war schwarz von Regenwolken, sogar am Tag. Donner grollte, und Blitze zuckten über den Himmel. Die Menschen verbargen sich angsterfüllt in ihren Häusern – jedoch vergeblich. Flüsse traten über die Ufer, und es regnete weiter, bis das ganze Land und alles Leben überflutet war. Sechs Tage und Nächte wütete der Sturm, als ob er nie aufhören wollte. Selbst die Götter fürchteten sich. Die einzigen Überlebenden der ganzen Erde waren die Menschen und Tiere auf Ziusdras Boot.

Am siebten Tag ließ der Sturm nach. Der Wind hörte auf zu wehen, und die See wurde wieder ruhig. Ziusdra blickte auf die Zerstörung um ihn herum, und die Tränen traten in seine Augen. Aber er vergaß nicht, zu Ea zu beten: „Ea, großer Gott! Danke, daß du meine Familie und mich verschont hast. Dir ist es zu verdanken, daß immer noch Tiere die Erde bevölkern und Vögel auf ihr herumfliegen werden."

Inzwischen war Ziusdras Boot auf dem Gipfel eines hohen Berges gelandet, dem einzigen Festland, das aus dem Wasser ragte. Dann ließ Ziusdra einen schwarzen Raben fliegen.

„Flieg, schöner Rabe, fliege, soweit du kannst", sagte Ziusdra. „Finde trockenes Land, wo wir unser Leben verbringen und eine neue Welt aufbauen können." Der Rabe flog davon und kam nicht zurück.

Ziusdra wußte, daß der Rabe trockenes Land gefunden hatte und fuhr ihm mit dem Boot hinterher. Er fand den Raben in einem reich bewachsenen, grünen Tal mit Bäumen und einem schäumenden Fluß. Ziusdra öffnete die Tore des Bootes, und die Tiere und Vögel gingen zu zweit hinaus. Zuletzt kam Ziusdra mit seiner Frau, seiner Familie und seinen treuen Dienern. Ihre Herzen waren von Freude erfüllt. Und sie alle lebten glücklich in dem Tal bis an das Ende ihrer Tage.

Nacherzählt von Monika Tworuschka

Die Arche Noachs 32

Judentum/Christentum

Große Teile der Welt waren einst mit riesigen Eisschichten bedeckt. Das mehrmalige Abschmelzen der riesigen Eismassen muß ungeheure Flutkatastrophen ausgelöst haben, nicht nur eine einzige, wie die Bibel erzählt. Für die von solchen Überschwemmungen betroffenen Menschen sah es so aus, als ging die ganze Welt unter. In der Noach-Geschichte, wie auch in anderen Flutgeschichten, wird die Katastrophe als Strafe Gottes gedeutet, vor der allein ein gottgefälliges Leben schützt. Obwohl die Noach-Geschichte kein historischer Bericht ist, haben immer wieder Forscher den Berg Ararat aufgesucht, auf dem nach 1. Mose 8,4 die Arche gelandet sein soll. Und immer wieder machen Gerüchte die Runde, wonach Überreste eines Schiffswracks gefunden wurden.

Alter: ab 8 Jahren

Die Menschen verbreiteten sich über die ganze Erde. Aber sie kümmerten sich nicht um das Gute. Fast alles, was sie dachten und taten, war böse. Darüber war Gott traurig. Er sprach: „Es reut mich, daß ich die Menschen geschaffen habe. Ich will sie von der Erde vertilgen."

Nur ein Mensch lebte noch nach Gottes Willen. Er hieß Noach. Auch seine Frau und seine drei Söhne Sem, Ham und Jafet waren gute Menschen. Gott sprach zu Noach: „Mit der Menschheit geht es zu Ende. Bald wird die große Flut über sie hereinbrechen. Aber du, deine Frau, deine drei Söhne und ihre Frauen und Kinder sollen gerettet werden. Bau dir ein Schiff aus Holz mit drei Stockwerken und einem Dach. Nimm von allen Tieren ein Männchen und ein Weibchen mit, denn ich will, daß das Leben erhalten bleibt. Und denk an das Futter für die Tiere und das Essen für dich und deine Familie!"

Noach gehorchte Gott. Er baute das Schiff. Dann ging er mit seiner Familie und den Tieren in das Schiff und verschloß die Tür.

Nach sieben Tagen fing es an zu regnen. Es regnete stärker und stärker, und das Wasser strömte vom Himmel. Bald hob das Schiff vom Boden ab. Vierzig Tage und Nächte regnete es aus schwarzen Wolken in Strömen, und auch aus der Erde brachen Wasserschwälle hervor. Die große Flut stieg höher und höher. Nur noch die Gipfel der Berge ragten als Inseln aus dem Wasser. Dann versanken auch sie. Jetzt trieb das Schiff Noachs einsam auf der endlosen Wasserfläche.

Aber Gott hatte Noach nicht vergessen. Nach vierzig Tagen hörte es auf zu regnen. Das Wasser begann zu fallen. Da öffnete Noach die Luke im Dach und ließ eine Taube ins Freie fliegen. Noach dachte: „Wenn die Taube wegbleibt, hat sie einen trockenen Ort gefunden."

Aber die Taube kehrte bald wieder zurück. Noach streckte seine Hand aus der Luke und holte sie ins Schiff. Dann wartete er sieben Tage und ließ die Taube ein zweites Mal fliegen.

Als sie nach einiger Zeit zurückgeflogen kam, hatte sie das frische Blatt eines Ölbaums im Schnabel.

Jetzt wußte Noach, daß die Flut vorüber war. Als er die Taube sieben Tage später zum dritten Mal fliegen ließ, kehrte sie nicht mehr zurück. Da öffnete Noach die Tür und verließ mit seiner Familie und allen Tieren das Schiff.

Die schwarzen Wolken hatten sich verzogen. Die Sonne schien, und am Himmel wölbte sich ein großer Regenbogen.

Da sprach Gott zu Noach: „Ich schließe einen Bund mit dir und mit allen Menschen und Tieren, die nach dir auf der Erde leben. Ich verspreche: Keine große Flut wird mehr das Leben vernichten. Solange die Erde besteht, soll alles seinen geordneten Gang haben. Es soll nicht aufhören Saat und Ernte, Frost und Hitze, Sommer und Winter, Tag und Nacht. Und das Zeichen für mein Versprechen soll der Regenbogen sein."

1. Mose 6,1–9.17. Nacherzählt von Werner Laubi

Nuh und die große Flut 33

Islam

Auch im Koran wird die Geschichte von Noach (Nuh) erzählt. Hier wurde die Sure 11,25–48 für Kinder nacherzählt. Für Muslime ist Noach ein Prophet. Seit dem Auftreten des ersten Propheten Adam haben die Gottgesandten den Menschen die Botschaft von dem einen, barmherzigen Gott gebracht. Aber die Menschen hörten nicht auf sie, so daß Gott immer neue Propheten entsenden mußte, um den Menschen Rechtleitung zu bringen. Auch Abraham, Mose und Jesus gehören zu den islamischen Propheten, als deren „Siegel", d. h. letzter Prophet, Muhammad betrachtet wird.

Alter: ab 9 Jahren

Adam und Hawwa (Eva) wurden alt und starben. Neue Generationen wuchsen heran und vergingen, und die Menschen wurden zu einem großen Volk auf der Erde. Sie zerstreuten sich und siedelten in allen Gegenden, wo sie fruchtbares Land fanden. Mancherlei neue Erfindungen und Entdeckungen machten sie. Sie zähmten Pferde, um darauf zu reiten, und bauten Wagen, um darin zu fahren und Lasten zu transportieren. Sie lernten, aus Ton Gefäße zu formen und diese dann zu festen Töpfen zu brennen. Sie bauten Häuser aus Holz und Stein. Aber immer weniger von ihnen erinnerten sich an ihren Stammvater Adam, an die Erschaffung der Erde und an Allahs Rechtleitung. Die meisten Menschen dachten nur an ihre eigene Macht und meinten, Kraft, Wissen und Geschicklichkeit kämen von ihnen selbst. Sie wurden sehr stolz und arrogant. Da sie Allahs Rechtleitung verlassen hatten, machten sie sich ihre eigenen Gesetze. Bei ihnen hatte der Stärkere immer Recht. Als Sinn des Lebens galt es, soviel wertvolles Gut wie möglich anzusammeln und möglichst viel im Volk zu sagen zu haben. Daß sie dabei ungerecht und grausam gegen Schwächere waren, kümmerte sie nicht. Zuletzt machten sie sogar Bilder von berühmten Leuten und beteten sie an. Ja, fast alle Menschen hatten Allah vergessen.

Da schickte Allah ihnen einen Gesandten, der sie an die Rechtleitung erinnern sollte. Das war ein weiser und geduldiger Mann namens Nuh. Ihm gab Allah die Offenbarung und schickte ihn zu den Menschen.

Nuh sprach zu den Menschen: „O ihr Menschen, wendet euch zu Allah! Es gibt keine wirkliche Macht außer bei ihm. Seid nicht ungerecht gegen euch selbst, sondern fürchtet den Tag, an dem ihr Allahs Gerechtigkeit gegenübersteht!"

Die Würdenträger des Volkes hörten seine Rede mit Verachtung und sagten: „Kein anderer hat so merkwürdige Ideen. Du bist vielleicht nicht ganz gesund im Kopf." Aber Nuh entgegnete: „Das sind keine merkwürdigen Ideen, sondern Allah hat mich gesandt, alle Menschen öffentlich zu warnen, damit sie sich an seine Barmherzigkeit erinnern. Und Allah hat mir offenbart, was ihr nicht wißt."

Die Anführer des Volkes lachten ihn aus und riefen: „Willst du für deine Rede etwa auch noch bezahlt werden?" Denn sie dachten hauptsächlich an Geld und Reichtum, und keiner von ihnen hätte je daran gedacht, etwas umsonst zu tun. Aber Nuh entgegnete: „Ich vertraue allein auf Allah, der mich gesandt hat. Von euch will ich nichts haben, denn bei ihm allein ist mein Lohn."

Eine solche Antwort hatten die Anführer nicht erwartet. Sie ärgerten sich. „Du lügst!" sagten sie. „Was du sagst, kann gar nicht stimmen. Du bist ein ganz normaler Mensch. Du ißt, trinkst, arbeitest für deinen Lebensunterhalt und schläfst. Wenn dein Gott einen Gesandten schicken wollte, wieso hat er dann nicht einen Engel ausgesucht? Das würden wir dann vielleicht eher glauben."

Nuh sprach: „O mein Volk, seht doch, ich habe ein klares Zeichen von meinem Herrn. Seine Barmherzigkeit hat er offenbart. Ist eure Arroganz denn so groß, daß sie Allahs Barmherzigkeit vor euren Augen verbirgt? Aber ihr müßt selbst wissen, was ihr wollt, niemand kann gezwungen werden."

Jene aber sagten nur verächtlich: „Was willst du schon Besonderes sein? Niemand hört dir überhaupt zu. Nur die Taugenichtse laufen dir nach." Und sie wandten sich ab.

Tag und Nacht predigte Nuh dem Volk Allahs Botschaft; aber die meisten verspotteten und beschimpften ihn. Zuletzt wollten sie ihn sogar steinigen. Nuh betete zu Allah um Hilfe.

Allah wußte wohl, daß keiner auf Nuh hören wollte. Er hatte beschlossen, die bösen Menschen zu vernichten. Er befahl Nuh, ein großes Schiff zu bauen, in dem er mit seiner Familie, den Gottesfürchtigen und vielen Tieren Platz hatte. Denn die bösen Menschen sollten in einer großen Flut untergehen, und nur Nuh mit seiner Familie, die gottesfürchtigen Menschen und die Tiere sollten gerettet werden.

Da fällte Nuh Bäume, zerschnitt sie zu Brettern und baute daraus ein riesiges Schiff. Inzwischen kamen die Götzendiener vorbei und riefen: „Wo bleibt denn deine Strafe? Du hast uns lange mit Diskussionen aufgehalten, jetzt soll mal endlich was passieren!" Aber Nuh erwiderte sehr ernst: „In Allahs Hand liegt es, euch zu bestrafen. Er ist der Herr, und zu ihm kehren wir zurück."

Immer, wenn er mit seiner schweren Arbeit beschäftigt war, kamen seine Feinde und verspotteten ihn. „Na, gestern warst du noch ein Prophet, und heute bist du ein Schreiner geworden!"

„Was wird denn das, ein Schiff? Auf dem Land?"

„Seht nur, Nuh will auf dem Trockenen segeln!"

So riefen sie und lachten laut darüber, und sie machten böse Streiche, so daß Nuh kaum eine ruhige Minute hatte. Aber Nuh verlor nicht die Geduld. Er sprach zu ihnen: „Jetzt lacht ihr über uns, aber ihr wißt nicht, daß wir eigentlich Grund hätten, über euch zu lachen."

Als das Schiff endlich fertig war, sprach Allah zu Nuh: „Steigt nun ein und nehmt von allen Tieren ein Männchen und ein Weibchen mit."

So geschah es. Nuh versammelte alle Tiere paarweise, Elefanten, Affen, Schafe, Hühner, Wölfe, Löwen, Adler, Spatzen und wie sie alle heißen, große und kleine, und führte sie in das Schiff. Inzwischen sammelten sich finstere Wolken am Horizont, und es fing an zu regnen. Zuletzt stieg Nuh selbst ein mit seiner Familie und allen, die ihm nachfolgten, aber das waren nur wenige. Als der Regen schon richtig in Strömen herabstürzte, entdeckte Nuh draußen seinen Sohn. War er denn nicht in das Schiff eingestiegen?

„Junge", rief Nuh, „steig schnell ein. Bleib doch nicht bei Allahs Feinden!"

Dieser Sohn aber hörte weder auf seinen Vater, noch glaubte er an die Offenbarung. Hochmütig wie die anderen Feinde Allahs entgegnete er: „Ich will lieber auf einen hohen Berg steigen, da kommt das Wasser nicht hin." Nuh wollte noch etwas sagen, aber da kamen auch schon große Wellen und trennten die beiden.

Nuh war sehr traurig. Er sprach zu Allah: „Er war mein Sohn und gehört doch zu meiner Familie."

Allah aber erwiderte: „Sei nicht traurig. Er gehört nicht zu deiner Familie, weil er ein Ungerechter war. Sollen etwa die Ungerechten auch noch belohnt werden, nur weil sie zufällig in der Familie eines Gottesdieners geboren sind? Nein, jeder ist für seine eigenen Taten verantwortlich!" Allah aber hatte Nuh viele Söhne und Töchter gegeben, die ihm Freude machten.

Draußen stieg indessen das Wasser immer weiter. Die Ungehorsamen, die gestern noch gelacht hatten, kletterten entsetzt auf Bäume oder auf die Dächer ihrer Häuser oder flohen auf die höchsten Berge, aber das Wasser erreichte sie auch da, und alle gingen unter. Das Schiff aber trieb sicher auf den Wellen dahin.

Nach vielen Tagen kam endlich von Allah der Befehl: „Himmel, hör auf zu regnen! Erde, verschlucke das Wasser!" Sogleich schien wieder die Sonne, und die Wassermassen verliefen sich. Das Schiff landete auf dem Berg Judi, der heute Ararat heißt. Als die Erde wieder ganz trocken war, sprach Allah zu Nuh: „Kommt nun alle heraus aus dem Schiff, mit Frieden von mir und meinem Segen auf dir und deinen Nachkommen und allen, die auf ihren Herrn vertrauen."

Da kam Nuh mit den Seinen und allen Tieren aus dem Schiff heraus. Sie verteilten sich über das Land und bebauten es. Sie hatten Kinder und Enkelkinder und wurden zu Stämmen und Völkern.

Der Berg aber, auf dem Nuhs Schiff gelandet war, ist heute mit Eis bedeckt. Wenn du auf einer Reise in das Land kommst, wo die Kurden wohnen, kannst du den Berg sehen. Die Hirten in der Gegend berichten, daß an heißen Sommertagen das Eis manchmal so weit schmilzt, daß man ein Stück des Schiffes sehen kann.

Sure 11,25–48. Nacherzählt von Halima Krausen

34   Manus Arche

Hinduismus

Aus dem Hinduismus stammt folgende Geschichte von Manu und seiner Arche, die erstaunliche Parallelen zur jüdisch-christlich-islamischen Version aufweist. Die Inder denken in kosmischen Zeiträumen. Nach ihrer Mythologie zerfällt jeder Weltzyklus in vier Weltzeitalter (Yuga). 4.320.000.000 Tage nach menschlicher Rechnung stellen einen einzigen Tag Brahmas dar, ein Kalpa, d. h. Weltzeitalter. Ein solcher Brahmatag beginnt mit der Schöpfung oder der Entsendung eines Weltalls aus der göttlichen Substanz und endet mit dessen Wiedereinschmelzen in das Absolute. Jeder Brahmatag ist in 14 Manvantaras oder Manu-Abschnitte eingeteilt, von denen jeder 71 und einen Bruchteil Mahayugas enthält. Er endet mit einer Sintflut, die somit nicht einmalig ist. Manu ist der indische Noach, der Held, der der Flut entgeht. Unsere gegenwärtige Zeitperiode heißt nach Manu Vaivasvata (Manu, dem Sohn des Strahlenden). Es ist das siebente Manvantara des augenblicklichen Brahmatages; sieben weitere sind noch zu erwarten, bevor dieser Tag endet.

Alter: ab 10 Jahren

Manu, der erste Mensch auf der Erde, stand in einem Strom und betete. Jahrelang stand er auf einem Bein, die Arme gen Himmel gereckt. Nichts, so schien es, konnte ihn stören.

Dann stieß eines Tages ein kleiner Fisch an sein Fußgelenk und rief: „Manu, hilf mir! Ein großer Fisch will mich fressen." Obwohl Manus Geist mit dem Sinn des Lebens, dem Universum und der Ursache aller Dinge beschäftigt war, hatte er Mitleid mit der kleinen Kreatur. Er fischte sie mit einem Krug aus dem Wasser.

Der Fisch begann zu wachsen. Er wuchs und wuchs, so daß Manu ihn in einen Wasserbehälter setzte. Als er weiterwuchs, setzte er ihn in den heiligen Fluß Ganges. Aber bald war er zwischen den Ufern eingeklemmt. „Nimm mich zum Meer!" keuchte der Fisch. „Oder ich sterbe!"

Manu bat den Herrn Brahma um Stärke und brachte den Fisch zum Meer. Dort wand sich dieser vor Freude und tauchte in die wogenden Wellen.

„Danke, Manu", rief er. „Du hast mein Leben gerettet. Darum will ich dir auch helfen. Hör zu, der Schöpfer, Herr Brahma, ist nicht zufrieden mit dieser bösen Welt. Er will alles zerstören und wieder neu anfangen. Tu, was ich sage. Dann wirst du gerettet."

Manu hörte dem Fisch zu und tat, was er sagte: Er baute ein großes Schiff. Dann ging er in alle Gegenden der Welt und sammelte die Samen aller lebenden Dinge und die Samen von sieben heiligen Weisen der Vorzeit, Dämonen und Göttern. Er trug sie alle zu seinem Schiff und wartete.

Dann begann die Zerstörung. Sieben glühende Sonnen erschienen am Himmel und brannten fürchterlich. Wind und Feuer kamen wie gierige Zungen, beleckten die ganze Welt und verschlangen alles, was ihnen in den Weg kam. Riesige schwarze Wolken rollten über den Himmel. Sie öffneten sich zu einem gewaltigen Riß, und Regen strömte herab. Es regnete zwölf Jahre lang, und Herr Brahma zerstörte alles außer Manu und seiner Arche.

Als der Regen nachließ, fühlte Manu sich völlig verlassen, denn um ihn herum gab es nichts als Wasser. Plötzlich sah er einen gehörnten Fisch auf sich zuschwimmen. Überglücklich warf Manu ein Seil über seine Hörner. Jahr für Jahr zog nun der Fisch die Arche über die endlosen Wasser, bis Manu eines Tages aus den verhangenen Wellen eine Bergspitze herausragen sah. Die Arche stieß gegen den felsigen Berghang.

Da sprach der Fisch: „Ich bin Brahma, der Herr aller lebenden Dinge. Ich habe dich aus der Flut gerettet, damit du neues Leben schaffen kannst, wenn das Wasser sinkt."

So begann Manu, mit dem Samen auf seiner Arche neues Leben zu schaffen. Bald waren die Flüsse, Meere, Dschungel und Wüsten mit Leben gefüllt. Die Götter kehrten in ihre Himmel zurück und die Dämonen in die Unterwelt. Die sieben Weisen begannen zu beten, und Manu stand wieder auf der Erde und dankte Gott.

Nacherzählt von Monika Tworuschka

35 Die große Flut

Indianer-Religion

Dieser Mythos stammt aus der peruanischen Hochkultur. Typisch ist auch hier, daß nur *ein* Mensch vor dem Unheil verschont bleibt und dann die Verantwortung dafür trägt, daß von allen Lebewesen einige überleben, so daß die Schöpfung neu beginnen kann.

Alter: ab 12 Jahren

Einst band ein Mann sein Lama auf einem guten Weideplatz an, aber das Tier wollte nicht fressen, sah traurig drein und wehklagte, indem es immer „yu, yu" schrie. Der Hirt, der gerade einen Maiskolben aß, bemerkte es, warf den Strunk nach dem Lama und sagte: „Dummkopf, warum klagst du und lässest dir nicht das Futter schmecken? Habe ich dich denn nicht auf eine gute Weide gebracht?"

Das Lama erwiderte: „Tor! Was weißt du! Hast du etwa eine Ahnung von dem, was bevorsteht? Wisse, meine Traurigkeit hat gute Gründe. Fünf Tage lang wird das Meer ansteigen und die ganze Erde bedecken, und alles wird untergehen, was darauf lebt." Der Mann war erstaunt, daß das Lama sprechen konnte, und fragte, ob es denn keine Rettung gäbe. Da sagte ihm das Lama, er solle ihm eilends auf den Gipfel eines hohen Berges namens Uillcacoto folgen und Nahrung für fünf Tage mitnehmen; dann werde er gerettet werden.

Der Mann tat, wie ihm gesagt, nahm seine Last auf den Rücken und gelangte mit dem Lama auf den Gipfel des Berges, wo sich bereits viele verschiedene Arten von Vögeln und vierfüßigen Tieren versammelt fanden. Gerade als er und das Lama den Gipfel erreicht hatten, begann das Meer zu steigen, und die Gewässer füllten alle Täler und bedeckten selbst die Gipfel der Hügel und Berge. Nur den Gipfel des Uillcacoto bedeckten sie nicht.

Aber die Tiere mußte sich dicht zusammendrängen, denn das Wasser stieg so hoch, daß einige von ihnen kaum Raum zum Stehen fanden. Unter diesen war der Fuchs, dessen Schwanz von den Wellen benetzt wurde, und das soll der Grund sein, warum die Schwanzspitze des Fuchses schwarz ist.

Nach fünf Tagen begannen die Gewässer wieder zu sinken, und das Meer kehrte in seine alten Grenzen zurück. Aber die ganze Erde war ohne Menschen außer jenem Mann, von dem – wie es heißt – alle Menschen abstammen, die es heute gibt.

Überlieferung aus Peru

Die Rettung   36

Judentum/Christentum

In der alttestamentlichen Geschichte vom „Durchzug durchs Schilfmeer" wird die Vernichtung der Truppen des Pharao auf drei verschiedene Weisen erzählt: Am besten bekannt ist die Schilderung, nach der Moses durch das Ausstrecken seiner Hand die Wasser spaltet, so daß die Israeliten durch das Meer ziehen können. Dann läßt er das Wasser zurückkehren, von dem die nachfolgenden Truppen des Pharao zugedeckt werden. Diese Schilderung aus der Priesterschrift verlegt das Geschehen ans Meer. Daneben erkennt man Vorstellungen des sogenannten Jahwekrieges. Jahwe läßt den Gottesschrecken über die Truppen des Pharao fallen und schüttelt sie mitten ins Meer. Eng daran schließt sich eine weitere Vorstellung an, die ebenfalls mit dem Jahwekrieg in Zusammenhang steht. Hier fliehen die pharaonischen Truppen in das vom Ostwind ausgetrocknete Meerbett, wohin das Meer am nächsten Morgen zurückkehrt. Diese Beschreibungen stammen aus dem jahwistischen Quellenstrang. Aus dem Bereich der jahwistischen Theologie stammen die Bilder der Wolken- und Feuersäule. Die beherrschende Gestalt der Meerwunder-Geschichte ist Jahwe, der endgültig das Gesetz des Handelns übernommen hat. Diese Darstellung der Befreiung der Israeliten am Meer ist auch eine Auseinandersetzung des Jahwisten mit der Königszeit. Denn der vom König erhobene politische Anspruch ließ die Macht Jahwes zeitweilig in den Hintergrund treten.

   In der Priesterschrift ist die Meerwundergeschichte eine Erzählung von der Entmachtung des Götzen Pharao. Sie soll zu der Erkenntnis führen, daß Jahwe der Mächtige ist. Diese Auffassung kommt der islamischen Lesart (siehe Nr. 37) nahe.

Alter: ab 9 Jahren

Als die Israeliten weggezogen waren, tat es dem Pharao leid, daß er sie hatte ziehen lassen. „Wer wird jetzt unsere Häuser bauen und auf unseren Feldern arbeiten?"

Und er befahl: „Alle Soldaten und Offiziere sollen sich versammeln. Wir wollen den Israeliten nachjagen. Auch alle schnellen Wagen müssen mit! Die besten Pferdelenker und die besten Bogenschützen und gute Schildträger sollen auf den Wagen stehen. Ich will die Israeliten zurückholen."

Die Israeliten ruhten sich von ihrer Flucht am Ufer eines Meeresarmes aus. Da entdeckten sie die Ägypter. Sie sahen die schnellen Wagen und die gerüsteten Krieger. Und große Angst packte sie. Sie machten Mose Vorwürfe: „Wozu hast du uns in die Wüste geführt? Wir hätten geradesogut in Ägypten sterben können! Hättest du uns doch in Ruhe gelassen! Wir würden lieber Sklavenarbeit in Ägypten tun, als hier getötet zu werden."

Mose aber sagte: „Ihr braucht keine Angst zu haben. Gott hilft uns."

Da legte sich eine große Wolke zwischen die Israeliten und die Ägypter. Und die Ägypter fanden während der ganzen Nacht keinen Weg zu den Israeliten.

Mose aber streckte seine Hand aus über das Wasser. Da ließ Gott einen starken Wind wehen. Der Wind kam von Osten. Er blies die ganze Nacht hindurch mit großer Kraft und trieb das Wasser zurück. Noch bevor es am Morgen hell wurde, konnten die Israeliten über trockenes Land zum anderen Ufer gehen.

Als die Ägypter die Flucht der Israeliten bemerkten, stürmten sie ihnen mit ihren Pferden und den schnellen Wagen nach.

Gott aber befahl Mose: „Strecke deine Hand aus!"

Da reckte Mose seine Hand aus. Das Wasser flutete zurück, und die Wellen begruben die ägyptischen Wagen und Reiter unter sich.

Jetzt waren die Israeliten endlich frei. Sie dankten Gott und freuten sich. Und Mirjam, die Schwester Moses, nahm ihr Tamburin, schlug mit der Hand den Takt und sang ein Siegeslied:

„Singt unserem Gott! Mächtig ist er!

Roß und Reiter warf er ins Meer!"

Und alle Frauen zogen hinter ihr her, tanzten und sangen das Lied.

2. Mose 14. Nacherzählt von Werner Laubi

37   Musa teilt das Meer

Islam

Die Geschichte der Vernichtung des pharaonischen Heeres durch Allah wird in verschiedenen Koranversen erwähnt. Es handelt sich immer um eine Manifestation der Macht des einen einzigen Gottes gegenüber dem Götzendiener Pharao. In der folgenden für Kinder nacherzählten Geschichte steht die „Teilung des Meeres" unter dem Motto „Und Gott leitet das Volk der Unterdrücker nicht recht". Pharaos Schicksal soll über die religiöse Auslegung hinaus eine Warnung für politische Tyrannen sein.

Alter: ab 9 Jahren

Immer wieder forderte Musa den Pharao auf, die Bani Israel aus dem Land ziehen zu lassen, aber dieser weigerte sich und befahl seinen Soldaten, die Grenzen schärfer zu bewachen, damit sie nicht etwa heimlich entkommen konnten.

Da ließ Allah eine große Trockenheit über das Land kommen, so daß eine Hungersnot ausbrach. In dieser Zeit wandten sich viele Ägypter zu Allah und beteten um Hilfe. Aber als die Hungersnot zu Ende war, sprachen sie untereinander: „Wir haben selbst die schlechten Zeiten überwunden, die Musa mit seiner Zauberei über das Land gebracht hat." Und zu Musa sprachen sie: „Was auch immer für Zeichen du mit deiner Zauberei zeigst, wir werden dir doch nicht glauben."

Da ließ Allah Plagen über Ägypten hereinbrechen. Scharenweise kamen Heuschrecken, die alles Grün verschlangen und das Land verwüsteten. Frösche stiegen aus den Gewässern heraus und drangen in die Häuser ein, und allerlei Ungeziefer überfiel den Pharao und das starrsinnige Volk. Jedesmal, wenn eine Plage am schlimmsten im Lande herrschte, riefen die Ägypter: „O Musa, bitte deinen Gott für uns, daß er sich an sein Versprechen an dich erinnert, damit er die Plage von uns abwendet. Wir wollen dir dann auch glauben und die Bani Israel mit dir ziehen lassen." Aber sobald die Plage vorüber war, brachen sie ihr Wort und nahmen ihren alten Hochmut und Starrsinn wieder an.

Dann wieder ließ Allah alles Wasser im Nil über Nacht zu Blut werden. Voller Entsetzen wandten sich die Ägypter an Musa und sprachen zu ihm: „Du fremder Zauberer, du hast mit deinem Gott einen Vertrag gemacht. Bitte ihn doch, daß er die Plage von uns nimmt, dann wollen wir auch auf dich hören."

Doch kaum war wieder Wasser im Fluß, da waren die Ägypter hochmütig wie nie zuvor, und der Pharao sprach: „Glaubt nicht, daß ihr mit eurer Zauberei etwas erreichen könnt, du und dein Bruder."

„Du weißt sehr wohl, daß diese Dinge keine Zauberei sind, sondern vom Herrn der Welten kommen, damit dir die Augen geöffnet werden. Ich sehe, daß du wirklich dem Untergang entgegengehst", entgegnete Musa. Aber der Pharao tat nur, als höre er es gar nicht.

Schließlich gab Allah Musa den Befehl, mit den Bani Israel ohne die Erlaubnis des Pharao das Land zu verlassen. In jener Nacht sollten sie alle bereit sein und alle zusammen heimlich davonziehen. „Habt keine Angst", sprach Allah zu Musa, „ich will euch den Weg zeigen, und wenn die Ägypter euch verfolgen, wirst du mit deinem Stab einen trockenen Weg durch das Meer schlagen, und nichts Böses wird euch geschehen."

Heimlich packten da die Bani Israel ihre Habe zusammen, und als die bestimmte Nacht hereinbrach, waren sie alle bereit zum Aufbruch.

Die Ägypter blieben zu Hause und weinten und klagten. Sie wünschten, der grausame Pharao würde endlich die Bani Israel gehen lassen, wohin sie wollten, damit nur diese schrecklichen Plagen aufhörten. Da gab Musa das vereinbarte Zeichen, und die Bani Israel verließen ihre Häuser und zogen in die Wüste. Sie wanderten die ganze Nacht auf die ägyptische Grenze zu. Musa kannte wohl den Befehl des Pharao, die Grenze besonders scharf zu bewachen, und er führte die Bani Israel etwas weiter südlich an die Meeresküste.

Als der Pharao merkte, daß die Bani Israel fortgezogen waren, packte ihn die Wut. Unverzüglich gab er seinen Soldaten den Befehl, sie zu verfolgten, und ritt selbst an der Spitze seiner Armee.

Außerdem schickte er Boten in alle Dörfer und Städte mit der Nachricht, daß die Bani Israel ohne seine Erlaubnis das Land verlassen wollten. „Sie sind nur wenige, wir aber viele", ließ er sagen, „darum gebt ihnen kein Obdach, sondern haltet sie fest und liefert sie uns aus."

Die ägyptische Armee verfolgte die Bani Israel die ganze Nacht durch, und als der Morgen graute, hatten sie sie schon fast eingeholt. Zudem waren die Bani Israel am Meeresufer angekommen, und als sie in der Ferne die feindlichen Soldaten heranreiten sahen, sprachen sie zu Musa: „Du hast uns in eine Falle geführt. Bald werden sie uns überrumpelt haben." Denn innerlich glaubten sie ihm nicht, daß er sie in die Freiheit führen konnte.

Musa aber erwiderte: „Keineswegs. Mein Herr ist bei mir und wird mir einen Ausweg zeigen."

Allah sprach zu Musa: „Schlage mit deinem Stab auf das Wasser!" Das tat Musa, und da teilte sich das Meer und gab einen Weg frei, so daß die Bani Israel hindurchgehen konnten, während sich links und rechts die Wassermassen auftürmten.

Doch als der Pharao mit seinem Heer den Bani Israel folgen wollte und sich schon seines Sieges gewiß war, da kehrte das Meer zurück, und die ganze Armee ging unter. Von Todesangst gepackt rief der Pharao: „Nun sehe ich, daß es keinen Gott gibt außer dem Gott der Bani Israel. Ich gebe meinen Machtanspruch auf." Aber da war es für ihn schon zu spät. Nur sein Körper wurde aus den Fluten geborgen und nach ägyptischer Sitte einbalsamiert und beigesetzt.

Am Tag der Auferstehung jedoch wird dem Pharao nichts von all der Pracht nützen, mit der er beigesetzt wurde. In dieser und in jener Welt folgt dem grausamen Tyrannen ein Fluch, und am Tag der Auferstehung wird er den Ungerechten aus seinem Volk vorangehen.

Sure 2,50; 7,136. Nacherzählt von Halima Krausen

Wasser als Leben und Heil spendendes Symbol

Manna, Wachteln, Wasser   38

Judentum/Christentum

Nach dem Auszug aus Ägypten klagt das Volk Israel Mose an, weil es kein Wasser in der Wüste findet. Dieser wendet sich hilfesuchend an Jahwe und vollbringt mit dessen Hilfe das „Wasserwunder". Dadurch soll dem Volk Nähe und Macht Gottes demonstriert werden. Diese Nähe ist aber an die Bedingung des Gehorsams geknüpft. Solange das Volk auf Gottes Stimme hört und demgemäß handelt, wird Gott es versorgen.

Alter: ab 8 Jahren

Mose führte die Israeliten durch die Wüste. Er ging dem Volk voran. Hinter ihm folgte ein langer Zug von Männern, Frauen und Kindern. Die Frauen trugen die Säuglinge in Tüchern, die sie sich umgebunden hatten. Die Männer trieben die Viehherden vor sich her. Andere zogen und schoben die Wagen.

Mose wollte mit dem Volk zum Gottesberg Sinai gehen. Dorthin, wo Gott mit ihm im Dornbusch gesprochen hatte. Aber der Berg war weit entfernt, und die Wüste war groß. Über zwei Monate waren vergangen, seit die Israeliten Ägypten verlassen hatten.

„Wann sind wir endlich in dem Land, das Mose uns versprochen hat?" fragten einige von ihnen. Andere klagten: „Bestimmt werden wir in dieser wüsten Gegend umkommen. Da hätte Gott uns geradesogut in Ägypten sterben lassen können."

Bald murrten sie alle gegen Mose und Aaron. Sie riefen: „In Ägypten hatten wir es besser! Dort saßen wir vor vollen Fleischtöpfen. Dort hatten wir genug Brot. Ihr beide aber habt uns in diese Wüste geführt. Ihr wollt uns verhungern lassen!"

Mose antwortete: „Ich habe getan, was Gott mir befahl! Darum gelten eure Vorwürfe Gott und nicht mir. Aber ich bin sicher, daß Gott uns hilft, wenn wir Hunger haben."

Gegen Abend stellten die Israeliten ihre Zelte auf. Da flog ein großer Vogelschwarm auf das Lager zu. Es waren Wachteln. Sie ließen sich beim Lager nieder. Um die Zelte herum wimmelte es von Vögeln. Die Israeliten brauchten nur die Hände auszustrecken, um sie zu fangen. Jetzt hatten sie genug Fleisch zu essen.

Am anderen Morgen lag Tau auf dem Boden. Als die Sonne aufging, verdunstete der Tau. Am Boden aber blieben weißliche Körner zurück.

„Was ist das?" fragten die Israeliten. Sie hoben die Körner auf und kosteten davon.

„Das schmeckt wie Honig!" riefen sie.

Mose aber sagte: „Das ist das Brot, das Gott euch gibt, damit ihr am Leben bleibt. Jeder soll so viele Körner sammeln, wie er für einen Tag zum Essen braucht. Niemand darf Vorräte anlegen!"

Ein paar hörten nicht auf Mose. Sie taten Körner für den nächsten Tag auf die Seite. Aber die Körner schmolzen, als es heiß wurde. Am anderen Morgen waren die Töpfe voller Würmer und Maden und stanken. Die Israeliten nannten die Körner Manna. Noch heute essen die Nomaden in der Wüste Manna.

Einmal ging den Israeliten das Trinkwasser aus. Ein paar Männer gingen zu Mose und forderten: „Gib uns Wasser!"

„Ihr beklagt euch andauernd!" erwiderte Mose. „Warum bittet ihr nicht Gott um Wasser? Warum habt ihr kein Vertrauen?"

„Wir wollen Wasser!" riefen die Männer. „Wozu hast du uns aus Ägypten herausgeholt? Damit wir samt unseren Frauen und Kindern hier verdursten?"

Da rief Mose Gott an: „Was soll ich machen? Das ganze Volk Israel ist gegen mich! Es fehlt nicht viel, und sie töten mich!"

Gott sprach zu Mose: „Schlage mit deinem Stock an jenen Felsen dort! Dann wird Wasser aus den Steinen sprudeln, und alle können trinken."

Mose schlug an den Fels. Da trat Wasser aus den Spalten. Und niemand mußte verdursten.

2. Mose 16. Nacherzählt von Werner Laubi

39   Allah hat schon für euch gesorgt

Islam

Auch die Muslime erzählten sich die Geschichte vom „Wasserwunder" in der Wüste.
Alter: ab 8 Jahren

Die Bani Israel erreichten bald die Halbinsel Sinai auf der anderen Seite des Meeres und waren frei und in Sicherheit. Soweit hatte Musa also nicht zuviel versprochen, so dachten sie, wenn er sie nur bald in das versprochene Land bringen würde, wo sie, wie er sagte, in Frieden leben konnten. Denn was sie hier vor sich sahen, war nichts als Wüste, weit und breit Sand, kein Baum und kein Strauch und nur ganz selten einmal ein Felsen, der Schatten spendete. Wo sollten sie vor allem etwas zu essen finden? Denn sie hatten ja nicht so viele Vorräte mitnehmen können.

Aber bevor sie noch Musa fragen konnten, sprach dieser zu ihnen: „Allah hat schon für euch gesorgt." Er zeigte ihnen eine merkwürdige Speise, die sie einfach in der Wüste am frühen Morgen finden konnten, und die sie Mannah nannten. Jeden Tag schickte Allah eine Schar Vögel, von denen sie einige fangen und essen konnten. Musa sprach: „Eßt von den guten Dingen, die Allah euch gegeben hat, und seid nicht undankbar." Außerdem schickte Allah täglich Wolken, die die Bani Israel vor der starken Mittagssonne schützten und ihnen den Weg zeigten. So zogen die Bani Israel durch die Wüste, zwölf Stämme, die Nachkommen der zwölf Söhne Yakubs. Jeder Stamm folgte seinem Ältesten, und die Stammesältesten folgten Musa.

Doch bald fingen die Bani Israel an zu rebellieren. „Hier in der Wüste gibt es überhaupt kein Wasser", sprachen sie zu Musa. „Sollen wir etwa elend verdursten?" Sie hatten nämlich überhaupt keine Geduld, und im Grunde genommen glaubten sie immer noch nicht so recht, was Musa sagte. Sie waren nur einstweilen froh, aus der Sklaverei in Ägypten entkommen zu sein.

Musa betete zu Allah, und Allah sprach zu ihm: „Schlag mit deinem Stab an den Felsen." Dies tat Musa, und sogleich sprudelten zwölf Quellen aus dem harten Stein heraus, eine für jeden Stamm der Bani Israel. Und Allah sprach zu den Bani Israel: „Eßt und trinkt und begeht auf der Erde keine Ungerechtigkeiten mehr."

Nacherzählt von Halima Krausen

Wassersuche in der Wüste   **40**

Judentum/Christentum/Islam

Die Geschichte von Abrahams Frau Hagar, die für ihr Kind in der Wüste das lebensnotwendige Wasser sucht, wird in der Bibel und im Koran erzählt. Hagar ist die ägyptische Magd, mit der Abraham den gemeinsamen Sohn Ismail hat.

Alter: ab 8 Jahren

Isaak, der Sohn Abrahams und Saras, wuchs heran und wurde entwöhnt. Zum Tag seiner Entwöhnung veranstaltete Abraham ein großes Festmahl. Da beobachtete Sara, wie der Sohn Hagars, ihrer ägyptischen Magd, ihren

Sohn Isaak hänselte. Sara sagte zu Abraham: Jag die Magd mit ihrem Sohn fort. Ihr Sohn darf nicht zusammen mit meinem Sohn Isaak Erbe sein. Das mißfiel Abraham sehr, denn auch Ismail, der Sohn Hagars, war sein Kind.

Gott sprach zu Abraham: Mach dir keine Sorgen wegen des Knaben und wegen deiner Magd. Gehorche der Sara in allem, was sie dir sagt. Deine Nachkommen sollen allein nach Isaak genannt werden. Aber auch den Sohn deiner Magd will ich zu einem großen Volk machen; denn er ist ja auch dein Sohn.

Früh am Morgen stand Abraham auf und holte Brot und einen Schlauch mit Wasser. Das legte er Hagar über die Schulter, dazu den Knaben, und er schickte sie fort. Sie ging und irrte in der Wüste umher bei Beerseba.

Als nun das Wasser im Schlauch ausgegangen war, warf sie den Knaben unter einen Strauch. Sie ging hin und setzte sich abseits, einen Bogenschuß weit. Denn sie sagte sich: Ich kann das Sterben des Kindes nicht mit ansehen. Sie saß ihm gegenüber und fing laut zu weinen an.

Da hörte Gott die Stimme des Knaben. Der Engel Gottes rief Hagar vom Himmel her und sprach zu ihr: Was fehlt dir, Hagar? Fürchte dich nicht. Gott hat die Stimme des Knaben gehört, der dort liegt. Steh auf, nimm den Knaben und halte deine schützende Hand über ihn. Denn ich will ihn zu einem großen Volk machen.

Gott öffnete ihr die Augen, und sie entdeckte einen Wasserbrunnen. Da ging sie hin und füllte den Wasserschlauch und ließ das Kind trinken. Gott war mit dem Knaben. Er wuchs heran und wohnte in der Wüste und wurde ein guter Schütze.

1. Mose 21,8–20. Nacherzählt von Markus Hartenstein

Zam-Zam 41

Islam

Für Muslime ist Hagar die legitime Ehefrau Ibrahims (Abraham). Im Koran will Ibrahim Ismail opfern, nicht Isaak, der für Muslime keine Rolle spielt. Nach islamischer Auffassung befindet sich an der Stelle, an der Hagar den Wasserbrunnen (siehe Nr. 40) entdeckt, der Zam-Zam Brunnen in Mekka. Muslimische Pilger gedenken dieses Wunders in der Wüste bei der Wallfahrt, indem sie sieben Mal zwischen den Orten Safa und Marwa hin- und herlaufen, um die Wassersuche in der Wüste zu versinnbildlichen (siehe Nr. 126).

Alter: ab 9 Jahren

Der Prophet Ibrahim war schon sehr alt, als seine Frau Hadschar ihm die frohe Botschaft anvertraute, sie werde bald ein Kind zur Welt bringen. Wie groß war die Freude Ibrahims, der sich nichts sehnlicher als ein Kind gewünscht hatte. Und tatsächlich wurde den beiden ein Sohn geboren, den sie Ismail nannten.

Zu dieser Zeit befand sich Ibrahim auf der Reise nach Süden. Zwischen dem heutigen Palästina und dem Süden der Arabischen Halbinsel verlief damals eine wichtige Karawanenstraße, die von den Händlern oft benutzt wurde. In einer ausgetrockneten Wüstengegend, wo heute Mekka liegt, befahl Gott dem Ibrahim, seine Frau Hadschar mit ihrem kleinen Sohn zurückzulassen. Gott wollte sie prüfen und durch sie und ihre Nachkommen diesen trostlosen Ort wieder fruchtbar machen.

Schon bald nachdem Ibrahim mit seinen Leuten am Horizont verschwunden war, begann der kleine Ismail vor Durst jämmerlich zu weinen. Aber in dieser sonnenverbrannten Gegend konnte Hadschar weit und breit kein Wasser finden. Sie lief zwischen zwei Hügeln hin und her. Es mußte doch irgendeine Rettung geben. Da erschien ihr plötzlich ein Engel, der zu ihr sprach: „Hab keine Angst! Allah hat schon für dich und dein Kind gesorgt." Und tatsächlich sprudelte sofort genau an der Stelle, wo Ismail saß, eine Quelle hervor. Die beiden wurden wie durch ein Wunder vor dem Verdursten gerettet.

Diese erfrischende Quelle sprudelt noch heute in Mekka, inmitten der heiligen Moschee, hervor. Nach über 4000 Jahren stillt die Quelle Zam-Zam jedes Jahr den Durst Millionen von Pilgern.

Hadschar und ihr kleiner Sohn wurden wenig später von einer Handelskarawane entdeckt. Die durstigen Leute beschlossen, an dieser Quelle Rast zu machen, einige wollten sogar für immer bleiben... Und so begann die Geschichte der Stadt Mekka.

al-Fajr

42   Die Reise zum Wasser des Lebens

Islam

Die koranische Geschichte von der Suche nach dem Wasser des Lebens geht auf die Alexandersage zurück. Musa steht für Alexander und sein Diener für dessen Koch. Beide Geschichten handeln von der Sehnsucht der Menschheit, das Wasser des Lebens zu finden. Einige Korankommentatoren vermuten, daß die Stelle, wo die beiden Gewässer zusammenfließen, das Mündungsgebiet von Euphrat und Tigris ist. Andere deuten als Ort die Vereinigung der beiden Nilarme bei Khartum oder siedeln die Geschichte in der Meerenge von Gibraltar an. Im Koran ist an mehreren Stellen von den zwei Gewässern die Rede, von denen eines aus Süßwasser und das andere aus Salzwasser besteht, und zwischen denen Gott eine Scheidewand errichtet hat. In der Alexandergeschichte verschwindet der Fisch aus den Händen des Kochs, und dieser versäumt es, die Begebenheit seinem Herrn zu melden. In der koranischen Geschichte vergessen beide den Fisch. Der Diener deutet die Vergeßlichkeit als Teufelswerk. Während Alexander tief betrübt ist, daß er das Lebenswasser nicht selber gefunden hat, sagt Musa, daß das Ziel der Reise erreicht sei.

Alter: ab 12 Jahren

Musa befand sich mit seinem Diener auf einer langen Reise. Da sagte Musa: „Ich höre nicht eher auf zu wandern, bis ich den Zusammenfluß der beiden Gewässer erreicht habe, auch wenn ich noch so viele Jahre wandern sollte! Das eine Gewässer besteht aus Süßwasser, und das andere ist ein salziges Meer. Gott hat sie miteinander vermengt und zugleich eine Schranke zwischen sie gesetzt. Dort, so heißt es, ist das Wasser des Lebens zu suchen!"

Da die Reise lang war, hatten sie auch einen Fisch als Wegzehrung mitgenommen. Als sie nun die Stelle erreichten, wo die beiden Gewässer zusammenfließen, waren sie so beeindruckt, daß sie den Fisch vergaßen. Dieser wurde, sobald er mit dem Wasser in Berührung gekommen war, wieder lebendig und schwamm auf und davon ins offene Meer.

Da sagte Musa zu seinem Diener: „Bring uns unser Morgenmahl; denn wir sind müde von unserer langen Reise!" Der Diener antwortete: „Als wir eben rasteten, da habe ich den Fisch vergessen. Niemand als der Satan hat ihn mir aus dem Sinn kommen lassen. Der Fisch ist dann ins Meer geschwommen. Das ist wahrlich ein Wunder."

Musa aber sprach: „Dann haben wir ja den Zweck unserer Reise erreicht und das Wasser des Lebens gefunden." Und beide machten sich auf den Weg nach Hause.

Sure 18,60–64 und 35,12; 25,53; 55,19. Nacherzählt von Monika Tworuschka

Der wunderbare Strom aus dem Tempel   **43**

Judentum

Der folgende Text stammt aus der Zeit des babylonischen Exils. Ezechiel, ein Priester, der mit der Oberschicht seines Landes nach Babylon deportiert worden ist, kündigt den Verbannten neues Heil an. Zu seiner visionären Schau eines neuen Tempels gehört das Bild des Wassers als einer schöpferischen, Leben und Heil spendenden Kraft (vgl. auch die Paradieserzählung Gen 2,10–14). Das Tote Meer wird durch die Einmündung des wunderbaren Stroms aus dem Tempel zum Meer des Lebens.

Alter: ab 13 Jahren

Und er führte mich wieder zu der Tür des Tempels. Und siehe, da floß ein Wasser heraus unter der Schwelle des Tempels nach Osten; denn die vordere Seite des Tempels lag gegen Osten. Und das Wasser lief unten an der südlichen Seitenwand des Tempels hinab, südlich am Altar vorbei.

Und er sprach zu mir: „Dies Wasser fließt hinaus in das östliche Gebiet und weiter hinab zum Jordantal und mündet ins Tote Meer. Und wenn es ins Meer fließt, soll dessen Wasser gesund werden. Und alles, was darin lebt und webt, wohin der Strom kommt, das soll leben. Und es soll sehr viele Fische dort geben, wenn dieses Wasser dorthin kommt; und alles soll gesund werden und leben, wohin dieser Strom kommt.

Und es werden an ihm die Fischer stehen. Von En-Gedi bis nach En-Eglajim wird man die Fischgarne aufspannen; denn es wird dort sehr viele Fische von aller Art geben wie im großen Meer.

Und an dem Strom werden an seinem Ufer auf beiden Seiten allerlei fruchtbare Bäume wachsen; und ihre Blätter werden nicht verwelken, und mit ihren Früchten hat es kein Ende. Sie werden alle Monate neue Früchte bringen; denn ihr Wasser fließt aus dem Heiligtum. Ihre Früchte werden zur Speise dienen und ihre Blätter zur Arznei.

Ez 47,1.8–10.12

44 Das Wasser des Lebens

Judentum

In dieser Geschichte ist das Wasser ein Symbol für die Unsterblichkeit, die Gott gewähren kann. Salomo sieht ein, daß ewiges Leben doch nicht erstrebenswert ist.

Alter: ab 12 Jahren

Salomo klagte einst über die Kürze des menschlichen Lebens.

„Was hilft mir meine große Weisheit", sprach er, „da mir nicht vergönnt ist, die Früchte derselben zu genießen? Der größte Teil meiner Tage ist verflossen, ehe ich klug ward; und nun, da ich anfangen will, meine Erfahrungen zu nützen, stehe ich schon am Rande des Grabes. Was ist die Weisheit des Menschen, als die vergängliche Blüte einer Blume? Sie treibt viele Tage und Wochen, bis ihr Kelch sich öffnet. Sobald sie aber ihre Reise vollendet hat, ist auch ihre Schönheit dahin; sie verwelkt, ohne die Früchte ihrer Arbeit zu genießen." So sprach er und trauerte, als er seine Augen aufhob und einen Engel mit einem saphirnen Gefäß in der Hand vom Himmel niedersteigen sah.

„Salomo", sprach der Diener der Macht, „ich komme vom Throne des Ewigen. Er hat deine Klage gehört und mich gesandt, dir das Wasser des Lebens zu bringen. Wenn du aus diesem Gefäß trinkest, so wirst du unsterblich werden und ewige Jugend genießen; trinkst du aber nicht daraus, so gehst du, wenn deine Stunde kommt, den Weg alles Fleisches. Der Ewige hat die Wahl in deine Hand gelegt; tue, was dir gefällt."

Der Engel setzte das Gefäß vor den Füßen Salomos nieder und verschwand. Salomo war ungewiß, was er tun sollte. Er versammelte seine Wesire und fragte sie um Rat. Sie rieten ihm einstimmig zur Unsterblichkeit. Weil aber Butimar, der weiseste unter seinen Wesiren, nicht zugegen war, so ließ ihn Salomo rufen und legte ihm die Frage vor. „Großer König", antwortete Butimar, „ist dieses Wasser des Lebens für dich allein bestimmt, oder kannst du auch andere davon trinken lassen?"

„Der Höchste", sprach Salomo, „hat nur mir allein diese Gunst gezeigt."

„Wenn das ist", erwiderte der Wesir, „so werden deine Kinder, deine Freunde, deine liebsten Gemahlinnen nach und nach sterben. Wie ein Baum, den man jährlich seiner schönsten Früchte beraubt, wirst du jedes Jahr, wirst du jede Woche, jeden Tag einen von den Lieblingen deines Herzens verlieren und klagen. Was für Reize kann eine Unsterblichkeit haben, deren Los eine unaufhörliche Trauer ist? Wenn nicht alles, was du liebst, mit dir unsterblich wird, so ist Unsterblichkeit eine ewige Qual."

„So denke ich auch", sprach Salomo. „Diese Erde ist nicht dazu geschaffen, unsterbliche Kinder zu tragen, sonst müßte die Sonne mitten am Himmel stillestehen. Meine Klage war ungerecht. Ein Weiser, der ewig in diesem Tale der Torheit wohnen, der ewig die Fesseln irdischer Begierden tragen müßte, und kein Ende in seinem Schlangenwege vor sich sähe, der wäre der unglücklichste Mann, welcher unter der Sonne zu finden ist."

Als Salomo zurückkam, war das Wasser in dem Gefäß vertrocknet. Er kniete nieder und sprach: „Herr, verzeihe deinem Knechte, wenn er dich in deinen Werken tadelte. Bei dir allein ist Weisheit und Verstand; du hast alle Dinge durch sie geordnet; und der Sohn des Staubes kann nichts, als dein Tun bewundern."

Überliefert

Das Lebenswasser

45

Sibirische Religion

In dem sibirischen Märchen geht es ebenso wie in der vorhergehenden Geschichte um die Vorstellung, daß es ein Unsterblichkeit verleihendes Lebenswasser gibt. Jedoch kommen nicht die Menschen in den Genuß dieses Lebenswassers, sondern Zeder, Kiefer und Fichte, die von nun an ihre Nadeln behalten.

Alter: ab 12 Jahren

Lange, lange ist das her; damals färbten sich die Nadeln von Zeder, Fichte und Kiefer noch in jedem Herbst gelb und fielen zum Winter ab.

In jener Zeit war es, da ging eines Tages ein Tofalare auf die Jagd. Lange war er unterwegs. Noch kein Jäger war so weit gegangen. Er kam an einen Sumpf, der war so groß, daß kein Tier ihn überqueren, kein Vogel ihn überfliegen konnte.

Wenn unsere Tiere nicht hinüberlaufen und unsere Vögel nicht hinüberfliegen können, was mag es dann hinter dem Sumpf für Tiere und Vögel geben, dachte der Tofalare.

Er war so neugierig, es zu erfahren, daß er es nicht mehr aushalten konnte. Komme, was da wolle, ich muß dorthin! Er nahm einen Anlauf und sprang über den Sumpf.

Er schaute sich um – genau solche Erde, genau solches Gras, genau solche Bäume.

Ich hätte nicht zu springen brauchen, sagte unser Tofalare zu sich selbst.

Und plötzlich riß er vor Verwunderung den Mund auf. Auf einer kleinen Lichtung standen gesattelte Hasen. Friedlich standen sie da und warteten.

Dann kamen aus Erdhöhlen Menschen zum Vorschein. Sie sahen genauso aus wie unsere Menschen, waren aber ganz klein. Wenn ein Hase die Ohren anlegte, überragten ihn die Menschen, stellte er aber die Ohren auf, so waren die Menschen kleiner als er.

„Wer seid ihr?" fragte unser Tofalare.

„Wir sind die ewigen Menschen", antworteten die Menschlein. „Wir waschen uns nur mit dem Lebenswasser, darum sterben wir nie. Und wer bist du?"

„Ich bin ein Jäger."

Die Menschlein freuten sich.

„Wie schön!" riefen sie alle auf einmal.

Eines der Menschlein aber, das älteste wohl mit seinen weißen Haaren, trat vor und sprach: „In unserm Land ist von irgendwo ein großes schreckliches Tier aufgetaucht. Kürzlich hat es einen der Unsern angefallen und ihm die Kehle durchgebissen. Wir sind ewig und sterben nicht von selbst, das Raubtier aber hat den Mann ermordet. Kannst du uns nicht helfen in unserer Not? Du hast doch selbst gesagt, daß du ein Jäger bist!"

„Warum soll ich euch nicht helfen?" antwortete der Tofalare, bei sich aber dachte er: Ob ich mit dem großen schrecklichen Tier fertig werde?

Er machte sich jedoch auf den Weg.

Lange ging er, doch er fand keine Spuren außer Hasenfährten. Plötzlich aber kreuzte eine Zobelspur seinen Weg. Unsern Tofalaren packte das Jagdfieber. Ich werde mir doch nicht so eine Beute entgehen lassen, dachte er. Erst fange ich den Zobel, dann kann ich immer noch nach dem schrecklichen Tier suchen.

Der Jäger spürte den Zobel auf und tötete ihn. Er zog ihm das Fell ab und ging weiter. Das ganze Land der ewigen Menschen suchte er ab, doch er fand keine einzige Fährte mehr.

Da kehrte er zu den Menschen zurück und sagte: „Ich habe euer großes Tier nicht gefunden. Nur einen Zobel habe ich erlegt." Und er zeigte das Fell vor.

„Das ist es ja! Das ist es!" schrien die Menschlein. „Oje, welch großes Fell, welch dicke Pfoten und spitze Krallen!"

Das älteste Menschlein mit den weißen Haaren sagte zu unserm Tofalaren: „Du hast ein gutes Werk getan! Wir werden es dir und den Deinen mit Gutem vergelten. Erwarte uns als Gäste, wir bringen euch das Lebenswasser. Wenn ihr euch damit wascht, werdet auch ihr ewig leben."

Unser Tofalare sprang wieder über den Sumpf und kehrte in sein Tal zurück. Hier erzählte er seinen Stammesgenossen, was er erlebt hatte.

Nun warteten sie darauf, daß die ewigen Menschlein ihnen das Wasser brächten.

Ein Tag verging, ein zweiter, ein dritter, viele Tage vergingen, doch die Gäste kamen nicht. Die Tofalaren warteten nicht länger und vergaßen das Versprechen.

Der Winter rückte heran. Alles ringsum war zugefroren, auch der große Sumpf.

Eines Tages gingen die Frauen in den Wald, um Reisig zu holen. Plötzlich sahen sie Hasen, viele Hasen angesprungen kommen. Die Frauen schauten genauer hin – die Hasen waren gesattelt! Und auf jedem Hasen saß ein kleines Menschlein und hielt einen winzigen Krug in der Hand. Das kam den Frauen komisch vor, und sie mußten lachen.

„Seht nur, seht nur!" riefen sie einander zu. „Die reiten auf Hasen!"

„Und wie sie selber aussehen!"

„So was Putziges!"

„Oh, ich sterbe vor Lachen!"

Die ewigen Menschen waren gekränkt. Der vorderste, ein weißhaariger Greis, rief den Frauen etwas zu. Dann schütteten alle Menschlein das Wasser aus den Krügen auf die Erde und wendeten die Hasen. Die Hasen sprengten zurück, nur ihre hellen Schwänzchen waren noch zu sehen.

So geschah es, daß die Tofalaren das Lebenswasser nicht bekamen. Vielmehr wurden Zeder, Kiefer und Fichte damit getränkt. Seither grünen sie das ganze Jahr, und ihre Nadeln fallen niemals ab.

Überliefert

Elisa und Naaman   46

Judentum/Christentum

Der Jordan spielt als größter Fluß Palästinas von jeher eine wichtige Rolle in der Geschichte des Volkes Israel. Mit dem Überschreiten seines Unterlaufs leitete Josua die Landnahme ein (Jos 3). Religiös bedeutsam wurde der Jordan im Wirken des Elisa (2 Kön 2,5f.: Elisa tritt Elias Nachfolge an), besonders aber durch Johannes den Täufer, der im Jordan Jesus taufte (Mt 3,13–17). Nach der Überlieferung des Matthäus ereignete sich bei dieser Gelegenheit eine Gotteserscheinung. In der folgenden Geschichte findet der syrische General Naaman Heilung im Jordan und verehrt seitdem Jahwe.

Alter: ab 10 Jahren

Naaman war General in einem Nachbarland Israels. Eines Tages bildeten sich auf seiner Haut Flecken. Da wußte er, daß er eine schlimme Krankheit hatte, den Aussatz.

In Naamans Haus arbeitete eine Dienerin aus Israel. Sie sagte zur Frau des Generals: „In meiner Heimat lebt ein Prophet. Der kann Kranke, die am Aussatz leiden, gesund machen."

Naaman erzählte seinem König, was die Dienerin gesagt hatte. Der König riet dem General: „Geh zu diesem Propheten! Ich gebe dir einen Brief an den König von Israel mit."

So reiste Naaman mit Pferd und Wagen nach Israel. Einige Maultiere waren mit Silber, Gold und Festgewändern beladen. In der Hauptstadt Samaria begab er sich zum König von Israel. Er überreichte ihm die Geschenke und den Brief. Im Brief stand: „Ich bitte dich, meinen General Naaman bei dir aufzunehmen und ihn von seiner Krankheit zu heilen." Der König von Israel las den Brief und wunderte sich: „Dein König will, daß ich dich vom Aussatz heile", sagte er. „Aber das kann ich doch nicht. Ich bin nicht Gott!"

Bald redeten die Leute überall vom kranken General, der nach Israel gekommen war, um gesund zu werden. Auch Elisa hörte davon. Er sandte einen Boten zum König. Der sagte: „Schick den fremden General zu mir!"

Naaman fuhr mit Pferd und Wagen vor Elisas Haus. Aber Elisa empfing ihn nicht. Er schickte einen Diener zu ihm hinaus. Der Diener sagte zum General: „Fahr an den Jordanfluß! Steig dort ins Wasser! Tauche siebenmal unter! Dann bist du gesund."

Da wurde Naaman zornig. „Was? In den armseligen Jordan soll ich steigen?" rief er. „Ich habe erwartet, daß der Prophet zu mir herauskommt, mit mir betet und mir die Hand auf die kranken Stellen legt! Da hätte ich geradesogut zu Hause bleiben können."

Schon wollte Naaman wieder in sein Land zurückfahren. Aber seine Diener rieten ihm: „Tu, was Elisa von dir verlangt hat! Es ist ja nichts Schweres."

Naaman ließ sich von seinen Dienern überreden. Er fuhr zum Jordan, stieg ins Wasser und tauchte siebenmal unter. Als er zum siebten Mal auftauchte, waren die Flecken verschwunden, und seine Haut war so zart wie die Haut eines Kindes.

Sogleich fuhr Naaman zu Elisa zurück, ging zu ihm ins Haus und sagte: „Jetzt habe ich erfahren, daß dein Gott hilft."

Naaman wollte Elisa ein Geschenk geben. Aber Elisa wies es zurück.

„Wenn du mein Geschenk nicht annehmen willst", sagte Naaman, „dann schenk wenigstens du mir etwas: Ich möchte so viel Erde von hier mitnehmen, wie zwei Maultiere tragen können. In meiner Heimat will ich auf dieser Erde einen Altar bauen und dem Gott Israels Opfer bringen."

Elisa erlaubte es ihm und gab ihm ein Segenswort mit auf den Heimweg.

2 Kön 5,1–19. Nacherzählt von Werner Laubi

Jesus und die Frau am Brunnen

47

Christentum

Jesus verhält sich in dieser Geschichte in zweifacher Weise ungewöhnlich: Er läßt sich auf ein Gespräch mit einer Frau ein, die darüber hinaus eine Samaritanerin ist. Strenggläubige Juden betrachteten die Samaritaner als unrein und mieden jede Berührung mit ihnen. Da ihnen der Zugang zum Tempel verwehrt war, hatten sie ein eigenes Heiligtum erbaut. In dem Gespräch, das im Johannesevangelium überliefert ist, gibt Jesus sich als der erwartete Retter zu erkennen und gebraucht Wasser als Sinnbild für sein Leben und Heil spendendes Wort.

Alter: ab 13 Jahren

Jesus kam in die Nähe des Dorfes Sychar, das nicht weit von dem Feld entfernt liegt, das Jakob einst seinem Sohn Josef vererbt hatte. Dort befand sich der Jakobsbrunnen. Jesus war von dem langen Weg müde geworden und setzte sich an den Brunnen. Es war gegen Mittag.

Seine Jünger waren ins Dorf gegangen, um etwas zu essen zu kaufen. Da kam eine samaritanische Frau zum Wasserholen, und Jesus sagte zu ihr: „Gib mir einen Schluck Wasser!"

Die Frau antwortete: „Du bist Jude, und ich bin eine Samaritanerin. Wie kannst du mich da um etwas zu trinken bitten?" Die Juden vermeiden nämlich jede Berührung mit Samaritanern.

Jesus antwortete: „Wenn du wüßtest, was Gott schenken will und wer dich jetzt um Wasser bittet, dann hättest du *ihn* um Wasser gebeten, und er hätte dir lebendiges Wasser gegeben."

„Du hast doch keinen Eimer", sagte die Frau, „und der Brunnen ist tief. Woher willst du dann lebendiges Wasser haben? Unser Stammvater Jakob hat uns diesen Brunnen hinterlassen. Er selbst, seine Söhne und seine ganze Herde tranken aus ihm. Du willst doch nicht sagen, daß du mehr bist als Jakob?"

Jesus antwortete: „Wer dieses Wasser trinkt, wird wieder durstig. Wer aber von dem Wasser trinkt, das ich ihm gebe, wird niemals mehr Durst haben. Ich gebe ihm Wasser, das in ihm zu einer Quelle wird, die ewiges Leben schenkt."

„Gib mir von diesem Wasser", sagte die Frau, „dann werde ich keinen Durst mehr haben und muß nicht mehr hierher kommen, um Wasser zu schöpfen." Jesus forderte sie auf: „Geh und bring deinen Mann her!"

„Ich habe keinen Mann", sagte die Frau.

Jesus erwiderte: „Es stimmt, wenn du sagst, daß du keinen Mann hast. Du warst fünfmal verheiratet, und der Mann, mit dem du jetzt zusammenlebst, ist gar nicht dein Mann. Da hast du ganz recht."

„Ich sehe, du bist ein Prophet", sagte die Frau. „Unsere Vorfahren verehrten Gott auf diesem Berg. Ihr Juden dagegen behauptet, daß Jerusalem der Ort ist, an dem Gott verehrt werden will."

Jesus sagte zu ihr: „Glaube mir, es kommt die Zeit, in der die Menschen den Vater weder auf diesem Berg noch in Jerusalem anbeten werden. Ihr Samaritaner kennt Gott eigentlich gar nicht, zu dem ihr betet; doch wir kennen ihn, denn die Rettung kommt von den Juden. Aber eine Zeit wird kommen, und sie hat schon begonnen, da wird der Geist, der Gottes Wahrheit enthüllt, Menschen befähigen, den Vater an jedem Ort anzubeten. Gott ist ganz anders als diese Welt, er ist machtvoller Geist, und die ihn anbeten wollen, müssen vom Geist der Wahrheit neu geboren sein. Von solchen Menschen will der Vater angebetet werden."

Die Frau sagte zu ihm: „Ich weiß, daß der versprochene Retter kommen wird. Wenn er kommt, wird er uns alles sagen."

Jesus antwortete: „Du sprichst mit ihm; *ich* bin es."

Joh 4,5–26

48 Jesus heilt einen Kranken am See Betesda

Christentum

Der Verfasser des Johannesevangeliums, wahrscheinlich ein unbekannter Heidenchrist der nachapostolischen Generation, greift auf volkstümliche Überlieferungen aus seinem Umfeld zurück. Im vorliegenden Text setzt er der Heilkraft des Wassers vom See Betesda, die vom Augenblick der Bewegung des Gewässers abhängt, die heilende Kraft Jesu entgegen. Das Bild von der Heil spendenden Kraft des Wassers benützt der Verfasser des Johannesevangeliums auch in der Erzählung von Jesus und der Samaritanerin (siehe Nr. 47).

Alter: ab 12 Jahren

Jesus ging nach Jerusalem zu einem Fest der Juden. In der Stadt liegt beim Schaftor ein Teich, der auf hebräisch Betesda heißt. In den fünf Hallen dort lagen viele kranke Leute, Blinde und Lahme und Schwindsüchtige. Sie warteten darauf, daß das Wasser in Bewegung geriet.

Es konnte nämlich geschehen, daß ein Engel zum Teich herabgestiegen kam und das Wasser bewegte. Wer darauf als erster in den Teich stieg, der wurde gesund, ganz gleich, was für eine Krankheit er hatte.

Dort war ein Mann, der seit 38 Jahren an seiner Krankheit litt. Jesus sah ihn und erfuhr, wie lange er schon so dalag. Er fragte ihn: „Willst du gesund werden?"

Der Kranke antwortete: „Herr, ich habe keinen Menschen, der mich ins Wasser bringt, wenn es in Bewegung gerät. Wenn ich hingehe, ist immer schon einer vor mir hinabgestiegen."

Jesus sagte zu ihm: „Steh auf, nimm deine Matte und geh umher."

Der Mann wurde sogleich gesund, nahm seine Matte und ging umher. Das war an einem Sabbat. Nun sagten die Juden zu dem Geheilten: „Es ist Sabbat, da darfst du keine Matte herumtragen."

Er erwiderte ihnen: „Mich hat einer gesund gemacht und sagte zu mir: Nimm deine Matte und geh umher."

Sie fragten: „Wer ist der Mann, der dir befohlen hat: Nimm sie auf und geh umher?"

Der Geheilte wußte aber nicht, wer es gewesen war, denn Jesus war weggegangen, und es waren eine Menge Leute dort. Später traf ihn Jesus im Tempel wieder und sagte zu ihm: „Schau, jetzt bist du gesund. Leb aber jetzt nach dem Willen Gottes, sonst geht es dir ärger als vorher."

Der Mann ging und berichtete den Juden, es sei Jesus, der ihn geheilt habe. Nun fingen die Juden an, Jesus zu verfolgen, weil er das an einem Sabbat getan hatte.

Joh 5,1–16

49 Heilige Flüsse und Quellen

Die Odilienquelle

Christentum

Die heilige Odilie lebt in der Zeit um 700. Sie stammt aus einem elsässischen Grafengeschlecht. Nach ihrem Tod (um 720) wird das von ihr gegründete Kloster zu einem bekannten Wallfahrtsort. Zu den berühmtesten Besuchern gehören z. B. Karl der Große, Friedrich I. Barbarossa, Richard Löwenherz, Kaiser Karl IV., Goethe als Student in Straßburg (der später eine seiner literarischen Gestalten nach Odilie benennt) und Kaiser Wilhelm II. Der letzte prominente Pilger ist Papst Paul II. (1988). Mit der Odilienquelle verbinden sich viele wunderbare Heilungen.

Alter: ab 13 Jahren

Kaum eine Autostunde von Straßburg entfernt liegt der heilige Berg des Elsaß, der Odilienberg. Steil erhebt er sich aus der Rheinebene, sein Gipfel ist gekrönt von einem Kloster, über dessen Dächer überlebensgroß die Statue der heiligen Odilie ihre Arme ausbreitet. Sie ist die Stifterin des Klosters und Schutzpatronin des Landes. In der Johannisnacht, so erzählt sich das Volk, schwebt sie in weißen Schleiern, begleitet von Engeln, segnend über die Weinberge.

Im Laufe der über tausendjährigen Geschichte des Klosters sind Kaiser und Päpste, Präsidenten und Dichter auf den Odilienberg gepilgert. Und noch heute besuchen alljährlich Tausende von Gläubigen den heiligen Ort, um am Grab der Odilie zu beten.

Unterhalb des Klosters, über einen kurzen Abstieg zu erreichen, liegt am Fuß eines Felsens die Odilienquelle. Kein Pilger versäumt es, der Quelle einen Besuch abzustatten, um einen Schluck daraus zu trinken und sich die Augen zu benetzen. Denn ihrem Wasser werden heilende Kräfte zugeschrieben.

Wie die Legende erzählt, verdankt die wundertätige Quelle ihre Entstehung der heiligen Odilie. Bei einer ihrer einsamen Wanderungen habe Odilie an dieser Stelle einen blinden Bettler getroffen, der – von Hunger und Durst geschwächt – erschöpft zusammengebrochen war. Sie schlug mit ihrem Stock an den Felsen, und sogleich strömte Wasser daraus hervor. Der Bettler trank davon, wusch sich das Gesicht. Im gleichen Augenblick konnte er sehen.

Seitdem ist die Odilienquelle Ziel von Wallfahrten aus aller Welt. Menschen mit Augenleiden und anderen Gebrechen trinken von dem heilkräftigen Wasser und füllen es in Flaschen und Krüge, um es denen mitzubringen, die zu schwach sind, um selbst zu kommen.

Aber auch die Gesunden nähern sich der geheimnisvollen Quelle in Ehrfurcht und bitten die heilige Odilie, ihnen mit dem Wasser die Gabe zu verleihen, klar zu sehen – mit den Augen des Körpers und mit den Augen der Seele.

Renate Schupp

Man muß glauben 50

Christentum

Eine Jugendgruppe macht einen Ausflug zu einer als wundertätig bekannten Quelle. Die Mädchen und Jungen erfahren dort die Geschichte eines Mannes, der durch das Wasser der Quelle geheilt worden ist.

Alter: ab 13 Jahren

Nach der Führung sammelte sich die Gruppe im Klosterhof. Daniel, der Betreuer, zählte nach, ob alle da waren – vier Jungen und fünf Mädchen. Er warf einen Blick auf seine Armbanduhr und sagte: „Jetzt gehen wir noch zu der heiligen Quelle."

Die Mädchen und Jungen kamen aus einer Gegend, in der die Flüsse breit und träge dahinflossen und bald ins Meer mündeten. Sie hatten noch nie eine Quelle gesehen – erst recht keine heilige.

Neugierig folgten sie Daniel. Auf einem schmalen Pfad führte er sie hinter dem Kloster steil abwärts durch den Wald. Ab und zu kam ihnen jemand entgegen mit einer Flasche oder einem Kanister in der Hand.

Nach etwa einer Viertelstunde gelangten sie zu einer Felsengrotte. Vor dem Eingang war ein Gitter angebracht. Drinnen sah man im Fels eine mit klarem Wasser gefüllte Kuhle. Das war die Quelle. Durch ein Rohr wurde das Quellwasser nach draußen geleitet, wo es in ein kleines gemauertes Becken floß.

An Festtagen und im Hochsommer drängten sich hier die Besucher. Aber heute war es ruhig auf dem kleinen Platz vor der Felsengrotte. Die Tagesbesucher und die Touristen waren schon gegangen. Nur eine alte Frau saß versunken auf einer Bank in der Nähe des Beckens.

„Halt! Noch nicht!" rief Daniel und bremste ein paar Vorwitzige, die gleich zum Becken hinstürzten. „Ich möchte euch erst etwas erzählen."

Er wartete, bis alle sich um ihn versammelt hatten, und begann: „Eigentlich dürfte es an dieser Stelle gar keine Quelle geben. Viele Fachleute haben sie untersucht und können sich ihre Entstehung nicht erklären. Die Erdschichten unter dem Felsen laufen nämlich gerade an dieser Stelle schräg nach oben, so daß das Wasser gewissermaßen bergauf fließen muß, um herauszuströmen. Aber wie ihr seht: die Quelle ist da. Unsere Vorfahren, die sich nicht über den Verlauf von Erdschichten den Kopf zerbrochen haben, wissen auch, wie sie entstanden ist: An einem heißen Sommertag fand die heilige Odilie, die das Kloster oben auf dem Berg gegründet hat, an dieser Stelle einen blinden Bettler, der vor Erschöpfung zusammengebrochen war. Sie schlug mit ihrem Wanderstab an die Felswand, und sogleich sprudelte eine Quelle hervor, an der der Bettler sich erfrischen konnte. Er trank von dem Wasser und wusch sich das Gesicht. Und als das Wasser die Augen des Blinden benetzte, konnte er plötzlich sehen.

Seitdem gilt die Quelle als heilkräftig. Jahr für Jahr pilgern Tausende von Menschen hierher, mit Augenleiden und anderen Gebrechen, und vielen soll die wundertätige Quelle geholfen haben.

Ich kenne einen Mann, der hier als Junge auf wunderbare Weise geheilt worden ist. Er selbst hat mir die Geschichte erzählt. Der Mann hatte sehr schlechte Augen und mußte von klein auf eine dicke Brille tragen. Die Augenärzte stellten fest, daß er eine seltene Augenkrankheit hatte, gegen die die Medizin noch kein Mittel wußte. Als er groß genug war, um das zu begreifen, lebte er in ständiger Angst, er könne eines Tages völlig erblinden. Das hat seine ganze Kindheit unheilvoll überschattet. Als darum der Lehrer zum Abschluß der Schulzeit mit der Klasse hier oben im Kloster einen Einkehrtag halten wollte und dabei auch von der wundertätigen Quelle erzählte, erfaßte ihn eine große Aufregung. Es schien ihm wie eine seltsame Fügung, daß der Einkehrtag ausgerechnet an einem Ort stattfinden sollte, wo es ein Wasser gab, das Augenkrankheiten heilen konnte.

Wochenlang war er nur von dem Gedanken an diese Quelle erfüllt. Unzählige Gebete schickte er zu Gott und allen Heiligen, besonders aber zur heiligen Odilie. Und jedes seiner Gebete bestand vor allem aus dem einen Satz: Hilf, daß die Quelle meine Augen gesund macht! Hilf! Hilf! Hilf!

Und in der Nacht vor dem Einkehrtag, in der er kaum ein Auge zutat, überkam ihn plötzlich mit ungeheurer Wucht die Gewißheit, daß die heilige Odilie seine Gebete gehört hatte. Er konnte es sich selbst nicht erklären, warum er so sicher war. Irgendwo in ihm hatte sich ein fester Kern von Zuversicht und Vertrauen gebildet: Gott und alle Heiligen wußten, wie sehr er litt; sie würden ihm helfen.

Den Einkehrtag erlebte er daraufhin wie hinter einer Wand aus Nebel. Er war da, aber nichts von dem, was um ihn herum geschah, erreichte ihn. Ein leichter Schwindel kreiste in seinem Kopf. Als schließlich alle gemeinsam zur Quelle abstiegen, befiel ihn auf dem Weg ein seltsames Unwohlsein. Es wurde immer stärker, je näher der Augenblick seiner Heilung rückte.

Nacheinander traten seine Klassenkameraden an die Quelle und wuschen sich die Augen. Er drängte sich nicht vor. Er hatte die Brille auf einen Stein gelegt und wartete, bis er an die Reihe kam. Als er sich über das Wasser beugte und seine Augen benetzte, konnte er sich kaum mehr auf den Beinen halten. Er fing an zu zittern; ein Weinkrampf schüttelte ihn. Alles drehte sich vor seinen Augen. Die umstehenden Kameraden riefen den Lehrer herbei, der ihn gerade noch auffangen konnte.

Er wurde auf eine Bank gebettet, und alle waren ratlos, was weiter zu tun wäre. Da kam er wieder zu sich. Er spürte, daß er auf einmal ganz klar im Kopf war. Aller Nebel, alles Unwohlsein waren verschwunden. Er richtete sich auf und tastete gewohnheitsmäßig nach seiner Brille. Sie war weg. Ohne Brille schaute er um sich – die Gesichter der Kameraden, die Bäume, die Ebene, die an einer lichten Stelle zwischen den Bäumen sichtbar war: alles lag klar und deutlich vor seinen Augen. Jemand reichte ihm die Brille, aber er schob sie weg, stand auf und schrie: ,Ich sehe! Ich sehe!'

Die anderen dachten erst, er sei verrückt geworden, weil er in alle Richtungen lief und nicht aufhörte zu schreien: ,Ich sehe! Ich sehe!' Aber dann begriffen sie, daß an ihm ein Wunder geschehen war. Von diesem Tag an konnte er sehen wie alle gesunden Menschen."

Daniel schwieg. Mucksmäuschenstill hatten die Jungen und Mädchen zugehört. Doch jetzt, da die Geschichte zu Ende war, überstürzten sie sich in Fragen und Mutmaßungen. Einige hatten schon von wunderbaren Heilungen gehört. Aber entweder war es weit weg in exotischen Ländern passiert oder zu einer Zeit, an die kein lebender Mensch sich mehr erinnerte.

„Und es ist wirklich wahr, Daniel?"

„Er hat es mir selbst erzählt!"

„Und du glaubst es? Glaubst du es wirklich?"

Eines von den älteren Mädchen zog zweifelnd die Stirn hoch und sagte: „Wenn das so ginge, dann bräuchten wir keine Augenärzte und keine Optiker. Die Blinden und Kurzsichtigen und Augenkranken gingen zu der Quelle, und – schwupp – wären sie gesund. Das wäre einfach!"

„Aber es *ist* nicht einfach", erwiderte Daniel. „Und es geschieht nicht jedem."

„Das ist es ja", ereiferte sich das Mädchen. „Bei dem einen geschieht es und beim anderen nicht! Das ist doch nicht gerecht!"

Gerade, als sie das sagte, stand die alte Frau von der Bank auf. Sie machte ein paar Schritte auf die Gruppe zu und sagte: „Man muß glauben. Es geschieht nur denen, die glauben." Dann wandte sie sich um und ging zum Becken.

Alle sahen verwundert zu ihr hin. Sie verharrte einen Augenblick schweigend wie im Gebet. Dann formte sie ihre Hände zu einer Schale, ließ Wasser hineinlaufen und führte sie zum Mund. Sie trank und benetzte mit dem Rest des Wassers Stirn, Augen und Wangen. Alle ihre Bewegungen waren ernst und feierlich, wie bei Menschen, die zum Altar gehen, um das Abendmahl zu empfangen.

Als sie an der Gruppe vorüber zu dem Weg ging, der hinauf zum Kloster führte, lächelte sie. Die Jungen und Mädchen grüßten und warteten, bis sie zwischen den Bäumen verschwunden war.

„Dürfen wir jetzt?" fragten sie dann.

Daniel nickte. „Aber drängelt nicht!"

Still, ohne zu schubsen und sich zu stoßen, versammelten sich die Jungen und Mädchen um das Becken. Sie formten ihre Hände zu Schalen und tranken, wie sie es bei der alten Frau gesehen hatten. Und auch die, die nicht glaubten, empfanden Ehrfurcht und spürten etwas von der Heiligkeit des Wassers.

Renate Schupp

51 Wie der Fluß Ganga zur Erde kam

Hinduismus

Der Fluß Ganges symbolisiert auch die hinduistische Götterdreiheit Brahma, Vishnu und Shiva. Dieser größte und heiligste aller indischen Flüsse gilt als der fünfte Kopf Brahmas. Der Ganges, personifiziert als Göttin Ganga, fließt der Legende nach aus dem Zeh Vishnus und wird bei ihrem Sturz zur Erde von Shiva aufgefangen, der die Wasserfluten in seinem Haar sammelt und in sieben Ströme teilt.

Die folgende Geschichte erzählt, warum Ganga zur Erde kam und ihr heiliges Wasser verströmte, in dem seither die Menschen baden, beten, geheilt werden und in das sie nach dem Tod ihre Asche streuen lassen (siehe Nr. 30 und 58).

Alter: ab 10 Jahren

Die Göttin Ganga, ein mächtiger Fluß, lebte in den himmlischen Regionen des Himalaya. Sie war der heiligste der Flüsse. Diejenigen, die in ihren Wassern badeten, wurden von Sünden gereinigt und erhielten ewiges Leben.

Doch hätte es König Sagara nicht gegeben, so wäre Ganga vielleicht nie zur Erde gelangt. König Sagara hatte zwei Frauen, aber keine Kinder. Er betete so inbrünstig um Kinder, daß er schließlich erhört wurde. Die eine seiner Frauen bekam einen Sohn, die andere sogar viele. Um den Göttern seine Dankbarkeit zu beweisen, wollte der König ein besonderes Opfer bringen – ein Pferd. Er nahm das schönste, das er finden konnte. Doch bevor das Opferfeuer entzündet war, entführte Indra, der König der Götter, das Pferd.

Das Entsetzen darüber war groß, denn es gab kein größeres Unglück als das Mißlingen eines Opfers.

Sagara durchsuchte die ganze Welt nach dem Pferd. Auch seine Söhne suchten. Sie fingen an, bis zum Mittelpunkt der Erde zu graben, um nachzusehen, ob das Pferd sich dort befände. Die Erdgottheit, Vishnus Frau, schrie vor Schmerzen, als sie immer tiefer gruben. Daher sandte Vishnu ein schreckliches Feuer, das Sagaras Söhne tödlich verbrannte.

Sagara war untröstlich, als seine Söhne nicht zurückkehrten. Er flehte die Götter an, ihm seine Söhne zurückzugeben. Die Götter ließen ihm sagen: „Deine Söhne werden nur zum Leben zurückkehren und in den Himmel gelangen, wenn der Fluß Ganga zur Erde fließt." Das hörte die Göttin Ganga, der mächtige Fluß. Sie sammelte ihre Wasser und machte sich bereit, zur Erde zu stürzen. Shiva aber, der blaue Gott, erkannte, daß die ganze Erde überflutet sein würde, wenn es nicht gelänge, Ganga aufzufangen. Und als die Wassermassen zusammengeströmt waren, stellte er sich darunter. Ganga fiel auf seinen Kopf und wurde in seinem Haarschopf gefangen. Shiva teilte sie in sieben Ströme und ließ sie frei. Mit einem Donnergetöse strömten die sieben Flüsse des Ganges durch den Himmel. Götter, Engel und himmlische Krieger sahen mit Erstaunen ihre Kraft und Schönheit. Gischt schäumte auf wie Schwärme weißer Vögel, und die Wassertropfen glänzten wie tausend Sonnen.

Ganga fiel auf die Erde, und die sieben Flüsse wurden zu Bächen und Strömen, zu Wasserfällen und Seen. Sie flossen munter durch die Felsen und gelangten schließlich in die heiße, durstige indische Ebene.

Das Wasser sickerte durch die Erde, bis es die Asche von Sagaras Söhnen erreichte. Als sich Wasser und Asche vermischten, wurden die Söhne zum Leben erweckt, und ihre Seelen erhoben sich zum Himmel.

Seitdem fließt Ganga auf der Erde. Und jeder, der in ihren heiligen Wassern badet, wird ewiges Leben erhalten.

Nacherzählt von Monika Tworuschka

52   Die Fülle des Nils

Islam

In ihrer Autobiographie „Ich bin eine Frau aus Ägypten" beschreibt Jehan Sadat, die Frau des 1981 ermordeten Präsidenten Anwar as-Sadat, das Fest „Fülle des Nils". Dabei danken die Ägypter dafür, daß die Wasserfluten des Nils die Voraussetzung für gute Ernten bieten. Das Fest symbolisiert die Bedeutung des Nils seit alters her und stammt aus vorislamischer Zeit. Nach dem Bau des Assuan-Staudamms 1964 wurde der alljährlichen Flut ein Ende bereitet, so daß auch dieses Fest in Vergessenheit geriet.

Alter: ab 11 Jahren

War Schamm el-Nesim mein bevorzugter Feiertag im Frühling, so war Wafa el-Nil, „Fülle des Nils", mein Lieblingsfeiertag im Spätsommer. An diesem Augusttag wurde der Damm unmittelbar südlich von Kairo durchstochen, und der Nil, angeschwollen von den Wassern und dem fruchtbaren Schlamm seiner Quellflüsse, stieg zu seiner alljährlichen, zwei Monate währenden Herbstflut an.

Tage zuvor war der Munadi el-Nil, der Ausrufer des Nils, in unserem Viertel umhergezogen, um den Wasserstand auszurufen, den der Fluß auf dem berühmten Nilmesser an der Südspitze unserer Insel erreicht hatte. Dieser „Nilometer" stammte aus dem 18. Jahrhundert und war an jener Stelle angelegt worden, an der Moses als Säugling angeblich in den Binsen gefunden wurde.

Welch ein Freudenfest, wenn der Nil endlich den Höchststand, mehr als sechs Meter über dem Normalstand, erreichte! Mit bunten Bändern und Wimpeln geschmückte Feluken, die Takelage mit Lichterketten besetzt, drängten sich vor Rodas Ufern auf dem Fluß, und auch an Land funkelten überall Lichterketten. Da manche Boote sogar Musikkapellen an Bord hatten, hörten wir vom Ufer her die verschiedensten Melodien übers Wasser tönen. Den ganzen Tag lang, bis neun Uhr abends, feuerten Kanonenboote Salven ab, um alle Welt zu den Wassern des Nils zu rufen.

An der Pier der unteren Spitze unserer Insel trug ein bunt bemaltes Boot die große, reich geschmückte Statue eines jungen Mädchens: der Braut des Nils. Sobald die Flut stieg, wurde die „Braut" bei Sonnenuntergang in den Nil geworfen, um sich mit ihrem „Bräutigam" zu vereinigen und so ein gutes Erntejahr zu gewährleisten. An Land begannen alle zu klatschen und zu jubeln, während überall Feuerwerkskörper in die Luft stiegen. Ich liebte die romantische Vorstellung dieser Vereinigung im Wasser, war aber froh, daß die „Braut" jetzt eine Statue war und nicht eine lebende Jungfrau, wie sie die Ägypter der Legende zufolge früher alljährlich zu opfern pflegten.

Jehan Sadat

Taufe und Reinigungsbäder

Barbara wird getauft   53

Christentum

Hier wird das Taufgeschehen aus der Sicht eines jüngeren Kindes dargestellt.

Alter: ab 8 Jahren

Heute soll Werners Schwesterlein getauft werden. Alle freuen sich. Werner darf bei der Taufe dabei sein. Die Mutter hat Rosenknospen geschnitten und jedem mit einer Stecknadel eine Rose ans Kleid oder an den Kittelkragen geheftet. Zehn Rosen hat sie gebraucht: vier für die Großeltern, eine für Werner, zwei für Onkel Kurt und Tante Ursula, die heute Paten werden, und zwei für die Eltern und eine für Barbara.

Die Sonntagmorgenglocken läuten den Gottesdienst ein. Werner und die Großeltern setzen sich in die zweitvorderste Bankreihe. Die Leute, die schon in den Bänken sitzen, lesen im Gesangbuch oder flüstern miteinander. Einige schauen andächtig geradeaus. Durch die bunten Glasfenster hindurch malen die Sonnenstrahlen rote und blaue Flecken auf den Boden.

Die Glocken verklingen. Das Orgelspiel setzt ein. Der Pfarrer kommt herein. Ihm folgen Tante Ursula mit Barbara auf dem Arm, Onkel Kurt und die Eltern. Sie setzen sich in die vorderste Reihe. Nur der Pfarrer geht zur Kanzel. Später treten sie an den Taufstein. Sie hören dem Pfarrer aufmerksam zu, dann sagen sie: „Ja." Das bedeutet, daß sie sich um das Schwesterlein kümmern wollen.

Jetzt nimmt der Pfarrer die kleine Barbara auf den Arm. Sie läßt es staunend geschehen. Sie schreit nicht. Er taucht die Fingerspitzen ins Taufwasser und zeichnet Kreuze auf Barbaras Stirn: Im Namen des Vaters, des Sohnes und des Heiligen Geistes.

Dann hält er segnend seine Hand über Barbaras Kopf und sagt einen Spruch aus der Bibel. Er gibt Barbara Tante Ursula zurück. Sie ist jetzt Barbaras Patentante. Dem Vater überreicht er das Kuvert mit dem Taufschein. Er betet für das heute getaufte Kindlein. Dann spielt der Organist auf der Orgel, und die Leute singen dazu. Die Eltern und Barbaras Patenonkel setzen sich. Die Patentante trägt das Schwesterlein nach hinten zur Nachbarin. Die nimmt es zu sich nach Hause. Soll Werner mitgehen? Die Mutter hat es ihm erlaubt. Sie möchte nicht, daß er sich während der Predigt langweilt und dann die andern stört. Er beschließt zu bleiben. Er ist doch schon groß.

Vor dem Mittagessen holt der Vater den Fotoapparat und knipst: Barbara im Wagen, Barbara auf dem Arm der Patentante, Barbara auf dem Arm der Mutter. Jedes kommt dran, selbst die Katze, der Garten und die beiden schön gedeckten und mit Blumen geschmückten Tische.

Das Essen duftet. Werner setzt sich an den runden Tisch zu den Großeltern. Er will sich gerne ein wenig verwöhnen lassen. Zum Nachtisch gibt es Kuchen. Die Mutter meint: „Ich bin froh, daß Barbara schläft. Sie hat heute einen anstrengenden Tag. Aber sie hat sich gut gehalten. Wenn du willst, Werner, kannst du dein Fotoalbum holen. Sicher sehen die Großeltern gerne noch einmal, wie es an deiner Taufe war."

Irene Thalmann-Sager

54   Tauffeier bei den Baptisten

Christentum

Auf dem Schulweg erzählt Johannes seinem Freund Tobias vom Tauffest seines Bruders in der Baptistenkirche. Obwohl Tobias von Erwachsenentaufe und Untertauchen noch nie etwas gehört hat, verfolgt er Johannes' Erzählung mit Spannung. Neben dem Wasser spielt in der Taufzeremonie die Farbe Weiß eine wichtige Rolle (siehe Nr. 104).

Alter: ab 11 Jahren

Tobias und Johannes treffen sich Montag morgens an der Bushaltestelle.

„Hallo, Tobias!"

„Hey, Johannes! Hattest du auch so ein langweiliges Wochenende wie ich?" fragt Tobias und gähnt kräftig.

„Naja", sagt Johannes. „Gestern gab es in unserer Kirche ein großes Fest. Wir hatten Taufe. Mein Bruder wurde getauft."

In diesem Augenblick kommt der Schulbus, und sie steigen ein. Nach einer Weile sagt Tobias ganz erstaunt: „Was, dein Bruder wurde gestern getauft? Aber der ist doch schon 18 Jahre alt! Und getauft wird man doch als kleines Kind!"

„Bei uns ist das anders. Bei uns werden nur die getauft, die ihren Glauben an Jesus selber bekennen und die selber wollen, daß sie getauft werden", erklärt Johannes.

Tobias ist verdutzt. So etwas hat er noch nicht gehört. Er ist neugierig geworden. „Erzähl doch mal!"

Johannes überlegt. „Alle, die getauft wurden, hatten ganz weiße Kleider an", erzählt er.

„Warum denn?" fällt ihm Tobias ins Wort.

„Weiße Kleider, hat meine Mutter gesagt, sind ein Zeichen für das neue Leben, das Gott demjenigen schenkt, der getauft wird. Es zeigt, daß man vor Gott keine Schuld mehr hat. Deshalb ist Weiß auch eine fröhliche Farbe."

„Wieso fröhlich?" fragt Tobias erstaunt.

„Na, weil, wenn einem vergeben wird, das eine fröhliche Sache ist."

„Und was kam dann?" will Tobias wissen.

„Dann", sagt Johannes, „hat unser Pastor gepredigt, was die Taufe eigentlich bedeutet. Alles habe ich nicht verstanden, nur daß getauft werden bedeutet: mit Jesus sterben und auferstehen und ein Leben geschenkt bekommen, das nie vergeht. Und wer getauft ist, der gehört auch zur Gemeinde. Der bekommt durch den Glauben an Jesus neue Schwestern und Brüder. Man ist sozusagen verwandt mit allen Christen in der Welt."

Johannes schweigt eine Weile, fährt dann aber fort: „Nachdem die Predigt zu Ende war, hat der Pastor dann alle Täuflinge getauft durch Untertauchen." „Wieso untertauchen?" fragt Tobias verblüfft. „Habt ihr denn einen Swimmingpool in der Kirche?"

„Einen Swimmingpool gerade nicht", erwidert Johannes. „Aber ein Taufbecken, das groß und tief genug ist, jemanden unterzutauchen. So haben das die frühen Christen auch gemacht, damals aber in Flüssen und Seen. Später hatten sie auch solche Taufbecken. Das Untertauchen und das Aus-dem-Wasser-Wieder-Emporkommen bedeutet eben: mit Jesus begraben werden und auferstehen in das neue Leben. Alle Sünden und Fehler zählen nun bei Gott nicht mehr. Gottes Liebe ist stärker als der Tod."

Tobias ist beeindruckt. Johannes erzählt weiter: „Nach der Taufe haben wir viele Lieder gesungen und gewartet, bis sich alle umgezogen hatten. Die waren ja ganz naß. Danach wurde jeder freundlich als neues Gemeindemitglied begrüßt, manche sogar mit einem Blumenstrauß. Einige bekamen auch ein Buch geschenkt, aber alle haben einen Taufspruch von den Taufpaten bekommen – Worte aus der Bibel, die sie durch das Leben begleiten sollen. Auch hat sich jeder von ihnen einen anderen aus der Gemeinde gesucht, der schon länger Christ ist und ihm helfen soll, wenn er nicht mehr weiter weiß. Nach der Begrüßung haben dann der Ältestenkreis und der Pastor für jeden um den Segen Gottes und um den Heiligen Geist gebetet. Der Heilige Geist soll jetzt ihr Leben bestimmen und ihnen die Kraft zum Leben geben. Das war sehr feierlich und schön. Anschließend wurde dann zum erstenmal mit den Getauften Abendmahl gefeiert. Während das Brot und der Traubensaft durch die Reihen gereicht wurden, haben wir mehrstimmige Lieder gesungen. Da hat es mich richtig gekribbelt unter der Haut. So schön war das."

Michael Kotz (gekürzt)

55   Das Tauchbad

Judentum

Die Schilderung stammt aus Noah Gordons Roman „Der Rabbi". Beschrieben wird, wie eine junge Frau ein Tauchbad (hebräisch: Mikwe = Becken oder Brunnen, wo es fließendes Wasser gibt) als Zeichen ihres Übertritts zum Judentum nimmt. Dieses Ritualbad, das nach der Menstruation, der Berührung mit einem Toten oder mit einer ansteckenden Krankheit vorgenommen wird, in der hebräischen Bibel mehrmals erwähnt (3. Mose 14; 15,19). Ziel ist es, zu seelischer und körperlicher Reinheit zu gelangen. Früher hatte die rituelle Reinigung wegen der unzulänglichen hygienischen Verhältnisse auch eine medizinische Funktion.

Alter: ab 13 Jahren

Der Dienstag war ein grauer Tag. Sie hatte zuviel Zeit für den Weg berechnet und war um eine Viertelstunde zu früh in der Synagoge, wo die *mikwe* untergebracht war. Der Rabbiner, ein Mann in mittleren Jahren, trug einen Bart wie Rabbi Gross, war aber wesentlich umgänglicher und heiterer als jener. Er bot ihr einen Platz in seinem Büro an und sagte: „Ich habe gerade Kaffee gekocht. Möchten Sie nicht auch eine Tasse?"

Sie wollte ablehnen, aber dann stieg ihr der Kaffeeduft in die Nase, und er schmeckte ihr. Als Rabbi Gross kam, fand er die beiden schon in angeregtem Gespräch. Kurz darauf erschien noch ein dritter Rabbiner, ein junger, bartloser Mann.

„Wir werden Zeugen Ihres Tauchbades sein", sagte Rabbi Gross und lachte, als er ihr Gesicht sah. „Nein, nein, wir bleiben natürlich draußen. Nur die Tür ist einen Spaltbreit offen, so daß wir es planschen hören, wenn Sie ins Wasser steigen."

Sie führten sie hinunter in den ebenerdigen Anbau an der Hinterfront der Synagoge, wo sich die *mikwe* befand. Die Rabbiner ließen sie allein in einer Kammer, wo sie es sich bequem machen und auf eine Frau warten sollte, die Mrs. Rubin hieß.

Leslie hätte gern geraucht, aber sie war nicht sicher, ob das nicht unpassend wäre. Die Kammer, mit ihrem Holzboden und einer geflochtenen Matte vor einem schmalen, an die Wand gerückten Schrank, machte einen bedrückenden Eindruck. An dem Schrank war ein Spiegel befestigt, der in der rechten unteren Ecke gelb und in der rechten oberen Ecke hellblau gesprenkelt war; er zeigte Leslie ein verschwommenes und verzerrtes Bild, wie die Spiegel im Lachkabinett eines Vergnügungsparks. Sonst gab es keinerlei Einrichtung, außer einem weißgestrichenen Küchentisch und einem Küchensessel, auf den sie sich setzte. Als Mrs. Rubin endlich erschien, war Leslie in die Betrachtung der Kerben in der Tischplatte vertieft.

Mrs. Rubin war eine grauhaarige, dickliche Frau von derber Freundlichkeit. Sie trug ein Hauskleid mit blauer Schürze darüber und schwarze flache Schuhe, die über den geschwollenen Zehenballen kräftig ausgebeult waren.
„Ziehen Sie sich aus", sagte sie.
„Alles?"
„Alles", sagte Mrs. Rubin, ohne zu lächeln. „Können Sie die *broches*?"
„Ja. Zumindest hab ich sie vorhin noch gekonnt."
„Ich laß Ihnen das da – Sie können sich's noch einmal ansehen."
Sie zog ein hektographiertes Blatt aus der Tasche und legte es auf den Tisch, dann verließ sie die Kammer.
Hänger gab es keine. Leslie hängte ihre Kleider über die Stuhllehne, setzte sich und wartete. Der Sitz war sehr glatt. Sie nahm den Zettel zur Hand und studierte ihn.

Gelobt seist du, Gott unser Herr, Herr der Welt, der uns geheiligt hat durch seine Gebote und uns geboten hat das Tauchbad.
Gelobt seist du, Gott unser Herr, Herr der Welt, der uns das Leben gegeben und erhalten hat und uns diese große Stunde erreichen ließ.
Amen.

Während sie noch die *broches* memorierte, kam Mrs. Rubin zurück und zog eine kleine Nagelschere aus ihrer Schürzentasche. „Zeigen Sie Ihre Hände", sagte sie.
„Ich hab die Nägel schon kurz geschnitten", sagte Leslie und zeigte sie Mrs. Rubin voll Stolz; aber die schnipselte trotzdem noch ein winziges Stückchen von jedem Nagel. Dann entfaltete sie ein frisches Leintuch, breitete es über Leslies Nacktheit, drückte ihr Seife und Badetuch in die Hand und führte sie in einen benachbarten Duschraum mit sieben Kabinen.
„Wasch dich, *mejn kind*", sagte sie.
Leslie hängte das Leintuch an einen Wandhaken und wusch sich, obwohl sie am Abend zuvor gründlich geduscht und erst zwei Stunden zuvor nochmals lange in der Badewanne gesessen hatte.
Durch eine zweite Tür konnte sie, während sie duschte, ein Bassin sehen, dessen ruhiges Wasser, schwer wie Blei, unter dem gelben Licht einer nackten Glühbirne glänzte. Rabbi Gross hatte ihr in einem seiner Vorträge erklärt, daß die Juden das rituelle Tauchbad schon seit Jahrtausenden gepflogen hatten, ehe Johannes der Täufer diese Zeremonie übernommen hatte. Ursprünglich hatte man in Seen und Flüssen gebadet, denn das Wasser der *mikwe* mußte natürliches Wasser sein. Heute, da die *mikwe* in Häusern untergebracht war – dem größeren Bedürfnis des modernen Menschen nach Zurückgezogenheit folgend –, sammelte man Regenwasser in Trögen auf den

Dächern und leitete es in ein gekacheltes Bassin. Dieses stehende Wasser
wurde schon nach verhältnismäßig kurzer Zeit schal und unappetitlich. Deshalb gab es neben dem Regenwasserbassin ein zweites, das dauernd mit
Frischwasser aus der städtischen Wasserleitung versorgt und auf angenehme
Temperatur gebracht wurde. Jedesmal, sobald dieses zweite Bassin vollge-
laufen war, wurde ein kleiner Stöpsel in der Trennwand zwischen den beiden
Becken herausgezogen, so daß sich die zweierlei Wasser für den Bruchteil
einer Sekunde miteinander vermischen konnten. Das, versicherte Rabbi
Gross seiner Schülerin, heilige das Leitungswasser, ohne seinen Bakterien-
gehalt zu erhöhen. Trotzdem betrachtete Leslie, während sie duschte, den
Wasserspiegel voll Mißtrauen; sie mußte sich eingestehen, daß sie die Sache
nicht werde durchstehen können, sollte das Wasser einen irgendwie schmutzigen Eindruck machen.

Mrs. Rubin erwartete sie schon, als sie aus der Kabine kam. Diesmal holte
sie aus ihrer Schürzentasche einen kleinen Schildpattkamm hervor. Sie ließ
ihn langsam durch Leslies lange Haare gleiten und zog ein wenig, wenn er
sich in einem Knoten verfing. „Nichts darf das Wasser von Ihrem Körper
abhalten", sagte sie. „Heben Sie die Arme."

Leslie gehorchte demütig, und die Frau untersuchte ihre ausrasierten Ach-
selhöhlen. „Kein Haar", sagte sie, wie ein Kaufmann, der Inventur macht.
Dann, mit einem eindeutigen Hinweis ihres Zeigefingers, reichte sie Leslie
den Kamm.

Einen Augenblick lang verharrte Leslie ungläubig, keiner Bewegung mächtig. „Muß das wirklich sein?" fragte sie hilflos.

Mrs. Rubin nickte. Leslie handhabe den Kamm, ohne hinzusehen, und
spürte das Blut in ihre Wangen und die Tränen in ihre Augen steigen.

„Kommen Sie", sagte die Frau schließlich und hängte ihr das Leintuch
wieder um die Schultern.

Über einen schwarzen Kautschukläufer ging es vom Duschraum zum Bassin. Auf der obersten der drei Stufen, die ins Wasser führten, ließ Mrs. Rubin
das Mädchen warten und ging zur Tür am anderen Ende des Beckens. Sie
öffnete und steckte den Kopf hinaus. Leslie spürte einen Luftzug von der Tür
her, die in den Hinterhof der Synagoge führte.

„Jetzt", rief Mrs. Rubin. „Sie ist fertig."

Leslie hörte die Stimmen der Rabbiner, die sich auf jiddisch unterhielten,
während sie sich dem Eingang näherten. Mrs. Rubin ließ die Tür nur einen
Spaltbreit offen und kam zu dem Mädchen zurück.

„Wollen Sie den Zettel mit den Gebeten haben?"

„Ich kann die Gebete", sagte Leslie.

„Sie müssen ganz untertauchen und *dann* die Gebete sagen. Das ist der
einzige Anlaß, bei dem man die *broche* nach der Handlung sagt und nicht

vorher. Und zwar deshalb, weil das Tauchbad Sie von jeder früheren Religion reinigt; erst nachher können Sie als Jüdin zu Gott beten. Sie werden wahrscheinlich ein paarmal untertauchen müssen, damit auch sicherlich alles gut naß wird. Sie sind doch nicht wasserscheu?"

„Ich bin nicht wasserscheu."

„Dann ist's gut", sagte Mrs. Rubin und nahm ihr das Leintuch ab.

Leslie schritt die Stufen hinunter. Das Wasser war warm. In der Mitte des Beckens reichte es ihr gerade an die Brust. Sie hielt inne und blickte hinein. Es schien rein und klar, und der weißgekachelte Boden schimmerte zitternd herauf. Nun schloß sie die Augen und tauchte unter, mit angehaltenem Atem, setzte sich auf den gekachelten Boden und spürte die Fugen der Kachelung auf der nackten Haut. Danach erhob sie sich prustend und sprach mit zitternder Stimme die Gebetsformeln.

„Amen", echote Mrs. Rubin, und Leslie konnte das Amen der Rabbiner durch den Türspalt hören. Mrs. Rubin beschrieb mit beiden Armen eine Abwärtsbewegung, wie ein Sportfunktionär, der seiner Mannschaft Zeichen gibt, und Leslie tauchte erneut unter, diesmal schon gefaßter. Es war so einfach, daß sie das Lachen ankam. Da saß sie nun im Wasser, mit flutendem Haar, und fühlte sich auf wunderbare Weise um die körperliche und geistige Last erleichtert und gereinigt von der Schuld eines zweiundzwanzigjährigen Lebens. Gewaschen im Blut des Lammes, dachte sie benommen und kam wie ein Fisch von unten herauf. Meine lieben Kinder, dachte sie, hört zu, ich will euch erzählen, wie eure Mama eine jüdische Seejungfrau geworden ist, und das ist eine lange Geschichte. Und sie sprach die *broche* diesmal schon mit mehr Selbstsicherheit. Aber Mrs. Rubin war noch immer nicht zufrieden, abermals stießen ihre Arme nach unten, und Leslie tat es ihnen nach. Beim dritten Untertauchen behielt sie die Augen offen und spähte hinauf zu der leuchtenden Glühbirne über dem Becken, und es war ihr, als schwebte Gottes Auge über den Wassern. Sie tauchte abermals auf, etwas außer Atem, spürte ihre Brustwarzen fest werden in der kalten Zugluft, die durch den Türspalt kam, hinter welchem die Rabbiner zuhörten, und diesmal sprach sie die Gebete mit froher Gewißheit.

„*Masel-tow*", sagte die alte Mrs. Rubin, legte Leslie, der beim Heraussteigen das Wasser von den Hüften troff, das Leintuch wieder um und küßte sie auf beide Wangen.

Noah Gordon

56   Waschungen vor dem Gebet
Islam

Die rituelle Waschung, die jeder Muslim vor dem fünfmaligen täglichen rituellen Pflichtgebet vornimmt, bedeutet nicht nur körperliche Sauberkeit, sondern versinnbildlicht auch
seelische Reinheit. Die folgende Schilderung stammt aus Jehan Sadats Autobiographie
„Ich bin eine Frau aus Ägypten".

Alter: ab 10 Jahren

Es war Tante Nimat, die Tante meiner Freundin Rage, die mich in die
Gemeinde der Gläubigen einführte und mich als erste das Beten lehrte. Ragas
Tante war sehr konservativ, trug ausschließlich lange Kleider, die ihre Arme
und Beine bedeckten, und schlang sich stets ein Tuch um den Kopf, unter
dem sie ihre Haare versteckte. Da diese Bekleidung mich schon lange faszi-
nierte, weil meine eigene Familie nicht so konservativ war, stimmte ich freudig zu, als Raga mir eines Nachmittags vorschlug, bei ihrer Tante Tee zu trinken. Damit begann eine lange Reihe nachmittäglicher Zusammenkünfte, bei
denen ich zu meiner Identität als Muslima und wahre Gläubige fand. Schon
als Kind hatte ich stets möglichst viele Pflichten erfüllt. Was ich von Tante
Nimat jetzt jedoch lernte, war das muslimische Ritual des Gebets. Das Gebet
ist eine fundamentale Pflicht des Islam, so wichtig, daß es als „Schlüssel zum
Paradies" bezeichnet wird. Kein Muslim wird je von der Gebetspflicht
befreit. Die Kranken, die nicht in der Lage sind, die Gesten des Gebets aus-
zuführen, dürfen im Sitzen beten. Vollkommen Gelähmte, die nicht einmal
sprechen können, dürfen mit den Augen beten. Wer sich auf der Reise oder
bei einer Besprechung befindet und daher die fünf einzelnen Rufe zum Gebet
nicht befolgen kann, darf am Abend alle fünf Gebete auf einmal sprechen.
Doch jeder Gläubige muß beten. Im Laufe der Zeit, da ich von Tante Nimat
die streng vorgeschriebenen Stufen des Gebets erlernte, nahm meine Religion
für mich eine ganz neue, tiefere Bedeutung an.

Wir gingen zum Beten nicht in die Moschee. Das war nicht notwendig,
und es gehörte auch nicht zur Tradition. Obwohl der Prophet den Frauen
nicht ausdrücklich verbot, in der Moschee zu beten, riet er uns dennoch,
unser Gebet in der Zurückgezogenheit des Hauses zu verrichten. Wenn Frau-
en trotzdem in der Moschee beten wollten, taten sie es von den Männern
getrennt im Hintergrund, denn wenn ihre Kleider auch bis zu den Knöcheln
reichten, wollten sie sich beim Beten nicht schamlos vorkommen. Ich zog es
vor, allein oder mit meiner Familie zu Hause zu beten. Mein Glaube an Gott
war sehr persönlich. Und das Gebetsritual war überall gleich.

Zuallererst lernten wir von Tante Nimat Reinlichkeit, denn von einem
Menschen, der unrein und schmutzig ist, nimmt Allah keine Gebete an. In

den Moscheen gab es große *hanafiyas* – Wasserhähne –, an denen die Männer vor dem Gebet ihre Waschungen vollzogen. In den meisten Häusern – wie auch im Haus von Tante Nimat – gab es für das Reinigungsritual im Bad ein kleines *hanafiya* aus verzinktem Kupfer. Falls kein Wasser vorhanden war, durfte der Gläubige zur Gebetsstunde in der Wüste statt Wasser zum Beispiel Staub oder Sand verwenden.

Auf Roda hatten wir natürlich reichlich Wasser. An jedem Nachmittag gingen Raga und ich zunächst mit Tante Nimat ins Bad und sahen zu, wie sie sich dreimal die Hände wusch, sich dreimal mit Wasser aus der rechten Hand den Mund spülte, die Nase reinigte, das Gesicht, die Arme bis zu den Ellenbogen, den Kopf, die Ohren, den Hals und zuletzt die Füße bis zu den Knöcheln hinauf. Das dauerte bei ihr höchstens zwei Minuten, während Raga und ich noch wesentlich länger brauchten. Zum Glück wurden diese Reinigungen, solange wir nicht bewußt eine unreine Handlung vollzogen hatten, nicht vor jedem der fünf Gebete des Tages verlangt.

Wenn wir all diese Körperteile dreimal gewaschen hatten, ging Tante Nimat mit uns in ihr Schlafzimmer, wo wir barfuß und mit dem Gesicht nach Mekka zu beten begannen. Wir beiden standen stets ein paar Schritte hinter ihr. Aufgrund ihres Alters und ihrer Kenntnisse war sie der Imam, der Vorbeter, und verantwortlich für den Ablauf der Bewegungen aller übrigen Gläubigen, in diesem Fall zweier kleiner Schulmädchen in grünen Pullovern. Die flachen Hände rechts und links ans Gesicht gelegt, riefen wir gemeinsam „Allahu Akbar" – Allah ist groß – und begannen mit dem Nachmittagsgebet. Die übrigen Gebete wurden kurz nach Sonnenuntergang, bei Einbruch der Nacht, wenn es ganz dunkel war, unmittelbar vor Tagesanbruch und kurz nach zwölf Uhr mittags gesprochen. Keines der Gebete durfte jedoch genau bei Sonnenaufgang oder -untergang beginnen, denn das sind die Zeiten, zu denen die Heiden die Sonne angebetet hatten. Nach jedem Gebet sprachen die frömmsten Muslime noch zwei weitere, freiwillige. Raga und ich begannen an diesen Nachmittagen allerdings überhaupt erst damit, wahrhaft unserem Glauben zu folgen.

Indem der Muslim sich nach Mekka wendet und mit der Stirn den Boden berührt, bezeugt der Gläubige symbolisch seine Verpflichtung, sich Allah hinzugeben. Ganz ähnlich symbolisieren die Waschungen vor dem Gebet unser Bedürfnis, im Dienste Allahs sauber und rein zu bleiben. Die Häufigkeit der Gebete mahnt uns überdies daran, daß wir den Glauben niemals aus den Gedanken verlieren dürfen, denn dadurch, daß wir alle drei bis vier Stunden innehalten und Allahs Worte sprechen müssen, sorgen wir dafür, daß wir uns niemals von ihm entfernen.

Wie einfach sahen bei Tante Nimat die Niederwerfungen aus! Mit einer einzigen geschmeidigen Bewegung verneigte sie sich aus der Hüfte, richtete sich auf, glitt auf die Knie und berührte mit Nase und Stirn den Boden, während sie zugleich in jeder Stellung dreimal betete: „Allah ist der Größte. Ich preise die Vollkommenheit meines Herrn, des Höchsten." Sie wiederholte ihre Niederwerfungen noch zweimal. Dann sprachen wir gemeinsam das Glaubensbekenntnis: „Es gibt keinen Gott außer Allah, und Mohammed ist sein Prophet."

Wir beendeten das Ritual, indem wir erst zur rechten und dann zur linken Schulter blickten und dabei jeweils zu den Schutzengeln sagten, die über uns wachen: „Friede sei mit dir und die Gnade Allahs."

Jehan Sadat

57 Die Reinigungszeremonie

Buddhismus

In dem Roman „Der Kindermönch" von Kurt Bernhard Schmaltz erzählt der buddhistische Junge Sugath, wie seine Familie das rituelle Reinigungsbad für seine Schwester Kanthi vorbereitet. Diese hat zum ersten Mal ihre Menstruation gehabt. Das Reinigungsbad ist hier als ein Übergangsritus auf dem Weg zum Erwachsenwerden eines Mädchens zu betrachten. Wie auch bei anderen bedeutenden Ereignissen im religiösen und gesellschaftlichen Leben, wie zum Beispiel beim Hochzeitstermin, wird der günstigste Zeitpunkt von Astrologen bestimmt.

Alter: ab 13 Jahren

An diesem Donnerstag wurde es später als sonst, denn Sugath sah auf dem Heimweg von der Schule, wie seine Mutter gerade in das Haus des Dorfastrologen hineinging. Neugierig folgte er ihr. Da mußte etwas im Gang sein, wenn die Mutter sich ein Horoskop deuten ließ!

Zum Astrologen gelangte man durch einen Vorraum. In seinem Zimmer standen ein Tisch, zwei Stühle, ein Hocker und ein großes Bett mit einem Baldachin. Sugath blieb in einer dunklen Ecke des Vorraums stehen, so daß seine Mutter ihn nicht sehen konnte. Der Astrologe war ein achtzigjähriger Mann mit dünnem aber langem weißen Haar und einem kurzen spärlichen Bart. Die beiden Wangen waren eingefallen, als würden sie in den Mund gesogen. Der Astrologe setzte seine Brille auf und ließ sich die kleine Palmblattrolle von Frau Seneviratne geben. Er rollte das etwa ein Meter lange holzspanartige Blatt langsam auf und begann zu lesen. Er hatte es vor über zwölf Jahren selbst geschrieben, mit einem Griffel die Buchstaben und Zahlen in das verholzte Gewebe geritzt und mit einer schwarzen fettigen Creme eingerieben, so daß die Schriftsymbole auf dem hellen Blatt deutlich lesbar waren.

„Es geht um meine Tochter Kanthi", sagte seine Mutter zu dem alten Mann. „Sie hat ihre erste Monatsblutung gehabt, und ich brauche jetzt einen günstigen Zeitpunkt für die Reinigungszeremonie."

Der Astrologe brummelte leise vor sich hin, während er bedächtig die Zeichen las. Dann kramte er ein paar astrologische Teilchen und Kalender hervor und suchte darin. Das dauerte einige Zeit. Der Astrologe rief einen seiner Leute und ließ Tee machen. Während Frau Seneviratne ihren Tee schlürfte, spekulierte er noch mit diesen und jenen Konstellationen, bis er endlich aufsah und sagte: „Die beste Zeit für das zeremonielle Bad ist morgen früh, ein paar Minuten nach sechs."

Sugath rannte los. Er erinnerte sich dunkel, daß vor drei oder vier Jahren seine Schwester Indra ein solches Bad nehmen mußte. Damals war die Wäscherin gekommen für die Reinigungszeremonie. Zu Hause angekommen, blieb er vor der Tür des Frauenschlafzimmers stehen und fragte noch ganz atemlos: „Bist du da, Kanthi?"

„Ja. Warum? Was gibt's?"

„Morgen früh bist du dran. Kurz nach sechs. Dann kommt die Kleidertante und du mußt baden."

„Woher weißt du das?"

„Mutter war beim Astrologen. Ich habe es mitgekriegt – zufällig."

„Du hast gelauscht!"

„Halt den Schnabel, Wiedehopf!"

„Ich komm' raus und zerkratz' dir das Gesicht!"

„Du bleibst eingesperrt. Du bist unrein. Wiedehopf!"

„Und du bist gemein! Ich hasse dich!"

Sugath hörte, wie Kathi leise weinte. Plötzlich schämte er sich. Warum quälte er sie? Warum machte ihm das Spaß? Er ging in die Küche, suchte nach einer frischen Kokosnuß und schnitt sie auf, so daß man direkt den Saft daraus trinken konnte. Sugath stellte die Kokosfrucht vor Kanthis Tür: „Ich habe dir was zum Trinken gebracht. Wenn du die Tür aufmachst…"

Sugath verzog sich auf die Veranda. Nach einer Weile ging die Tür einen Spalt auf, und Kanthis Arm kam zum Vorschein. Sie nahm seine Friedensgeste an.

Am nächsten Morgen war Sugath schon um fünf Uhr wach. Er wollte nichts versäumen. Die Zeremonie der Reinigung mußte unter dem Jackfruchtbaum stattfinden. Sie hatten neben den Kokospalmen zwei Brotfruchtbäume und einen Jackfruchtbaum im Garten. Die Blüten dieses Baumes wuchsen direkt aus dem Stamm und bildeten riesige schwere Früchte. Die dicken, grüngelben Riesenknollen wirkten wie üppige Wucherungen. Sie waren länglich, ganz unregelmäßig und hatten eine knubbelige Schale. Sugath mochte den Geruch der frischen Früchte nicht. Sie stanken ein bißchen. Aber er aß sie gerne gekocht als Curry-Gemüse. Hatte nicht Großvater mal gesagt, der Jack-fruchtbaum verkörpere die Fruchtbarkeit? Irgendwie mußte es damit zu tun haben, daß Kanthis Reinigungsbad unter diesem Baum zelebriert wurde. Inzwischen war die „Kleidertante", wie sie die Wäscherin nannten, gekommen und hatte einen neuen Wassertopf mitgebracht. Jetzt wurde es unruhig im Haus. Sugath schlich sich in den Garten. Um sechs kam Mutter mit Kanthi, die einen Sari anhatte, wie ihn die Frauen hier tragen, wenn sie sich am Brunnen waschen. Als die von dem Astrologen festgesetzte Zeit gekommen war, stellte sich Kanthi unter den Jackfruchtbaum, und die Wäscherin schöpfte Wasser aus dem Brunnen, goß es in den neuen Tontopf und schüttete das Gefäß über dem Kopf Kanthis aus, zweimal, dreimal, immer wieder. Kanthi seifte sich das Haar, die Arme und den mit dem dünnen Sari bedeckten Körper ein und ließ sich abspülen. Endlich hörten die Wassergüsse auf. Kanthi nahm den neuen Topf, hob das Gefäß über ihren Kopf und schmetterte es gegen den Stamm des Jackfruchtbaums. Sugath hob eine Scherbe auf, die ihm vor die Füße fiel. Den geb' ich ihr mal später, dachte er, zur Erinnerung! Kanthi ergriff jetzt ein bereitliegendes Messer und stach siebenmal in den Stamm. Die Schnitte in der Baumrinde füllten sich langsam mit weißem Saft. Dann kehrte Kanthi in das Haus zurück. Sie mußte sich umziehen. Es waren neue Kleider für sie genäht worden. Mutter hatte Stunden an der Nähmaschine gesessen. Als Sugath hinter Kanthi und seinen beiden anderen Schwestern, die das Ritual am Brunnen stehend verfolgt hatten, zum Haus zurückging, bemerkte er, daß die Frau des Nachbarn Gunasena auf der Veranda saß. Sie hatte einen dicken Bauch. Sie war schwanger. Indra flüsterte ihrer Schwester Podimenika etwas ins Ohr. Sugath blieb stehen und horchte.

„Hat das Mutter arrangiert?" wisperte Indra.

„Was?" fragte Podimenika leise zurück.

„Daß Frau Gunasena hier sitzt."

„Wahrscheinlich", antwortete Podimenika, „bei dir und mir war das auch so. Erinnerst du dich nicht?"

„Doch! Aber was soll das?"

„Wenn man von der Reinigungszeremonie kommt, soll man als erstes eine schwangere Frau sehen oder eine Mutter, die ihr Baby stillt."

„Das ist doch Aberglaube!" sagte Indra leise.

„Das ist ein gutes Omen für einen reichen Kindersegen!"

Podimenika schubste ihren Bruder weg. „Und du sei nicht so neugierig! Das geht dich gar nichts an!"

Aus dem Haus dröhnte die Raban, die große runde Trommel. Die Frauen schlugen sie. Mutter und Schwestern wechselten sich ab. Die Trommel sollte dem Dorf verkünden, daß in diesem Haus ein Mädchen Frau geworden war. Einige Nachbarn kamen, um zu gratulieren. Die Wäscherin wurde mit den alten Kleidern Kanthis und mit einigen Stücken ihres Kinderschmucks beschenkt. Kanthi zog sich ihre neuen Sachen an. Sie hatte Rock und Bluse und zwei Saris bekommen und neuen Silberschmuck. Es roch nach Kuchen. Großmutter, die Mutter von Sugaths Mutter, sollte am Nachmittag kommen. Wahrscheinlich kamen auch ein paar Verwandte aus dem Dorf und aus der Umgebung.

Kurt Bernhard Schmaltz

Bad im Ganges

Hinduismus

Es ist der Traum eines gläubigen Hindu, wenigstens einmal im Leben eine Wallfahrt zu einer der bedeutenden heiligen Stätten zu unternehmen. Einer der größten heiligen Orte ist Benares, heute wieder mit dem Sanskrit-Namen Varanasi bezeichnet. Sowohl die Stadt selbst als auch der Ganges, an dem sie liegt, können Ziel einer Wallfahrt sein. Der Ganges ist der heiligste der Flüsse Indiens. Ein Bad in ihm heilt von Krankheiten, wäscht von Sünden rein (siehe Nr. 30 und 51). Ein Hindu, der am Ufer der „Mutter Ganga" stirbt und dessen Asche in den Ganges gestreut wird, darf auf Erlösung hoffen.

Alter: ab 10 Jahren

Sie fahren mit einem großen, flachen Boot den heiligen Ganges abwärts: Aschule, seine Eltern, ein Großvater und eine Großmutter, zwei Onkel und zwei Tanten. Sie reisen in die Stadt Varanasi am Fluß Ganges. Über dem Boot ist gegen die Sonnenhitze ein graues Tuch gespannt. Es wird von sechs Eisenbögen gehalten. Jetzt ist eine Hälfte des Tuches zurückgeschlagen.

Zwei heiße Tage und zwei kühle Nächte sind sie bereits unterwegs.

Ein Junge von vierzehn Jahren und der Besitzer des Bootes wechseln sich am Steuerruder ab.

Diesen Nachmittag steht der Junge am hinteren Ende des Bootes und hält das schwere Steuerruder fest.

Das Boot gleitet ruhig mit der Strömung dahin. Sie brauchen die anderen Ruder nur dann, wenn sie bei einem Dorf ans Ufer wollen, um Trinkwasser zu holen.

Aschule findet alles interessant. Zu sehen gibt es aber bloß auf dem linken Flußufer etwas, wo die Dörfer liegen. Am rechten Ufer gibt es keine Dörfer. Dort leben im dichten Wald nur die Vögel und die Götter. Dort darf kein Mensch wohnen.

Aschule versuchte es nicht mehr, einen Gott zu sehen. Der Wald ist zu dicht.

Einmal darf Aschule das Steuerruder halten. Zur Vorsorge läßt der große Junge seine linke Hand darauf. Für einen Zehnjährigen ist so ein Steuerruder doch zu schwer.

Ein anderes Boot gleitet heran und strebt dem Ufer zu. Dabei streift es ihr Boot. Die Boote schwanken. Den Jungen entgleitet das Steuerruder. Es rollt in den Fluß und schwimmt davon. Die Männer ergreifen die Ruder. Sie müssen das Steuerruder aus der Strömung holen. Sie rudern mit aller Kraft. Der Schweiß rinnt über ihre Gesichter in die Hemden.

Der große Junge liegt bäuchlings vorne auf dem Boot. Jetzt ist das Steuerruder ganz nahe. Der Junge greift zu, packt es, und ein Onkel greift auch zu. Sie ziehen das Steuerruder ins Boot.

Bald nähern sie sich der Stadt Varanasi. Zuerst sieht Aschule am linken Ufer kleine Häuser stehen, dann größere. Manche Häuser sind Paläste. Auf einem steht ein Löwe aus Stein und „brüllt" über den Fluß.

Vorne steigt vom Ufer bläulicher Rauch auf. Auf einem Holzstoß liegt ein Körper in weiße Tücher gehüllt. Um ihn steigt Rauch auf. Am Kopfende steht ein junger Mann. Es ist der Sohn, der seinen toten Vater einäschert. Einige Leute stehen um den Holzstoß herum.

„Wenn ich tot bin, möchte ich hier verbrannt werden, und du sollst meine Asche in den heiligen Ganges streuen, so wie es sich gehört", sagt der Großvater zum Vater. „Uns beide", setzt er noch hinzu und legt seine Hand auf die Hand der Großmutter. Der Vater neigt ernst den Kopf. Er weiß es. Niemand wendet den Blick vom aufsteigenden Rauch am Ufer. Doch Aschule sieht schon wieder etwas Interessantes. Vom rechten Flußufer gleitet ein Boot näher. Es ist über und über mit Gras beladen. Ein Mann steht vorne, einer steht hinten am Steuer. Sie lenken das Boot ans Ufer. Viele andere Boote kommen von drüben heran.

„Vater, sie waren im Wald der Götter. Dürfen sie das?" fragte Aschule.

„Ja, das dürfen sie. Sie bleiben ja nicht über Nacht dort", sagt der Vater. Mit dem Grasboot zusammen schwenken sie an die Anlegestelle.

Und jetzt hat Aschule viel zu sehen. Er weiß nicht, wohin er zuerst schauen soll.

Viele Menschen stehen in ihren Kleidern bis zu den Hüften im braunen Wasser. Ein alter Mann taucht immer wieder seinen Kopf ins Wasser, wäscht die Ohren und den Hals, spricht Gebete, schöpft Wasser in die hohlen Hände und trinkt es.

Frauen waschen sich und entblößen ihren Oberkörper. Niemand achtet darauf. Jeder ist mit sich selbst beschäftigt.

„Komm, wir steigen aus", sagt die Mutter.

Zwei Nächte dürfen sie in der Stadt Varanasi bleiben. Länger nicht. Am dritten Tag müssen sie wieder zurückfahren. Es sind zu viele Menschen, die im heiligen Fluß Ganges baden wollen.

Nach dem Abendessen legen sich alle zur Ruhe. Sie sind sehr müde. Draußen ist die Nacht ziemlich kühl, aber in dem kleinen Haus ist es warm. Es schlafen zwanzig Menschen in dem Raum. Aschule liegt warm zwischen Vater und Mutter.

Später gehen sie alle zum Fluß baden. Ruhig fließt das graubraune Wasser dahin. Sie gehen die Holztreppen hinunter. Aschule hält sich dicht an den Großvater. Es steht bis zum Bauch im Wasser. Alles, was der Großvater macht, macht Aschule nach. Er wäscht Gesicht, Ohren, Hals, Brust und Beine. Er steckt den Kopf ins Wasser, spült den Mund aus und trinkt ein paar Schlucke. Er geht einen Schritt weiter, rutscht aus, und die heiligen Fluten schlagen über ihm zusammen. Die starke Hand des Großvaters hilft ihm wieder auf die Beine.

„Das war ein gründliches Bad", sagt der Großvater und lacht. Jeder bekommt ein Stückchen Holz von einem Akazienzweig, und alle putzen sich gründlich die Zähne.

Elfriede Becker (gekürzt)

Wer hier gebadet hat, wird immer rein sein 59

Hinduismus

Die heiligste Handlung, die ein Hindu vollbringen kann, ist, bei Sonnenaufgang an der Quelle des Ganges zu baden. In der folgenden Geschichte nimmt eine Mutter ihre Tochter mit zur Quelle des heiligen Flusses hoch im Himalaya (siehe Nr. 58 und 51).

Alter: ab 8 Jahren

Der Flußlauf des Ganges beginnt im Himalayagebirge am Ende eines Gletschers. In den Eismassen klafft eine Lücke, die aussieht wie ein großer Mund. Daraus fließt klares, türkisfarbenes Wasser, springt über glattgeschliffene Steine und gurgelt und hüpft und tanzt. Das ist Gaumukh, die Quelle des Ganges.

An einem Morgen gingen durch dieses einsame, stille Land eine junge Frau mit ihrer kleinen Tochter. Die Nacht war wolkenlos und kalt gewesen. Doch nun kam hinter den Bergen die Sonne hervor und tauchte die Gipfel in ein zauberhaft schönes, rötliches Licht, als hätte am Himmel ein riesiger Vogel seine Flügel aus zartrosa Seide ausgebreitet. Es war ein atemberaubend schöner Anblick.

Die junge Frau hielt das Mädchen an der Hand. Sie wanderten zusammen zur Quelle des Ganges. Als sie bei dem klaffenden Gletschermund angekommen waren, blieb die Mutter stehen, kniete sich vor der Quelle nieder und begann zu beten.

Als sie ihr Gebet beendet hatte, warf sie einen raschen Blick in die Runde. Und da keine Menschenseele zu sehen war, zog sie rasch ihren Schal und ihr Oberkleid aus, stieg in das eiskalte Gletscherwasser und tauchte unter. Dabei sang sie mit einer Stimme, die vor Kälte zitterte: „Hare, Ganges! Hare, Ganges! Gelobt seist du, Ganga!" Dann rief sie ihrer Tochter zu: „Zieh dich aus und komme auch!"

Das Mädchen stand fröstelnd am Ufer und fürchtete sich vor dem kalten Wasser. „Laß mich!" bat sie. „Ich werde erfrieren!" Doch der Mutter gelang es, sie zu überreden. Und so tauchte sie schließlich widerwillig unter.

Zitternd am ganzen Körper stiegen beide, Mutter und Tochter, aus dem Fluß und hüllten sich in ihre trockenen Kleider.

„Ich bin durchgefroren bis auf die Knochen, Mutter", jammerte das Mädchen. „Warum mußte ich das tun?"

Da nahm die Mutter sie zärtlich in die Arme und erklärte ihr: „Weil ein Bad im Ganges, und ganz besonders hier an der Quelle, von allem Bösen und Schlechten reinwäscht. Wer hier gebadet hat, wird immer rein sein. Er wird erlöst aus dem unheilvollen Kreislauf der Wiedergeburten."

„Auch die Diebe, die Lügner und die Bösewichte?"

„Ja, auch sie. Wenn sie ihre Schuld aufrichtig bereuen, wird der Ganges auch sie reinwaschen."

„Und ich, Mama? Werde ich auch erlöst, obwohl ich nur so kurz untergetaucht bin?"

„Bestimmt, mein kleiner Liebling!"

„Auch obwohl ich gar keine Lust hatte, ins Wasser zu gehen, weil es so kalt war?"

„Sicher ist es besser, es gern zu tun. Aber du wirst noch viele Gelegenheiten haben, im Ganges zu baden."

„Gehen wir bald wieder hierher, Mama?"

„Bestimmt! Aber jetzt iß dein Frühstück, mein kleiner Liebling, damit du mir nicht verhungerst!"

Vijay Singh

Baum

Der blühende, früchtetragende Baum ist ein Symbol des Lebens. Es ist weitverbreiteter Brauch, bei der Geburt eines Kindes einen Baum zu pflanzen. In der hebräischen Bibel lesen wir vom „Baum der Erkenntnis". Christus gilt als Lebensbaum. Auch wenn der Weihnachtsbaum nicht christlichen Ursprungs ist, so ist er doch bei uns zu einem wichtigen Bestandteil dieses Festes geworden. Der Baum besitzt vielfältige, sich überschneidende Symbolbezüge: Er ist heilige Stätte, kosmischer Baum, Lebensbaum, Erscheinungsort des Numinosen. Der Baum veranschaulicht das Geheimnis des Wachstums und Vergehens, des Lebens und des Sterbens. Der Paradiesbaum der hebräischen Bibel ist sowohl Baum der Erkenntnis und des Lebens. Er geht auf die sumerische Religion zurück. Nach ägyptischer Vorstellung steht im Osten des Himmels ein Feigenbaum, auf dem die Götter sitzen. Bäume werden in allen Religionen verehrt, teilweise als lebendige Gottheiten. Die Heiligkeit der Bäume macht Wälder und Haine zu beliebten Kultstätten. Dem germanischen Gott Thor war ein Eichenwald bei Dublin (Coill Tomeir) geweiht. Berühmt ist der Eichenhain des Zeus zu Dodona. Besondere Bäume werden als heilig angesehen: in Babylonien die Dattelpalme, in Indien der Bel-Baum. Indoeuropäische Religionen schreiben der Eiche Heiligkeit zu. Ebenso wurde die Eberesche verehrt. Nach islamischer Vorstellung stehen vor allem im Paradiesgarten besondere Bäume. Denker und Mystiker stellten sich das gesamte Universum als Baum vor, an dem der Mensch die wertvollste Frucht ist. Die Indoeuropäer kannten die Vorstellung vom Weltenbaum. In der christlichen Geschichte wurde der Weltenbaum zum „Baum des Kreuzes". Er ist das Gegenstück zum „Baum der Erkenntnis" im Paradies. Als „Baum des Lebens" erscheint das Kreuz bei mittelalterlichen Mystikern. Auf spätmittelalterlichen Darstellungen hängt Christus an einem Kreuz, das ein grüner Lebensbaum ist. Christliche Mystiker verwendeten das Bild des Baums als Symbol für die Gottheit und die göttliche Gnade.

Die Vorstellung vom Weltenbaum findet sich auch im Lamaismus und bei Nebukadnezar. Der siebenarmige Leuchter des Judentums entspricht dem Himmelsbaum, der die Planeten trägt.

In den Upanishaden, den heiligen Schriften des Hinduismus, wird der ewige Feigenbaum, auf dem die Welt beruht, mit Brahma selbst identifiziert. In der Bhagavadgita, einem philosophischen Lehrgedicht des Hinduismus, ist der Weltbaum Sinnbild der Mayawelt, der Welt der Illusion, der vom harten Schwert der Entsagung gefällt wird.

Im Buddhismus wird noch heute in Bodhgaya ein Baum verehrt, der aus den Wurzeln des Feigenbaums stammt, unter dem Buddha die Erleuchtung zuteil wurde. Der berühmte Kaiser Ashoka ließ einen Ableger nach Ceylon bringen und dort in Anuradhapura einpflanzen. In der Buddhalegende wird ein Zusammenhang zu dem vorbuddhistischen Baumkult deutlich: Ursprünglich wohnte ein Dämon im Feigenbaum, der von Buddha vor seiner Erleuchtung sieben Mal verehrungsvoll umwandelt wurde.

Bei der indischen Naturschutzbewegung spielt gerade der Schutz der Bäume eine wichtige Rolle.

Die enge Verbindung von Baum und Leben wird in einem islamischen Hadith (Prophetenwort) ausgedrückt: Jemand, der Gottgedenken (dhikr) übt, wird mit einem grünen Baum unter dürren Bäumen verglichen. Der Lebensbaum, dessen Zweige die Gottesnamen sind, ist fest in der göttlichen Gegenwart verwurzelt. Die Gottesnähe des Baumes hat dazu beigetragen, daß im islamischen Volksglauben Bäume die Fähigkeit haben, Segen (baraka) zu spenden. Sie werden daher auch in der Nähe von Gräbern gepflanzt, um die Strafe der Verstorbenen zu mildern. Auch neben Heiligengräbern stehen oft Bäume. Besucher hängen ihre Wünsche und Gelübde an die Zweige.

Nach dem Koran hat die Dattelpalme eine besondere Beziehung zum Leben. Die Jungfrau Maria soll bei ihren Wehen eine vertrocknete Dattelpalme geschüttelt haben. Der Baum schüttelte frische Datteln über sie herab als Zeichen, daß Jesus geboren werden würde. Sure 24,35 erwähnt einen Baum, der „weder östlich noch westlich ist, dessen Öl schon leuchtet, ohne daß das Feuer es berührt". In der Geschichte von Adam und Hawwa (= Eva) bietet der Feigenbaum Hawwa seine Blätter an, um ihre Scham zu bedecken. In einem Kommentar zu Koranvers 7,54 „Richtet kein Unheil auf Erden an, nachdem sie in Ordnung gebracht wurde", wird neben anderen Übeltaten das Abholzen fruchttragender Bäume angeprangert.

In Israel wird das Neujahrsfest der Bäume (Tub'Schwat) gefeiert. Nach den Mythen verschiedener Völker in Sibirien, Afrika und Australien soll der erste Mensch aus einem Baum hervorgekommen sein.

Auch der vom Baum abgetrennte Zweig birgt Heiligkeit in sich. In der altgriechischen Religion galt der Ölzweig als besonders heilig. Ölzweige waren auch Zeichen des Friedens. Am Palmsonntag werden Palm- und Ölzweige in feierlicher Prozession herumgetragen. Die Ölzweige gelten als Symbol der himmlischen Salbung, die Palmzweige als Zeichen des Sieges Christi bei der Auferstehung. Aus Zweigen gefertigte Kränze spielen bei Festen, zum Beispiel bei der Hochzeit, eine wichtige Rolle. In Indien wird dem als göttlich und heilig angesehenen Swami, aber auch dem Gast, ein Blütenkranz umgehängt. Im Islam ist es üblich, Gäste und zurückgekehrte Mekkapilger mit Kränzen zu schmücken.

Heilige Bäume

Das verlorene Paradies 60

Judentum/Christentum

In der folgenden Geschichte wird der Text aus 1. Mose 2 nacherzählt. Gott hat für den Menschen und seine Versorgung einen Garten mit Bäumen und anderen Pflanzen geschaffen – einen Fruchtgarten, der im Osten (Eden) liegt. Von zwei Bäumen ist die Rede – dem Baum des Lebens und dem Baum des großen Wissens. Das Motiv des Lebensbaums, dessen Früchte Unsterblichkeit verleihen, kommt auch im babylonischen Gilgamesch-Epos vor und ist hier mit dem Motiv des Baums der Erkenntnis verknüpft worden.

Alter: ab 8 Jahren

Die ersten Menschen hießen Adam und Eva. Sie lebten im Paradiesgarten. Dort wuchsen viele verschiedenartige Pflanzen. In der Mitte des Gartens standen zwei besondere Bäume. Einer war der Baum des Lebens. Wer von seinen Früchten aß, mußte nicht sterben. Die Früchte des andern Baumes aber schenkten großes Wissen.

Gott sprach zu den Menschen: „Ihr dürft die Früchte aller Bäume im Garten essen. Nur vom Baum des großen Wissens dürft ihr nichts nehmen. Sonst müßt ihr sterben."

Im Garten lebte auch die Schlange. Sie fragte Eva: „Hat Gott wirklich gesagt: Ihr dürft keine Früchte von den Bäumen im Garten essen?"

„Nein, das hat er nicht gesagt", antwortete Eva. „Er hat gesagt: Ihr dürft von allen Früchten essen, nur nicht vom Baum des großen Wissens. Sonst müßt ihr sterben."

„Ihr werdet bestimmt nicht sterben", gab die Schlange zurück. „Gott hat es euch nur verboten, weil er nicht will, daß ihr alles wißt. Denn wenn ihr alles wißt, dann könnt ihr machen, was ihr wollt. Nichts ist euch mehr unmöglich. Dann braucht ihr Gott nicht mehr."

Eva betrachtete den Baum mit begehrlichen Blicken. Die Früchte waren schön und geheimnisvoll, und sie lockten zum Hineinbeißen. Eva streckte ihre Hand aus. Sie betastete eine Frucht. Sie pflückte sie. Sie führte sie zum Mund und aß davon. Dann streckte sie die Frucht Adam hin: „Iß!" sagte sie. „Das macht dich klug!" Da aß auch Adam.

Jetzt sahen die beiden, daß sie nackt waren. Das hatten sie vorher nie bemerkt. Sie schämten sich. Sie rissen Blätter von einem Feigenbaum, knüpften sie zusammen und machten sich Schürzen, die sie sich um den Bauch banden.

Als es am Abend kühler wurde, ging Gott durch den Garten. Adam und Eva aber versteckten sich hinter den Büschen.

Gott sprach: „Wo bist du, Adam?"

„Ich habe mich versteckt!" sagte Adam. „Als ich dich hörte, bekam ich Angst, denn ich bin nackt."

„Woher weißt du das? Hast du vom Baum des großen Wissens gegessen?" fragte Gott.

„Eva hat mir die Frucht gegeben!" antwortete Adam schnell.

„Warum hast du das getan, Eva?" fragte Gott.

„Die Schlange ist schuld", redete sich Eva heraus. „Sie hat mich dazu überredet."

Da sprach Gott zu den Menschen: „Weil ihr das getan habt, und damit ihr nicht auch noch vom Baum des Lebens eßt, müßt ihr den Garten verlassen. Euer Leben draußen in der Welt wird hart und schwer sein. Ihr werdet Schmerzen und Leiden kennenlernen."

Und Gott vertrieb Adam und Eva aus dem Garten. Er ließ den Eingang zum Paradies durch einen Engel mit einem feurigen Schwert bewachen. Kein Mensch sollte jemals in den Garten zurückkehren können.

Aber obwohl Adam und Eva nicht mehr im Paradies sein durften, lebten sie noch immer in Gottes Nähe.

1. Mose 3,1–24. Nacherzählt von Werner Laubi

61 Adam und Hawwa

Islam

Auch der Koran kennt die Geschichte von Adam und Hawwa (= Eva) im Paradiesgarten und dem verbotenen Baum. Anders als in der hebräischen Bibel ist nicht Hawwa die Verführerin Adams, sondern Iblis (der Teufel) verführt die beiden. Sie müssen den Garten verlassen; doch Gott verzeiht ihnen wieder – ohne Vorbedingung. Die Idee einer Erbsünde kennt der Islam nicht. Wer Gottes Rechtleitung folgt und sich nicht von den Verführungen Satans beeinflussen läßt, kann des Heils teilhaftig werden.

Alter: ab 8 Jahren

Schließlich schenkte Allah Adam und Hawwa einen wunderschönen Garten mit klaren Wasserbächen, in dem Früchte im Überfluß wuchsen. Er sprach zu ihnen: „Eßt von all den guten Dingen, die hier reichlich wachsen. Es ist für alles gesorgt. Ihr werdet weder Hunger noch Durst kennen und weder unter Hitze noch unter Kälte leiden. Nur von diesem einen Baum dürft ihr nicht essen. Hütet euch, in seine Nähe zu kommen, sonst bringt ihr euch selbst ins Elend." Und so lebten Adam und Hawwa glücklich in dem schönen Garten, und es fehlte ihnen an nichts.

Iblis wartete nicht lange mit seinem teuflischen Plan. Er erschien bei Adam und Hawwa und sprach zu ihnen: „Soll ich euch einen Baum zeigen, dessen Früchte euch für ewig zu Königen machen?" Und mit diesen Worten führte er sie zu dem verbotenen Baum. Adam und Hawwa aber erwiderten: „Von diesem Baum zu essen hat uns Allah verboten."

„Ach was", entgegnete der Verführer, „was kann schon passieren? Ich weiß, warum Allah euch diesen Baum verboten hat. Wenn ihr davon eßt, werdet ihr sehr mächtige Engel; aber Allah will nicht, daß ihr etwas Besseres werdet, als ihr seid." So sprach er, um Zweifel an der Güte Allahs in die Herzen der Menschen einzuimpfen. Und als Adam und Hawwa immer noch zögerten, fing er an zu schwören und sagte: „Glaubt mir, ich will euch nur gute Ratschläge geben, sonst nichts." Zuletzt hörten Adam und Hawwa doch auf ihn und aßen von den verbotenen Früchten.

Aber kaum hatten sie davon gegessen, da merkten sie, daß der Teufel sie betrogen hatte. Alle seine Versprechungen waren nichts als leere Worte. Sie wurden keine mächtigen Könige oder Engel, und wie kann man denn überhaupt etwas Besseres sein als Allahs Statthalter? Statt dessen fingen sie an, sich voreinander zu schämen, und sie flochten Blätter zusammen, um sich dahinter zu verstecken.

Vor Allah aber kann man sich nicht verstecken. Er sieht und weiß alles. Er wußte auch, daß Adam und Hawwa von dem verbotenen Baum gegessen hatten, und er sprach zu ihnen: „Habe ich euch nicht verboten, von diesem Baum zu essen? Und habe ich euch nicht vor eurem Feind gewarnt? Ihr habt gegen euch selbst Unrecht getan. Fort von hier mit euch allen! Auf der Erde sollt ihr leben, und Feindschaft wird unter euch herrschen."

So mußten Adam und Hawwa den schönen Garten verlassen.

Nacherzählt von Halima Krausen

62 Die verbotene Frucht

Christentum

Die folgende Geschichte aus der christlichen Tradition Afrikas enthält eine Abwandlung der Sündenfallgeschichte aus 1. Mose 3. In Togo kennt man die Geschichte der Ölpalme Bubauw mit roten Früchten. Die Gottheit ißt davon, dann auf den Rat der Schlange auch die ersten Menschen. Sie werden daraufhin aus der Nähe der Gottheit entfernt. Gleichzeitig entsteht so die Landwirtschaft und die sozialen Grundlagen für Gemeinschaften und Stämme.

Alter: ab 10 Jahren

Unumbotte, der Gott, war mächtig. Eines Tages erschuf er die Menschen – einen Mann und eine Frau. Dann machte er noch Ukow, die Schlange, und die Antilope Opel.

Damals wuchs noch nichts auf den Feldern, und es gab nur einen einzigen Baum, die Ölpalme Bubauw. Die Geschöpfe hockten am Boden und wußten nicht, was sie machen sollten.

Unumbotte kam vom Himmel herab. „Ihr sollt den Boden klopfen!" befahl er ihnen. „Dann wird etwas wachsen. Hier sind Samen. Pflanzt sie in die Erde."

Er ging fort.

„Warum sollen wir den Boden klopfen?" fragte der Mann.

Seine Frau wußte es nicht. Auch Opel und Ukow wußten es nicht. Darum unterließen sie es, jedoch warfen sie die Samenkörner zu Boden. Sie verdarben bis auf eines, das zu keimen begann und einen Baum hervorbrachte, der hoch emporwuchs. Er trug rote Früchte.

Als Unumbotte zurückkam, sah er, daß niemand den Boden geklopft hatte. „Ihr seid ungehorsam", sagte er. „Darum ist nichts gewachsen."

„Dieser Baum ist gewachsen", entgegnete die Schlange. „Er trägt schöne rote Früchte."

Unumbotte pflückte einige der Früchte und ging fort. Von nun an kam er alle sieben Tage, um sich rote Früchte zu holen. Denn man konnte sie essen.

Ukow, die Schlange, dachte darüber nach. Eines Tages sagte sie zu den beiden Menschen und zur Antilope: „Wir müssen hungern, weil wir nichts zu essen haben. Unumbotte aber pflückt die roten Früchte und schlägt sich den Bauch voll. Er braucht nicht zu hungern. Warum nehmen wir nicht auch davon und essen?"

Opel, die Antilope, erwiderte: „Die Früchte sind rot. Wissen wir mehr von ihnen? Wir kennen sie nicht."

„Gott ißt sie", zischelte die Schlange. „Was ihm schmeckt, schmeckt auch uns. Soll für uns schlecht sein, was für ihn gut ist?"

Die Antilope schwieg. Dem Mann und der Frau knurrte der Magen. Ihnen war schlecht vor Hunger. Darum faßten sie Mut, rissen einige Früchte vom Baum und aßen sie. Es waren wohlschmeckende Früchte, die den Hunger stillten.

Als Unumbotte zurückkam und sah, was inzwischen geschehen war, fragte er: „Wer hat von den Früchten gegessen?"

Der Mann antwortete: „Ich habe davon gegessen, Unumbotte."

„Und ich", fügte die Frau hinzu.

Zornig fuhr Gott sie an: „Wer hat euch gesagt, daß ihr sie essen sollt?"

Die Menschen antworteten: „Ukow hat uns dazu überredet."

„Und warum habt ihr euch von ihr beschwatzen lassen?"

Der Mann und die Frau schlugen die Augen nieder. „Wir hatten Hunger, Gott."

Unumbotte wandte sich an die Antilope: „Hast du auch Hunger, Opel?"

„Ja, ich bin hungrig, Gott", antwortete die Antilope.

„Willst du auch von den roten Früchten essen?"

Die Antilope schüttelte den Kopf. „Ich will lieber Gras essen."

Seitdem ernährt sich die Antilope vom Buschgras.

Zu den Menschen sagte Unumbotte: „Ihr sollt nicht länger hungern. Hier sind Wurzeln. Ihr könnt sie in die Erde stecken. Es wächst Yam daraus. Und wenn ihr diesen Samen sät, wird Idi wachsen, das Korn." Seitdem pflanzten die Menschen Yamswurzeln, die sie Demura nennen, und Idi, das Guineakorn. Sie lernten, daraus Speisen herzustellen und schlossen sich zu Eßgemeinschaften zusammen. Die Angehörigen jeder Eßgemeinschaft nahmen aus ihrer Schüssel, jedoch niemals aus der Schüssel einer anderen Eßgemeinschaft.

Jede Gemeinschaft lebte miteinander, bearbeitete gemeinsam den Acker und aß miteinander. Die Gemeinschaften bildeten Stämme und sprachen ihre eigenen Sprachen. Heute gibt es viele Menschen und viele Stämme.

„Und ich?" fragte Ukow, die Schlange, den Gott Unumbotte.

Er gab ihr eine Medizin. „Du sollst die Menschen beißen!" befahl er ihr. Darum besitzt die Schlange das Gift und beißt die Menschen.

Überliefert

63   Der Baum der Erleuchtung

Buddhismus

Im Buddhismus wird noch heute ein Baum in Bodhgaya verehrt, der aus den Wurzeln des heiligen Feigenbaumes stammt, unter dem Buddha die Erleuchtung zuteil wurde. Unter diesem Baum erlangte Buddha die Erkenntnis, daß der endlose Kreislauf von Geborenwerden und Sterben (Samsara) die Ursache des Leidens (Dukkha) ist und daß es das höchste Ziel sei, den Menschen aus diesem Kreislauf zu befreien, um zu dem Zustand, der nie vergeht (Nirwana), zu gelangen. Nirwana bedeutet in Sanskrit „Nicht-mehr-wehen", „Verlöschen" und ist das Heilsziel aller Buddhisten. Der berühmte Kaiser Ashoka ließ einen Ableger des Baumes von Bodhgaya nach Ceylon bringen und in Anuradhapura einpflanzen.

Alter: ab 12 Jahren

Wer heutzutage die genaue Stelle sehen will, wo vor 2.500 Jahren Prinz Siddhartha endlich die Wahrheit fand, nach der er so lange und unter so schmerzlichen Mühen gesucht hatte, der braucht nur zu der Stadt Bodhgaya in Bihar zu gehen und von dort sechs oder sieben Meilen einer Landstraße zu folgen, die mehr oder weniger dem Laufe eines breiten versandeten Stromes entlangführt, der jetzt der Fluß Phalguas heißt, aber in jenen alten Zeiten Neranjara genannt wurde. Wenn er seinem Wanderziel näher kommt, dann wird er über den benachbarten ebenen Feldern auf einer kleinen Anhöhe einen hohen festen Bau aus dunklen Steinen sich erheben sehen mit einigen Terrassen, die um seinen rechteckigen Körper herumführen, der sich immer mehr verjüngt bis zum Oberteil, wo eine kleine offene Plattform ist, die eine steinerne Spitze von jener festen indischen Bauart trägt. Das ganze Bauwerk ist mit einer Fülle von Bildhauerarbeiten aller Art geschmückt. Das ist das berühmte Denkmal von Bodhgaya.

In dem Schatten dieses großen Denkmals, umgeben von einem niederen Steinwall, kann der Besucher noch heute den Baum sehen, unter dessen Zweigen dem Prinzen Siddhartha endlich das Licht der Wahrheit aufging, das er suchte. Denn zu diesem Baum hatte er eines Abends seine Schritte gelenkt, entschlossen, in einem letzten mächtigen Anlauf des Geistes und des Willens das tiefste Geheimnis des Lebens und aller Existenz zu durchdringen. Dieser Baum wird zum Andenken an Siddharthas große Entdeckung Bodhi-Baum oder Baum der Erwachung genannt.

Nun setzte Siddhartha sich unter den Baum und schwor sich: Wenn auch das Blut in seinen Adern austrockne und all sein Fleisch dahinschwände und von seinem Körper nichts verbliebe als Haut und Sehnen und Knochen – nicht eher wolle er von diesem Sitz aufstehen, bis er gefunden habe, was er suchte, bis er sein Ziel erreicht habe: für sich und für alle Menschen den Weg zu finden, um das höchste Wohl zu erlangen, ein für alle Mal befreit zu werden von dem Zwang, immer und immer wieder geboren zu werden und zu sterben in dem zermürbenden endlosen Kreislauf der immer gleichen Freuden und Leiden – immer und immer wieder.

Er saß nun dort unter dem Bodhibaum, entschlossen, da sitzen zu bleiben, gleich was ihm begegnen sollte, bis er den Weg gefunden habe, der aus dem Samsara, der Welt von Geburt und Tod und Veränderlichkeit, zu dem festen, unvergänglichen todlosen Stand führt, der nie vergeht oder dahinschwindet – dem Stande, der Nirwana heißt.

Silacara

Der Weltenbaum   64

Aus der germanischen Überlieferung

Die Weltenesche Yggdrasil ist die größte Schöpfung der nordischen Kosmologie. Sie ist ein heiliger Baum an heiliger Quelle, dessen Zweige sich über die ganze Welt erstrecken und in den Himmel ragen.

Alter: ab 13 Jahren

Die Götter treffen sich zum täglichen Rat beim Weltenbaum, der Esche Yggdrasil. Er ist der größte und beste aller Bäume, breitet seine Äste über alle Welten aus und schützt Midgard. Seine Krone stützt den Himmel. Der Lebensbaum steht immergrün; verdorrt ein Zweig, sprießen am nächsten Tag neue Blätter. Drei starke Wurzeln greifen weit aus und halten Yggdrasil aufrecht. Die erste Wurzel reicht zu den Göttern und Menschen, die zweite zu den Riesen, die dritte nach Niflheim. Unter jeder Wurzel entspringt eine Quelle.

Wie alle Stätten, wo Rat gehalten wird, ist auch diese bei der Weltenesche unverletzlich, also heilig. Die Götter reiten zu ihr über die Asenbrücke Bifröst. Nur Thor geht zu Fuß und durchwatet zahlreiche Flüsse.

Auf der Spitze des Weltenbaumes wacht ein Hahn, er glänzt von Gold und leuchtet in der Sonne. In den Zweigen der Esche sitzt ein weiser Adler und hält Ausschau nach möglichen Feinden. Zwischen den Augen des Adlers sitzt ein Habicht und macht das Wetter. Der Habicht heißt Der im Sturm Zerzauste.

Vier Hirsche laufen außen um die Esche, fressen mit zurückgebogenen Hälsen Blätter und beißen frische Knospen ab. Aber je emsiger in der Frühzeit die Tiere weideten, desto mehr neue Zweige trieb Yggdrasil. Kein kahler Ast stach aus dem dichten Laubwerk.

Unter der Eschenwurzel, die über Niflheim liegt, hausen mehr Schlangen als eine Zunge zählen kann und knabbern an den Wurzeln von Yggdrasil. Einige Schlangen heißen Höhlenwölfin, Graurücken, Aufhetzerin. Inmitten dieser Ottern liegt der Drache Nidhögg, der grimmig Hackende, und zerbeißt Pfahlwurzeln. Die Untiere nagen und mühen sich, den Stamm zu lockern, doch Yggdrasil senkt neue Wurzeln in die Erde. In der Frühzeit galt den Asen der Baum unfällbar, obwohl oben in den Zweigen Hirsche fraßen, die Seiten des Baumes faulten und unten Nidhögg nagte.

Zwischen dem Drachen Nidhögg und dem Adler eilt das Eichhörnchen Ratatosk, was Nagezahn heißt, am Stamm der Weltenesche auf und nieder. Es ist flink, neugierig und geschwätzig. Das Eichhörnchen tuschelt mit dem Adler, es flüstert, damit Worte mißverstanden werden. Nagezahn verrät dem Adler die Schmähungen von Nidhögg und jenem die Vorwürfe des Adlers. So entsteht Streit zwischen dem Adler als Vertrautem der Götter und dem Drachen, bis daraus Feindschaft erwächst.

Unter der Wurzel bei Niflheim, wo Nidhögg und die Schlangen nagen, liegt Hvergelmir, der brausende Kessel. Bei der Wurzel, die zu den Frostriesen führt, befindet sich der Brunnen des Mimir. Dieser Mann ist voller Weisheit; in dem Brunnen, den er hegte, liegen Verstand und Scharfsinn. Und so lange er den Brunnen behütete, trank er von dem Wasser täglich mit dem Gjallarhorn, das er für Heimdall verwahrte. Der Wächter von Asgard würde dieses lauttönende Horn erst vom Brunnen holen und darauf blasen, wenn für die Welten Gefahr drohe.

Unter jener Wurzel der Weltenesche, die zu den Menschen reicht, liegt der Brunnen der Norne Urd. In einem prächtigen Saal wohnen hier drei Nornen, die Schicksalsfrauen. Täglich schöpfen sie Wasser aus dem Brunnen und besprengen die Esche, damit die Zweige nicht vertrocknen. Und mit dem Lehm im Wasser düngen sie Yggdrasil. Das Wasser ist so heilig, daß alle Dinge, die damit benetzt werden, sich weiß färben wie die innere Eihaut. Tau fällt von der Esche und feuchtet die Erde. Er heißt Honigwein, weil sich davon Bienen nähren. Auch zwei Schwäne, die im Urd-Brunnen leben, trinken davon. Von beiden stammt das ganze Geschlecht der Schwäne.

Die Nornen messen allen Wesen ihr Schicksal zu; das tut die Norne Urd für die Vergangenheit, die Norne Verdandi für die Gegenwart und die Norne Skuld für die Zukunft.

Es gibt auch andere Nornen, sie weben ebenfalls am künftigen Geschick. Einige Nornen stammen von den Asen ab, andere von den Lichtalfen oder von den Zwergen. Es heißt, Nornen aus gutem Geschlecht teilen Gutes zu, solche von böser Herkunft verhängen Unheil. Manchen Menschen werden Wohlleben und Macht beschert, andere bekommen weder Vorteil noch Ruhm: der Lebensfaden wird verschieden lang gesponnen. Jeder Mensch, wird erzählt, habe von Geburt an eine Norne, die begleite ihn sein Leben. Einigen Nornen wird Hilfe bei der Geburt zugeschrieben.

Auch die Götter greifen in das Schicksal der Menschen ein; aber den Asen bliebe ihr eigenes verborgen, behaupteten die Nornen und verkündeten: Wir weben die Zukunft der Götter, nur wir kennen ihr Schicksal; einst wird der Weltenbaum verdorren, und von Muspellsheim, der heißen Gegend im Süden, kommt deren Anführer, der Feuerriese Surt, und brennt mit seinem Flammenschwert alle Welten nieder. Yggdrasil wird lodernd zusammenstürzen.

Balder und Höd lachten über diese Prophezeiung.

Thor vertraute seiner Kraft und der Macht und der Weisheit der Götter.

Heimdall spähte nach Weltfeinden.

Odin stieg von Ahnungen getrieben auf Hlidskjalf.

Überliefert

Bonifatius fällt die Donareiche 65

Christentum

Wir erleben ein Stück christlicher Missionsgeschichte, die sich hier unter dem Schutz der Frankenkönige vollzieht. Die Erzählung ist nach einem Bericht aus der angelsächsischen Kirchengeschichte des Beda Venerabilis (gest. 735) gestaltet. Das rücksichtslose Abholzen der heiligen Bäume können wir heute wohl kaum noch gutheißen. Damals stand das Fällen symbolisch für den Sieg des Christentums über das germanische „Heidentum".

Alter: ab 12 Jahren

Das Dorf hieß Geismar. Es lag inmitten von urwaldbedeckten Bergen in einem grünen Wiesental. Breit und mächtig waren die Gehöfte unter ihren Schilfdächern am Bachlauf aufgereiht. Hoch über die runden Hügelkuppen der Umgebung ragte ein Bergkegel, von einer gewaltigen Eiche gekrönt. Dieser uralte Baum strebte mit seinen mächtigen Ästen über die Kronen aller umliegenden Buchen und Eichen hinaus. Ein weißgeschälter Zaun umgab den freien Wiesenplatz um diese Eiche. Auf den gekreuzten Stangen über dem Fenztor steckten zwei gebleichte Pferdeschädel.

An der Quelle, die ganz in der Nähe des Stammes hervorsprudelte, knieten einige Frauen und Kinder. Ein Gelähmter humpelte auf seinen Krücken soeben aus dem heiligen Bezirk, und einem Fiebernden gaben seine Pfleger Wasser aus der Heilquelle zu trinken.

Stumm, aber aufmerksam betrachteten die Mönche den Ort. Ihr Anführer, ein hochgewachsener, rotblonder Mann, gab das Zeichen, und sie knieten außerhalb der Umzäunung nieder, um zu beten.

„Was sind das für Odins-Raben?" fragte Ezilo, der Rinderhirt, den alten Ratbod, der ein Freibauer und Schöffe war. „Seit Tagen kann man diese Fremden hier herumstreichen sehen."

„Aus Franken kommen sie herüber", brummte der Bauer. „Der lange Dünne dort, mit dem goldenen Kreuz auf der Brust, heißt Winfrit, aber es ist ihm lieber, wenn ihn seine Leute ‚Bonifatius' nennen. Er soll Engländer sein, ein Christenpriester, und, wie man flüstert, ein besonderer Freund des mächtigen Franken Karl Martell."

„Ei was denn?" wunderte sich der Rinderhirt. „Dann ist es wohl besser, diese Leute am Leben zu lassen. Ich habe allerdings von gewichtigen Männern vernommen, daß manche Lust hätten, ihnen mit Speer und Schwert zu kommen."

„Das laßt nur bleiben!" rief der Alte. „Oder wollt ihr uns den fränkischen Heerbann auf den Hals hetzen?"

Beliebt waren die Fremden nicht unter den Chatten, den Hessen.

Dennoch, als es hieß, Bonifatius wolle zum Volk sprechen, da war der Platz vor dem weißen Zaun und der Rieseneiche dicht mit Menschen bedeckt, mit Kriegern, Frauen und Kindern, mit Knechten, Mägden und Kranken. Sie empfingen ihn schweigend. Und sie hörten ihm zu.

Der Missionar erzählte vom großen Herrn Jesus Christus, wie er in die ferne Stadt Jerusalemaburg gezogen sei. Zwölf starke Recken begleiteten ihn. Wohin er auch kam, tat er Wunder: heilte Kranke, weckte Tote auf und vermehrte das Brot.

Dann sprach Bonifatius von der Gefangennahme dieses Herrn Christus und wie sein Freund Petrus dem Malchus das Ohr abschlug. Das weckte Begeisterung. Von dem tapferen Gefolgsmann Petrus, der seinen König so mannhaft verteidigte, waren die Bauernkrieger höchst angetan. Als Bonifatius aber von Geißelung, Kreuzweg und Opfertod Christi berichtete, teilten sich die Chatten von Geismar in zwei Parteien. Die einen zerflossen vor Mitleid und Zorn, die anderen sagten: „Unser Donar ist eben doch mächtiger. Der wäre mit Blitz und Donner dazwischengefahren."

Dann erhoben sich einige und erklärten Bonifatius und seinen Mönchen, daß jene Rieseneiche dort Donars Lieblingsbaum sei, daß Donar in der Krone des Baumes wohne und in Gewitternächten feurig am Stamm herniederfahre. Auch Donar tue Wunder.

„Was redet ihr da von einem gewissen Donar?" erwiderte Bonifatius. „Das ist ein Hirngespinst, nichts sonst! Ich will euch beweisen, daß es Donar gar nicht gibt und daß wir Christen ihn deshalb auch nicht fürchten." Und

Bonifatius kündigte an, er werde den Baum mit der Axt niederlegen. Da reckten sich die Fäuste. Da redeten die Chatten von Frevel, Strafe und Widerstand.

Der Spätnachmittag ist schwül und drückend. Trotzdem laufen die Bauern zu Hunderten zum Donarhain. Als Bonifatius inmitten seiner Brüder den Berg heraufkommt und die Chatten erkennen, daß die Christenmönche Beile, Sägen und Keile mit sich führen, kommt es zum Aufruhr.

„Fort mit den Äxten!" schreien die alten Bauern; die Frauen kreischen vor Schreck. Besonders Hitzige dringen auf die Fremden ein und wollen ihnen die Werkzeuge fortnehmen. „Schlagt sie tot!" rufen einige. „Da kommen diese Menschen in unseren Gau und wollen unsere alten Heiligtümer zerstören."

Bonifatius tritt vor. Ein paar freundlich gesinnte Bauernkrieger umringen ihn schützend. Er bringt einige Papiere zum Vorschein und verliest sie. Das eine ist ein Brief von einem Mann, der Papst heißt und der die Chatten grüßen läßt. Er fordert sie auf, Christen zu werden, weil Gott sehr mächtig sei. Der zweite Brief kommt von Karl Martell, dem gewaltigen Frankenherrn. Und dieser besagt: Bonifatius und die Seinen unterstehen bei Strafe dem Schutz der Franken. Bonifatius hat das Recht, durch die Gaue zu ziehen und die Götterbäume umzuhauen. Grollend weicht die Menge zurück und gibt Bonifatius den Weg in die Umfriedung frei. Sogleich fangen die Mönche an, die Äxte zu schwingen und Kerben zu schlagen. Dann hört man nur noch das gleichmäßige Singen der Säge, unterbrochen vom Schlag der Beile. Im Westen aber steigt es pechschwarz und brodelnd herauf. Fahlgelbe Ränder säumen die Wetterwolken, und manchmal zuckt es bläulich durch die ganze Weite des Himmels.

„Wartet nur!" flüstert Ezilo. „Donar selbst fährt mit seinem Bocksgespann heran, den Donnerhammer in der Rechten. Gleich wird der feurige Blitz niederzucken und die Frevler vernichten!"

Doch unverdrossen klingt der Schlag der Äxte, selbst als der Regen in schweren Tropfen niederprasselt. Die Mönche scheinen weder Blitz noch Donner zu fürchten. Längst stehen die Zuschauer schweigend und schutzsuchend unter dem Laubdach des Waldes.

Fauchend fährt der Sturm über die Höhen. Plötzlich geschieht es: der heulende Wind fängt sich in der wankenden Krone der Donareiche. Ein Rütteln geht durch den Riesen, dann bricht er krachend in vier Teile auseinander und stürzt. Donars heiliger Baum ist gefällt. Kein feuriger Blitz ist herniedergezuckt. Die Chatten sehen es voller Staunen.

In den folgenden Wochen zimmern die Mönche des Bonifatius aus dem Holz der heiligen Eiche auf dem Berggipfel eine Kapelle. Sie weihen sie dem

Lieblingsapostel der Deutschen, den sie wegen seines Griffs zum Schwert lieben: Sankt Peter. Ein Glöckchen ruft fortan die Menschen zum Gottesdienst.

Das Geschehen auf dem Donarsberg bei Geismar, der jetzt Petersberg heißt, spricht sich bald weit herum. Immer mehr Bauern mit Weib und Kind verlangen nach der Taufe. Sie wollen sich dem Gefolge dieses Christus anschließen. In weißen Taufgewändern, brennende Kerzen aus Bienenwachs in den Händen, ziehen die einstmals so grimmigen Chatten bergauf. Neben der Peterskapelle ist die heilige Quelle zum Taufbecken aufgestaut. Dort stehen nun Bonifatius und seine Mönche.

Nach Predigt und Messe folgt die Tauffeier. Mit aufgeschürzten Kleidern steigen die Chatten ins Becken. Sie beugen die Köpfe. Bonifatius fragt: „Widersagt ihr künftig dem Donar, den alten Göttern und dem Pferdefleisch?"

„Wir widersagen!"

„Glaubt ihr an Gott, den Vater, an Jesus, seinen Sohn, und an den Heiligen Geist?"

„Wir glauben!"

Da gießen die Mönche mit Schalen das geweihte Wasser über die Nacken und Häupter. Christen steigen aus dem Becken, in das Heiden hineingestiegen sind.

Einer der Gefährten des Bonifatius bleibt bei den Chatten zurück. Er liest jetzt täglich die Messe. Er beginnt, die Kinder zu unterrichten.

Bonifatius aber zieht weiter in die Gaue Germaniens. Durch Briefe ruft er immer neue Gefährten aus England, Frankreich und Italien herbei. Immer mehr christliche Kirchen werden gebaut. An wichtigen Plätzen entstehen schöne und große Klöster. Fulda ist das Lieblingskloster des Bonifatius. Der Papst ernennt Bonifatius zum ersten Erzbischof der germanischen Kirche.

Otto Zierer (bearbeitet)

Der Baum als Gleichnis

Der ist wie ein Baum... 66

Judentum/Christentum

Der Baum wird als Sinnbild für Aufrichtigkeit, Standhaftigkeit und innere Stärke benützt. So wird in den Psalmen der gerechte Mensch mit einer Palme oder Zeder des Libanon verglichen oder mit einem Baum, der Frucht bringt. Die Psalmen, Jeremia und Jesus bedienen sich gern dieses Bildes.

Alter: ab 13 Jahren

Der Gerechte wird grünen wie ein Palmbaum, er wird wachsen wie eine Zeder auf dem Libanon. Die gepflanzt sind im Hause des Herrn, werden in den Vorhöfen unseres Gottes grünen. Und wenn sie auch alt werden, werden sie dennoch blühen, fruchtbar und frisch sein, daß sie verkündigen, wie der Herr es recht macht; er ist mein Fels, und kein Unrecht ist an ihm.

Psalm 92,13–16

Wohl dem, der nicht wandelt im Rat der Gottlosen noch tritt auf den Weg der Sünder noch sitzt, wo die Spötter sitzen, sondern hat Lust am Gesetz des Herrn und sinnt über seinem Gesetz Tag und Nacht! Der ist wie ein Baum, gepflanzt an den Wasserbächen, der seine Frucht bringt zu seiner Zeit, und seine Blätter verwelken nicht. Und was er macht, das gerät wohl. Aber so sind die Gottlosen nicht, sondern wie Spreu, die der Wind verstreut.

Psalm 1,1–4

So spricht der Herr: Verflucht ist der Mann, der sich auf Menschen verläßt und hält Fleisch für seinen Arm und weicht mit seinem Herzen vom Herrn. Der wird sein wie ein Dornstrauch in der Wüste und wird nicht sehen das Gute, das kommt, sondern er wird bleiben in der Dürre der Wüste, im unfruchtbaren Lande, wo niemand wohnt.

Gesegnet aber ist der Mann, der sich auf den Herrn verläßt und dessen Zuversicht der Herr ist. Der ist wie ein Baum, am Wasser gepflanzt, der seine Wurzeln zum Bach hin streckt. Denn obgleich die Hitze kommt, fürchtet er sich doch nicht, sondern seine Blätter bleiben grün; und er sorgt sich nicht, wenn ein dürres Jahr kommt, sondern bringt ohne Aufhören Früchte.

Jeremia 17,5–8

Seht euch vor vor den falschen Propheten, die in Schafskleidern zu euch kommen, inwendig aber sind sie reißende Wölfe. An ihren Früchten sollt ihr sie erkennen. Kann man denn Trauben lesen von den Dornen oder Feigen von den Disteln? So bringt jeder gute Baum gute Früchte; aber ein fauler Baum bringt schlechte Früchte. Ein guter Baum kann nicht schlechte Früchte bringen, und ein fauler Baum kann nicht gute Früchte bringen. Jeder Baum, der nicht gute Früchte bringt, wird abgehauen und ins Feuer geworfen. Darum: an ihren Früchten sollt ihr sie erkennen.

Matthäus 7,15–20

67 Ein gutes Wort ist wie ein guter Baum

Islam

Im Koran findet sich der Vergleich zwischen dem gottgefälligen Wort und dem Baum.
Alter: ab 12 Jahren

Hast du nicht gesehen, wie Gott ein Gleichnis vom guten Wort gegeben hat? Es ist wie mit einem guten Baum, dessen Wurzel fest ist und dessen Zweige in den Himmel ragen, und der seine Früchte zu jeder Zeit mit der Erlaubnis seines Herrn bringt. Gott gibt den Menschen die Gleichnisse, vielleicht würden sie sich mahnen lassen.

Mit dem schlechten Wort ist es wie mit einem schlechten Baum, der über der Erde entwurzelt liegt und keinen Halt hat. Gott festigt diejenigen, die glauben, durch das feste Wort im diesseitigen Leben und im Jenseits. Gott führt die Ungerechten irre, und Gott tut, was er will.

Sure 14,24–27

Christus als Lebensbaum 68

Christentum

In der folgenden Geschichte, in der Christus als „Lebensbaum" und „Weinstock" bezeichnet wird, klingen noch viele andere Bedeutungen des Baumes an. Das Bild von Jesus als dürrem Weinstock drückt aus: Wie der Weinstock in der Winterkälte keine Früchte trägt, so kann auch der Glaube ohne Jünger und Gläubige nach Jesu Tod nicht weiterexistieren.

Alter: ab 11 Jahren

Jesus hält Zwiesprache mit seinen Jüngern: „Meister, du sagst: Ich bin der Weg, die Wahrheit und das Leben. Bist du auch der Baum des Lebens?"

„Ja, ich bin es."

„Sollen wir dich mit der immergrünen festen Zeder des Libanon vergleichen?"

„Nein – sie ist zu stark, um sich zu beugen und zu neigen."

„Bist du ein Schattenbaum an heiliger Stätte, unter dem die Menschen ruhen und Erkenntnis suchen?"

„Nein – Erkenntnis ist nur eine Frucht; das volle Leben aber ist mehr."

„Die hohe Palme in der Wüste hat Weitsicht und spendet Lebensfrüchte."

„Nein – sie ist zu hoch für die Schwachen und kann die Kleinen nicht umarmen."

„Es gibt den Ölbaum noch; unzählbar sind seine Jahre, und zugleich schenkt er den Menschen Nahrung."

„Nein – hohes Alter ist das Leben nicht, sondern was ewig bleibt an guter Frucht."

„Meister, wie sollen wir dich denn verstehen? Du sagst Worte und tust Dinge, die sonst kein Mensch vermag. Bist du der Baum, der die guten Eigenschaften aller anderen Bäume trägt?"

„Nein – ich bin nicht die Fülle aller Bäume. Ich bin der Weinstock. Schaut ihn an: Sein Stamm ist dünn, seine Höhe niedrig; er wird beschnitten und gestutzt. Den stolzen Menschen, die nur ihren eigenen Willen kennen, gefällt er nicht. Ich sage euch: Meine Zeit ist bemessen. Meine Feinde werden Hand an mich legen und als toten Baum hinstellen; aber dadurch werde ich ganz Baum des Lebens sein."

„Herr, wie kann ein toter Baum noch Leben spenden?"

„Was ihr nicht seht, dadurch bleibt das Leben. Meine Wurzeln reichen in die andere Welt, dorthin, wo mein Vater ist, der mich gesandt hat. Niemand kann mich von meinem Vater trennen. Wird der Stamm auch abgehauen, so werden die Wurzeln um so mehr Saft des Lebens spenden. Ein neuer Stamm wird wachsen und unaufhörlich sprießen."

„Herr, werden wir dich einmal als herrlichen Lebensbaum sehen?"

„Nein, ich bin und bleibe für mich selbst nur ein dürrer Stamm, ihr seid mein Kleid und meine Frucht. Ist euer Glaube tot, dann bin ich wie der Weinstock zur Zeit der Winterkälte. Wollt ihr wie die Reben am Weinstock an mir bleiben und Frucht bringen?"

„Ja, Herr, aber unsere Früchte sind oft klein und kümmerlich. Wie stehen wir da, wenn wir uns mit dir vergleichen?"

„Nicht immer ist Zeit der Ernte, und die verborgenen Früchte sind oft die schönsten und besten. Solange die Erde steht, werden Menschen an mich glauben und aus meiner Kraft Frucht tragen."

Hermann Rathjens

69 Der Hochzeitsbaum

Christentum

Auch in unserer Zeit haben Bäume einen hohen Symbolwert. Sie begleiten das Leben des Menschen. Oft wird zur Geburt eines Kindes ein Baum gepflanzt oder – wie in der vorliegenden Geschichte – zur Hochzeit. Wer einen Baum pflanzt, denkt über sein eigenes Leben hinaus an die, die nach ihm kommen.

Alter: ab 9 Jahren

Unter den Hochzeitsfotos meiner Eltern gibt es eines, das ich besonders gerne mag. Es zeigt meine Mutter im weißen Brautkleid und meinen Vater im schwarzen Anzug, wie sie in einem kleinen Waldstück ein Bäumchen pflanzen. Die Mutter hält das Bäumchen fest, der Vater gräbt das Pflanzloch. Er hat die Krawatte gelockert und den Hemdkragen geöffnet. Man sieht, daß er schwer arbeitet! Und rundherum stehen die Gäste und lachen und klatschen.

„Was mag wohl aus unserem Hochzeitsbäumchen geworden sein?" sagt meine Mutter jedesmal, wenn sie das Bild sieht. „Bestimmt ist es schon ein großer Baum."

„Oder verdorrt und eingegangen", sagt der Vater dann. Und die Mutter darauf: „Hoffentlich nicht! Das wäre ein schlechtes Zeichen."

In dem Dorf, in dem meine Eltern geheiratet haben, gibt es einen Hochzeitswald. Dort pflanzen alle Brautleute an ihrem Hochzeitstag einen Baum.

Am zwölften Hochzeitstag beschlossen meine Eltern, endlich einmal nachzuschauen, was aus ihrem Bäumchen geworden war. Und wir Kinder durften mitfahren.

Der Hochzeitswald lag am Rand des Dorfes. Am Anfang wuchsen ganz junge Bäumchen. Sie wurden höher, je tiefer wir in das Wäldchen hineingingen. Vor jedem Bäumchen steckte ein Stab, der in Augenhöhe ein weißes Schild trug. Darauf standen die Namen des jeweiligen Brautpaares sowie Monat und Jahreszahl der Pflanzung.

Wir liefen herum und lasen alle Namen.

„Ach, schau nur, diese beiden hier", riefen meine Eltern, wenn sie sich an jemanden erinnerten. „Klaus und Susanne! Und hier: Peter und Ursula – weißt du noch?"

Das Bäumchen von Klaus und Susanne sah klein und mickrig aus. Aber das von Peter und Ursula war ordentlich gewachsen.

„Ganz wie im Leben", sagte mein Vater.

Endlich blieben meine Eltern vor einem etwa drei Meter hohen Stamm stehen, der silbergrau schimmerte. Die Krone des Baumes erschien noch kahl. Aber an den Zweigen saßen schon bräunliche Blättchen. Manche öffneten sich gerade wie kleine Fächer. Weiter oben hatten sich einige bereits ganz entfaltet. Nur in der Mitte waren die Blättchen grün. Als das Sonnenlicht hindurchfiel, leuchteten sie kupferrot auf.

„Unser Baum!" rief meine Mutter. „Er lebt! Schaut nur, wie er gewachsen ist!"

Wir gingen um den Baum herum und betrachteten ihn von allen Seiten. Er war bestimmt doppelt so hoch wie damals, als meine Mutter ihn ins Pflanzloch gehalten hatte.

„Ein prächtiger Bursche", sagte mein Vater stolz und tätschelte den Stamm. Dann nahm er die Mutter in die Arme und küßte sie.

„Merkt euch diesen Baum, Kinder", rief er. „Hier könnt ihr einmal eure Enkel herführen und ihnen sagen: Den hat euer Urgroßvater gepflanzt."

Wir lachten und faßten uns an den Händen und tanzten übermütig um den Baum herum.

Ingrid Abou-Rikab

70   Das Gleichnis vom Feigenbaum

Christentum

Das Gleichnis will sagen: So wie der Gärtner ist Gott. Er hat Geduld. Er schenkt Zeit. Der Feigenbaum, der hier für den gottfernen Menschen steht, bekommt seine Chance – die letzte.

Alter: ab 12 Jahren

Jesus aber erzählte dieses Gleichnis:
   Es war einmal ein Mann, der pflanzte einen Feigenbaum in gute Erde. Geduldig wartete er, bis dieser groß genug war, um Früchte zu tragen. Dann suchte er eifrig nach Früchten. Drei Jahre lang suchte er, und drei Jahre lang war der Baum leer. Nicht eine einzige saftige grüne Feige war zu sehen.
   Er wußte, wenn ein Baum in dieser Zeit keine Früchte trug, dann wird er niemals welche tragen. Daher rief er den Gärtner und sagte: „Drei Jahre lang habe ich bei diesem Baum auf Früchte gewartet, aber er hat nicht eine einzige getragen. Er saugt die Kraft des guten Bodens auf, ohne mir irgendeinen Nutzen zu bringen. Hau ihn um."
   Aber der Gärtner setzte sich für diesen Baum ein. „Gebt ihm noch eine Gelegenheit, Herr!" bat er. „Ich werde tun, was ich kann, daß er vielleicht doch noch Früchte bringt. Die Erde um ihn herum werde ich umgraben und etwas Dünger streuen. Vielleicht trägt er im nächsten Jahr Feigen. Wenn sie wieder ausbleiben, laß ihn umhauen."

Lk 13,6–9. Nacherzählt von Elmar Gruber

71   Gott gehört die Welt

Judentum

Die Geschichte schreibt den Zweigen bestimmter Bäume bestimmte Merkmale zu, die mit den Eigenschaften von Menschen verglichen werden. Typisch ist die häufig im Judentum geführte Diskussion, ob Toragelehrsamkeit oder praktische Frömmigkeit wichtiger sein.

Alter: ab 13 Jahren

Einen Palmzweig schwenkend, betritt Ruben die Laubhütte. Der Tisch ist schon gedeckt, und wenn die Gäste da sind, können sie mit dem Essen beginnen. Ohne Gäste ist das Laubhüttenfest nicht richtig. Ruben kommt mit seiner Familie aus der Synagoge. Dort haben sie gesungen: „Danket dem Herrn, denn er ist freundlich und seine Güte währet ewiglich." Und dabei haben sie ihre Palmzweige geschwenkt. Nach Osten, nach Westen, nach Norden und nach Süden, als ob sie die Gnade des Ewigen bis an alle Enden der Welt ausbreiten wollten. Danach haben sie gesagt: „Von dir – für dich. Und wie hier so überall auf der Welt."

Das Laubhüttenfest ist das letzte Erntefest. Die ganze Ernte ist nun eingeholt, und dafür haben sie in der Synagoge gedankt. „Von dir" – denn alles, was sie bekommen haben, haben sie von dem Ewigen empfangen. „Für dich" – denn alles, was sie bekommen haben, gebrauchen sie zur Ehre des Ewigen. Und so ist es mit allem in der Welt.

Als sie am Tisch sitzen, fragt Ruben den Rabbi, ihren Gast: „Warum wedeln wir eigentlich mit einem Palmzweig? Palmzweige sind doch gar nicht geerntet worden?"

„Schau ihn dir doch einmal ganz genau an", sagt der Rabbi. „Was alles gehört zu dem Lulaw, dem Palmstrauß?"

„Ein Palmzweig natürlich", sagt Ruben. „Und da sind noch drei Myrtenzweige und hier noch zwei Weidenzweige. Aber die haben wir doch auch nicht geerntet."

„Rieche mal daran, und beiß auch einmal hinein."

Ruben riecht an dem Palmzweig. „Ich rieche nichts." Dann beißt er mit Widerwillen hinein. „Hm, das schmeckt sogar. Ein bißchen süß und ein bißchen bitter. Aber Süßholz schmeckt besser." Bei der Myrte muß er mit seiner Nase gar nicht erst nahe herangehen, der Duft kommt ihm schon entgegen. Aber die Myrte hat keinen Geschmack. Zum Schluß der Weidenzweig. Ruben riecht nichts, und er schmeckt auch nichts. Fragend schaut Ruben den Rabbi an. „Und jetzt?"

„Da waren einmal", fängt der Rabbi an, „drei jüdische Menschen. Einer von ihnen war sehr gelehrt. Er kannte unser Gesetz, die Tora, ganz und gar auswendig. Er steckte immer mit dem Kopf in den Büchern und studierte. Und vielleicht war das die Ursache dafür, daß er keine guten Taten tat. Er hatte dazu einfach keine Zeit. Der Mann war wie der Palmzweig, er hatte zwar Geschmack, aber kein Duft ging von ihm aus.

Der zweite hatte in seinem ganzen Leben noch nicht einen Buchstaben der Tora gelesen. Vielleicht konnte er nicht einmal lesen. Aber er tat sehr wohl gute Taten. Der Mann ist wie die Myrte: Einen feinen Duft verströmt sie, aber sie hat keinen Geschmack.

Und der Weidenzweig? Der dritte wußte nichts von der Tora. Und gute Taten tat er auch nicht. Vielleicht war das jemand, der ständig schwer arbeiten mußte, nur um ein kleines Stück Brot zwischen die Zähne zu bekommen, und darum hatte er keine Zeit zum Studieren und zum Tun der guten Taten. Er ist wie der Weidenzweig: kein Geschmack und kein Duft.

Aber die drei Männer wurden Freunde, und von da an waren sie ganz oft zusammen. Der eine gab den anderen beiden Geschmack, und der zweite gab ihnen Duft. Der dritte hatte nichts zu geben, aber das war nicht schlimm. Er bekam etwas von den anderen beiden. So wurden die schlechten Eigenschaften von dem einen durch die guten Eigenschaften des anderen aufgehoben. Weißt du, der Lulaw, der Palmstrauß, das sind wir selbst. Mit jedem Menschen ist wohl etwas nicht in Ordnung, aber wenn wir zusammen sind, dann ist das nicht schlimm."

„Und dann haben wir da natürlich noch den Etrog", fährt der Rabbi fort. Er nimmt eine Frucht vom Tisch. Sie sieht einer Zitrone etwas ähnlich, aber es ist keine Zitrone. „Rieche und schmecke das mal."

Ruben riecht und probiert: „Lecker!"

„Der Etrog", erzählt der Rabbi, „ist wie jene Juden, die die Tora kennen, und auch gute Taten tun, soviel sie können. Die legen wir ein Stück abseits, denn der Etrog hat die anderen nicht nötig."

Dann kommt das Essen auf den Tisch, und das Fest in der Laubhütte geht weiter.

G. F. Cashman

72   Gleiche nicht dem Nimbabaum

Buddhismus

Auch die Jataka „Gleiche nicht dem Nimbabaum" handelt von einem „Baum der Erkenntnis", wenn auch anderer Art. Jatakas sind Geschichten über frühere Existenzen Buddhas, bevor dieser als Prinz Siddhartha wiedergeboren wurde. Hier tritt er als Lehrer auf, der einen jungen Prinzen von den Prinzipien der Güte und des Mitleids überzeugen will. Der Nimbabaum ist in dieser Geschichte ein Symbol für das Böse, das es auszurotten gilt, auch wenn das Übel noch klein ist. Der Baum hilft dem jungen Prinzen zur Selbsterkenntnis seines eigenen gedankenlosen Tuns.

Alter: ab 11 Jahren

Vor langen, langen Zeiten wurde das Große Wesen, welches nach vielen weiteren Leben einmal der Buddha werden wollte, als Sohn einer Brahmanenfamilie im Norden Indiens wiedergeboren. Er erhielt eine sorgfältige Ausbildung und lernte an der Hohen Schule zu Takkasila das gesamte Wissen seiner Zeit.

Nachdem er als ein gelehrter Brahmane eine Zeitlang im Hause gelebt hatte, starben seine Eltern. Das erinnerte ihn an die Vergänglichkeit. Deshalb

wollte er ausziehen, ein unvergängliches Gut zu suchen und den Reinheits-
wandel eines Pilgers zu führen. So zog er zum Himalaya und übte sich dort
lange in der Läuterung.

Eines Tages waren ihm das Salz und andere Lebensmittel ausgegangen.
Deshalb wanderte er nach der Hauptstadt Benares. Im Park des Königs über-
nachtete er, und am anderen Morgen ging er in die Stadt, um Almosen zu
sammeln. Dabei kam er auch an den Palast des Königs.

Der König sah ihn durch das Fenster und war von seiner würdigen
Erscheinung tief beeindruckt. Er dachte: Wie still kommt dieser Asket daher,
ruhigen Sinnes! Er läßt seine Augen nicht hin und her schweifen, gesammelt
blickt er vor sich hin und schreitet majestätischen Schrittes einher wie der
Löwe. Wenn es wirklich Frieden gibt, dann muß er den Frieden gefunden
haben. Er bat seinen Minister, den Pilger heraufzubitten. Der Minister ging
hinaus, begrüßte das Große Wesen voll Ehrerbietung, nahm ihm die Almo-
senschale ab und bat ihn, zum König zu kommen.

Die Bodhisattva aber erwiderte: „Ich gehöre nicht zu den Besuchern der
königlichen Familie, ich bin ein Mann vom Himalaya." Der Minister meldete das dem König. Dieser aber sandte den Minister erneut hinaus, um den
Bodhisattva hereinzubitten. Der Minister ging zu dem ehrwürdigen Pilger
und ließ ihn wissen, daß die Einladung des Königs kein Irrtum gewesen sei.
Er geleitete den Pilger in den Königspalast.

Der König begrüßte den würdigen Mann mit großer Ehrerbietung, ließ ihn
unter dem aufgespannten weißen Sonnenschirm auf einem goldenen Lager
Platz nehmen, setzte ihm seine eigene feine Mahlzeit vor und fragte ihn dann:
„Herr, wo wohnst du?" – „Ich komme vom Himalaya, großer König." –
„Und wohin gehst du jetzt?" – „Ich suche einen Platz, wo ich die Regenzeit
verbringen kann, großer König." Da lud ihn der König ein, in seinem Park zu
wohnen. Er ließ ihm dort eine Laubhütte errichten, gab ihm alles, was ein
Mönch braucht, und befahl dem Parkwächter, ihn zu behüten. Von nun an
wohnte der Bodhisattva im Park, und der König kam jeden Tag zwei- oder
dreimal, um den Weisen zu besuchen.

Nun hatte aber der König einen Sohn, der bei allen Leuten nur Prinz Böse-
wicht hieß; denn er war wild und barsch und kannte keine Rücksicht gegen
andere. Weder der König noch seine übrigen Verwandten konnten ihn dazu
bringen, auf andere Menschen Rücksicht zu nehmen. Auch die Minister,
Brahmanen und viele Hausväter versuchten, den wilden Prinzen zu ermahnen, aber nichts half. Und der wilde Prinz ließ sich schon gar nicht beeindrucken, wenn Minister, Brahmanen und Hausleute zornig wurden und ihn
gemeinsam anschrien. Dann nahm er ihre Worte erst recht nicht an.

Da dachte der König: Niemand hat bisher diesen Prinzen bändigen können. Aber wenn es einer kann, dann ist es der edle tugendhafte Mönch, der

in meinem Park lebt. Der König ging mit dem Prinzen zu dem Mönch, dem Bodhisattva, und sprach zu ihm: „Herr, dieser Prinz hier ist wild und barsch, wir können ihn nicht bändigen. Belehre du ihn." Mit diesen Worten ließ der König den Prinzen mit dem weisen Pilger allein.

Der Bodhisattva ging eine Weile schweigend mit dem Prinzen durch den Park. Da sah er einen jungen Nimbabaum stehen, und er wußte, daß ein Nimbabaum ganz bittere Blätter hat. Dieser junge Nimbabaum war aber noch sehr klein, er hatte erst zwei Blätter, auf jeder Seite eines. Da sprach der Bodhisattva zu dem Prinzen: „Versuch doch einmal, wie ein Blatt von diesem jungen Baum schmeckt."

Der Prinz pflückte neugierig eines der beiden Blätter ab und steckte es in den Mund. Aber er spuckte es gleich wieder aus und schrie: „Pfui", als er merkte, wie bitter es war.

„Was ist denn, Prinz?" fragte der Pilger.

Der Prinz schimpfte: „Ha, so jung dieser Baum ist, so bitter schmecken seine Blätter jetzt schon, er muß giftig sein. Wenn er erst groß wird, dann wird er viele Menschen töten." Und er riß den jungen Nimbabaum, obwohl er jetzt nur noch eines von den bitteren Blättern hatte, mit der Wurzel aus, zerbrach ihn mit den Händen, warf die Stücke weg und sprach:

„Ein einz'ges Blatt hat dieser Baum,
ist kaum vier Zoll vom Boden hoch,
und doch schmeckt schon sein Blatt wie Gift,
wie wird der, wenn er erst groß wird?"

Da aber sprach der Bodhisattva zum Prinzen: „Mein lieber Prinz, du hast bei diesem jungen Nimbabaum gedacht: ,So jung er ist, so bitter ist er jetzt schon. Wie soll er erst werden, wenn er alt geworden ist?' Und deshalb hast du ihn ausgerissen, zerbrochen und weggeworfen. Genauso werden die Bewohner des Reiches über dich denken und mit dir verfahren. Sie werden denken: ,Wenn dieser Prinz schon in seiner Jugend so wild und barsch ist – was wird er erst tun, wenn er älter geworden ist und den Thron bestiegen hat? Was mag uns dann erst bevorstehen? Er wird uns alle verderben.' Deshalb werden sie dir das Reich deiner Väter nicht geben, sondern sie werden dich wie einen jungen Nimbabaum entwurzeln und verbannen. Wenn du das nicht willst, dann sieh zu, daß du nicht mehr dem Nimbabaum gleichst, und erfülle dein Herz von jetzt ab mit Geduld, Liebe und Mitleid."

Der junge Prinz war tief betroffen. Mit einem Schlage sah er ein, wie es ihm gehen würde, wenn er so wild und rücksichtslos bliebe, wie er war. Denn wie man mit jungem Giftigem verfährt, hatte er ja gerade eben mit dem Nimbabaum selber vorgeführt. So hatte er sich selber das Urteil gesprochen, wenn er so bleiben würde, wie er bisher war. Sein Schrecken darüber, seine Sorge vor Verbannung und Thronverlust waren so groß, sein Verlangen, das Reich der Väter nicht zu verlieren, so stark, daß er ernster wurde und bescheiden, und im Laufe der Jahre entwickelte er immer mehr Geduld und Verständnis und Mitempfinden mit den Menschen. Der Nimbabaum mit dem einen Blatt stand immer vor seinem geistigen Auge.

Das Volk im Reiche des Königs merkte diese Wandlung des Kronprinzen und atmete erleichtert und glücklich auf. Und als der König gestorben war, nahm es ihn gern als seinen neuen König an. Er wurde ein guter Herrscher, war freigebig und tat viel Segensreiches für sein Volk. Deshalb ging er nach seinem Tode einen guten Weg.

Seitdem denken viele Menschen in Indien, wenn sie barsch und hart gegen andere werden wollen, an den jungen Nimbabaum mit dem bitteren Blatt.

Jataka

Der erbarmende Geist des großen Salbaums   73

Buddhismus

Die folgende Geschichte ist eine Jataka, eine Episode aus früheren Leben Buddhas, bevor er als Siddhartha Gautama wiedergeboren wurde. Die in dem Salbaum wohnende Gottheit will das Leiden auf sich nehmen, stückweise gefällt zu werden. Würde sie mit einem Hieb umgehauen, wären die anderen Bäume um ihn herum verletzt. Der Salbaum ist Symbol für die mitfühlende, nichtmenschliche Umwelt.

Alter: ab 11 Jahren

Der große König Brahmadatta, der in ferner Vorzeit in Benares regierte, wollte sich einen neuen Palast bauen lassen. Es sollte etwas noch nie Dagewesenes werden. Der Hofbaumeister machte ihm viele Vorschläge: Paläste mit Marmorsäulen, mit Sandelholzsäulen, mit Säulen aus Lapislazuli, mit runden, mit eckigen Säulen, – aber all das gab es auch schon bei anderen Königsschlössern.

Da kam dem König ein wahrhaft königlicher Einfall: Paläste mit vielen Säulen gab es genug. So sollte denn sein neuer Palast auf einer einzigen Säule ruhen.

Sofort schickte er seine Zimmerleute in die dichten Wälder, um einen Baumriesen zu suchen, dessen Stamm stark genug war, einen ganzen Königspalast zu tragen.

Nach Tagen kamen die Zimmerleute zurück, müde und ratlos. Sie hatten wohl einige Baumriesen gefunden, aber die standen an so unzugänglichen Plätzen, daß man sie nicht hätte nach der Hauptstadt schaffen können.

Da befahl ihnen der König, in seinem eigenen weitläufigen Schloßpark nach einem geeigneten Stamm zu suchen. Sie sahen sich stumm an, denn sie wußten: im Park brauchten sie nicht lange zu suchen. An seinem äußeren Rande stand ein gewaltiger Salbaum, der seit Urväterzeiten vom Volk verehrt wurde. Man nannte ihn nur den Glückssalbaum. Im Laufe der Zeit hatten auch Mitglieder der Königsfamilie diesem hochragenden Baum ihre Verehrung erwiesen. Die Liebe zu diesem riesigen, rauschenden, grünen Lebewesen war bei den Menschen der ganzen Gegend tief verwurzelt. Deshalb schauderte den Zimmerleuten bei dem Gedanken, die Axt an ihn legen zu müssen. Aber er war der einzige, der die nötigen gigantischen Ausmaße hatte, und da war der klare königliche Befehl.

So meldeten sie dem König: der einzige geeignete Baum im Park sei der von altersher verehrte Glückssalbaum. Der König in seinem Baufieber machte eine kurze herrische Handbewegung: „Was hilft's, es ist der einzige, der sich eignet. Geht hinaus und fällt ihn."

Schweren Herzens gingen die Zimmerleute hinaus. Ohne Absprache hatten sie alle den gleichen Gedanken: sie traten vor den vertrauten Baumriesen hin, schmückten ihn mit Blumen, besprengten ihn mit Rosenöl, hängten eine brennende Lampe in sein Gezweig, neigten sich vor ihm und sprachen: „Lieber Baum, der König hat befohlen, daß wir dich fällen. Wir können nichts dafür. Aber wir werden erst in einer Woche mit unseren Äxten kommen, damit die unsichtbare verehrte Baumgottheit, die in dir wohnt, sich inzwischen eine andere Wohnung suchen kann."

Denn wie die naturnahen Völker wußten auch die alten Inder, daß in den Bäumen und Büschen, Gräsern und Blumen mancherlei Geister wohnen. So wohnte auch in dem Glückssalbaum ein Göttersohn. Der hörte die Warnung der Zimmerleute und erschrak. Aber er erschrak weniger wegen sich selber, obwohl er wußte, daß sein gegenwärtiges Leben an den Bestand seiner Baumwohnung gebunden war; viel mehr Sorge machten ihm seine Verwandten, die in den kleineren Salbäumen wohnten, welche ihn rings umgaben wie die Kinder den Vater. Deshalb verließ er um Mitternacht seine leise rauschende Baumwohnung und schwebte durch Wälle und Mauern hindurch in das Schlafgemach des Königs. Sein Glanz war so hell, daß der König erwachte. Staunend sah er die weinende Erscheinung. Er redete sie an:

„Wer bist du, leuchtende Gestalt,
die trauernd hier im Raume schwebt
und weint und weint; o sage mir,
was macht dein Herz so tränenschwer?"

Da antwortete die schwebende Erscheinung:
„Ich bin der Glückssalbaum, o König,
in deinem Reiche kennt man mich.
Schon viele tausend Jahre leb ich
in deinem Parke hochverehrt.
So viele Städte man auch baute,
so viele Häuser, großer Fürst,
so viele Schlösser – niemals hat man
an meinen Stamm die Axt gelegt.
Seit jeher hält man mich in Ehren,
o schone mich auch du, mein König."

Der König schüttelte langsam den Kopf und antwortete:
„Es tut mir leid, da ist kein Baum,
der solchen Umfang hat wie du.
Du bist so lang, du bist so breit,
so kraftvoll riesig ist dein Wuchs.
Ich möchte mir ein neues Schloß erbauen
mit nur einer Säule.
In dieser Säule kannst du wohnen
und dort sei mir willkommen, Gottheit."

Die Baumgottheit neigte das helle Haupt und sprach:
„Der Baum, das ist mein Körper doch.
Wenn ich ihn schon verlassen muß,
so bitte ich dich, laß mich nicht auf einmal fallen,
sondern laß in kleine Stücke aufgeteilt
mich schlagen und zerschneiden nur:
Laß erst den Wipfel schlagen, dann
den Stamm und ganz zuletzt den Strunk.
Wenn du mich stückweis' fällen läßt,
so wird der Tod mir leichter sein."

Verwundert blickte der König auf:
„Das wäre doch ein schwerer Tod,
wie wenn man einem Menchen erst
die Glieder einzeln abtrennt und
erst hinterher den Kopf abschlägt.
Sag, läßt du dich denn wirklich gern
in Stücke hauen, Herr des Parks?
Aus welchem Grunde möchtest du,
daß man dich nur in Stücke fällt?"

Da sah die Gottheit den König mit ihren milden, goldgrünen Augen an und antwortete:

„All die Verwandten rings um mich,
Salbäume klein, von gutem Wuchs,
die würden Schaden leiden, wenn
man mich in einem Stücke fällt."

Betroffen tat der König einen tiefen Atemzug. Wo er nur Baupläne und Holz und einen riesigen Pfeiler gesehen hatte, da trat ihm nun ein fühlendes Wesen entgegen, das lieber einen schmerzlichen Tod erleiden als im Sturze seine Verwandten verletzen wollte. Dem König wurde wunderlich und warm ums Herz. Und er sprach:

„Du lieber Baumgott, Waldesherr,
wie gut du bist. Du opferst dich
für die Verwandten auf – doch nein:
ich fäll dich nicht, ich schone dich."

Da hörten die Tränen des großen Baumgeistes auf zu fließen. Sein Licht leuchtete noch wärmer als zuvor. Und in das offene Herz des Königs hinein sprach der Baumgott vom Mitempfinden und vom Erbarmen, und der König verstand.

Als die Baumgottheit verschwunden war, lag er noch lange wach. Er bedachte vieles, was er den Wesen in seinem Reich, Menschen, Tieren und Pflanzen an Gutem tun könne. Und die Vorfreude, die er dabei empfand, ließ ihn seine Baupläne ganz vergessen. Als er das, was er in der Nacht bedacht hatte, in der ferneren Zeit seines königlichen Lebens in die Tat umsetzte, da wurde seine Freude noch viel größer, und die Menschen, die Tiere und Pflanzen in seinem Reich freuten sich mit ihm, und alle besuchten gern den großen, rauschenden Salbaum, in welchem die gute Baumgottheit wohnte, die dem König zur rechten Zeit das rechte Wort gesagt hatte.

Jataka

Die Geschichte vom Bambus

74

Buddhismus

Der Bambusbaum steht hier für Leiden, Passion, Sich-opfern. Der Baum gibt alles hin, was ihm wichtig ist – Schönheit, Kraft, Leben, um anderen Leben zu ermöglichen.
Alter: ab 12 Jahren

In einem großen Garten wuchs ein Bambusbaum. Der Herr des Gartens hatte seine Freude an ihm. Von Jahr zu Jahr wurde er kräftiger und schöner. Eines Tages aber blieb er vor ihm stehen und sagte: „Lieber Bambus, ich brauche dich!" Der Baum antwortete: „Herr, ich bin bereit, gebrauche mich, wie du willst." Die Stimme des Herrn wurde ernst: „Um dich zu gebrauchen, muß ich dich beschneiden!" Der Baum erzitterte: „Mich beschneiden? Deinen schönsten Baum im Garten? Nein bitte, das nicht, bitte nicht! Verwende mich doch zu deiner Freude, Herr, aber beschneiden...!" Der Herr sagte noch ernster: „Wenn ich dich nicht beschneide, kann ich dich nicht gebrauchen."

Im Garten wurde es ganz still. Der Wind hielt den Atem an. Langsam beugte der Bambus seinen herrlichen Kopf und sagte leise: „Herr, wenn du mich anders nicht gebrauchen kannst, dann beschneide mich!"

Doch der Herr fuhr fort: „Mein geliebter Bambus, ich werde dir auch deine Blätter und Äste abschneiden!"

„Ach, Herr, davor bewahre mich. Zerstöre meine Schönheit, aber laß mir bitte Blätter und Äste!"

„Wenn ich sie dir nicht abschneide, kann ich dich nicht gebrauchen!"

Die Sonne versteckte ihr Gesicht. Ein Schmetterling flog ängstlich davon. Bis ins Mark getroffen, flüsterte der Bambus: „Herr, schlag sie ab!"

„Mein geliebter Bambus, ich muß dir noch mehr antun. Ich muß dich mitten durchschneiden und dein Herz herausnehmen. Wenn ich das nicht tue, kann ich dich nicht gebrauchen!"

Da neigte sich der Bambus bis zur Erde: „Herr, schneide und teile!"

So schnitt der Herr des Gartens den Bambus, hieb seine Äste ab, streifte seine Blätter fort, teilte ihn in zwei Teile und schnitt sein Herz heraus. Dann trug er ihn mitten durch die trockenen Felder in die Nähe einer Quelle. Dort verband er mit dem Bambusstamm die Quelle mit der Wasserrinne im Feld. Und das klare, glitzernde Wasser schoß durch den zerteilten Körper des Bambus in den Kanal und floß auf die dürren Felder, um eine reiche Ernte möglich zu machen. – So wurde der herrliche Bambus erst zum großen Segen, als er gebrochen und zerschlagen war.

Überliefert

75 Freunde, daß der Mandelzweig...

Judentum

Der Verfasser bezeichnet in seinem Gedicht den blühenden Zweig des Mandelbaums als Symbol der Hoffnung in Zeiten der Bedrohung.

Alter: ab 13 Jahren

Freunde, daß der Mandelzweig
wieder blüht und treibt,
ist das nicht ein Fingerzeig,
daß die Liebe bleibt?
Daß das Leben nicht verging,
so viel Blut auch schreit?
Achtet dieses nicht gering
in der trübsten Zeit.
Tausende zerstampft der Krieg,
eine Welt vergeht.
Doch des Lebens Blütensieg
leicht im Winde weht.
Freunde, daß der Mandelzweig
sich in Blüten wiegt,
das bleibt mir ein Fingerzeig
für des Lebens Sieg.

Schalom Ben Chorin

Der Baum
als Symbol von Gottes Schöpfung

Der Geburtstag der Bäume   76

Judentum

Im folgenden Auszug aus Susie Morgensterns Roman „Hallo Sarah! Hier ist Salah" unter-
hält sich das jüdische Mädchen Sarah mit dem muslimischen Jungen Salah darüber, was
es bedeutet, „jüdisch zu sein". Zur Erklärung fällt Sarah als erstes das Neujahrsfest der
Bäume ein (siehe Nr. 77 und 78).

Alter: ab 11 Jahren

„Was heißt das eigentlich genau, Jüdin zu sein?" fragte Salah.
    Sarah dachte eine ganze Weile nach. In ihrem Kopf reihten sich Bilder auf.
Sie hörte die Lieder ihres Großvaters, den *Kiddusch*, die Segnung des Weins.
Er legte ihr eine Hand auf den Kopf, um auch sie zu segnen. Sie spürte noch
Opas Finger auf ihrem Haar.
    „Ich weiß nicht, was ich dir antworten soll. Ich kann dir nur sagen, was
wir tun."
    „Und was?" machte Salah ihr Mut.
    „Also, wir feiern zum Beispiel jedes Jahr den Geburtstag der Bäume."
    „Wann ist das, der Geburtstag der Bäume?" fragte Salah, der sich über
eine solche Neuigkeit wunderte.
    „Am Winterende."
    „Das ist gut, denn Bäume sind wichtig, das sagt unsere Lehrerin die ganze
Zeit", meinte Salah.
    „Ja", erwiderte Sarah. „Jemand hat mir mal die Geschichte von einem
alten Mann erzählt, der einen Johannesbrotbaum pflanzte. Ein Spaziergänger kam vorbei und fragte ihn: ‚Wissen Sie, daß es siebzig Jahre dauert, bis so
ein Baum Früchte trägt? Glauben Sie, daß Sie noch siebzig Jahre leben werden, um die Früchte von diesem Baum zu essen?' Und der alte Mann antwortete ihm: ‚Als ich auf die Welt kam, war sie voller Johannesbrotbäume.
Wie meine Vorfahren Bäume für mich gepflanzt haben, pflanze ich nun welche für meine Kinder.' Dann fiel der Spaziergänger in einen tiefen Schlaf. Er
schlief siebzig Jahre. Als er wieder aufwachte, sah er einen Mann, der die
Früchte erntete und aß. Der Spaziergänger fragte ihn: ‚Wissen Sie, wer diesen
Baum gepflanzt hat?' ‚Mein Großvater', antwortete der Unbekannte." Sarah
schwieg.

„Wer hat dir die Geschichte erzählt?" fragte Salah, der den Eindruck hatte, sie schon zu kennen.

„Ich habe sie in einem Buch mit jüdischen Legenden gelesen."

„Wenn ich einen Garten hätte, würde ich auch Bäume pflanzen", erklärte Salah entschlossen.

Susie Morgenstern

77　Der Mandelbaum

Judentum

Die Geschichte vom Mandelbaum wird jüdischen Kindern anläßlich des Neujahrsfestes der Bäume erzählt. Für die allgemeine Hochschätzung der Fruchtbäume steht der von Rabbi Hillels Schule auf den 15. Schwat gelegte Neujahrstag der Bäume (Tu Bischwat), der im modernen Israel ein Festtag ist. Hintergrund ist das Gebot 3. Mose 19, 23–25, die Früchte von neugepflanzten Bäumen drei Jahre nicht zu genießen, sie im vierten Jahr im Tempel zu verzehnten und erst im fünften Jahr zu essen. In talmudischer Zeit war der 15. Schwat Stichtag für die Fruchtabgabe, weil dieser Termin das Ende der Regenzeit und Beginn der Pflanzperiode markierte. An diesem Tag werden heute in Israel bevorzugt Bäume gepflanzt. In der Diaspora ist es üblich, möglichst 15 Früchte zusammenzustellen und zu verzehren, die an Israel erinnern (siehe Nr. 76).

Alter: ab 9 Jahren

Es war einmal ein schöner Hain in einem Tal in Israel. Dort gab es Oliven-, Feigen- und Dattelbäume und auch einen großen Mandelbaum, der ein Kleid aus leuchtenden grünen Blättern trug. Zwischen den Blättern hingen viele Mandeln. Das waren die Kinder des Mandelbaumes. Er liebte sie zärtlich und ernährte sie Tag und Nacht. Er bedeckte jede Mandel mit zwei Schalen. Die innere Schale war hart und von goldner Farbe. Die äußere Schale war weich und von lieblich schimmernder silber-grüner Farbe. Diese zwei Schalen schützten den Kern vor der Hitze des Tages und der Kälte der Nacht, und kein Wurm und keine Schnecke konnten hineingelangen, um den kleinen Kern zu beschädigen.

Die Kinder des Mandelbaumes waren immer glücklich und heiter. Sie hatten den Wind, die Sonne und die Blätter als Spielgefährten. Die Zweige waren ihre Schaukel und der Wind blies sanft und schaukelte sie hin und her. Sie spielten Verstecken mit dem Sonnenschein, indem sie sich hinter den Blättern verbargen. Sie guckten verstohlen aus ihrem Versteck heraus und beobachteten den Sonnenschein, wie er nach ihnen suchte, und sie lachten und lachten. Sie waren sehr glücklich.

Eines Morgens kamen ein paar Männer und Frauen zu dem Mandelbaum. Sie kletterten auf Leitern und pflückten alle Mandelkinder ab. Sie ließen nicht ein einziges an dem Baum. Sie legten die Mandeln in Körbe, luden sie auf einen großen Wagen und fuhren weg.

Der Mandelbaum stand nun ganz kahl da. Er war traurig und einsam. „Meine Kinder sind mir weggenommen worden. Was nützen mir noch meine Zweige und Blätter?" rief er aus. Die anderen Bäume versuchten, ihn zu trösten, aber er ließ sich nicht trösten. Seine Blätter welkten und fielen zu Boden, eines nach dem anderen, wie Tränen. Die anderen Bäume hatten grüne Blätter, aber der Mandelbaum stand kahl da.

Der König im Himmel sah den Mandelbaum: „Sei nicht traurig", sagte er. „Deine Zweige sind bereits mit Knospen bedeckt, die heranwachsen und deine neuen Mandelkinder werden."

Auch der blaue Himmel wollte dem Mandelbaum helfen. Er rief die Wolken herbei, damit sie die Erde mit Regen segneten. Die Wurzeln des Mandelbaumes tranken das Regenwasser und leiteten es durch den Stamm in die Äste zu den Knospen. Auch die Sonne half dem Mandelbaum. Sie sandte Licht und Wärme, um seine kahlen Zweige zu liebkosen und zu erwärmen. In der Nacht trösteten ihn der Mond und die Sterne.

Die Knospen wurden mit jedem Tag größer. Am 15. Tage des Monats Schwat geschah das Wunder: Der Mandelbaum war bedeckt mit Blüten. Aus jeder Knospe war eine Blüte geworden – schöne rosa-weiße Blüten mit süßem, duftendem Honig gefüllt. Die Bienen konnten den Honig von weit entfernt riechen, und sie kamen und sangen fröhlich „sum-sum-sum, wir wünschen dir ein glückliches Neues Jahr, sum-sum-sum."

Der Mandelbaum antwortete: „Liebe Bienen, ihr seid willkommen. Seid meine Gäste und fliegt von Blüte zu Blüte. Kostet den süßen Honig von meinen schönen Blüten." Mit einem glücklichen „sum-sum" flogen die Bienen von Blüte zu Blüte.

Dann bekam der Mandelbaum noch viele andere Gäste, die ihre guten Wünsche und Segnungen brachten. Gras und Pflanzen, Narzissen, Anemonen und die Iris. Und die Jungen und Mädchen kamen auch. Alle waren glücklich. Es war ein Feiertag. Es war Tu B'schwat.

Überliefert

78   Honi und der Apfelbaum

Judentum

Bekannt ist der von Rabbi Jochanan ben Zakkai stammende Ausspruch: „Wenn du eine Pflanze in der Hand hältst und man dir sagt: ‚Der Messias ist da!' – pflanze sie zuerst ein und dann geh, ihn zu begrüßen" (Abbot de Rabbi Natan 31). Das Kriegsrecht der Tora verbot es, bei der Belagerung einer Stadt fruchtbringende Bäume abzuholzen.

Alter: ab 8 Jahren

Es war einmal ein einfacher Mann, der hatte einen Garten, in dem wuchs ein Apfelbaum. Der Apfelbaum war groß und stark mit schönen grünen Blättern, aber Jahr um Jahr verging, und er trug keine Früchte. Die Frau des einfachen Mannes war auch groß und stark, doch Jahr um Jahr verging, und sie bekam keine Kinder.

Einmal, im Frühling, als der Mann und seine Frau schon alt waren, bekam die Frau ein kleines Mädchen. Sie nannten es „Chaya", das heißt Leben. An dem Tag, als das Mädchen geboren wurde, erschienen plötzlich Früchte an dem Apfelbaum im Garten.

Der einfache Mann und seine Frau trugen das Baby in den Garten. Der Apfelbaum war voll von Früchten. Vögel schwirrten um ihn herum, und Esel naschten von den Äpfeln, die auf den Boden gefallen waren. „Chaya", sagte das Ehepaar zu ihrem Baby, „schau, wie Gott für alle Wesen sorgt!"

Am nächsten Tag nahm der Mann Apfelkerne und steckte sie in die Erde, um einen Baum zu pflanzen. Gerade in diesem Moment kam Honi, ein berühmter Rabbiner, vorbei. Honi war lang und dünn und so schnell wie ein fliegender Pfeil. „Alter Mann", sagte Honi, „warum vergeudest du deine Zeit, indem du einen Baum pflanzt, dessen Früchte du niemals ernten wirst? Weißt du nicht, daß es siebzig Jahre dauert, bis er Früchte trägt?"

„Ich habe Bäume vorgefunden, als ich auf diese Welt kam", sagte der einfache Mann, „sie haben mir und meiner Familie Essen gegeben. Nun pflanze ich einen Baum, so daß meine Kinder und Kindeskinder die Früchte essen können!"

„Das ist ja verrückt!" sagte Honi. Lachend ging er weg.

Nach einer Weile wurde Honi sehr, sehr müde. Er setzte sich unter eine Weide, um auszuruhen. Dort fiel er in einen tiefen Schlaf. Er schlief und schlief. Er schlief Tage und Wochen und Monate. Er schlief, während Jahre vergingen. Und die Zweige der Weide deckten ihn zu.

Honi schlief weiter. Sein Bart wurde lang und weiß und war ganz mit dem Gras verwachsen.

Eines Morgens, ganz plötzlich, wachte er auf. „Ich habe wohl lange geschlafen", sagte er und versuchte aufzustehen. Dann sah er, daß er einen ganz langen Bart bekommen hatte, der bis zum Boden ging. „Was ist bloß mit mir passiert?" rätselte er. „Ich muß schnell nach Hause!"

Er drückte die Zweige der Weide auseinander und zupfte das Gras aus seinem Bart, dann trat er hinaus in die Welt. Alles sah so fremd, so anders aus. „Ich bin ein Fremder in meiner eigenen Welt", seufzte er.

Gerade da kam er an einem kleinen Garten vorbei. „Ich erinnere mich an diesen Garten", sagte er. Aber in dem Garten, in dem er einen Apfelbaum gesehen hatte, waren nun zwei Apfelbäume, und beide waren voller Äpfel. Eine alte Frau sammelte Äpfel vom Boden auf.

Honi erinnerte sich an den Mann, den er vor langer Zeit getroffen hatte. „Weißt du, wer diesen Apfelbaum gepflanzt hat?" fragte er die alte Frau.

„Mein Vater hat diesen Baum vor siebzig Jahren gepflanzt, in dem Jahr, als ich geboren wurde", antwortete sie.

„Siebzig Jahre sind vergangen wie ein Traum", dachte Honi. Und dann verstand er, warum Gott ihn hatte siebzig Jahre schlafen lassen. Er wollte ihm eine Lektion erteilen. Honi nahm einen Apfel von der alten Frau. Am nächsten Tag, im Garten seines alten Hauses, – wo nun seine Enkelkinder spielten – pflanzte er einen neuen Baum.

Eines der Kinder sagte zu ihm: „Großvater, warum pflanzt du einen Apfelbaum? Seine Früchte wirst du niemals essen!" Honi antwortete: „Ich möchte dir und deinen Kindern und deinen Kindeskindern etwas Gutes hinterlassen. Sie werden die Früchte essen."

Jedes Jahr danach feierte Honi Tu Bischwat, das Neujahr der Bäume, mit besonderer Freude. Und Honis Enkel und deren Kinder feierten später immer unter dem Apfelbaum.

Überliefert

Die Belohnung   79

Eine ganz ähnliche Geschichte wie die von Honi und seinem Apfelbaum (siehe Nr. 78) kennt die islamische Überlieferung.

Alter: ab 8 Jahren

Der Kalif Harun al Raschid traf, als er einst auf der Jagd war, einen alten Mann an, der einen Nußbaum pflanzte.

„Welch ein Tor ist dieser Alte!" sagte der Kalif zu seinen Begleitern. „Er tut, als ob er noch ein Jüngling wäre und die Früchte von diesem Baume genießen würde."

Da seine Gefährten gleichfalls über diesen Alten lachten, so ging der Kalif auf ihn zu und fragte, wie alt er sei.

„Über achtzig Jahre, Herr", war die Antwort; „aber gottlob noch so gesund, wie einer von dreißig."

„Wie lange gedenkst du denn noch zu leben", sprach der Kalif weiter, „daß du in einem solchen Alter noch junge Bäume pflanzest, die so späte Früchte tragen? Warum machst du dir so vergebliche Arbeit?"

„Herr", gab der Alte zur Antwort, „ich bin zufrieden, wenn ich die Bäume gepflanzt habe, ohne mich darum zu bekümmern, ob ich oder ein anderer die Früchte genießen werde. Es ist billig, daß wir tun, wie unsere Väter taten. Sie pflanzten Bäume, deren Früchte wir aßen; da wir der Väter Arbeit genossen haben, warum sollten wir nun gegen unsere Nachkommen neidischer sein, als jene gegen uns waren? Ich denke, was der Vater nicht genießt, das erntet der Sohn."

Überliefert

80 Bäume umarmen

Hinduismus

Bereits im 15. Jahrhundert praktizierte die Hindu-Gemeinschaft der Bishnoi aus religiöser Überzeugung Naturschutz. Ihr Gründer, Guru Maharaj Jambaji, erlebte in seiner Jugend, wie ganze Dörfer während einer Dürre entvölkert wurden. Deshalb ermahnte er die Bewohner, in der Wüste von Rajastan Bäume zu pflanzen und keine Lebewesen zu töten. Als im Jahre 1734 Holzfäller und Soldaten kamen, um Bäume für einen Palastbau des Maharajas von Jodhpur zu fällen, alarmierte die Bäuerin Amritdevi ihre Nachbarn. Alle umarmten die Bäume und riefen den Soldaten entgegen: „Nimm mein Leben, bevor du den Baum tötest!" 363 Dorfbewohner starben für ihre Bäume. Heute hat Amritdevi Nachahmerinnen in der Chipko-Andolan-Bewegung gefunden. Es handelt sich um eine Art Fortsetzung des Ahimsa-Prinzips (Nichttöten, Nichtverletzen) in der Natur.

Alter: ab 12 Jahren

Seit den sechziger Jahren unseres Jahrhunderts ziehen die meisten Männer aus den Dörfern im Himalaya-Gebirge auf der Suche nach Arbeit in die Städte. Der Gandhi-Anhänger Chandi Prasad Bhatt organisierte daher die Bevölkerung des Dorfes Mandal im Unionsstaat Uttar Pradesh im Entwicklungsverein „Dasholi Gram Swarajya Mandal" und baute Kleinbetriebe zur Verarbeitung von Holz und Baumharz auf, um Arbeitsplätze zu schaffen. Am 24. April 1973 traf in Mandal ein Holzfällertrupp ein, um im Auftrag einer

Sportartikelfirma aus dem fernen Allahabad Eschenbäume zu schlagen. Sie sahen sich mit wütend protestierenden Dorffrauen konfrontiert, die die bereits markierten Bäume umarmten. Die Männer mußten erkennen, daß ihre Äxte stumpf geworden waren und kehrten um. Die Baumumarmbewegung „Chipko Andolan" war geboren.

Wie ein Lauffeuer verbreitete sich die Nachricht vom Erfolg der Frauen von Mandal in den Bergdistrikten Chamoli, Tehri Garhwal und Kumaon. An vielen Orten folgten die Frauen diesem Beispiel, hinderten Holzfäller an der Arbeit, stürmten Holzauktionen, zogen zu Protestmärschen in die Städte und pflanzten Bäume auf kahlen Hängen an. Sudesh Devi, eine Aktive aus dem Dorf Rampur, berichtet vom Protest gegen eine Holzauktion in der Stadt Narendranagar: „Das Gebäude war von Polizisten schwer bewacht. Wir Frauen durchbrachen die Polizeikette, stürmten die Auktionshalle und nahmen in den Sesseln der hohen Herrschaften Platz. Diese wollten die Versteigerung sogleich abbrechen, aber wir verlangten, daß man uns anhöre. Bis spät in die Nacht hielten wir das Gebäude besetzt, bevor wir verhaftet und 15 Tage lang im Gefängnis eingesperrt wurden."

Überall in Indien unterhalten vor allem die Frauen eine enge Beziehung zum Wald. „Der Wald ist unser Leben", erklärt Sudesh Devi, „er spendet uns Brennholz, Viehfutter und Heilkräuter. Je mehr Wald gerodet wird, desto mühseliger wird die alltägliche Arbeit für uns." Oft mußten die Chipko-Frauen den Widerstand ihrer auf schnellen Gewinn bedachten Ehemänner überwinden, wie beispielsweise im Dorf Doongri, wo der Dorfrat schon der Rodung eines Waldstückes zugestimmt hatte, bevor die Frauen es retteten.

Die Chipko-Bewegung begann in Chamoli als Kampf der Bevölkerung um die Nutzung dorfnaher Wälder. Der ehemalige Journalist Sunderlal Bahuguna, der in Tehri Garhwal Entwicklungsarbeit organisierte, schloß sich der Bewegung an und machte sie als Netzwerk zum Schutz der Wälder weltbekannt. Schließlich sah sich die Regierung veranlaßt, in den Bergdistrikten von Uttar Pradesh ein Fällverbot zu verfügen. Doch der spontane Charakter der Aktionen und die politischen Eifersüchteleien zwischen den beiden männlichen Protagonisten Bhatt und Bahuguna schwächte die Bewegung. Unter den Aktiven entbrannte ein Streit um die Frage, ob der Wald, wie Bahuguna meint, unter allen Umständen geschützt, oder im Sinne von Bhatt von der Bevölkerung zu kommerziellen Erwerbszwecken genutzt werden solle. Heute haben viele Frauen resigniert, die Holzindustrie ist wieder auf dem Vormarsch. Erst kürzlich hat die Landesregierung von Uttar Pradesh das Fällverbot in den Bergen wieder aufgehoben. Aber die Botschaft der Chipko-Frauen ging um die Welt: Umweltschutz ist keineswegs ein Hobby städtischer Intellektueller, sondern bittere Überlebensnotwendigkeit für Millionen armer Landbewohner.

Im Jahr 1950 war der Distrikt Uttara Kannada im südindischen Unionsstaat Karnataka noch zu 80% mit Wald bewachsen, heute macht der Wald-
bestand nicht einmal mehr 25% aus. Mehrere große Staudammprojekte, das
Atomkraftwerk Kaiga und zahlreiche Teak- und Eukalyptusplantagen sind
für das Sterben der immergrünen Tropenwälder in den dortigen Western
Ghats-Bergen verantwortlich. Im September 1983 beschlossen die Bewohner
des Dorfes Salkani, der Entwaldung entgegenzutreten. 160 Frauen, Männer
und Kinder umarmten die Bäume im nahen Wald und hinderten Angestellte
der Forstbehörde am Roden. Innerhalb weniger Monate schlossen sich andere Dörfer der Appiko-Bewegung an (in der Landessprache Kannada bedeutet „Appiko" Umarmen). Man veranstaltete Fußmärsche übers Land,
Straßentheater und Dia-Vorführungen, um noch mehr Menschen von der
Notwendigkeit des Waldschutzes zu überzeugen. Appiko-Bewegte pflanzten
Bäume, die Viehfutter und Brennholz liefern, und konstruierten verbesserte
Kochstellen, die weniger Holz verbrauchen. „Das Ziel der Bewegung ist, eine
harmonische Beziehung zwischen Mensch und Natur aufzubauen", schreibt
Pandurang Hegde, einer der Organisatoren. „Wir wollen dem Begriff Ent-
wicklung eine neue Bedeutung verleihen. Umweltschutzgruppen sollen die
Basis für eine nachhaltige, dauerhafte Wirtschaftsform bilden."
    Appiko konnte 1990 einen großen Erfolg feiern; die halbstaatliche Papier-
fabrik „Karnataka Pulpwood Limited", die die Allmenden vieler Dörfer mit
Eukalyptus bepflanzen wollte, wurde geschlossen.

Rainer Hörig

Berg

Viele Erzählungen in der Bibel stehen in Zusammenhang mit Bergen. Noach soll mit seiner Arche auf dem Berg Ararat gelandet sein. Abraham stieg auf den Berg Morija, um Gott zu gehorchen und seinen Sohn Isaak zu opfern. Mose empfing auf dem Berg Sinai die zehn Gebote. Vor seinem Tod stieg Mose auf den Berg Nebo, von dessen Gipfel er das Land Kanaan sehen konnte, das er selber nicht mehr betreten durfte. Elija demonstriert auf dem Berg Karmel die Wirkungslosigkeit der Opfer der Baalspriester. Jesus steigt auf einen namentlich nicht näher bezeichneten Berg, um in der „Bergpredigt" den Menschen die Seligpreisungen zu verkünden.

Schon immer haben Berge den Menschen fasziniert. Berge symbolisieren Dauer, Ewigkeit, stehen unverrückt in der Härte ihres Steins. Berge sind dem Himmel nahe, haben Teil an der Transzendenz und der Erhabenheit; sie sind Vermittler zwischen Erde und Himmel, ihre oft schwer zugänglichen Gipfel scheinen einer anderen Welt anzugehören. Auf den Bergeshöhen herrschen nicht selten andere Lebensbedingungen als im Tal. Berge sind oft fern und majestätisch, können einladend und abweisend zugleich sein. Als Vulkane stellen sie eine Bedrohung dar. Aber sie gewähren dem Menschen auch Reichtümer. Aus ihrem Innern entspringen Quellen und Flüsse. In ihnen verborgen befinden sich Erze und Mineralien, auf ihren Hängen Wald und Wild.

Manche besonders machtvolle Berge rufen bei den Menschen Scheu und Ehrfurcht hervor. Das sind heilige Berge, wie zum Beispiel der Olymp bei den Griechen, das Elbursgebirge bei den Persern, der Sinai und der Berg Hira als Orte der Offenbarung, der Popocatepetl in Mexiko, der kosmische Berg Meru, der Fujiyama in Japan und der Kailas in Westtibet.

Der Taisan in China gilt als der Berg des Ostens. Von ihm geht die Sonne auf, und zu ihm kehren die Toten zurück.

Der Olymp (frühgriechisches Wort für Berg) war der Berg des Himmelsvaters Zeus und seiner Gattin Hera, später auch Sitz der anderen Götter. Bei Homer ist Zeus der Wolkensammler, der in der Höhe Donnernde, der Schleuderer der Blitze und Sender des Regens. Die Schöpfungsmythen erzählen von Urhügeln, die aus dem Chaos auftauchen und von denen aus der Schöpfergott sein Werk begann. Von diesen Hügeln aus nahm die geordnete Welt ihren Anfang.

Die Tempeltürme, zum Beispiel die des alten Mesopotamien, kann man als künstliche heilige Berge begreifen (Sikurat bedeutet Tempelturm und Berggipfel). Der Tempelberg ist ein kosmischer Berg, verwandt dem Weltenberg. In einigen Religionen ist die Vorstellung eines Weltenbergs, eines heiligen Berges im Mittelpunkt der Welt, verbreitet. Auf dem Gipfel des Weltenbergs steht der Lebensbaum, und durch ihn geht die Weltenachse hindurch, die Himmel, Erde und Unterwelt verbindet.

Nach dem Glauben der Hindus befindet sich der Berg Meru im Zentrum des Universums. Genau über ihm steht der Polarstern. Um seine Achse kreisen Sonne, Mond und Sterne. Meru ist ein hell leuchtender Berg. Seine vier Seiten zeigen in die vier Himmelsrichtungen. Der Norden besteht aus Gold, der Osten aus Silber, der Süden aus Saphiren und der Westen aus Kristallen und Korallen. Ursprünglich glaubte man, daß der Ort Merus im Himalaya wäre, aber er rückte im Lauf der Zeit immer weiter nach Norden und gewann kosmische Dimensionen.

Hindus und Buddhisten kennen sieben konzentrische Zonen, in welche die Weltscheibe rings um den Berg Meru aufgeteilt ist. Sie türmen sich zu sieben Gebirgen auf, die wiederum von sieben Meeren getrennt sind. Jenseits der siebten Ringmauer liegt der Weltozean. In der mythischen Vorstellung entspringt der Ganges auf dem Gipfel dieses Berges und teilt sich in vier Arme, die dann in die Tiefe strömen. Das altindische Mahabharata-Epos beschreibt den Meru.

Himalaya bedeutet auf Sanskrit „Wohnsitz der Götter". In den Veden wird dieses Gebirge „Land der Götter" genannt. Der Himalaya gilt als das Paradies Vishnus des Erhalters und Shivas des Verwandlers und Zerstörers sowie seiner Gattin Parvati, der Tochter des Himalaya. Die aus dem Himalaya strömenden Flüsse gelten als im besonderen Maß lebensspendend.

Der heiligste Berg Asiens ist der Kailas (wörtlich „silberner Berg"), der Thron Shivas. Der Kailas weist Ähnlichkeiten zu dem mythischen Berg Meru auf. Besondere Bedeutung hat der Kailas nicht nur für Hindus und Buddhisten, sondern auch für Jainas und die urtibetische Bon-Religion.

Daß Berge Wohnsitze der Götter sind, ist dem Islam nicht zuletzt aufgrund seines klassischen Monotheismus fremd. Für den Koran sind die Berge an ihren Platz gesetzt worden, um die Erde festzuhalten. Sie sind gleich Wolken: „Und du siehst die Berge: du meinst, sie stünden fest, während sie wie Wolken vorbeiziehen" (Sure 27,88). Beim Jüngsten Gericht werden sie auf einen Schlag zu Staub gemacht, wie es in Sure 69,14 heißt. Auch der Sinai wurde durch göttliche Kraft wie Staub zerkrümelt (Sure 7,143). Berge werfen sich wie alle anderen geschaffenen Dinge vor Gott nieder (Sure 22,18). Daher spricht der islamische Mystiker Dschalal ad-Din Rumi davon, daß der Berg in Ekstase tanzte.

Abgesehen von dem Offenbarungsberg Hira kennt der Islam den Abu Qubais nahe Mekka, der nach der Überlieferung der erste Berg auf Erden war und später ein Treffpunkt für Heilige wurde.

Der Berg Gottes 81

Judentum/Christentum

Berge sind oft bevorzugte Orte der Begegnung zwischen Mensch und Gott. Mose erhält nach jüdisch-christlicher Überlieferung auf dem Sinai die Tafeln mit den zehn Geboten. Die Heiligkeit des Berges wird in der Warnung an das Volk deutlich, nicht auf den Berg zu steigen oder seinen Rand zu berühren. Der Gipfel des Sinai ist in Rauch gehüllt und zittert, wenn Jahwe auf seinen Gipfel herabsteigt, um seinem Volk zu begegnen. Der Rauch symbolisiert die Rauchsäule der ununterbrochenen Rauchopfer, die aus dem Jerusalemer Tempel aufsteigen. Der Sinai wird zum Jahweberg, den sich der Jahwist geographisch als Vulkan in Nordwestarabien vorstellt und der theoretisch auf den Zion hinweist. Er ist ein heiliger, unantastbarer Bereich, dessen Betreten Unbefugten bei Todesandrohung untersagt ist. Das Allerheiligste auf dem Berg ist nur für Mose zugänglich.

Alter: ab 12 Jahren

Genau zwei Monate, nachdem die Israeliten Ägypten verlassen hatten, kamen sie in die Sinaiwüste und schlugen ihr Lager in der Nähe des Berges Sinai auf.

Dann stieg Mose zu Gott auf den Berg, und Gott rief ihm zu: „Sage den Israeliten: ‚Ihr habt gesehen, wie ich, der Herr, an den Ägyptern meine Macht erwiesen habe. Und ihr habt erlebt, wie ich euch getragen habe wie ein Adler seine Jungen; ich habe euch wohlbehalten hierher zu mir gebracht. Wenn ihr mir nun treu bleibt und auf mich hört, sollt ihr das Volk sein, das mir von allen Völkern am nächsten steht. Die ganze Erde ist mein Eigentum, aber euch habe ich unter allen Völkern ausgewählt und zu etwas Besonderem bestimmt. Ihr sollt das Volk sein, das mir ganz zur Verfügung steht und mir so ungeteilt dient, als wäre es ein Volk von Priestern.‘ Das sollst du den Israeliten sagen.“

Als Mose zurückkam, rief er die Ältesten des Volkes zusammen und richtete ihnen aus, was der Herr ihm aufgetragen hatte. Das ganze Volk stimmte zu: „Wir werden alles tun, was der Herr gesagt hat!“ Mose überbrachte dem Herrn diese Antwort, und der Herr sagte zu ihm: „Ich werde in einer Wolke verborgen zu dir kommen, damit das Volk hören kann, wie ich mit dir rede. Dann wird es nie mehr daran zweifeln, daß ich dich beauftragt habe.“

Weiter sagte der Herr: „Geh zum Volk und sorge dafür, daß sie sich heute und morgen auf die Begegnung mit mir vorbereiten. Sie sollen alles meiden, was unrein macht, und sollen ihre Kleider waschen. Übermorgen werde ich vor den Augen des ganzen Volkes auf den Berg Sinai herabkommen. Du mußt rings um den Berg eine Grenze ziehen und zu den Israeliten sagen: ‚Keiner darf auf den Berg steigen! Ihr dürft nicht einmal seinen Fuß berühren. Wer es tut, ist dem Tode verfallen. Das gilt für Mensch und Tier in gleicher

Weise. Erst wenn das Horn ertönt, dürfen die, die ich dafür bestimmen werde, auf den Berg steigen.'"

Mose stieg wieder hinab zum Volk. Er befahl den Israeliten, sich auf die Begegnung mit dem Herrn vorzubereiten und ihre Kleider zu waschen. Er sagte ihnen: „Macht euch für übermorgen bereit."

Am Morgen des dritten Tages begann es zu donnern und zu blitzen, eine dichte Wolke bedeckte den Berg, und man hörte lauten Posaunenschall. Das Volk im Lager zitterte vor Angst. Da führte Mose die Israeliten aus dem Lager hinaus, Gott entgegen. Am Fuß des Berges stellten sie sich auf.

Der ganze Berg Sinai war in Rauch gehüllt, weil der Herr im Feuer auf ihn herabgekommen war. Der Rauch stieg auf wie der Rauch eines Schmelzofens, und der ganze Berg bebte. Der Posaunenhall wurde immer lauter. Mose rief, und Gott antwortete ihm mit einer Stimme, die wie Donnergrollen klang.

Nachdem der Herr auf dem Gipfel des Berges herabgekommen war, rief er Mose zu sich, und der stieg hinauf. Doch der Herr sagte zu ihm: „Geh noch einmal zurück und warne das Volk! Schärfe ihnen ein, daß sie auf keinen Fall die Grenze überschreiten, um mich zu sehen. Sonst werden viele von ihnen den Tod finden. Auch die Priester, die beim Opferdienst in meine Nähe kommen, müssen sich durch besondere Handlungen darauf vorbereiten, sonst ist es um ihr Leben geschehen."

Mose erwiderte: „Das Volk kann gar nicht heraufkommen, denn du selbst hast uns befohlen, eine Grenze um den Berg zu ziehen und ihn damit zum heiligen Bezirk zu erklären." Doch der Herr sagte zu ihm: „Geh hinunter! Und dann komm mit Aaron wieder herauf. Die Priester aber und das Volk dürfen die Grenze nicht überschreiten, um zu mir heraufzusteigen."

So ging Mose noch einmal hinunter und warnte das Volk.

2. Mose 19

Die Offenbarung Muhammads auf dem Berg Hira 82

Islam

Der islamische Prophet Muhammad zieht sich häufig auf den Berg Hira zurück, um zu beten und über Gott nachzudenken. Dort erscheint ihm nach islamischer Überlieferung der Erzengel Gabriel, um ihm seinen prophetischen Auftrag zu übermitteln. Der Text stammt von Ibn Ishaq, der ca. 120 Jahre nach dem Tode des Propheten (632) eine Biographie Muhammads geschrieben hat. Ibn Ishaq verarbeitet dabei Quellen, die er oft wörtlich von seinen Lehrern übernimmt.

Alter: ab 11 Jahren

Jedes Jahr zog sich der Prophet im Monat Ramadan in die Einsamkeit zurück, um zu beten und die Armen zu speisen, die zu ihm kamen. Immer wenn er am Ende des Monats nach Mekka zurückkehrte, begab er sich zuerst zur Kaaba und umschritt sie sieben oder mehr Male. Erst dann ging er nach Hause. Auch in jenem Ramadan, in dem Gott ihn ehren wollte, in jenem Jahr, in dem er ihn sandte, zog Muhammad wieder mit seiner Familie nach dem Berg Hira. Und in jener Nacht, in der Gott ihn durch die Sendung auszeichnete und sich damit der Menschen erbarmte, kam Gabriel zu ihm.

Als ich schlief, so erzählte der Prophet später, trat der Engel Gabriel zu mir mit einem Tuch aus Brokat, worauf etwas geschrieben stand, und sprach: „Lies!"

„Ich kann nicht lesen", erwiderte ich.

Da preßte er das Tuch auf mich, so daß ich dachte, es wäre mein Tod. Dann ließ er mich los und sagte wieder: „Lies!"

„Ich kann nicht lesen", antwortete ich.

Und wieder würgte er mich mit dem Tuch, daß ich dachte, ich müßte sterben. Und als er mich freigab, befahl er erneut: „Lies!"

Und zum dritten Male antwortete ich: „Ich kann nicht lesen."

Als er mich dann nochmals fast zu Tode würgte und mir wieder zu lesen befahl, fragte ich aus Angst, er könnte es nochmals tun: „Was soll ich lesen?"

Da sprach er: „Lies im Namen deines Herrn, des Schöpfers, der den Menschen erschuf aus geronnenem Blut! Lies! Und der edelmütigste ist dein Herr, er, der das Schreibrohr zu brauchen lehrte, der die Menschen lehrte, was sie nicht wußten." (Sure 96,1–5)

Ich wiederholte die Worte, und als ich geendet hatte, entfernte er sich von mir. Ich aber erwachte, und es war mir, als wären die Worte ins Herz geschrieben.

Sodann machte ich mich auf, um auf den Berg zu steigen, doch auf halber Höhe vernahm ich eine Stimme vom Himmel: „O Muhammad, du bist der Gesandte Gottes, und ich bin Gabriel!"

Ich hob mein Haupt zum Himmel, und siehe, da war Gabriel in der Gestalt eines Mannes, und seine Füße berührten den Horizont des Himmels. Und wieder sprach er: „O Muhammad, du bist der Gesandte Gottes, und ich bin Gabriel!"

Ohne einen Schritt vorwärts oder rückwärts zu tun, blieb ich stehen und blickte zu ihm. Dann begann ich, mein Gesicht von ihm abzuwenden und über den Horizont schweifen zu lassen, doch in welche Richtung ich auch blickte, immer sah ich ihn in der gleichen Weise. Den Blick auf ihn gerichtet, verharrte ich, ohne mich von der Stelle zu rühren. Chadidscha sandte inzwischen ihre Boten aus, um nach mir zu suchen, doch kehrten sie erfolglos zurück, nachdem sie bis oberhalb von Mekka gelangt waren. Schließlich wich die Erscheinung von mir, und ich machte mich auf den Rückweg zu meiner Familie. Ich kam zu Chadidscha, setzte mich an ihre Seite und schmiegte mich eng an sie: „O Abu l-Qasim", fragte sie mich, „wo bist du gewesen? Bei Gott, ich habe meine Boten ausgesandt, um dich zu suchen. Bis oberhalb von Mekka sind sie gezogen, doch kamen sie ohne dich zurück."

Ich erzählte ihr, was ich gesehen hatte. Da rief sie aus: „Freue dich, Sohn meines Oheims, und sei standhaft! Bei dem, in dessen Hand meine Seele liegt, wahrlich, ich hoffe, du wirst der Prophet dieses Volkes sein."

Dann erhob sie sich, legte ihre Kleider an und begab sich zu ihrem Vetter Waraqa ibn Naufal, der Christ geworden war, die Heiligen Schriften las und von den Anhängern der Tora und des Evangeliums gelernt hatte. Ihm erzählte sie von den Worten Muhammads, und Waraqa rief aus: „Heilig! Heilig! Bei dem, in dessen Hand meine Seele liegt! Wahrlich, Chadidscha, wenn du mir die Wahrheit gesagt hast, so ist wahrhaft der Engel Gabriel zu ihm gekommen, wie er zu Mose kam, und er ist wahrlich der Prophet dieses Volkes! Sag ihm, er soll standhaft bleiben!"

Chadidscha kehrte zum Propheten zurück und erzählte ihm die Worte Waraqas. Als Muhammad dann aus der Abgeschiedenheit vom Berge Hira wieder nach Mekka zurückkam, begab er sich zunächst wie immer zur Kaaba und schritt um sie herum. Dabei erblickte ihn Waraqa und sprach: „O Sohn meines Bruders, sage mir, was du gesehen und gehört hast!"

Nachdem der Prophet ihm alles geschildert hatte, rief Waraqa: „Bei dem, in dessen Hand meine Seele liegt! Du bist der Prophet dieses Volkes. Der Engel Gabriel ist zu dir gekommen, wie er zu Mose kam. Man wird dich einen Lügner nennen, kränken, vertreiben und zu töten versuchen. Wahrlich, wenn ich jenen Tag erlebe, werde ich Gott helfen, wie er es weiß."

Und er neigte sein Haupt und küßte ihn auf die Stirn.

Ibn Ishaq

Wo Gott wohnt 83

Judentum/Christentum/Islam

Die Geschichte erzählt vom Berg Morija, der für Juden, Christen und Muslime Bedeutung besitzt. Abraham wanderte einst dorthin, um seinen Sohn zu opfern. König Salomo errichtete an diesem Ort den ersten Tempel. Jesus von Nazareth hielt sich dort im Tempel auf. Es ist der Ort, von dem aus Muhammad seine Himmelsreise unternahm und an dem später die Umar-Moschee erbaut wurde. Dieser Berg könnte ein Symbol der jüdisch-christlich-islamischen Verständigung sein. Dabei ist es zweitrangig, ob sich die oben erwähnten Ereignisse wirklich auf diesem Berg abgespielt haben. Wichtig ist, daß die bekannte Geschichte über die Bruderliebe dort angesiedelt wird und als Vorbild dienen soll.

Alter: ab 10 Jahren

Zwei Brüder lebten einst auf dem Berg Morija. Der jüngere war verheiratet und hatte Kinder, der ältere war unverheiratet und allein. Die beiden Brüder arbeiteten zusammen, sie pflügten das Feld zusammen und streuten zusammen die Saat aus. Zur Zeit der Ernte brachten sie das Getreide ein und teilten die Garben in zwei gleich große Stöße: für jeden einen Stoß Garben. Als es Nacht geworden war, legte sich jeder der beiden Brüder bei seinen Garben nieder, um zu schlafen. Der Ältere aber konnte keine Ruhe finden und sprach in seinem Herzen: Mein Bruder hat eine Familie, ich dagegen bin allein und ohne Kinder, und doch habe ich gleich viele Garben genommen wie er. Das ist nicht recht. Er stand auf und nahm von seinen Garben und schichtete sie heimlich und leise zu den Garben seines Bruders. Dann legte er sich wieder hin und schlief ein. In der gleichen Nacht nun, eine geraume Zeit später, erwachte der Jüngere. Auch er mußte an seinen Bruder denken und sprach in seinem Herzen: Mein Bruder hat keine Kinder. Wer wird in seinen alten Tagen für ihn sorgen? Und er stand auf, nahm von seinen Garben und trug sie heimlich und leise hinüber zu dem Stoß des Älteren.

Als es Tag wurde, erhoben sich die beiden Brüder, und jeder war erstaunt, daß die Garbenstöße die gleichen waren wie am Abend zuvor. Aber keiner sagte darüber zum anderen ein Wort. In der zweiten Nacht wartete jeder ein Weilchen, bis er den anderen schlafend wähnte. Dann erhoben sie sich, und jeder nahm von seinen Garben, um sie zum Stoß des anderen zu tragen. Auf halbem Weg trafen sie einander, und jeder erkannte, wie gut es der andere mit ihm meinte. Da ließen sie ihre Garben fallen und umarmten einander in herzlicher und brüderlicher Liebe.

Gott im Himmel aber schaute auf sie hernieder und sprach: Heilig ist mir dieser Ort, hier will ich bei den Menschen wohnen.

Der Berg Morija – nicht weniger als drei Weltreligionen versammeln sich hier, um Gott anzubeten. Die Juden, die Christen, die Muslime.

Abraham wanderte hierher mit seinem Sohn Isaak, um ihn zu opfern.
Salomo errichtete an diesem Ort den ersten Tempel. Jesus von Nazareth
hielt sich hier im Tempel, dem Haus seines Vaters, auf.

Von Muhammad wird erzählt, daß er von hier aus auf seinem Pferd zum
Himmel ritt. Heute steht hier die Umar Moschee oder der sogenannte Felsendom. Wenn Gott sich ein prächtiges Gebäude suchen sollte, um darin
unter den Menschen zu sein, so hätte er gewiß eine gute Wahl getroffen. Aber
– so will unsere Geschichte sagen – Gott wählt nach ganz anderen Kriterien.
Er möchte da unter den Menschen sein, wo in seinem Sinne gelebt wird, und
zwar geschwisterlich.

J. Kerschensteiner

84   Die Ahnen der Inkas

Inka-Religion

Das Reich der Inkas beherrschte große Teile Südamerikas vom 12. bis zum 15. Jahrhundert. Die natürliche Umwelt der Inkas war das riesige Gebirge der Anden. Berge
waren für die Inkas besondere heilige Orte und Ursprung von Mythen und Legenden. Die
Inkas glaubten, daß ihre Ahnen aus den Bergen in der Nähe des Titicacasees stammten
und von dort eines Tages auf die Erde gekommen seien.

Alter: ab 11 Jahren

Die ersten Menschen wurden vom Gott Viracocha geschaffen. Er gestaltete
ihre Körper aus Lehm und malte ihnen Kleider auf. Dann hauchte er ihnen
Leben ein und befahl ihnen, auf die Erde zu gehen und sich im Schutz von
Höhlen, Bergen und Seen niederzulassen. Die Welt lag noch im Dunkeln.
Viracocha befahl der Sonne, dem Mond und den Sternen, aus der Sonnen-
insel im Titicacasee aufzusteigen und die Erde zu erleuchten. Nach dem ersten
Sonnenaufgang rief Viracocha nach den Inkas und machte sie zu Herrschern
und Eroberern der Welt.

So gingen die Inkas zur Erde und ließen sich in drei Berghöhlen nieder. Sie
waren zu sechst, drei Brüder und drei Schwestern, und sie trugen alle gute,
wollene Gewänder. Einer der Brüder war viel stärker als die anderen. Er warf
Steine in das Land, um Berge und Täler zu formen. Die anderen waren eifersüchtig auf seine Stärke. Sie überlisteten ihn, zurück in die Höhle zu gehen.
Sie erzählten ihm Geschichten vom heiligen Lama und goldenen Kelch, die er
dort finden würde. Der Bruder erlag der Versuchung. Kaum aber war er in

der Höhle, versiegelten die anderen Brüder und Schwestern die Höhle hinter ihm.

Einige Zeit später gelang es dem Bruder zu entkommen. Er zog von dannen und lebte fortan auf dem Gipfel eines hohen Berges. Er rief seine Brüder und Schwestern und sagte ihnen, daß sie von nun an immer goldene Ohrringe tragen müßten, damit man ihren königlichen Stand erkennen könnte. Dann verwandelte er sich und einen anderen Bruder in Steine. Der dritte und letzte Bruder überlebte. Er gründete die Stadt Cuzco, die glorreiche Metropole des Inkareiches.

Nacherzählt von Monika Tworuschka

Fuji und Tsukuba   85

Buddhismus

In der Geschichte wird in Form eines Entstehungsmythos (Ätiologie) erklärt, warum der Fuji immer mit Schnee bedeckt ist.

Alter: ab 13 Jahren

Einmal stieg der erhabene himmlische Ahnherr vom Himmel herab und durchwanderte in der Tracht eines Reisenden das Land. Auf seiner Wanderung kam er auch zum Berge Fuji im Lande Suruga. Da es bereits Abend geworden war, beschloß er, die Gottheit des Fuji um ein Nachtquartier zu bitten. Er klopfte an, und Fuji no Kami kam heraus und hörte seine Bitte an. Er sah, daß der um ein Nachtlager Bittende nur ärmliche, von der Reise bestaubte Kleider trug, und sagte daher zu ihm: „Heute feiern wir das Fest des Kostens des ersten jungen Reises; wir haben daher das Haus gereinigt, um den Festtag würdig zu begehen. Wie sollten wir einen Menschen, der in so beschmutzten Kleidern daherkommt, beherbergen?" Damit schlug er die Türe zu.

Der erhabene göttliche Ahnherr war sehr böse über den schlechten Empfang, der ihm geboten worden war: „Gut, gut, zum Dank für die Unfreundlichkeit soll von nun an bis in ewige Zeiten auf dem Fuji sowohl im Sommer als auch im Winter beständig Schnee fallen, und es soll so kalt bleiben, daß niemand dazu Lust verspürt, seinen Gipfel zu ersteigen, um ihm Opfergaben darzubringen. So soll es sein!" Mit diesen Worten verwünschte er den ungastlichen Berg und zog weiter bis zum Berge Tsukuba im Lande Hitachi. Auch dort ging er zum Hause der Gottheit, klopfte an und bat um ein Nachtlager.

Der Gott des Tsukuba empfing ihn mit großer Freundlichkeit: „Zwar ist, wie du siehst, der Platz beschränkt, da wir gerade heute nacht das Fest des Kostens des ersten jungen Reises feiern, und wir haben deshalb das Haus gereinigt, aber trotzdem wollen wir dich bei uns beherbergen."

Er führte ihn in das Haus und bewirtete ihn gastlich. Erfreut darüber sprach der erhabene himmlische Ahnherr bei sich: „Diese große Freundlichkeit darf nicht ungelohnt bleiben. Von nun an sollen auf dem Berge Tsukuba immerfort grüne Bäume wachsen und farbenprächtige Blumen blühen, und er soll das ganze Jahr hindurch für die Menschen besteigbar sein. Viele heiße Quellen sollen ihm angenehme Wärme geben."

Seit jener Zeit ist der Gipfel des Fuji von ewigem Schnee bedeckt, und die Menschen können ihn nur schwer ersteigen, er ist ein einsamer Berg. Aber den Gipfel des Tsukuba ersteigen jährlich im Frühjahr und im Herbst zahlreiche Leute, um dort Tag und Nacht bei Spiel und Tanz zu verbringen, und niemals verstummt dort das fröhliche Gelächter der Feiernden.

Überliefert

86   Der heilige Berg Japans

Buddhismus

Der Fuji-san ist der heilige Berg Japans. Die gebirgige Natur der Insel hat sich auf die Formen der japanischen Religion ausgewirkt. Auf vielen Berggipfeln stehen Schreine, zu denen Pilger ziehen, um Reinigung und geistige Kraft zu suchen. Der bekannteste ist der Fuji-san: das religiöse Symbol für die ganze Nation.

In dem folgenden Reisebericht sollen die verschiedenen Dimensionen der Besteigung des Fuji-san deutlich werden:

1. festgelegter Anfang, deutlicher Höhepunkt und klares Ende, 2. die Strapaze, 3. das Erleben des Fuji-san als heiliger Berg, als Sitz einer Gottheit und 4. die Erfahrung des Gruppengefühls.

Alter: ab 13 Jahren

Das Besteigen des Fuji vermag in der Tat zu verdeutlichen, was ein Erlebnis ist: etwas, was man er-lebt, in einem eindrucksvollen Lebensabschnitt, der begrenzt, definiert ist und später in seinem Kern, dem Eindruck, nicht mehr vergessen wird und der womöglich das weitere Leben beeinflußt, verändert. (...)

Das wirkliche Fuji-Erlebnis besitzt mehrere Dimensionen. Um sie zu verstehen, braucht man kein gläubiger Shintoist zu sein oder ein Anhänger der neuen Religionen, die um den Fuji herum entstanden sind.

Erstens geht es darum, daß das Erlebnis einen festgelegten Anfang, einen deutlichen Höhepunkt und ein klares Ende hat. Lag der Beginn des Aufstiegs zum Fuji früher weit unten im dichten Zedernwald bei einem der beiden großen Shinto-Schreine, so befindet er sich heute für die meisten auf dem Parkplatz der 5. Station in 2.500 Meter Höhe, etwas an der Baumgrenze. Neben dem Auto zieht man sich um und verläßt, einen kleinen Rucksack auf dem Rücken, für kurze Zeit die ebenso zivilisierte wie anomyme Großstadtwelt. (Der Parkplatz liegt sozusagen noch in Tokio).

Der Aufstieg ist für alle, ob Sportsleute, Kinder oder Greise, eine ziemliche Strapaze, auch wenn es sich dabei nicht um Bergsteigen im engeren Sinn handelt. Da die meisten am Vormittag angereist sind, beginnen sie mit ihrem Unternehmen erst nachmittags, nach der größten Hitze, und erreichen die 8. Station gegen Abend. Dort erwarten sie in einer der Hütten bei einer kleinen Mahlzeit die Nacht, die auch im Sommer sehr früh, etwa um acht Uhr, beginnt.

Für die Hüttengäste kommt das Wecken schon um ein Uhr nachts. Der weitere Aufstieg vollzieht sich rasch, im Dunkeln, mit Taschenlampen, so daß man den Gipfel rechtzeitig vor Sonnenaufgang erreicht. Denn dies ist der Höhepunkt: die Sonne bald nach vier Uhr über den fernen Bergen aus dem ersten Morgenrot auftauchen zu sehen und ihren Aufstieg so lange zu verfolgen, bis sie sich tief unten in den Fuji-Seen spiegelt, bis das Land und die Meeresküste allmählich dem lichterglitzernden Dunkel entsteigen und Wirklichkeit werden.

Es folgt dann eine Erholungspause auf dem rasch sich erwärmenden Berggipfel, ehe man sich (vielleicht nach einem kurzen Besuch des Gipfelschreins) zum Abstieg anschickt – besser zum „Abgleiten", denn hierfür wählt man ein Aschenbett, in dem zumindest die „Skifahrer" in großen Schwüngen abwärts gleitend den Parkplatz in weniger als einer Stunde erreichen. Die Reinigung in einem Waschhaus beschließt die ganze Prozedur; dann steigt man ins Auto und fährt wieder nach Tokio oder sonstwohin. Zwischen Beginn und Ende liegt weniger als ein Tag; aber doch eine ganze Welt…

Die zweite Dimension ist die Strapaze, der man sich unterzogen hat. Für die meisten wird die Besteigung ja für lange Zeit die einzige körperliche Anstrengung vergleichbaren Umfangs sein. Entsprechend stark sind Herz und Kreislauf während des stundenlangen steilen Aufstiegs im Lavafeld belastet. Sonne und Staub tun ein übriges. Auch die Übernachtung der durchgeschwitzten Menschen in der Hütte ohne Wasch- oder Umkleidemöglichkeit, zu Hunderten in einem Raum, auf Pritschen Schulter an Schulter, ist alles andere als eine Erholung. Dies gilt nicht minder für den restlichen Aufstieg und das Erwarten des Sonnenaufgangs im eisigen Gipfelwind. Das abschließende Hinuntergleiten macht zwar Spaß, aber unten schmerzen sämtliche Knochen, die Schuhe sind zerfetzt, und der Lavastaub ist durch alle Kleidungsstücke gedrungen. Da die Nacht in der Hütte für die meisten schlaflos war, ist die Überanstrengung so groß, daß das Denkvermögen eingeschränkt und das Bewußtsein wie verändert wirkt.

Die dritte Dimension ist der geistige Hintergrund, den alle japanischen Fuji-Besteiger natürlich kennen. Der Berg, wie viele andere, aber doch noch deutlich stärker, „heilig" im Sinne des Shinto, ist Sitz, ja Verkörperung eines „Kami", einer Gottheit, die man verehrt. Die Schreine am Fuß und auf dem Gipfel sind die Kultstätten, die jeder, der in ihre Nähe kommt, ganz selbstverständlich zu einem kurzen Gebet aufsucht, ohne hierüber auch nur nachdenken zu müssen.

Stellt der Fuji an sich schon ein nationales Symbol und Heiligtum Japans dar, so tritt mit dem Aufgang der Sonne das zweite, noch bedeutendere, bewegend hinzu. Die Sonne anzubeten, was manche laut und mit „Banzai"-Rufen, mit deutlicher Verehrungshaltung, die meisten jedoch nur leise, innerlich tun, ist das eigentliche Ziel der Fuji-Besteigung.

Viele der auf dem Gipfel Versammelten tragen Pilgergewänder und besondere Pilgerstäbe, vor allem die alten Leute, die „einmal noch" auf ihrem Berg beten wollen. Nach dem Sonnenaufgang kommt man übrigens auch – ja gerade – als Ausländer leicht ins Gespräch.

Die vierte und wichtigste Dimension ist die Erfahrung des in Japan so ernstgenommenen Gruppengefühls. Das Besondere des gemeinsamen Fuji-Erlebnisses liegt vielleicht darin, daß hier nicht die Familie, eine Dorfgemeinschaft oder eine Firma ein Fest feiert, sondern daß einander fremde Menschen zusammentreffen und für einen Tag so etwas wie eine Schicksalsgemeinschaft bilden. Die Strapazen gemeinsam ertragen zu haben, sich während des nächtlichen Aufstiegs als Glied einer unendlich langen Taschenlampen-Lichterkette gefühlt, gemeinsam zum Gipfel hinaufgeschaut, dort dann gemeinsam die aufgehende Sonne erwartet zu haben, dies verbindet die dreitausend Menschen des einen Tages oder die Hunderttausende einer „Saison" oder auch die Millionen einer ganzen Generation in einer Weise, die sich selbst dem Fremden, dem Ausländer, mitteilt, wenn er sich dem „Mitschwingen" nicht verschließt.

Dierk Stuckenschmidt

Das Land der Götter 87

Hinduismus/Buddhismus

Im folgenden Reisebericht wird der Pilgerweg zum Kailas geschildert, dem heiligen Berg des Himalayas, der für Buddhismus, Hinduismus und die alttibetische Bon-Religion Bedeutung besitzt. Der Weg ist von unbeschreiblichen Strapazen begleitet und führt durch ein unwegsames Bergland von besonderer Schönheit. Wer diese Pilgerfahrt unternommen hat, kehrt als ein Verwandelter zurück.

Alter: ab 13 Jahren

Um die Bedeutung des Kailas und seiner außergewöhnlichen Umgebung zu verstehen, müssen wir ihn nicht nur vom geographischen, kulturellen oder historischen Standpunkt aus betrachten, sondern vor allem durch die Augen eines Pilgers.

Um dies tun zu können, müssen wir uns der engen Grenzen unserer Persönlichkeit entledigen, vor allem aber der intellektuellen Vorurteile westlicher Erziehung; denn die Erlebnisse, denen wir hier begegnen, sind zu groß und zeitlos, um auf der Bühne rein persönlicher Reaktionen und Erfahrungen dargestellt werden zu können. Auf unserem Weg zum heiligen Berg – und mehr noch, während wir ihn umwandelten – empfanden Li Gotami und ich, daß wir ein bloßes Glied in der anfang- und endlosen Kette von Pilgern bildeten, die seit undenklichen Zeiten die einsamen und gefahrvollen Pfade der ungezähmten Bergwelt des Himalaya durchquerten. Was uns darum wichtiger als alles andere erschien, war unser Teilhaben an einem überpersönlichen Erleben, das weit über alle individuellen Anschauungen und Gefühle hinausging und unser Bewußtsein auf eine höhere Ebene der Wahrnehmung und Erlebnisfähigkeit erhob.

Folgen wir darum dem namenlosen Pilger und stellen wir uns vor, wie er auf mühsamen Pfaden Hunderte von Meilen zurücklegt und unzählige Bergketten übersteigt, deren eiskalte Pässe von Wolken verhüllt sind, während in den Tälern eine schwüle Hitze brütet, so daß der Pilger abwechselnd von erschlaffender Hitze und schneidender Kälte geplagt wird. Wilde Sturzwässer kreuzen seinen Weg, bei deren Durchquerung ein falscher Schritt den sicheren Tod bringt, und tiefe Schluchten tosender Gebirgsflüsse müssen an schwankenden Bastseilen schwebend überquert werden, wobei der Pilger an einem hölzernen Dreieck hängend über die schäumenden Fluten gezogen wird. In engen Felsschluchten bedrohen ihn Steinschlag und Wasserfälle, die aus unsichtbaren Höhen in die Tiefe stürzen. Schmale Pfade winden sich an steilen Berghängen und Felswänden empor, und scharfkantiges Gestein schneidet den Pilger in die wunden Füße. (…)

Es ist schwierig genug für Leute, die sich Pferde oder Yaks mit Zelten und Proviant leisten und möglicherweise einen wesentlichen Teil der Reise im Sattel zurücklegen können. Diejenigen aber, die nichts besitzen, als was sie auf dem Rücken tragen, die ohne Schutz gegen Wind und Wetter auf die Pilgerschaft gehen und selbst die Gefahren des Verhungerns oder des Erfrierens nicht scheuen, verdienen unsere höchste Achtung. Sie fürchten weder Leben noch Tod, weder Räuber noch Hunger, denn sie wissen sich geborgen in ihrer tiefinneren Einheit mit den göttlichen Kräften des Universums. Viele dieser mutigen Pilger kehren nie in ihre Heimat zurück; diejenigen aber, die zurückkehren, haben den Beweis höchster Ausdauer und unerschütterlichsten Glaubens erbracht. Sie kehren mit strahlenden Augen in ihr Land heim, bereichert durch eine Erfahrung, die für den Rest ihres Lebens eine Quelle der Kraft und der Inspiration bleibt, denn sie haben von Angesicht zu Angesicht dem Ewigen gegenübergestanden und das Land der Götter mit eigenen Augen gesehen. Wer je den Blick vom Gurla-Paß über die Kailas-Manasarovar-Region schweifen ließ, weiß, daß dies kein übertriebener Ausdruck ist. Schon am Abend, bevor der Pilger diesen Paß erreicht, wird ihm ein Anblick zuteil, der ihn mit solcher Unmittelbarkeit überfällt, daß er verwirrt und sprachlos einer zunächst völlig unwirklichen Erscheinung gegenüberzustehen glaubt, denn plötzlich steigt vor seinen Augen die Scheibe des vollen Mondes über die vor ihm liegende, sanft geschwungene Hügelkette – bis er mit einem Schauer höchsten Erstaunens die Täuschung durchschaut und die noch wunderbarere Wirklichkeit begreift: es ist der leuchtende Eisdom des Kailas, der vor ihm in den tiefblauen Himmel steigt.

Der Anblick ist so überwältigend, daß der Pilger all seine früheren Besorgnisse und Befürchtungen vergißt und nur von dem einzigen Wunsch erfüllt ist, den Paß zu erreichen, um sich von der Wirklichkeit dieser Wundererscheinung zu überzeugen. Beschwingten Fußes schreitet er aus, und alle Müdigkeit ist von ihm gefallen. Der Rhythmus der Mantras lebt in seinem Herzen und wird auf seinen Lippen zum Triumphgesang, während sein Geist erfüllt ist von der Vision des heiligen Berges Kailas, der nun endlich in greifbare Nähe gerückt scheint. Nun können die Kräfte des Bösen ihm nichts mehr anhaben. Keine Macht der Welt kann das Erlebnis dieser Schauung von ihm nehmen. Er ist plötzlich von unerschütterlichem Vertrauen und solcher innerlichen Gewißheit erfüllt, als ob er von einer magischen Rüstung umgeben wäre, die keine äußere Macht durchbrechen oder zerstören kann.

In dieser Stimmung erreicht er den letzten Lagerplatz vor dem endgültigen Aufstieg zum Paß. Er verbringt die Nacht in freudiger Erwartung am Fuße eines Gletschers, aus dem ein kristallklarer Bach hervorsprudelt und den grünen Teppich des Weidegrundes bewässert, der von kleinen Blumen bedeckt und von Brennholz liefernden, knorrigen Büschen umgeben ist. Es ist einer

jener naturgeschaffenen Lagerplätze, in dem alles den müden Wanderer willkommen heißt: wo klare Wasser ihn zum Trinken und der weiche Boden
inmitten schützender Felsen und Hänge zum Ruhen einlädt; wo Yaks und
Pferde willkommene Nahrung finden und wo Brennstoff für ein wärmendes
Lagerfeuer bereit ist.

In der Morgendämmerung bricht der Pilger nach einem schnellen Imbiß
auf, um das letzte Stück des Aufstiegs zum Paß zu bewältigen. Freudig sieht
er dem großen Tag entgegen, an dem er die Schwelle des heiligen Landes
überschreiten und den größten Wunsch seines Lebens verwirklichen wird.

Und dennoch, wenn er endlich den Paß erreicht hat und auf der Schwelle
des verheißenen Landes steht, werden all seine Erwartungen übertroffen.
Große blaue Seen, von smaragdgrünem Weideland und goldenen Hügeln
umgeben, erscheinen gegen eine ferne Kette von Schneebergen, in deren
Mitte der blendend-weiße Dom des Kailas, des „Schneejuwels" *(gans rin-po-
che)*, wie die Tibeter den heiligen Berg nennen, aufragt.

Er beherrscht den ganzen ungeheuren Raum dieser Landschaft, die wie
eine Landkarte zu Füßen des Pilgers ausgebreitet liegt. Die Luft ist so klar,
daß das Auge über mehr als hundert Meilen schweifen kann und daß jede
Form und jede Farbe in voller Deutlichkeit und Klarheit erscheint, als ob das
Auge mit der Wahrnehmungsfähigkeit ultraroter Strahlen ausgestattet wäre.

Es ist zweifellos einer der erhebendsten Anblicke, der einem Sterblichen
zuteil werden kann, und er erfüllt den Pilger mit Ehrfurcht und Staunen, so
daß er sich fragt, ob das, was er sieht, noch zu dieser Welt gehöre oder der
Widerschein einer höheren Sphäre sei. Ein ungeheurer Friede liegt über dieser lichten Landschaft und durchdringt den Pilger mit solcher Macht, daß er
alle Gefahren vergißt und sein eigenes Ich ausgelöscht ist; denn wie in einem
Traum ist er eins geworden mit seiner Vision. Er hat die Unerschütterlichkeit
eines Menschen gewonnen, der weiß, daß ihm nichts geschehen kann, als
was ihm seit Ewigkeiten zugehört.

Nun bedarf es keiner Rüstung mehr, denn er ist sowohl der Drache wie der
Ritter, der Opfernde und das Opfer, der Dämon und der Gott. Und indem
der Pilger den geweihten Boden mit der Stirn berührt und einige Steine zu den
von früheren Pilgern angehäuften hinzufügt, um seiner Freude und Dankbarkeit Ausdruck zu geben, daß sein Lebenswunsch in Erfüllung gegangen
ist, wiederholt er im Geist wie ein Gebet: „Möge ich diese Stunde nie vergessen. Möge sie mir ständig gegenwärtig bleiben." Und wieder und wieder
berührt er den Boden mit der Stirn und umwandelt die Steinpyramide, in der
jeder Stein ein stummes Gebet ist und ein Segenswunsch derer, die ihm vor-
ausgingen und in deren Bruderschaft er nun eingetreten ist.

Anagarika Govinda

Stein

In unserer weithin noch christlich geprägten Umgebung finden wir Grab- und Gedenksteine, auf denen die Lebensdaten von Personen und andere wichtige Fakten festgehalten sind. Der heilige Stein galt als Zeichen der Kraft und Unerschütterlichkeit sowie als Träger von Fruchtbarkeit. Je gewaltiger und sonderbarer er geformt war, desto mächtiger war der Eindruck der Heiligkeit. Der Gebrauch gewaltiger Steinblöcke hat der Megalithkultur (Megalith – „großer Stein") aus dem 3. Jahrtausend v. Chr. geradezu ihren Namen gegeben.

In keltischen Ländern trifft man noch häufiger auf Steinhaufen (Cairu), Steinkreise (Cronlech), Steinstuben und Steintische (Dolmen) sowie Malsteine (Menhir). Besonders bedeutsam waren im alten Babylonien die Grenzsteine, die sogenannten Kudurru. Ebenso gab es in Babylonien Gebärsteine, die mit der Mutter- und Fruchtbarkeitsgöttin Ishtar in Beziehung gebracht wurden. Die phallischen Lingamsteine, die in Indien auf Feldern und in Tempeln aufgestellt werden, weisen auf den Gott Shiva hin. Das Lingam wird von Frauen und Mädchen verehrt. Das Catur-mukha-lingam ist umgeben von den vier Gesichtern des Gottes Brahma.

Auch in der semitischen Welt kam dem Steinkult große Bedeutung zu. Dort gibt es Steinkreise (Gilgal), die mehreren Ortschaften ihren Namen gegeben haben. Besonders berühmt war das Gilgal-Heiligtum bei Jericho. Der Traum von der Himmelsleiter führte den auf einem Stein schlafenden Jakob zur Erkenntnis, daß dieser Stein „Bethel", d. h. Haus der Macht sei (1. Mose 28,17). Jakob huldigte diesem Stein durch Ölaufgießen. Verwandt mit diesen Bethel-Steinen sind die Massebot, Malsteine. Es handelt sich dabei um heilige Säulen oder Kultpfeiler, wie sie „auf Hügeln unter grünen Bäumen" aufgerichtet wurden (5. Mose 12,2 f.). Jakob errichtete einen Malstein an dem Ort, an dem Jahwe mit ihm geredet hatte (1. Mose 35,14). Jakob und Laban beschworen vor einem solchen Malstein ihren Bund (1. Mose 31,44 ff.). Als heilig galten in Israel auch Tor- und Türsteine, die mit Blut bestrichen wurden. In der deuteronomistischen Reform (639–609 v. Chr.) wurde der Steinkult verboten.

Die christlichen Missionare gingen – oft nicht gerade feinfühlig – mit dem Steinkult auf germanischem Boden um und versuchten, ihn abzuschaffen.

Das Symbol des Steins findet sich auch in der neutestamentlichen Sprache wieder. Auch Jesus verwendet das Bild des Steins: „Der Stein, den die Bauleute verworfen haben, ist zum Eckstein geworden" (Mk 12,10). Kepha (hebräisch = Fels), wird von Jesus als Bezeichnung jenes Apostels gebraucht, dem er die Führerschaft zugedacht hat. In dem Wortspiel des überlieferten Jesuswortes bei Mt 16,18 „Du bist Petrus (griechisch Petros = Fels), und auf diesen Felsen (petra) will ich meine Gemeinde bauen" wird der Felsenapostel zum Symbol der Unerschütterlichkeit der Kirche Christi.

Die islamische Mythologie kennt einen Felsen, der die Grundlage des Kosmos bildet. Er ist von grüner Farbe, liegt tief unter der Erde und bildet die Basis für die vertikale Achse, die durch das ganze Universum hindurchgeht und deren irdischer Mittelpunkt die Kaaba in Mekka ist. Von Muslimen verehrt wird vor allem ein kleiner schwarzer Stein, der in der Südostecke der Kaaba eingemauert ist. Dieser fromme Brauch wird allerdings von keiner der vier Rechtsschulen zur Pflicht gemacht.

Auch der Felsendom in Jerusalem gilt den Muslimen als heilig, weil alle Propheten vor Muhammad dort Rast machten und weil nach islamischem Glauben Muhammad von dort seine Himmelsreise angetreten hat. Auf dem Felsen unter der Kuppel befindet sich Muhammads Fußabdruck. Beim Jüngsten Gericht wird der Erzengel Israfil von dort die Posaune blasen. Mekka und Jerusalem, die beiden Heiligtümer mit Steinen, stehen auch in einer geistigen Beziehung. Im Islam gibt es die Vorstellung, daß die Kaaba als Braut zum Felsendom kommt.

Auch bei der islamischen Pilgerfahrt spielen Steine eine wichtige Rolle. Das siebenmalige Werfen von Steinchen auf drei Steinhaufen in Mina kommt einer symbolischen Steinigung des Satans gleich. Steine können auch auf Gottes Zorn hindeuten. Im Koran ist an mehreren Stellen von der Steinigung ungehorsamer Völker die Rede. Islamische Asketen banden sich teilweise einen Stein auf den Bauch, um ihren Hunger zu bekämpfen. Dies soll nach mystischer Vorstellung auch Muhammad getan haben, der ebenso wie Jesus sein Haupt zum Schlafen auf einem Stein niederlegte, was die Genügsamkeit dieser beiden Propheten demonstrieren soll.

Der Dichter und Mystiker Dschalal ad-Din Rumi verglich den Liebenden mit einem Marmorfelsen, der die Worte des Geliebten widertönen läßt.

Im ganzen Orient ist es üblich, Steine zu einem kleinen Hügel aufzuhäufen, um ein Heiligengrab anzudeuten. Auch bestimmte Edelsteine gelten als heilbringend. Der Prophet selber soll die Benutzung von Achaten und Karneol empfohlen haben. Rubine gelten als krankheitsabweisend, und der Smaragd soll Übel abwenden.

88 Jakob flieht und träumt

Judentum/Christentum

Die Erzählung hat zwei einander ergänzende Aspekte: Der eine ist die Entstehung eines Heiligtums (Kultätiologie), der andere ist das Erlebnis eines Menschen, der diesen heiligen Ort auf seiner Flucht entdeckt.

Im Traum tritt Jakob Gott Jahwe gegenüber, der sich ihm als der Gott seiner Väter Abraham und Isaak bekanntmacht. Die Leiter, bei der es sich eigentlich um eine Treppe handelt, symbolisiert die Verbindung zwischen Himmel und Erde. Jakob hat durch die Traumoffenbarung einen heiligen Ort entdeckt und erschrickt zunächst. Die Bezeichnung Gotteshaus benennt nicht den Stein, sondern den Ort. Dieser Ort ist heilig, weil Gott hier wohnt. Durch das Aufstellen des Steins soll der Ort als heilig kenntlich gemacht werden. Er weist auch auf den früheren Steinkult hin, für den der Stein göttliche Macht besaß. Diese Vorstellung ist hier jedoch bereits überwunden. Der Stein ist ein Zeichen für den heiligen Ort, nicht aber Sitz Gottes.

Alter: ab 8 Jahren

Seit diesem Tag haßte Esau seinen Buder Jakob. Einmal sagte er so laut, daß die Mägde und Knechte es hören konnten: „Wenn der Vater gestorben ist, werde ich Jakob töten!" Als Rebekka davon erfuhr, bekam sie Angst. Sie eilte zu Jakob, der auf der Weide Schafe hütete.

„Du mußt fliehen!" sagte sie zu ihm. „Esau hat gedroht, dich zu töten. Wenn er dich tötet, kann er nicht mehr zu Hause bleiben. Dann habe ich meine beiden Söhne verloren. Geh zu meinem Bruder Laban nach Haran! In ein paar Monaten hat sich Esaus Zorn gelegt. Dann kannst du wieder heimkommen."

Jakob packte das Nötigste in ein Bündel. Dann brach er auf und wanderte auf dem Grat des Gebirges nach Norden.

Als am Ende des ersten Wandertages die Sonne unterging, schaute er sich nach einem Schlafplatz um. Auf einem Feld, neben dem Weg, lagen Steine.

Jakob beschloß, die Nacht hier zu verbringen. Er suchte einen Stein, auf den er seinen Kopf betten konnte, streckte sich auf dem Boden aus und wickelte sich in seinen Mantel. Über ihm glitzerten am dunklen Himmelszelt die Sterne.

Bald schlief er ein. Da sah er im Traum einen hellen Strahl vom Himmel fallen. Der Lichtstrahl berührte die Erde ganz nah an dem Platz, wo Jakob lag. Im Strahl bemerkte Jakob eine Treppe. Sie verband den Himmel mit der Erde. Engel kamen auf der Treppe zur Erde herunter, andere stiegen auf ihr von der Erde zum Himmel. Zuoberst stand Gott. Gott sprach zu Jakob: „Ich bin der gleiche Gott, der mit deinem Vater Isaak und deinem Großvater Abraham gesprochen hat. Ich bin auch dein Gott. Ich begleite dich auf allen deinen Wegen. Deine Familie wird groß und berühmt werden."

Als Jakob am Morgen erwachte, dachte er: „Hier ist ein besonderer Ort, ein heiliger Platz. Wenn ich wohlbehalten von Haran in meine Heimat zurückkehre, will ich hier ein Gotteshaus bauen."

Jakob dachte nach, wie er sein Versprechen mit einem Zeichen bekräftigen könnte. Er stellte den Stein, auf dem er gelegen hatte, auf. Jetzt sah er aus wie ein Denkmal. Jakob holte aus einem Reisebündel den Ölkrug hervor. Er löste das Wachs, mit dem der Krug verschlossen war, und goß Öl über den Stein.

Dann brach er auf und wanderte weiter.

1. Mose 27, 41– 45; 28, 10–22. Nacherzählt von Werner Laubi

Jesus und Petrus 89

Christentum

Kepha (aramäisch = Fels) wird von Jesus als Bezeichnung jenes Apostels gebraucht, dem er die Führerschaft zugedacht hat. In dem Wortspiel des bei Matthäus überlieferten Jesusworts (Mt 16,18) „Du bist Kepha (griech. petros), und auf einen Kepha (griech. petra) will ich bauen meine Gemeinde" wird der Apostel zum Symbol der Unerschütterlichkeit der Kirche Christi.

Alter: ab 9 Jahren

Als Jesus mit seinen Jüngern weiterzog, sagte er zu ihnen: „Ihr hört doch, was die Leute so über mich reden. Für wen halten sie mich eigentlich?"

Der Jüngere antwortete: „Manche sagen: Jesus ist Johannes der Täufer! Andere halten dich für Elija! Und wieder andere sind überzeugt, daß du ein Prophet bist, wie Jeremia einer war."

„Und ihr", fragte Jesus und schaute die Jünger an, „für wen haltet ihr mich?"

Da sagte Simon: „Du bist der Christus. Der Heiland und Retter. Der König, den Gott uns Menschen versprochen hat."

Jesus erwiderte: „Was du jetzt gesagt hast, Simon, hat Gott selber zu dir gesprochen. Darum sollst du von jetzt an nicht mehr Simon heißen, sondern Petrus, der Fels. Auf dich will ich meine Gemeinde bauen. Ich will dir die Schlüssel zum Himmelreich geben."

Dann befahl Jesus den Jüngern: „Sagt niemandem, daß ich der Christus bin!"

Mt 16, 18. Nacherzählt von Werner Laubi

90   Die Kaaba

Islam

Nach islamischer Vorstellung erbaute Abraham die Kaaba, in deren Südostseite ein kleiner schwarzer Stein eingemauert ist, den viele Muslime verehren und den sie bei der Pilgerfahrt zu küssen versuchen. Einer Überlieferung zufolge ist der schwarze Stein die
rechte Hand Gottes. Legenden erzählen, daß dieser präexistente Stein ursprünglich weiß
gewesen sei, aber durch die Berührung der vielen Sünder schwarz wurde.

Alter: ab 11 Jahren

Ich darf Mekka sehen, ich, ein Europäer, Mekka, die heiligste Stadt der Muslime, die sie mit aller Strenge vor jedem Fremden bewachen. Ich bin zum
Glauben der Muslime übergetreten. Ich bin auf einer Pilgerfahrt.

Die Stadt ist übervoll von Pilgern. Sie liegen auf den Straßen. Hunde drängen sich schnüffelnd heran. „Dies ist nicht die Stadt des Reichtums, sondern
die Stadt der Gottesverehrung", sagt mein Begleiter. Durch die winkligen
Gassen der Stadt suchen wir den Weg zum Heiligtum.

Der Tag lichtet sich schon, als wir die Säulenhalle, die die Kaaba umgibt,
erreichen. Vor dem Tor drängen sich Hunderte, ja Tausende von Pilgern. Wir
streifen die Sandalen ab und legen sie auf die dafür vorgesehenen Holzstän-
der. Wir gehen durch die Säulenhalle – barfuß. Wir erreichen den Hof des
Heiligtums. Ich sehe die Kaaba, diesen mächtigen Würfel. Düster ragt er auf
in der Mitte des riesigen Hofes, bedeckt mit einem schwarzen Tuch. Ringsumher wogt das Volk: Männer, Frauen, Kinder. Ich weiß: jetzt muß ich rufen:
„Allahu akbar" – „Gott ist groß". Ich rufe es. Ich bete es:

> Allah, ich suche Zuflucht in deinem Hause,
> Zuflucht vor dem Elend,
> Zuflucht vor dem Tod,
> Zuflucht vor der Habgier des Herzens.
> Allah, segne Mohammed,
> segne sein Haus und seine Gemeinde.
> Segne mich, den Pilger.

Ein unbeschreibliches Gefühl ergreift mich. Ich darf das Heiligtum sehen, ich,
ein Ungar. Ich sehe die Pilger im Heiligtum, wie sie sich drehen, wie sie beten,
schreien, jammern, weinen.

Mein Führer spricht die heiligen Gebete. Ich muß den Umgang beginnen.
Mein Körper beginnt zu zittern. Die Ekstase der Menge geht über auf mich.
Alles dreht sich um die Kaaba. Javaner bahnen sich den Weg, Tataren aus
Mittelasien, Chinesen mit ihren Mandelaugen, langbärtige, kriegerische

Afghanen, sanfte, träumerische Inder. Alle sind Muslime. Alle wollen zum schwarzen Stein. Alle wollen die Hand zum Himmel erheben: „Allah ist groß, und sein ist das Lob!"

Aber erst muß ich die Kaaba umgehen. Siebenmal! Dreimal leicht laufen, dann viermal im Schritt.

Ich fühle keinen Schmerz mehr. Ich muß ihn erreichen, den Schwarzen Stein. Entsetzlich ist das Gedränge. Sie stoßen sich von vorn, von hinten, von der Seite. Jeder will den Kuß, die Berührung des Steines und damit – einen guten Platz im Paradies.

Mein Führer stößt mit Händen und Füßen. Er arbeitet sich mit den Ellbogen voran. Er brüllt. Da sehe ich den Stein, seine glatte, glasartige Oberfläche. Ich werde herangestoßen. Ich drücke meinen Mund darauf. Oh, dieser Schwarze Stein! Obwohl keine der islamischen Rechtsschulen das Küssen des Steins zur Pflicht erklärt, spielt diese Praxis im Volksglauben eine große Rolle.

Schon werde ich wieder fortgerissen. Andere drängen heran. Meine Kräfte sind erschöpft. Die Sonne ist aufgestiegen. Glühend steht sie am Himmel. Kaum, daß ich mich durch den Hof des Heiligtums dahinschleppen kann. Da springen mir einige Kinder entgegen. Sie geben mir Wasser zu trinken, Wasser aus einer flachen Zinnkanne, Wasser aus der heiligen Quelle Zam-Zam.

Udo Kelch

Der Mensch und sein Stein   91

Buddhismus

In dieser buddhistischen Geschichte ist der Stein ein Symbol für die unerlöste Existenz der Menschen. Sie besitzen verschiedene Steine, die ihnen wertvoll erscheinen. Sie halten diese Gegenstände für wichtig, weil sie von „Gier", d.h. dem Daseinsdurst, geprägt sind. Um aus dem Kreislauf der Wiedergeburten ausbrechen zu können, müssen sie erkennen, daß alle Dinge, also auch die Steine, vergänglich, leidvoll, nicht das wahre Selbst sind. Ziel des Menschen ist es, sich aus diesem unerlösten Dasein zu befreien und den Gipfel zu erreichen. Der Gipfel steht hier für Nirwana. Das ist der Zustand, in dem alles Haften an Vergänglichem und Leidvollem überwunden ist.

Alter: ab 13 Jahren

Vor langer Zeit lebte in einem fernen Land ein seltsames geheimnisvolles Volk. Weil die Geschichtsschreibung damals in keinem hohen Ansehen stand, finden sich in den Archiven nur wenige schlecht erhaltene und lückenhafte Berichte über die Bräuche und Gewohnheiten dieses Volkes.

Doch ein paar Tatsachen sind bekannt. So waren diese Menschen beispielsweise damit beschäftigt, Steine zu rollen. Jeder Mensch hatte seinen eigenen Stein, der sich in Form und Größe von allen anderen unterschied. Auch rollte jeder Mensch seinen Stein auf die nur ihm eigentümliche Art und Weise. Und das war der Grund, warum man den einen Stein so und den anderen so benannte.

Jeder Stein war dem Wechsel, der Vergänglichkeit unterworfen. Mit der Zeit nutzte er sich ab und mußte aufgegeben werden. Das verursachte dem Eigentümer großen Kummer und Schmerzen. Er hing an dem Stein und war des Rollens nicht satt. Der Stein war der Mittelpunkt des Daseins des Menschen. Er putzte ihn, bemalte ihn mit bunten Farben, sorgte sich um ihn und glaubte schließlich, daß der Stein sein wahres Selbst sei. Und so ergriff er nach dem Verlust seines bisherigen Besitzes einen neuen Stein, lernte mühsam, ihn ins Rollen zu versetzen und wanderte weiter.

Wie man den Stein gebrauchte, so wurde er. Manche Menschen rollten ihn ohne Rücksicht auf Mitreisende, sie hatten oft Zusammenstöße, und ihr Stein wurde schwer, kantig, uneben, behinderte die Bewegung in die erstrebte Richtung. Andere wiederum waren umsichtiger, sie ersparten sich und anderen viel Mühe und lange Umwege.

Das Rollen hatte bei den meisten Menschen nur ein Ziel: das Vorwärtskommen. Allerdings gab es sehr viele Steine, jeden Menschen zog es woanders hin, ihre Wege kreuzten sich unaufhörlich und zwangen zum Rückwärtsrollen. Rückwärtsrollen war sehr unangenehm, war Anlaß tiefster Trauer.

Man muß ergänzend hinzufügen, daß die Wanderung der Menschen einem Gesetz unterlag, das nur wenigen voll bewußt war. Wer ohne Scheu und Scham den Mitwanderer ausnützte und nur sein eigenes Vorwärtskommen im Auge hatte, wurde von seinem Stein in die Tiefe hinabgezogen, an Orte des Grauens und der Pein. Gütige Menschen hingegen, voll Mitleid und Teilnahme, vermochten ihren Stein ohne große Mühe und Anstrengung auf den hohen Berg zu bewegen, wo sie fern vom Dunst und Nebel der Niederungen die warmen Sonnenstrahlen lange Zeit hindurch genießen konnten.

Einmal wurde ein außergewöhnlicher Mensch des Wanderns müde. Er erkannte: „Was vergänglich und infolge seiner Vergänglichkeit für mich leidvoll ist, davon gilt: ‚Das gehört mir nicht, das bin ich nicht, das ist nicht mein Selbst.‘ Nun ist der Stein vergänglich, leidvoll, ist bedingt durch das Haften am Stein. Also sind der Stein und das Rollen nicht mein Selbst."

Der außergewöhnliche Mensch beschloß, den Gipfel des hohen Berges zu erklimmen, um sich von diesen vergänglichen Beilegungen zu befreien. Die nötigen Eigenschaften dazu hatte er. Große Kraft wurde gefordert, um die Last ihrer Schwere entgegen nach oben zu bewegen. Mut und tiefe Beson-

nenheit waren notwendig, um in dem unbekannten Gelände den richtigen
Pfad zu finden. Jeder Schritt mußte in höchster Konzentration gesetzt werden. Keine Sekunde durfte der Stein aus den Augen verloren werden, galt es
doch, ihn der Wirklichkeit gemäß zu durchschauen.

Dieser Mensch erreichte sein Ziel. Er gelangte auf den Gipfel. Ihm bot sich
eine Aussicht von überwältigender Schönheit. Der Stein, an den er so lange
gebunden war, verlor seine Anziehungskraft. Auch wußte der außergewöhnliche Mensch, daß er keinen neuen Stein mehr ergreifen würde. Von Mitleid
bewogen kehrte er in die Niederungen zurück und verkündete seine Lehre.

Und so finden sich seit dieser Zeit immer wieder Menschen, die, von der
Vergänglichkeit alles Hervorgebrachten erschüttert, Vertrauen in die Lehre
jenes Großen fassen und den Weg auf den Gipfel der Erkenntnis beschreiten.

Robert Romanski

Wind

In beiden Teilen der Bibel gelten Wind und Sturm als Wirkungsweisen Gottes. Elija erfährt auf dem Gottesberg, daß Gott nicht im Sturm oder Feuer, sondern im zarten Windhauch ist. Elijas Himmelfahrt ist von Sturm begleitet (2 Kön 2,11). Auf dem See Genezareth stillt Jesus den Sturm (Mk 4,35ff.).

Im Koran gilt der Wind an mehreren Stellen als „Versprechen seiner Barmherzigkeit" (Sure 7,57; 25,48; 30,46), da er den Regen ankündigt. „Und dem Salomon machten wir den Wind dienstbar" (34,12). Doch der eisige Wind zerstörte die ungehorsamen Städte Ad und Thamud (Sure 14,16). Dieser „eiskalte Wind" wurde später zum Sinnbild zerstörerischer Kraft.

Als gütiger Wind gelten der Südwind oder die östliche Brise, die auch als „Hauch des Erbarmers" bezeichnet wird. Dieser gütige Wind erreichte den Propheten vom Jemen aus und trug den Duft von Uways al-Qaranis Frömmigkeit. Dieser hatte den Islam angenommen, ohne je dem Propheten begegnet zu sein.

92 Elija auf dem Gottesberg

Judentum/Christentum

Elija hatte im Eifer für Jahwe die Propheten des Sturm- und Fruchtbarkeitsgottes Baal hinrichten lassen und dadurch den Zorn Isebels erregt. Um sein Leben zu retten, verläßt er das Land und begibt sich zum Gottesberg Horeb, wo er von Gott für sein unbedachtes Vorgehen zurechtgewiesen wird, gleichzeitig neue Aufträge erhält. Nicht Sturm, Erdbeben und Feuer, sondern das leise Wehen des Windes kündigt die Gegenwart Jahwes an. Jedoch stimmt die Tendenz der neuen Aufträge mit den Naturvorgängen nicht überein: Die Naturaufträge ermahnen den Propheten zur Mäßigung, die Aufträge verkünden dagegen ein Strafgericht gegen die Baalsverehrer.

Alter: ab 9 Jahren

Als Isebel erfuhr, was auf dem Berg Karmel geschehen war, wurde sie zornig und wollte Elija töten. Da bekam Elija Angst und floh in die Wüste. Dort setzte er sich unter einen Ginsterstrauch und betete: „Gott, ich kann nicht mehr. Laß mich sterben!" Dann schlief er ein. Aber ein Engel weckte ihn und sagte: „Steh auf und iß!" Neben Elija lag ein frisches Brot, und auch ein Krug mit Wasser stand da. Elija aß und trank und legte sich nochmals schlafen. Da weckte ihn der Engel zum zweiten Mal. „Steh auf!" sagte er zu ihm. „Du hast noch einen weiten Weg vor dir."

Das Essen und Trinken hatten Elija gestärkt. Er wanderte vierzig Tage, bis er zum Gottesberg kam. Dort entdeckte er eine Höhle, in der er sich ausruhen konnte.

Plötzlich hörte er Gottes Stimme: „Elija, was willst du auf diesem Berg?"

Elija antwortete: „Die Israeliten haben deine Altäre niedergerissen und deine Propheten getötet. Ich bin allein übriggeblieben. Im ganzen Land habe ich mich für dich eingesetzt. Aber jetzt ist alles aus. Isebel will auch mich umbringen!"

Gott sprach: „Verlaß die Höhle!"

Elija ging ins Freie. Da erhob sich ein gewaltiger Sturm. Er war so heftig, daß sich von den Bergfelsen Steine lösten und in die Tiefe polterten. Elija dachte: „Gott ist bestimmt im Sturm!" Aber Gott war nicht im Sturm.

Da fing die Erde an zu beben. Elija dachte: „Gott ist bestimmt in diesem Erdbeben!" Aber Gott war nicht im Erdbeben.

Jetzt flammte Feuer auf. Elija dachte: „Gott ist bestimmt im Feuer!" Aber Gott war nicht im Feuer.

Auf einmal war alles still. Elija spürte nur einen ganz leisen Windhauch. Da wußte er: „Gott ist in diesem zarten Hauch." Mit den Händen bedeckte Elija sein Gesicht. Gott aber sprach: „Elija, geh zurück nach Israel! Du bist nicht allein! Viele tausend Frauen und Männer sind mir treu geblieben. Sie sind nicht vor Götzenbildern niedergekniet."

Da stieg Elija hinunter und kehrte in seine Heimat zurück.

1 Kön 19,1–21. Nacherzählt von Werner Laubi

Elijas Himmelfahrt 93

Judentum/Christentum

Es wird berichtet, daß Elija in einem feurigen Wagen mit feurigen Rossen im Sturm zum Himmel emporfuhr. Feuer, Sturm und Erdbeben werden häufig bei der Beschreibung göttlicher Offenbarungen als Sinnbilder erhabener Größe und glanzvoller Herrlichkeit herangezogen. Die gleichen Bilder werden verwandt, wenn die Bibel beschreibt, wie Gott seinem Volk zu Hilfe kommt oder die Feinde straft. Bei der Elija-Geschichte spielen Feuer und Sturm als Bilder für Gottes Macht eine besondere Rolle.

Alter: ab 9 Jahren

Als Elija einmal durchs Land zog, sah er einen Mann namens Elischa auf dem Feld. Er pflügte mit einem Ochsengespann den Acker. Elija nahm seinen Mantel und warf ihn Elischa über die Schultern. Da wußte Elischa, daß Elija ihn zu seinem Nachfolger ausgewählt hatte. Er ging nach Hause, verabschiedete sich von seinen Eltern und schloß sich Elija an. Sie wohnten mit anderen Gottesmännern zusammen in einem Haus bei einem Tempel.

Gott aber hatte beschlossen, den Propheten Elija durch einen Sturm in den Himmel zu holen. Elischa spürte, daß Elija ihn verlassen wollte, und wich nicht mehr von seiner Seite.

Elija sagte zu Elischa: „Bleib hier! Gott schickt mich an ein Heiligtum in den Bergen."

Aber Elischa erwiderte: „Ich verlasse dich nicht, ich bleibe bei dir."

Beim Heiligtum sagte Elija zu Elischa: „Bleib hier! Gott schickt mich ins Jordantal."

Aber Elischa antwortete wiederum: „Ich verlasse dich nicht, ich bleibe bei dir."

Im Jordantal sagte Elija zu Elischa: „Bleib hier! Gott schickt mich zum Jordanfluß."

Zum dritten Mal antwortete Elischa: „Ich verlasse dich nicht, ich bleibe bei dir."

So gingen die beiden miteinander zum Jordanfluß. Dort rollte Elija seinen Mantel zusammen, so daß er wie ein Stab aussah. Er schlug damit auf das Wasser, und das Wasser teilte sich. Elija und Elischa durchquerten das trockene Flußbett.

Am anderen Ufer fragte Elija: „Was kann ich dir noch geben, bevor Gott mich zu sich holt?"

Elischa bat: „Ich möchte einen festen Glauben haben, damit ich ein ebenso guter Prophet sein kann, wie du einer bist."

„Diesen Wunsch kann dir nur Gott erfüllen", antwortete Elija. „Aber wenn Gott dich sehen läßt, wie er mich zu sich holt, dann nimm das als Zeichen dafür, daß Gott deinen Wunsch erfüllen wird."

Die beiden redeten noch miteinander und gingen weiter. Da kam plötzlich ein Wagen. Er sah aus wie ein Streitwagen. Aber er war aus Feuer, und Pferde aus Feuer zogen ihn. In einem gewaltigen Sturm fuhr Elija darin in den Himmel. Sein Mantel aber fiel auf die Erde. Elischa sah alles. Er rief: „Mein Vater! Mein Vater! Du hast für Gott gestritten!"

Als Elischa allein war, zerriß er aus Trauer sein Gewand. Dann hob er Elijas Mantel auf und ging nach Jericho. Dort lebten noch andere Anhänger Elijas. Sie waren auch Propheten.

Elischa wurde ihr neuer Lehrer.

2 Kön 2,1–18. Nacherzählt von Werner Laubi

Jesus stillt den Sturm 94

Christentum

Die Geschichte vom Sturm auf dem See wird von den drei synoptischen Evangelisten Matthäus, Markus und Lukas erzählt. Neben den Heilungen spielen die Naturwunder (Stillen des Sturms, Wandeln auf dem Wasser) eine wichtige Rolle, wenn darauf hingewiesen werden soll, daß Gottes Herrschaft durch das Wirken Jesu bereits in diese Welt hineinragt. Die Erzählung handelt von der wunderbaren Errettung aus einer Notlage. Dem Erzähler liegt daran, die drohende Gefahr des Sturms besonders deutlich hervorzuheben, um das Eingreifen Jesu und seine Rolle als Meister und Retter zu betonen. Jesus spricht drohend und gebieterisch zu Wind und Wasser, als handele es sich um Dämonen. Die sich aufbäumenden Naturkäfte werden als dämonische Mächte angesehen, denen Jesus wie Gott selbst überlegen ist.

Alter: ab 8 Jahren

Als es Abend wurde, sagte Jesus zu denen, die mit ihm gingen: „Wir wollen ans andere Seeufer fahren!" Da schickten sie die Leute nach Hause und stiegen mit Jesus in ihr Boot. Andere Schiffe fuhren mit ihnen.

Mit einem Mal fing es an zu stürmen. Schnell wurde es dunkel. Der Wind pfiff. Das Segel flatterte. Die Wellen schlugen über Bord. Schon begann sich das Schiff mit Wasser zu füllen. Jesus jedoch schlief ruhig im Heck des Bootes auf einem Kissen.

Voller Angst weckten ihn einige und sagten: „Meister, kümmert es dich nicht, daß wir untergehen?"

Jesus erhob sich. Er drohte dem Wind und sagte zum See: „Sei ruhig!" Da legte sich der Wind. Es wurde ganz still. Dann sagte Jesus zu allen, die mit ihm waren: „Warum habt ihr solche Angst? Habt ihr noch immer kein Vertrauen?"

Da erschraken sie. Aufgeregt redeten sie miteinander. Sie sagten: „Was ist Jesus für ein Mensch, daß ihm sogar Wind und Wellen gehorchen?"

Mk 4, 35–41. Nacherzählt von Werner Laubi

95   Gott schenkt seinen heiligen Geist

Christentum

Bei dem Pfingsterlebnis wird das Wehen zum Bild für Gottes Geist.
Alter: ab 9 Jahren

Nach dem Tod und der Auferweckung Jesu kamen die Apostel und die anderen Jüngerinnen und Jünger Jesu in Jerusalem in einem Haus zusammen. Petrus sagte: „Als Jesus noch lebte, gehörten zwölf von uns zu den engsten Jüngern Jesu. Aber Judas ist nicht mehr unter uns. Er hat seinem Leben selber ein Ende gesetzt. Darum wollen wir an seiner Stelle einen neuen Apostel wählen. Es muß einer sein, der von Anfang an ein Jünger Jesu gewesen ist."

Die Jüngerinnen und Jünger schlugen darauf zwei Männer vor: Josef und Matthias. Nach einem Gebet ließen sie das Los entscheiden. Es fiel auf Matthias, und er wurde in den Kreis der zwölf Apostel aufgenommen.

Bald darauf feierten die Juden das Erntedankfest, das auch Pfingstfest heißt. Am ersten Tag dieses Festes kamen die Jüngerinnen und Jünger in ihrem Versammlungshaus in Jerusalem zusammen. Da ertönte plötzlich ein Rauschen. Es erfüllte das ganze Haus und hörte sich an wie ein Sturmwind. Gleichzeitig leuchtete etwas Helles auf. Es sah aus wie Feuer, das sich in Flammen zerteilte. Die Flammen senkten sich auf alle, die im Versammlungshaus waren. Das war Gottes Geist, den Jesus den Jüngern versprochen hatte und der jetzt die Frauen und Männer erfüllte. Begeistert fingen sie an, miteinander in verschiedenen Sprachen von Jesus zu erzählen.

Zum Pfingstfest waren viele fromme Juden aus aller Welt nach Jerusalem gekommen. Als sie das Rauschen hörten, strömten sie zum Versammlungshaus. Erstaunt riefen sie: „Die Leute hier kommen doch aus dieser Gegend! Warum können sie dennoch die Sprachen der Länder sprechen, aus denen wir kommen?" Einige lachten und sagten: „Sie sind wohl betrunken, daß sie so durcheinander reden!"

Da standen die Apostel auf, und Petrus rief: „Wie sollten wir betrunken sein? Es ist ja erst neun Uhr morgens! Ich will euch sagen, was hier geschieht: Bis vor kurzem lebte unter uns ein Mann namens Jesus. Er war der Christus, der von Gott gesandte König. Er starb am Kreuz, aber Gott hat ihn vom Tod auferweckt und zu sich in den Himmel geholt. Nun hat er uns seinen heiligen Geist gesandt, damit wir zu allen Menschen und in allen Sprachen von ihm erzählen und allen Völkern die frohe Botschaft bringen können."

Viele von denen, die Petrus zuhörten, sagten: „Wir möchten auch zu Jesus gehören und seinen Geist bekommen. Was müssen wir tun?"

„Fangt ein neues, besseres Leben an!" antwortete Petrus. „Und laßt euch taufen! Dann vergibt euch Gott eure Schuld und schenkt euch seinen guten heiligen Geist."

Da ließen sich viele taufen und schlossen sich den Jüngern Jesu an, und die Gemeinde wurde immer größer.

Apg 1, 12–2,40. Nacherzählt von Werner Laubi

Die Gestirne

Sonne

Nach jüdischer Überlieferung soll König Manasse den Sonnenkult im Jerusalemer Tempel eingeführt haben (2 Kön 21,5). Vor dem Eingang des Tempels standen Sonnenwagen und Sonnenaltäre auf dessen Dach. Dieser Sonnenkult wurde von Josias unterdrückt, konnte aber nicht endgültig beseitigt werden. Im Buch des Propheten Maleachi wird „Gott als Sonne der Gerechtigkeit" (3,20) gepriesen.

In der Bergpredigt Jesu ist die Sonne ein Bild der das Gute und Böse umfassenden göttlichen Liebe: „Denn er läßt seine Sonne aufgehen über die Bösen und über die Guten und läßt regnen über Gerechte und Ungerechte" (Mt 5,45). Im Christentum wurde die Sonne zum Symbol der Auferstehung. Die Christen wandten sich im Gottesdienst nach Osten. Die altchristlichen Täuflinge spuckten nach Westen als Zeichen der Absage an die dämonischen Mächte und wandten sich nach Osten, um Christus als aufgehende Sonne zu begrüßen.

Die Sonne als Symbol für Gott bzw. Jesus spielt auch eine wichtige Rolle in Psalmen und Kirchenliedern sowie in Texten der Mystik. Im Sonnengesang des Franz von Assisi (1181/82–1226) wird die Sonne als „Schwester Sonne" gepriesen.

In den antiken Religionen wurde die Sonne als Gottheit verehrt. Der „Einäugige Gott" wird sie in einigen afrikanischen Stammesreligionen genannt.

Menschenopfer für die Sonne gab es in Mexiko und Peru.

In Indien wird noch vor Sonnenaufgang von Brahmanen gebetet: „Des Sonnengottes ersehnten Glanz wollen wir betrachten, der unser Sinnen stärken möge."

In Japan begrüßen Pilger auf der Bergspitze des Fuji-san die aufgehende Sonne als „Herrin des Himmelsweges" mit einem Gebet.

Auch zum Sonnenuntergang werden in vielen Religionen Gebete gesprochen.

Im Islam gehört die Sonne zu den Himmelskörpern, denen Abraham sich zuwandte, bis er begriff, daß man nicht Schöpfungen des Göttlichen, sondern den Schöpfer selbst anbeten müsse. Sure 41,37 mahnt die Menschen: „Werft euch weder vor der Sonne noch vor dem Mond nieder. Werft euch nieder vor Gott, der sie erschaffen hat, so ihr ihm dienen wollt."

Da der Islam die früheren Sonnenkulte ablehnte, wurden die Gebetszeiten auf den Zeitpunkt vor Sonnenaufgang (Morgengebet) und nach Sonnenuntergang (Abendgebet) festgelegt, um jegliche Beziehung zur Sonnenanbetung zu vermeiden. Der islamische Kalender richtet sich nach dem Mond-, nicht nach dem Sonnenjahr.

Dennoch ist die Sonne Symbol der Strahlkraft des Göttlichen oder des Propheten. Nach einem Hadith (Überlieferung) soll Muhammad gesagt haben: „Ich bin die Sonne, und meine Gefährten sind wie Sterne."

Begrüßung der Sonne   96

Hinduismus

Der kurze Text beschreibt eine Andacht zur Begrüßung der Sonne.

Alter: ab 12 Jahren

Plötzlich ertönt draußen Gesang. Es ist ein Bettler oder ein heiliger Mann, der die Morgenröte begrüßt. Andere fallen ein. Die Sonne geht auf.

Da wendet sich auch Bhimi dem Osten zu, er nimmt eine Schale und bringt der Dreiheit der Götter drei Trankopfer dar, jedesmal spricht er ein Gebet. Wir stehen noch am Rande des Hofes, Stühle sind nicht vorhanden. Der Brahmane ist ganz mit seiner Andacht beschäftigt. Er nimmt aus einem Kasten rote und weiße Farbe, tritt vor einen kleinen Spiegel und malt sich die drei waagerechten Shiwastriche auf die Stirn. Dann steht er auf, geht zu der Nische, wo ein Bild des Shiwa steht und läutet eine kleine Glocke. Er erhebt die Hände zu der Figur, betet, nimmt aus der Nische Ghi, geschmolzene Butter und gießt davon etwas über die Statue. Dann setzt er sich mit untergeschlagenen Beinen auf den Boden und wendet sein Gesicht der Sonne zu. Er legt die Handflächen aneinander, neigt das Haupt und spricht das Morgengebet, das das Glaubensbekenntnis an die Weltseele enthält.

Auch die Frau und die Kinder haben sich gesetzt und schauen dem heiligen Vorgang zu. Die ersten Strahlen fallen jetzt in den Raum, sie treffen den Kopf des Betenden, und golden rieselt das Licht über den Turban.

Da hören wir das Ende des Betens. Das Wort „om" klingt an das Ohr. Es ist wie unser Amen. Bhimi läutet wieder die Glocke. Nun betet er den Rosenkranz, spricht heilige Sprüche und greift dann in die Nische und nimmt ein Buch hervor. Aus ihm liest er laut und mit singender Stimme vor. Nun läutet er noch einmal die Glocke, und damit ist die Morgenandacht beendet.

Herbert Kühn

97   Aufgang der Sonne

Hinduismus

Der fromme Hindu beginnt den Tag mit der besonderen Verehrung der Sonne. Zum Morgengebet begeben sich männliche Hindus an den Ganges oder an ein anderes heiliges Gewässer, um das Mantra an die Sonne zu beten: „Laßt uns über die herrlichen Strahlen der göttlichen Sonne meditieren. Möge sie unseren Geist anregen". Herbert Kühn schildert diese tagtägliche Zeremonie, wie er sie am Ufer des Ganges erlebt hat (siehe Text Nr. 96).

Alter: ab 12 Jahren

Noch ist der Himmel grau, die Sonne ist noch nicht aufgegangen, leichte Nebel ziehen über den Strom. Aber schon lebt das Ufer. Zu Hunderten, zu Tausenden stehen die Menschen an den Badeplätzen und tauchen unter in dem heiligen Wasser, das sie erlöst von Sünde und Not. Aus allen Dörfern Indiens, aus allen Städten, kommen sie hierher, Pilger und Sünder, die das Land durchstreifen, bis sie dieses Ufer erblicken, Kranke, die hergebracht werden, damit sie gesunden, und heilige Männer, deren Ziel des Lebens erreicht ist, wenn sie dies heilige Wasser schauen. Nun stehen sie hier, nun ist die Reise beendet, nun haben sie die Stelle erreicht, nach der sie bebten und rangen, das Ufer des Ganges, das Ufer des heiligen Stroms. Wir haben sie oft vom Zuge aus gesehen: Pilger, die die müden Füße nicht weiter tragen konnten, die ermattet von Hitze und Sonnenglut an der Strecke lagen. Wie oft mögen sie verzweifelt sein – jetzt ist ihr Wunsch, ihr Gelübde erfüllt – sie stehen an den Ufern des Wassers, das ihre Schuld und Sünde sühnt.

Der Himmel wird heller und heller, und klarer treten die Umrisse der Häuser aus der Dämmerung. Dort die Minaretts der Moschee, die Kaiser Aurangzeb erbauen ließ zum Ärger der Hindus, in der heiligen Stadt der Hindus, hier der Palast des Maharadscha von Udaipur, und am Ufer überall die braunen Menschen, die im Wasser stehen und die das Aufgehen der Sonne erwarten.

Unser Boot gleitet dicht am Ufer entlang, die Betenden sehen uns gar nicht an, ihre Augen sind nach innen gerichtet. Auf der falschen Seite des Ufers wird eine Stelle im Osten gelber, röter, goldener. Dort wird gleich die Sonne erglänzen, nur noch Sekunden. Plötzlich ist alles von Licht überflammt. Die letzten Nebel verwehen, wie ein roter, halber Ball steht die Sonne am Horizont.

Tausende sind von Ekstase ergriffen, sie tauchen unter in dem heiligen Wasser, sie erheben die Hände zum Himmel, sie gießen das Wasser über die Köpfe.

Die Wellen schlagen gegen das Boot, wir treiben von Badeplatz zu Badeplatz. Stufen führen hinab zum Wasser, hölzerne Brücken sind gebaut, auf ihnen sitzen die Menschen, steigen in das Wasser, schöpfen es und spülen den Mund, trinken es und gehen dann mit dem Gewand hinein in den Fluß.

Dort erst legen sie es ab und behalten nur den Lendenschurz an. Im Wasser stehend sprechen sie mit geschlossenen Augen ihr Gebet und verbeugen sich tief bis auf den Wasserspiegel. Auch das Gewand wird im Wasser gespült und gegen einen großen Stein geschlagen.

Aber der Vorgang ist immer ein anderer. Jede Kaste, jede Gruppe hat ihre eigenen Riten. Viele Kranke sind darunter, Männer mit einem Bein, mit Aussatz, mit Lepra. Sie alle stehen neben denen, die hier im Bad die Vergebung erhoffen, die Vergebung von allen ihren Sünden.

Bunt ist das Bild. Heilige Kühe liegen auf den Stufen, dazwischen stehen die Menschen, dort sitzen die Brahmanen unter großen Schirmen, geschützt gegen die Sonne. Das Boot gleitet weiter, die Hindus rudern gegen den Strom und strengen sich an, sie müssen hinweg über Strudel und Wirbel. Es ist das höchste Glück der Hindus, am Ganges zu sterben, der heilige Strom bereitet den Weg ins Paradies. Wenn die Fluten des Ganges den Toten umspülen, bevor er auf dem Scheiterhaufen liegt, dann ist ihm der Himmel sicher, sicher die Wiedergeburt als vornehmer Mensch.

Jetzt strahlt die Sonne hell und leuchtend, und schon ist es heiß. Überall die betenden Menschen. Es sind unendliche Massen. Der Anblick der Tausende ist ergreifend, und schweigend blicken wir in das Wasser, blicken hinauf zu den Tempeln, die jetzt im Sonnenlicht erglänzen, und blicken wieder hin zu den Menschen, die die Hände erheben im Gebet.

Herbert Kühn

Warum heißt der erste Tag der Woche „Sonntag"? 98

Christentum

In der folgenden Kinderpredigt wird erklärt, woher der Sonntag seinen Namen hat. Er wird in Beziehung zu Christus gesetzt, der als Sonne der Welt gilt. Sonne ist in dieser Geschichte ein Sinnbild für Licht, Wärme und Freude, die an Ostern besonders deutlich wird. Gleichzeitig wird an die Alltagserfahrungen solcher Menschen angeknüpft, die sich besonders auf die Sonne freuen, weil sie sie lange entbehren müssen.

Alter: ab 8 Jahren

Liebe Kinder! Das habt ihr bestimmt schon gelernt, daß der Sonntag tatsächlich seinen Namen von der Sonne hat. Unsere Vorfahren haben ihm diesen

Namen gegeben, lange ehe sie Christen waren. Der Name war also schon im Gebrauch, als die ersten christlichen Missionare in unser Land kamen und den Leuten sagten: Diesen Tag der Woche, den ihr „Sonntag" nennt, müßt ihr vor allen anderen Tagen heilig halten, an ihm müßt ihr jedesmal zusammenkommen und das Gedächtnis des Erlösers feiern: denn an diesem Tag ist er glorreich von den Toten auferstanden.

Da muß man sich eigentlich wundern, daß die Missionare nicht einen Schritt weitergegangen sind und gesagt haben: Deshalb wollen wir diesem Tag von jetzt an einen anderen Namen geben; wir könnten ihn zum Beispiel „Christustag" nennen.

Ich will euch erklären, warum die Missionare das nicht getan haben.

Sie haben gedacht: Besser lassen wir den Leuten den alten Namen und geben ihm nur eine neue Bedeutung. Das geht bei diesem Namen besonders leicht. Christus hat ja selber gesagt: Ich bin das Licht, das heißt soviel wie: Ich bin die Sonne der Welt. So haben die Missionare den Leuten gesagt: Euer alter Name für diesen Tag kann ruhig bleiben. Nur müßt ihr, wenn ihr ihn gebraucht, an eine andere Sonne denken, die Sonne, die am Ostermorgen aus dem Grab in Jerusalem aufgegangen ist und seitdem allen Menschen scheint, die an Christus glauben. Sonn-Tag heißt soviel wie Christustag. Tatsächlich, wenn man es so versteht, ist „Sonntag" eigentlich der schönste Name, den man sich für den ersten Tag der Woche denken kann. Es ist der Tag, an dem Christus, unsere wahre Sonne, aus dem Grab aufgegangen ist und uns immer neu aufgeht am Altar. Deshalb ist es so selbstverständlich und so notwendig, daß wir uns an diesem Tag um den Altar versammeln, wo Christus uns einlädt zum Opfermahl und Ostermahl.

Ich habe einmal von einem Missionar gelesen, der wunderte sich, daß einer seiner afrikanischen Jungen immer so lange versunken vor dem Allerheiligsten kniete. Ein Gebetbuch hatte er keines bei sich; es hätte auch nicht viel geholfen, denn er konnte nicht lesen und nicht schreiben.

„Was machst du nur die ganze Zeit, wenn du so vor dem Allerheiligsten kniest?" hat er den Jungen gefragt. Der hat gesagt: „Was ich mache, Pater? Ich halte meine Seele in die Sonne!"

Das tun wir jeden Sonntag, wenn wir zur Messe kommen und zur Kommunion gehen. Da werden unsere Herzen vom Licht Christi hell und warm. Fragt einmal die Menschen in den Alpen, die in tief eingeschnittenen Tälern wohnen, wo ein paar Wochen im Jahr die Sonne gar nicht hinkommt, was das für traurige Tage sind! Ein alter Pastor in Tirol hat mir erzählt, er sei in einem solchen Tal Kaplan gewesen. An dem Morgen, an dem zum erstenmal nach vielen sonnenlosen Tagen die Sonne wieder ins Schulzimmer schien, sind die Mädchen und Buben plötzlich auf die Bänke gestiegen und haben geschrien vor lauter Freude.

Unsere Sonntagsfreude ist zwar nicht so laut, aber man kann sie doch mit der Freude dieser Schulkinder vergleichen. Die wahre Sonne unseres Lebens geht uns auf an dem Tag, den wir „Sonn-Tag" nennen, und wir dürfen unsere Seele in diese Sonne halten: Wie sollten wir uns da nicht freuen!

Balthasar Fischer

Mond

Der Mondkult war über die ganze Erde verbreitet. Es gibt Mondmythen, deren Ursprung bis in mutterrechtliche Kulturen zurückgehen. Die altmexikanische Mondgöttin Teteoinnan wird als „Göttermutter" bezeichnet.

Eine zentrale Bedeutung besaß der Mond in den außerbiblischen semitischen Religionen. Viele Namen in Babylonien waren mit Sin (Mond) verbunden. Der Mond steht an der Spitze der babylonischen Astral-Trinität (Sin, Shamash, Ishtar). Hymnen preisen ihn als „Mutterleib" und „Erzeuger von Göttern und Menschen". In Griechenland wurde der Mond weiblich aufgefaßt. Selene (von griechisch selas = Licht, Glanz) ist die Spenderin des Taus, die Göttin des Wachstums, der Menstruation und Entbindung, aber auch die Patronin der Zauberer, Jäger und Diebe. In Rom wurde der Sonnengott Sol mit Luna, der Mondgöttin, gleichgesetzt.

In Japan klatscht man beim aufgehenden Mond in die Hände, in der Türkei grüßt man den aufgehenden Mond mit einem Vers. Die alttestamentlichen Propheten bekämpften die Mondreligion. Der Halbmond als altsemitisches heiliges Zeichen wurde zum Symbol des Islam.

Bis heute sprechen Muslime kleine Gebete oder Gedichte, wenn sie den Neumond das erste Mal erblicken. Der Mond ist aber auch ein Symbol für die unerreichbare göttliche Schönheit.

Für manche Mystiker besteht eine innere Verbindung zwischen den Worten Allah, Hilal (Neumond) und Lalah (Tulpe), weil sie alle aus den gleichen Buchstaben bestehen.

Der Mond ist im Islam vor allem das Gestirn, das die Zeit gliedert. Sure 54,1 spricht in einem eschatologischen Zusammenhang davon, daß sich der Mond spaltet. Der islamische Mondmonat hat 28 Tage, ebenso wie das arabische Alphabet 28 Buchstaben besitzt. Der Koran erwähnt die Namen von 28 Propheten, die vor Muhammad erschienen.

Nicht nur im Islam, wo der Ramadan mit der Sichtung des Neumonds beginnt, bestimmt dieses Gestirn das Datum von Festen. Buddhistische Feste werden an sogenannten Uposatha-Tagen gefeiert: Vollmond, Neumond sowie die Tage des ersten und letzten Mondviertels (1., 8., 15., 23. eines Monats). Auch das christliche Osterfest wird nach dem auf Frühlingsanfang folgenden Vollmond begangen.

Eindrucksvoll schildert Joseph Roth in seinem Roman „Hiob" den alten jüdischen Brauch der Begrüßung des Neumonds: „Es war die erste Woche im Monat Ab. Die Juden versammelten sich nach dem Abendgebet, um den Neumond zu begrüßen, und weil die Nacht angenehm war und ein Labsal nach dem heißen Tage, folgten sie ihren gläubigen Herzen williger als gewöhnlich und dem Gebot Gottes, die Wiedergeburt des Mondes auf einem freien Platz zu begrüßen, über dem sich der Himmel weiter und umfangreicher wölbt als über den engen Gassen des Städtchens. Und sie hasteten, stumm und schwarz, in regellosen Grüppchen, hinter die Häuser, sahen in der Ferne den Wald, der schwarz und schweigsam war wie sie, aber ewig in seinem verwurzelten Bestand, sahen die Schleier der Nacht über den weiten Feldern und blieben schließlich stehen. Sie blickten zum Himmel und suchten das gekrümmte Silber des neuen Gestirns, das heute noch einmal geboren wurde, wie am Tage seiner Erschaffung. Sie schlossen sich zu einer dichten Gruppe, schlugen ihre Gebetbücher auf, weiß schimmerten die Seiten, schwarz starrten die eckigen Buchstaben vor ihren Augen in der nächtlich-bläulichen Klarheit, und sie begannen, den Gruß an den Mond zu murmeln und die Oberkörper hin und her zu wiegen, daß sie aussahen wie von einem unsichtbaren Sturm gerüttelt. Immer schneller wiegten sie sich, immer lauter beteten sie, mit kriegerischem Mut warfen sie zu dem fernen Himmel ihre urheimischen Worte. Fremd war ihnen die Erde, auf der sie standen, feindlich der Wald, der ihnen entgegenstarrte, gehässig das Kläffen der Hunde, deren mißtrauisches Gehör sie geweckt hatten, und vertraut nur der Mond, der heute in dieser Welt geboren wurde wie im Lande der Väter, und der Herr, der überall wachte, daheim und in der Verbannung.

Mit einem lauten ,Amen' beschlossen sie den Segen, reichten einander die Hände und wünschten sich einen glücklichen Monat, Gedeih den Geschäften und Gesundheit den Kranken. Sie zerteilten sich, sie liefen einzeln nach Haus, verschwanden in den Gäßchen hinter den kleinen Türen ihrer schiefen Hütten."

Neumond 99

Islam

Jehan Sadat, die Frau des ermordeten, ehemaligen ägyptischen Staatspräsidenten, beschreibt, wie die Sichtung des Neumonds den Beginn des Fastenmonats bestimmt. Da nicht alle islamischen Gelehrten in den verschiedenen Ländern den Neumond zu gleicher Zeit erblicken, beginnt der Ramadan auch nicht überall auf der Welt am gleichen Tag.

Alter: ab 12 Jahren

Der Ramadan fiel immer auf ein anderes Datum – in jedem Jahr um elf bis zwölf Tage früher als im Jahr davor –, denn der muslimische Kalender beruht auf den Mondphasen und nicht auf dem Sonnenzyklus des westlichen Kalenders. Wenn er in die Sommerhitze fiel, war der Fastenmonat schwieriger zu überstehen, doch seine spirituelle Botschaft war immer dieselbe: Damit sie lernten, sich zu beherrschen und mit den Armen zu identifizieren, sollten alle Muslime weltlichen Freuden entsagen.

Die Erwartung steigerte sich schon einige Zeit vor Ramadan-Beginn von Tag zu Tag, denn niemand konnte genau vorhersagen, wann die Scheichs den Neumond des neunten Monats entdecken würden.

„Der Ramadan wird vermutlich morgen beginnen", hieß es etwa im Radio, „denn heute wurde der neue Mond noch nicht gesichtet."

Schließlich verkündeten dann die Rundfunknachrichten endlich das Anbrechen des Ramadan, und das hieß, daß man mit dem Fasten im ersten Morgenlicht des folgenden Tages in dem Augenblick beginnen mußte, da man einen weißen, vor den Himmel gehaltenen Faden deutlich von einem schwarzen zu unterscheiden vermochte.

Jehan Sadat

100 Vollmond

Buddhismus

Im Buddhismus werden alle wichtigen Feste vom Mond bestimmt. Wesak (Vesakha) ist der bedeutendste Feiertag in den Ländern des Theravada-Buddhismus. Er wird am Vollmondtag im Mai begangen. Seit dem 12. Jahrhundert erinnern sich Buddhisten an die Geburt Buddhas, seine Erleuchtung, sein Eingehen in das Nirwana. Die Feierlichkeiten bestehen aus Lehr-Darlegungen, einem Sich-Besinnen auf das Leben des Buddha, Rezitationen und Prozessionen.

Alter: ab 13 Jahren

In den Klöstern finden sich die Mönche und Nonnen am Morgen und Abend zur gemeinsamen Andacht zusammen. Auch die Laien halten täglich Familienandachten vor ihren Hausschreinen. Zu jedem Monat gehören vier Feiertage, die der Mondstand bestimmt. Am Vollmond- und am Neumondtag versammeln sich die Mönche und Nonnen zur Beichte. Zusammen mit den Tagen des ersten und des letzten Mondviertels bilden sie vier buddhistische Sonntage, an denen die Laien ins nächste Kloster gehen, den Mönchen Gaben bringen und Predigten hören. Manche geloben, an einem „Sonntag" außer der fünf üblichen auch noch die mönchischen Sittenregeln zu beachten bis auf die eine, die Geld handzuhaben verbietet.

Das Jahr der Mönche hat zwei Zeiten: die Monate, in denen es ihnen freisteht, zu Pilgerstätten oder zu anderen Klöstern und Lehrern zu reisen, und die Zeit des Zusammenlebens. Das ist die Regenzeit, die schon der Buddha mit seinen Jüngern an einem Ort verbrachte. Diese Einkehr beginnt am Vollmond des achten und endet am Vollmond des elften buddhistischen Monats, das ist die Zeit etwa von Juli bis Oktober.

Jahr für Jahr gehen an die 100 000 Thai während der Regenmonate als Mönche in die Klöster. Auch für den, der zu Hause bleibt, bedeuten diese Monate eine heilige Zeit, in der man freigebiger und andächtiger sein sollte als sonst. Am Ende der Einkehrzeit feiern sie ein großes Fest. In Thailand ziehen an diesem Tag fröhliche Laien in Prozessionen in die Klöster, wo sie den Mönchen weiße Stoffbahnen übergeben. Jeder Mönch darf nur nehmen, was für ein Gewand reicht. Das aber muß er gelb färben, zuschneiden und zu einem Mönchsgewand zusammennähen. Bei Anbruch des nächsten Tages muß sein neues Kleid fertig sein, weil anders er und seine Mitbrüder des Verdienstes verlustig gingen.

Weitere religiöse Festtage feiern den Buddha. Auch sie fallen immer auf einen Vollmondtag. Am Vollmond im Juli feiert man die Geburt der Lehre, die erste Predigt, die der Buddha nach seinem Erwachen in Benares gehalten hat. Am Vollmond im Februar gedenkt man der Verkündigung der Mönchsregeln durch den Stifter. Am Vollmond im Oktober feiert man die Geburt der Mission, als der Buddha die ersten Missionare aussandte. Ihre Aussendung nach Übersee durch den Kaiser Ashoka wird am Vollmond im Juli gefeiert. Das allerwichtigste Fest des buddhistischen Jahres fällt auf den Vollmond des Mai. Es heißt auf Pali: Vesakha, im Sanskrit Vaishaka, in Sri Lanka Wesak, in Thailand Wisakha. Diesen Tag nennen Buddhisten dreifach heilig, denn sie feiern an ihm das Fest der Geburt ihres Stifters, das Fest seines Erwachens und sein Sterben, auch das als Freudenfest, weil es sein Verlöschen und somit seine Erlösung bedeutet.

In Sri Lanka darf an diesem Tag kein Tier geschlachtet werden. Gelegentlich begnadigt die Regierung Verurteilte zum Fest. Nirgendwo bekommt man Bier oder Whisky zu kaufen. Die Leute haben ihre Häuser bunt geschmückt, Regierung und Firmen wollen nicht nachstehen und lassen auch an ihren Gebäuden Bilder aus dem Buddhaleben und Flaggen anbringen. Am Abend werden Tausende Laternen die Gebäude, Vorgärten und Straßen erleuchten. Die Städter stellen während des Tages Stände am Wege auf, wo Pilger und Spaziergänger umsonst zu essen und zu trinken bekommen können. Andere stehen beim Hospital Schlange, um Blut zu spenden. Wieder andere verteilen Geschenkpakete in den Armenvierteln und in den Gefängnissen. Wie die ceylonesischen Christen Weihnachtskarten, so verschicken die ceylonesischen Buddhisten Wesakkarten an ihre Freunde und Bekannten.

In Colombo fehlen auf der größten Veranstaltung zum Fest weder der Staats- noch der Ministerpräsident. Die obersten Mönche, die obersten Politiker und selbst der christliche Bischof von Colombo äußern öffentlich ihre Gedanken zur Bedeutung dieses Tages. In den Klöstern drängen sich in feierliches Weiß gekleidete Buddhisten, ohne Schmuck und Schminke. Im Sugathadasa Stadion fasteten drei- bis viertausend Menschen wie die Mönche, während sie deren Predigten und den religiösen Liedern jugendlicher Chöre lauschen.

Hans-Jürgen Greschat

Sterne

Wir kennen vor allem den Stern aus der Weihnachtsgeschichte, der den Weisen den Weg zum neugeborenen Jesuskind weist. Der erste christliche Gelehrte, Clemens von Alexandrien (gest. vor 215), verherrlichte Christus als Retter, der die Menschen aus der Herrschaft der Engel, d. h. der Gestirngeister, befreit hat. Thomas von Aquino (1225–1274) lehrte den Einfluß der Gestirne auf den Kosmos, leugnete jedoch ihren Einfluß auf Vernunft und Willen des Menschen. In der Renaissancezeit lebte die Astrologie wieder auf. Das kirchliche Christentum, zum Beispiel auch Martin Luther (1483–1546), haben die Astrologie immer abgelehnt.

Dennoch lebte der Sternglaube fort, wenn auch in anderer Form. Maria hat nicht nur ein Sternenkleid an, sie wird geradezu als Morgenstern verehrt. Mit dem Hymnus „Ave, maris stella" („Meerstern, ich grüße dich") preisen sie die katholischen Christen. Wie die babylonischen Götter wird auch Jesus als Stern gepriesen: „Jesus, der große Wunderstern, der aus Jakob ist erschienen."

Sterne waren für den antiken Menschen göttliche Wesen. Sie wurden als Ohren eines Himmelsgottes gedeutet und mit Verstorbenen in Zusammenhang gebracht. Vor allem die mexikanische und babylonische Religion besaßen astralen Charakter. In der mexikanischen Religion galt der Morgenstern als Vermittler zwischen Himmel und Mensch. Bis in die Gegenwart verehren ihn die Cora-Indianer als „Gesamtheit der Götter im Himmel". In der sumerisch-babylonischen Keilschrift ist das Zeichen für Stern das Ideogramm für Gott. Unsere Sternennamen sind babylonischen Ursprungs. Die Dreiheit Sonne, Mond und Sterne entspricht der altbabylonischen Astraltrinität: Sin, Shamash, Ishtar. Babylonisch ist die Idee von der Gesetzmäßigkeit des Universums, das den Makrokosmos der Gestirne und den Mikrokosmos des Menschen umspannt. Daraus entwickelte sich die Idee, die Eigenschaften und das Schicksal des Menschen aus den Sternen zu deuten.

Die Menschen fühlten sich aber zunehmend unter diesem astralen Fatalismus gedrückt; denn der Glaube an die Schicksalsgewalt der Planeten ist mit der Annahme einer persönlichen Gottheit, die durch Opfer und Gebet erreicht werden kann, unvereinbar. „Israel steht unter keinem Stern, sondern unter Gott allein", verkündeten dann auch die israelitischen Propheten und später Jesus und die Apostel.

Im Islam können die Sterne als Zeichen für die Menschen dienen. Auch sie werfen sich – wie alle übrigen Geschöpfe – vor dem Herrn nieder (Sure 55,6). Sure 53 trägt sogar die Überschrift „Der Stern" und beginnt mit der Einleitungsformel „Und beim Stern, wenn er fällt". Als Wegweiser waren Sterne besonders in der Seefahrt bedeutsam. Dieser Erkenntnis verdanken wir wichtige mathematische und astronomische Werke islamischer Gelehrter. Die Astrologie spielte nicht nur in den islamischen Wissenschaften, sondern auch in der Mystik und Dichtung eine wichtige Rolle. Der berühmte Naturwissenschaftler al-Biruni (973 – ca. 1050) bewies den Gläubigen, daß alle Gestirne Teil einer großen kosmischen Harmonie seien.

Die Sterndeuter aus dem Morgenland 101

Christentum

Der Stern dient den Magiern als Wegweiser, um den neugeborenen König der Juden zu finden. Sein Wiedererscheinen auf der weiteren Reise ist für sie eine göttliche Bestätigung, daß sie auf dem richtigen Weg sind.

Im Mittelalter wurde aus den Besuchern „aus dem Morgenland" ein Trio mit den klangvollen Namen Kaspar, Melchior und Balthasar als Vertreter der damals bekannten Erdteile Afrika, Asien und Europa. Die spätere christliche Tradition hat unter alttestamentlichem Einfluß aus den Magiern Könige gemacht. Ihre Dreizahl erschloß erst Origenes (gest. 253/254) aus der Zahl der in Mt 2,11 genannten drei Geschenke (Gold, Weihrauch und Myrrhe).

Hinter der Sternenerscheinung verbirgt sich wahrscheinlich eine besondere Sternkonstellation von Jupiter und Saturn im Tierkreiszeichen der Fische. Saturn galt als *der* Stern Israels und Jupiter als Stern des Weltherrschers. Das Sternbild der Fische betrachtete man als Zeichen der Endzeit. Eine durch Dauer und Nähe auffallende Konjunktion von Jupiter und Saturn wurde im Jahr 7. v. Chr. in Babylonien beobachtet. Diese Deutung wird von manchen Exegeten bestritten. Sie weisen darauf hin, daß der griechische Begriff keine Sternenkonjuktion, sondern nur einen Einzelstern bezeichnet. Der Stern sei nur eine literarisch-symbolische Einkleidung für den Weg, den Gott den Magiern zum neugeborenen Heilskönig weist.

Alter: ab 8 Jahren

„Dann gingen Joseph und Maria wieder nach Nazaret zurück?" fragte der Junge.

Der Fischer antwortete nicht gleich. „Ja, später. Aber da erzählt man sich noch eine andere Geschichte, die ist auch so wunderbar wie die mit den Hirten. Bei diesem Mann, bei Jesus, ist vieles so merkwürdig, daß wir es nicht verstehen.

Da lebten, weit fort von hier, im Land Mesopotamien, wo unser Vater Abraham herstammt, Sterndeuter. Das waren Leute, die die Sterne beobachteten, und die sagten: ‚Wenn auf der Erde etwas Wichtiges geschehen soll, dann sieht man es vorher an den Sternen.' Die sahen, wie der Stern des Königs, der Jupiter, und der Stern der Juden, der Saturn, immer näher zusammenkamen, so dicht, daß man zuletzt meinte, sie seien nur noch ein großer, sehr heller Stern. Da sagten sie: ‚Es muß bei den Juden, in Jerusalem, ein König geboren worden sein. Und dieser König ist so mächtig, daß sogar die Sterne es uns sagen. Da müssen wir hin!'

Sie setzten sich auf ihre Kamele und ritten durch den Sand der Wüste viele Wochen lang, über Berg und Tal, durch Dörfer und Städte bis nach Jerusalem, weil Jerusalem die Hauptstadt der Juden war und weil ein König ja sicher in der Hauptstadt zu Hause war.

Am Palast klopften sie an. Der König Herodes ließ sie ein, begrüßte sie und fragte: ‚Was möchten die fremden Herren bei mir?‘

Sie sagten: ‚Wir möchten das Kind sehen.‘

‚Welches Kind?‘ fragte Herodes.

‚Den neugeborenen König der Juden!‘

‚Welchen neugeborenen König der Juden? Wir haben hier keinen neugeborenen König der Juden!‘

Die Weisen wußten ja nicht, daß das Kind in einer Höhle in Betlehem lag und daß seine Eltern arme Leute waren. Der König wußte es auch nicht. Und der König dachte: ‚Wenn ich den finde, bring’ ich ihn um.‘ Denn er hatte Angst, daß der neue König ihm seine Krone wegnehmen und sich auf seinen Thron setzen würde.

Die Sterndeuter schauten einander an und wußten nicht, was sie denken sollten.

‚Kannst du dich nicht erkundigen‘, fragten sie den König, ‚wo der neue König geboren ist?‘

Da ließ Herodes gelehrte Männer aus dem Tempel holen. Die mußten so etwas doch wissen. Sie kamen herein, verbeugten sich und fragten: ‚Was wünscht unser Herr, der König?‘

Der König fragte: ‚Was sagen die heiligen Bücher? Wo soll der große König geboren werden, wenn er kommt?‘

‚Der König, der von Gott ist und der Welt den Frieden bringt?‘

‚Ja!‘

Da schlugen sie ihre Bücher auf und lasen ihm vor: ‚Der König, der von Gott kommt, wird in Betlehem geboren werden, in der Stadt, aus der schon der große König David kam.‘

Da ließ Herodes die Sterndeuter wieder hereinkommen und sagte: ‚Ich höre, der neue König sei in Betlehem geboren worden. Geht nach Betlehem. Sucht ihn. Und wenn ihr ihn gefunden habt, dann kommt wieder zu mir und sagt es mir. Dann will ich auch hingehen und ihm ein Geschenk bringen.‘ Das sagte er aber nur, weil er das Kind finden und umbringen wollte.

Die Sterndeuter verbeugten sich und gingen hinaus. Sie ritten nach Betlehem. Das war nicht weit. Nach zwei Stunden waren sie da, und schließlich fanden sie das Kind bei Maria und Joseph in der Höhle. Zuerst schüttelten sie die Köpfe: ‚Das kann doch nicht sein! Ein König in einem Futtertrog! Ein Kind so armer Leute!‘ Aber sie konnten eben nicht wissen, daß Jesus kein König war wie andere, sondern einer für die Herzen der Menschen.

Sie standen unter dem Eingang der Höhle und dachten nach. Und als sie über die Höhle hinauf zum Himmel sahen, da standen wieder, groß und hell, die beiden Sterne so nah beieinander, als wären sie ein einziger großer Stern. Und sie wußten: Dieses Kind ist etwas ganz anderes, als wir dachten. Das ist kein König wie andere Könige. Es ist nicht gekommen, um die Menschen zu beherrschen, sondern um sie zu trösten. Es ist ein Bote von Gott. Und es wird für die Menschen viel mehr bedeuten als ein König.

Ehe sie wieder weggingen, erzählten sie Maria von dem Stern, den sie gesehen hatten, und streichelten das Kind und schenkten ihm ein wenig Gold, damit die Mutter es gut versorgen konnte; sie zündeten Weihrauch an, so daß die ganze Höhle duftete, und noch ein bißchen Myrrhe, die auch so schön roch wie Weihrauch. Sie verbeugten sich vor Maria und wünschten dem Kind, daß es wachsen und gedeihen möge, und traten durch den Höhleneingang ins Freie. Und als sie bei ihren Kamelen standen, sagte einer von ihnen: ‚Jetzt müssen wir nur noch bei Herodes vorsprechen und ihm sagen, wo das Kind ist.' Ein anderer sagte: ‚Aber zuerst schlafen wir. Ich bin müde.' Und sie legten sich draußen unter dem Sternhimmel in den Sand und schliefen lang und fest.

Da hatten sie einen Traum. Sie hörten eine Stimme, die sagte ihnen: ‚Geht nicht zu Herodes zurück. Er will das Kind töten. Geht an Jerusalem vorbei auf einem anderen Weg, wenn ihr heimreitet.' Als sie erwachten, sagten sie: ‚Das war von Gott!' Und sie setzten sich auf ihre Kamele und ritten noch in der Nacht, damit niemand sie sehen konnte, an Jerusalem vorbei und reisten wieder durch die Wüste nach Mesopotamien, in ihre Heimat, zurück."

Mt 2. Nacherzählt von Jörg Zink

Abraham vertraut Gott   102

Judentum/Christentum

Die Sterne symbolisieren in dieser Geschichte die zahlreiche Nachkommenschaft Abrahams.

Alter: ab 8 Jahren

Damals lebte im Land zwischen den Strömen Eufrat und Tigris ein Mann namens Abraham. Gott sprach zu Abraham: „Verlaß deine Heimat. Verlaß die Familie deines Vaters. Geh in das Land, in das ich dich führe."

Abraham wußte nicht, was das für ein fernes Land war. Aber er vertraute auf Gott. Er dachte: „Auf Gott kann ich mich verlassen."

So befahl er seinen Hirten und Knechten: „Treibt meine Schafe und Ziegen von der Weide zu meinem Zeltdorf! Brecht die Zelte ab! Packt alles, was mir gehört, auf die Kamele und Esel!"

Abraham war schon alt, als er aufbrach. Seine Frau Sara und sein Neffe Lot begleiteten ihn. Viele Monate wanderten sie dem Südland zu, dorthin, wo am Mittag die Sonne steht.

Eines Nachts erwachte Abraham. Er stand auf und trat vor sein Zelt. Da hörte er Gottes Stimme. Gott sprach: „Ich werde dich beschützen, Abraham. Und ich werde dich reich und berühmt machen!"

Da seufzte Abraham und antwortete: „Mein Gott, was nützen mir die großen Herden und alles Silber? Du hast Sara und mir keine Kinder geschenkt. Das macht uns traurig. Alles, was wir besitzen, wird nach unserem Tod mein Oberknecht Eliëser bekommen."

Da sprach Gott zu Abraham: „Schau zum Himmel hinauf! Sieh dir die Sterne an! Kannst du sie zählen?"

Abraham hob seinen Kopf. Er blickte zum dunklen Nachthimmel, der mit unendlich vielen funkelnden Sternen übersät war. Je länger Abraham zu ihnen hinaufschaute, desto mehr wurden es. Sie waren nicht zu zählen.

„So unzählbar", sprach Gott zu Abraham, „werden auch deine Nachkommen sein." Abraham dachte: „Was Gott verspricht, hält er." So vertraute er Gott, und darum hatte Gott ihn gern. Nach langer Reise kamen Abraham und seine Leute in das grüne Bergland von Kanaan. Beim Ort Sichem stand ein heiliger Baum. Als Abraham im Schatten unter dem Blätterdach des Baumes stand, sprach Gott zu ihm: „Das ist das Land, das ich dir und deinen Nachkommen schenken will."

1. Mose 12,1–9;15,1–6. Nacherzählt von Werner Laubi

103   Ibrahim und die Götter seines Vaters

Islam

In dieser Geschichte sind die Gestirne Symbol für fehlgeleitete göttliche Verehrung. Im Islam gehören Sonne, Mond und Sterne zu den Himmelskörpern, denen Abraham sich zuwandte, bis er begriff, daß man nicht Erscheinungen des Göttlichen, sondern den Schöpfer selbst anbeten müsse. Sure 41,37 warnt die Menschen: „Werft euch weder vor der Sonne, noch vor dem Mond nieder. Werft euch nieder vor Gott, der sie erschaffen. So ihr ihm dienen wollt."

Alter: ab 8 Jahren

Vor etwa 4000 Jahren lebte in der Stadt Ur im Zweistromland ein Mann namens Azar. Ur war damals eine prächtige Stadt mit hohen Gebäuden, breiten gepflasterten Straßen, Brunnen und Wasserleitungen. Dort wohnten reiche Kaufleute und berühmte Gelehrte, und es gab Theater und Bibliotheken. Aber die Menschen beteten nicht nur zu Allah, sondern auch zu unzähligen anderen Göttern.

Sie hatten die Himmelskörper erforscht, um daraus die beste Zeit für Aussaat und Ernte und viele andere Dinge zu berechnen. Aber im Laufe der Zeit übernahmen sie den Aberglauben, Sonne, Mond und Sterne seien selbst die Ursache für die Ereignisse auf der Erde, und man könnte aus ihnen das Schicksal der Menschen ablesen. Darum beteten sie auch die Himmelskörper an. Tag und Nacht waren sie von der Angst geplagt, daß sie Gebet oder Opfer für einen ihrer Götter vergessen könnten und dieser dann zornig würde.

Azar war ein angesehener Mann. Sein Beruf war es nämlich, aus Holz und Stein alle die verschiedenen Götterbilder zu machen und sie mit Silber und Gold zu überziehen und mit Edelsteinen zu verzieren.

Nun hatte aber Azar einen Sohn namens Ibrahim. Sobald dieser in das Alter kam, wo junge Menschen anfangen, ihre Umgebung zu beobachten und darüber nachzudenken, fragte er seinen Vater: „Was sind das für Figuren, und warum betet ihr sie an?"

Azar erzählte ihm darauf alle Geschichten, die von seinen Vorfahren überliefert worden waren und die von verschiedenen Heldentaten der Götter handelten, die früher alle einmal berühme Leute im Volk gewesen waren. Aber Ibrahim sah wohl, daß die Götter nur Figuren waren, die sich niemals von der Stelle rührten, keine Worte sprachen und nicht einmal die geopferten Speisen anrührten, während die einstigen wirklichen Helden längst in ihren Gräbern lagen, und er sagte zu seinem Vater: „Aber sieh doch, sie bewegen sich überhaupt nicht."

Azar meinte, er sei ein dummer Junge und nicht ernst zu nehmen, und wandte sich wieder seiner wichtigen Arbeit zu.

Ibrahim dagegen dachte weiter nach. Er studierte die Wissenschaften seiner Zeit und beobachtete selbst die Himmelskörper, um herauszufinden, was richtig und was falsch war. Am Abend beobachtete er einen besonders hellen Stern, den die Leute der Stadt Ur anzubeten pflegten. Aber nach einiger Zeit ging der Stern unter und Ibrahim sprach: „Ich mag keine Dinge als meinen Herrn ansahen, die untergehen."

Kurz darauf ging der Mond auf, und darüber gab es im Volk eine Menge Sagen und Gedichte, in welchen der Mond als ein mächtiger Gott geschildert wurde. Mit seinem hellen Licht erleuchtete er die Nacht. Aber nach einiger Zeit ging auch er unter. Ibrahim sprach: „Wenn Allah mir nicht den richtigen Weg zeigt, gehöre ich wirklich zu den Verirrten!"

Schließlich ging die Sonne auf. Das Volk hielt die Sonne für den größten Himmelskörper und glaubte, von ihr käme alles Leben auf der Erde. Aber als der Abend kam, ging auch die Sonne unter. Da erkannte Ibrahim mit Gewißheit, daß alle diese Himmelskörper nur Geschöpfe des wahren Gottes sind und sich nach seinen ewigen Gesetzen bewegen und nur auf seinen Befehl hin Licht und Wärme spenden, und er sprach: „Ich wende mich ab von allem Trug und vertraue allein auf Allah. Ich bin frei von allem, was die Menschen Allah zugesellen, und frei von der Furcht vor falschen Göttern, die in Wirklichkeit keine Macht haben."

Nach dieser Erkenntnis kehrte Ibrahim zu seinem Vater und seinem Volk zurück. Allah gab ihm Weisheit und Erkenntnis und machte ihn zum Propheten. Ibrahim fing an, dem Volk die Wahrheit zu predigen: „Ihr und eure Väter sind dem Irrtum verfallen, denn eure Götter haben nicht einmal Macht über sich selbst. Hören sie etwa, wenn ihr sie anruft? Können sie euch nützen oder schaden? In Wirklichkeit ist es Allah, der euch erschaffen hat. Wendet euch deshalb zu ihm, denn es gibt keine wirkliche Macht außer bei ihm, dafür bin ich ein Zeuge."

Die Anhänger der Götter ließen sich jedoch nicht von seiner Rede zum Nachdenken bewegen. Die einen sagten: „Du machst vielleicht Witze!" Und die anderen sagten: „Unsere Götter werden dich bestrafen, wenn du so über sie redest."

Aber Ibrahim entgegnete: „Von der Angst vor euren leblosen Göttern bin ich frei, denn ich fürchte nichts außer Allah. Wie soll ich etwas fürchten, das keine Macht hat? Ihr aber fürchtet nicht einmal den, dem die wirkliche Macht gehört. Antwortet mir, wenn ihr überhaupt etwas zu sagen habt. Wenn aber nicht, was streitet ihr dann mit mir? Wer glaubt, findet bei Allah seine Sicherheit."

Die Anhänger der Götter hörten nicht auf zu streiten, und Ibrahim sprach: „Ich vertraue allein Allah, meinem Schöpfer, dem Herrn der Welten, der mich auf den rechten Weg führt, der mich sterben läßt und wieder auferweckt, und der allein mir verzeihen kann."

Und Ibrahim betete: „Mein Herr, gib mir Weisheit und vereinige mich mit den Gerechten. Und laß spätere Generationen Gutes von mir berichten. Und laß mich unter den Erben des Gartens sein. Und vergib meinem Vater. Siehe, er gehört zu den Verirrten. Und verlaß mich nicht an dem Tag, an dem weder Vermögen noch Nachkommen den Menschen nützen, sondern nur der angenommen wird, der Allah sein ganzes Herz bringt. An jenem Tag werden die Götterdiener zu ihren Göttern sagen: Wahrhaftig, es war ein Irrtum, euch mit Allah gleichzusetzen. Wie sind wir doch verführt worden! Nun haben wir weder einen Fürsprecher noch irgendeinen Freund, der uns helfen kann. Ach, könnten wir doch in die Welt zurückkehren und Gläubige werden!"

Ibrahim sah, daß er mit Worten die Anhänger der Götter nicht überzeugen konnte. Er mußte ihnen zeigen, was er meinte, und sprach: „Ihr werdet schon sehen, daß eure Götter nicht einmal sich selbst helfen können, und erst recht nicht anderen. "

Eines Tages fand in der Stadt ein großes Fest zu Ehren eines bestimmten Sterngottes statt, und seine Anhänger forderten Ibrahim auf, mit ihnen zu feiern. Er aber erwiderte: „Mir ist übel geworden. "

Kaum waren die Anhänger des Sterngottes fort, da betrat Ibrahim den großen Tempel, in dem die Götterfiguren standen, regungslos, und geopferte Speisen und Getränke standen unberührt vor ihnen. Ibrahim sprach zu ihnen: „Warum eßt ihr nicht? Und was ist los mit euch, daß ihr nicht sprecht?"

Die Figuren aber regten sich nicht von der Stelle. Da schlug Ibrahim sie allesamt in Stücke, bis auf den größten, damit es so aussah, als hätte dieser sie zerstört.

Am nächsten Morgen entdeckte der Oberpriester die zerstörten Götter und alarmierte sofort alle wichtigen Leute in der Stadt. Alle waren empört. „Wer kann das gewesen sein?" fragen sie untereinander.

Schließlich meldete sich einer und sagte: „Ich habe neulich gehört, daß ein Junge schlecht über unsere Götter geredet hat. Vielleicht sollten wir ihn einmal fragen."

Diesem Rat folgten die Leute. Sie ließen Ibrahim zum Tempel holen und verhörten ihn. „Hast du unsere Götter zerschlagen?" fragten sie ihn.

Er entgegnete: „Aber wieso denn, der Größte von ihnen hat es getan. Das kann man doch deutlich genug sehen. Fragt ihn doch, wenn er sprechen kann. Vielleicht war er eifersüchtig."

Da waren die Leute zunächst verblüfft, aber sie merkten, daß Ibrahim sie zum Narren halten wollte, und sagten: „Du weißt doch, daß sie nicht sprechen."

Da sprach Ibrahim: „Verehrt ihr denn statt Allah Wesen, die nicht einmal sprechen können? Die euch weder schaden noch nützen können?"

Über diese Rede wurden die Leute wütend. Jetzt war es klar, daß dieser Junge nicht nur die Götter geschändet und zerstört und die Priester zum Narren gehalten, sondern auch alle Ratsherren und wichtigen Leute und sogar die größten Gelehrten und Philosophen dieses Landes beleidigt hatte. Wie konnte er so etwas wagen! Gleichzeitig befürchteten sie, er könnte viele Menschen überzeugen und den Glauben an den einzigen Gott im ganzen Land verbreiten, so daß alle Priester und Fürsten ihre Macht verloren, weil niemand mehr Angst vor ihnen haben würde. „Verbrennt diesen Ketzer!" riefen sie daher, und: „Kämpft für unsere Götter!"

Sofort errichteten sie einen gewaltigen Ofen, wie er sonst zum Eisenschmelzen verwendet wird, heizten ihn ein, bis er rotglühend wurde, und warfen den gefesselten Ibrahim in die Flammen.

Aber Allah, der Allmächtige, sprach zu diesem Feuer: „Sei kühl und angenehm!" Da löste das Feuer zwar Ibrahims Fesseln, ihm selbst aber geschah kein Leid, und am nächsten Tag stieg er unversehrt und gut ausgeruht aus dem Schmelzofen.

Da bekamen die Leute einen Schrecken, denn sie hatten geglaubt, Ibrahim wäre schon längst zu Asche verbrannt. Aber bald faßten sie sich und sagten: „Wahrscheinlich kann er zaubern."

Nur ein paar Menschen wandten sich dem Glauben an Allah zu, unter ihnen Ibrahims Neffe Lut. Die Anhänger der Götter sprachen nicht mit den Gottesfürchtigen, aber gleichzeitig wagten sie auch nicht, ihnen etwas anzutun.

Endlich befahl Allah Ibrahim und den Gottesfürchtigen, ihre Heimat zu verlassen. Zum Abschied sprach Ibrahim zu seinem Vater: „Ich habe nichts mit dem zu tun, was ihr anbetet, und ich diene nur meinem Schöpfer, der mir den rechten Weg zeigen wird. Zwischen den Anhängern der Götter und uns herrscht Feindschaft, bis ihr euch dem einzigen Gott zuwendet, außer, daß ich für dich um Vergebung bitten will, obwohl ich von Allah ohne seinen Willen nichts für dich erreichen kann."

Die Gottesfürchtigen beteten: „Unser Herr, auf dich vertrauen wir und zu dir kehren wir um, und zu dir führt unser Weg. Unser Herr, laß uns nicht den Gottlosen zum Opfer fallen, und vergib uns. Unser Herr, du allein bist der Mächtige und Weise."

Dann sammelten sie ihre Habe und verließen die Stadt.

Nacherzählt von Halima Krausen

Farben

Weiß

Die weiße Farbe hat vor allem in solchen Religionen eine zentrale Stellung, in denen das Licht von Bedeutung ist. Sie ist die sakrale Grundfarbe, die Farbe der Reinheit, der Heiligkeit und Freude. Weiß besitzt die Fülle ungebrochenen Lichtes. Es ist Ausdruck des Absoluten, des Anfangs und des Endes. Im Alten Testament wird das Gewand Jahwes als Licht oder weißes Linnen beschrieben.

Die Reinheit und Vollkommenheit des Weiß wird durch weiße Blumen und Steine symbolisiert. Weiße Kristalle und Diamanten stehen für Reinheit, Kraft und Unwandelbarkeit. Im Christentum verdeutlicht die weiße Lilie die Reinheit Marias. Als Farbe des Lichtes bedeutet Weiß Erleuchtung, Vollkommenheit und Auferstehung. Weiß ist auch die liturgische Grundkleidung der östlichen und westlichen Kirche.

Im alten Iran war Weiß die Farbe des Gottes Ahura Mazda („Weiser Herr"). Weiße Kleidung tragen daher die Priester der Parsen, die japanischen Shintopriester, die Hindu-Brahmanen, die altgriechischen Priester, die Priester des Isiskultes in Rom.

Da Weiß als Farbe des Anfangs gilt, ist es auch die Farbe der Initiation. Weiße Masken werden bei einigen afrikanischen Stämmen bei der Initiationsfeier getragen. Weiß ist auch die typische Farbe von Übergangsriten. Weiß waren die altchristlichen Taufkleider, bis heute sind Braut- und Kommunionkleider weiß. Der Tag der heiligen Erstkommunion heißt „Weißer Sonntag". Weiß ist die Glücksfarbe der Mongolen. Das chinesische Neujahrsfest wird weißes Fest genannt. Weiße Kleidung dient aber auch oft als Schutz gegen böse Geister.

Weiß ist bei manchen Völkern auch Toten- und Trauerfarbe, zum Beispiel im Judentum und Buddhismus, aber auch im frühen Christentum. Damit distanzierten sich die Christen von den Bräuchen der Umwelt, wo schwarz Trauer anzeigte. Dunkle Trauerkleidung und düstere Totenklagen lehnten die Christen ab; denn „um Tote klagen nur solche, die keine Hoffnung haben". Weiß ist auch die Farbe des Endes, die alles Bunte des gebrochenen Lichts wieder zurücknimmt. In Afrika malen deshalb Trauernde ihre Gesichter weiß an.

Weiße Trauerfarbe ist ebenso üblich in: Vorderindien, Borneo, Java, China und bei manchen Indianerstämmen.

Rot

Rot ist die Farbe der Energie und das Symbol des Blutes. Das Blut wurde von vielen Völkern als Sitz der Seele betrachtet. Rotes Blut spielt bei verschiedenen Opferzeremonien eine wichtige Rolle. Symbolischer Wert kommt ihm auch bei der Vorstellung zu, „durch Christi Blut gereinigt zu sein".

Als Symbol für verblendete Leidenschaft und Gier steht Rot in Gestalt eines roten Hahns im Zentrum des tibetischen Lebensrades. In Tibet ist Rot überhaupt die Farbe der zornvollen Gottheiten. Auch die tibetische Initiationsgöttin Kurukulla erscheint in Rot. Ihre Hauptattribute sind ein roter Lotos sowie Pfeil und Bogen. Amithaba (altindisch = „unermeßliches Licht") wird ikonographisch als Buddha von roter Farbe dargestellt.

In der primitiven und antiken Medizin wurde der roten Farbe Heilkraft zugesprochen. Im Rußland schlang man rote Fäden um die Beine, um Fieber zu vertreiben. Im China sollen rote Zopfbänder das Wachstum fördern. Rote Farbe und Lappenamulette gibt es im talmudischen Judentum. Rot war die ursprüngliche Farbe der Ostereier.

Rot ist die Farbe der Götterschreine in den meisten shintoistischen Tempeln. Ebenso ist Rot oft die Farbe der Kultstätte der hinduistischen Dorfgötter.

Rot ist auch eine Farbe bei der Priesterkleidung. Israelitische Priester hatten scharlachrote Granatäpfel am Saum ihres Gewandes. Die rote Farbe hat auch ihren Platz im Totenkult, soll als Blutersatz die Toten wiederbeleben.

Rot gehört ebenso zur Symbolik des Feuers. Feuer zu haben bedeutete für die frühen Menschen Überleben in der Kälte, Schutz, Wärme, Geborgenheit, gekochte Mahlzeiten. Zur Feuersymbolik gehört im übertragenen Sinn das Entbrennen von Begeisterung oder Liebe.

Als Farbe der Leidenschaft hatte Rot in der Geschichte des Christentums zeitweilig eher eine negative Bedeutung. Rot genießt eine Wertschätzung als Farbe der Sonne, die von Indianern und Japanern als rote Scheibe dargestellt wird, und als Gott des Feuers. Weil Engel als feurig gelten, erscheinen sie auf griechischen Ikonen in roter Farbe.

Im Islam deuten roter Wein, rote Rosen und Feuer auf die göttliche Glorie hin. Rot sind die Gewänder des Badawiyya-Ordens. Bei islamischen Festen (Hochzeit) ist es üblich, die Handflächen mit Henna rot zu färben; denn Rot gilt auch als Farbe der Fruchtbarkeit. Daher ist auch der Brautschleier rot.

Blau

Blau ist die Farbe des unendlichen Himmelsgewölbes oder des weiten Meeres. Seine Weite und Entgrenztheit machte Blau auch zum Symbol des unbestimmten Fernwehs (die „blaue Blume der Romantik"). In der christlichen Symbolik des Mittelalters galt Blau als himmlische Farbe. Als Königin des Himmels wurde Maria oft in Blau dargestellt. Diese Blau-Symbolik drückt auch Treue, Verbundenheit und Hingabe aus. In der frühmittelalterlichen Buchmalerei wurde Christus selbst oft mit blauem Mantel gemalt – als Verbindungsstück zum Himmelreich.

Die Meditation des blauen Saphirs war zugleich Meditation des Himmels. Wegen seines entgrenzenden Charakters sollte er nach dem Volksglauben der Inder und Muslime sogar aus Gefangenschaft befreien und Augenkrankheiten heilen. Blau ist eine der Farben der priesterlichen Gewänder in Israel. Wegen der Dauerhaftigkeit des Indigo-Blau ist diese Farbe auch ein Sinnbild der Treue. Der Avatara Krishna wird blau und Shiva blauweiß dargestellt. Blau ist auch eine Schutzfarbe gegen den „bösen Blick", z. B. in Ägypten. Dunkelblau gilt im Islam als Farbe der Askese.

Grün

Grün ist die Farbe der Vegetation und des Wachstums. Sie spielt daher in Fruchtbarkeitsriten eine wichtige Rolle.

Grün wird von den Völkern in den verschiedenen Klimazonen der Erde unterschiedlich erfahren: Für die Wüstenvölker verkörpert Grün als schattenspendender Baum oder als Oase das Leben schlechthin. Grünflächen in der Einöde ermöglichen Überleben. Ein überwältigendes Erlebnis ist das Aufblühen der Wüste nach dem winterlichen Regen. Daher ist im Islam Grün die heilige Farbe, die Farbe des Propheten. In der islamischen Volksfrömmigkeit wird al-chidr verehrt, der Mann, dessen Mantel grün wird, als er die Lebensquelle entdeckt. Urwaldbewohner hingegen empfinden Grün zwar auch als lebenspendend, darüber hinaus aber auch als verschlingende Übermacht.

Grün gilt auch als Farbe des Propheten und der Engel. Grün ist immer mit dem Paradies und geistigen Dingen verbunden. Grün gekleidet sind Engel oder Heilige. Aus diesem Grund winden Ägypter grünen Stoff um die Gräber, gewissermaßen als Vorgeschmack des Paradieses. Im Kropf grüner Paradiesvögel weilen die Seelen der guten Menschen bis zur Auferstehung.

Hildegard von Bingen (1098–1179) sprach von der Grünkraft, die aus Gottes Schöpfermacht und der Erneuerungskraft des Heiligen Geistes stammt. In der jüdischen Kabbala, von der Hildegard möglicherweise beeinflußt war, spielt Grün eine wichtige Rolle im Zusammenhang mit der Weltschöpfung sowie als eine Farbe der Wirkweisen Gottes: „Dann bekleidet sich die Erde mit der Farbe von grünem Feuer, vor dem sich alle die Geschaffenen fürchten und erschrecken."

Gelb, golden

Wie das Weiß, so ist auch Gelb die Farbe der Lichtes, das die Finsternis besiegt.

Mithras war für die alten Iraner „der unbesiegte Sonnen- und Lichtgott". Der griechische Helios mit dem Sonnenwagen erscheint in Gelb. Als „Licht der Welt" wird Christus schon in der frühen Gemeinde verehrt. Das kosmische Ei, das dem indischen Gott Brahma zugehört, ist goldgelb. Golden ist auch Om, die heilige Ursprungssilbe des Hinduismus. Goldgelb ist das Gewand, in dem Buddha – unter den Salbäumen gebettet – in das todlose Nirwana eingeht. Safrangelb sind die Gewänder hinduistischer und buddhistischer Asketen in Indien, der Samnyasins und Bhikkhus. Gelb spielt auch eine besondere Rolle bei der buddhistischen Hochzeit. In Thailand wird die Braut mit folgenden Worten begrüßt: „Unsere goldene Pforte ist geöffnet. Wenn du durch sie hindurchgehst, wirst du großen Reichtum, großes Glück und den Segen des Herrn Buddha finden." Wir hören von einer goldenen Kette, durch welche beide Familien nun verbunden sind. Die Mönche ergreifen ein mit einem Buddhabild verbundenes gelbes Band und bilden einen heiligen Kreis.

Gelb ist auch die Farbe der tibetischen Reformsekte der „Gelbmützen". Goldgelb ist eine Metapher der Erfüllungszeit, der Endzeit. So ist zum Beispiel vom goldenen Jerusalem die Rede.

In der Mystik gilt Gelb als Farbe der Vernunft. Die islamische Farbsymbolik betrachtet Gelb als Farbe der Schwäche.

Seit dem 9. Jahrhundert wurde die Farbe Gelb als unterscheidende Kleidung für die Juden verwendet und fand im gelben Judenstern der Nationalsozialisten ihren negativen Höhepunkt.

Schwarz

Schwarz gilt als Farbe des Zaubers und des Todes, der Unterwelt und der Trauer. Teufel und Totengeister werden in vielen Religionen mit Schwarz in Verbindung gebracht. Schwarz ist die Gegenfarbe zum lichten Weiß. Schwarz kann auch die Farbe des Alters oder der Askese sein. In der mittelalterlich-christlichen Mystik galt Schwarz als Farbe der Sinnlichkeit. Im Protestantismus wurde der schwarze Gelehrtentalar zum Amtskleid der Prediger.

In vielen Religionen haben mehrere Farben eine Bedeutung. Der jüdische Gelehrte Midras Bamidbar Rabba berichtet: Als Mose das Stiftszelt errichten wollte, zeigte Gott ihm im Himmel vier Feuer – Scharlachrot, Hyanzintblau, Purpurschwarz und Byssusweiß –, die für bestimmte Eigenschaften Gottes stehen. Im Frühjudentum ist die Vorstellung verbreitet, daß Gott den Men-

schen Rot, Schwarz und Weiß schuf. Die Kabbala erklärt: Vom Rot der
Sünde gelangt man durch das Schwarz der Buße zum Weiß der Erlösung und
des Friedens. Fünf Farben spielen bei der Erleuchtung Buddhas eine Rolle:
Blau, Gelb, Rot, Weiß und Orange. In Indien sind Blau und Weiß die Farben
Shivas, Rot die Farbe Brahmas, Schwarz die Farbe Vishnus und Gelb die
Farbe Varunas.

Die liturgischen Farben im Christentum sind: Weiß, Rot, Grün, Violett
und Schwarz.

Weiß

Christiane geht zur Erstkommunion   104

Christentum

Seit urchristlicher Zeit ist Weiß die Farbe des Taufkleides. Es ist darüber hinaus die Farbe
der Kleidung bei allen Festen, an denen eine Lebenswende gefeiert wird: Kommunion,
Hochzeit, Eintritt ins Kloster.

In der Beschreibung des „Weißen Sonntags" wird die besondere Bedeutung dieses
Festes für römisch-katholische Kinder deutlich. Noch heute werden an diesem Tag die
Mädchen in weißen Kleidern eingesegnet, die Jungen tragen ihren ersten Anzug.

In der Geschichte erlebt die achtjährige Christiane ihre Erstkommunion in der Familie
und in der Kirche.

Alter: ab 8 Jahren

Die Erste Heilige Kommunion ist für die achtjährige Christiane wie für alle
katholischen Kinder ein besonderer Tag. Nach vielen Wochen der Vorberei-
tung kommt endlich der Tag der Erstkommunion.

Es ist der Sonntag nach Ostern. Er heißt auch Weißer Sonntag, weil früher
an diesem Sonntag die Leue, die in der Osternacht getauft worden waren,
noch einmal mit ihren weißen Taufkleidern in die Kirche einzogen.

Die letzten Tage vor dem Weißen Sonntag sind ausgefüllt mit Vorbereitungen. Die Kinder üben in der Kirche, wie die Feier durchgeführt werden
soll.

Aber auch für die Eltern zu Hause gibt es viel zu tun, denn schließlich ist
die Erstkommunion ein Familienfest, zu dem man viele Verwandte einladen
muß.

Immer ungeduldiger wird Christiane, doch dann ist der Weiße Sonntag endlich da. Christiane hat ein weißes Kleid an, sie sieht aus wie eine kleine Braut. Im Haar trägt sie ein Myrtenkränzchen. Christianes Kommunionkerze ist mit Blumen und grünen Zweigen geschmückt. So geht sie am Morgen zur Kirche.

Die Jungen haben dunkle Anzüge und weiße Hemden an und sehen ganz vornehm aus. Alle Kinder sind sehr still und ernst. Ruhig ziehen sie in die Kirche ein. Die Eltern und Verwandten sind schon in der Kirche. In der Mitte sind Plätze für die Kommunionkinder freigelassen.

Nun beginnt der feierliche Gottesdienst, in dem die Kinder zum erstenmal die Heilige Kommunion empfangen dürfen. Nach der Messe versammeln sich die Kinder auf dem Platz vor der Kirche, der Pfarrer gibt jedem von ihnen noch einmal die Hand.

Die meisten Eltern rennen aufgeregt mit Fotoapparaten herum und können gar nicht genug fotografieren. Schließlich ist es ein großer Festtag für die Kinder.

Am Nachmittag gehen alle nochmals zu einem Dankesgottesdienst in die Kirche. Zur Erinnerung an den Tag ihrer Ersten Heiligen Kommunion gibt der Pfarrer jedem Kind ein kleines Geschenk.

Edmund Jung

105 Sedervorbereitung

Judentum

In ihren Kindheitserinnerungen beschreibt Bella Chagall die Stimmung im Haus, bevor am Abend das große Sedermahl beginnt. Seder (hebräisch = Ordnung) ist der Name der häuslichen Familiengottesdienste, die an den ersten beiden Passa-Abenden gefeiert werden.

Alter: ab 10 Jahren

Oben im Eßzimmer herrscht allgewaltig der Feiertag. Von einer Wand bis zur anderen ist der Tisch ausgezogen. Ein weißes Seder-Tischtuch liegt im stummen Licht von roten Weingläsern. Leuchter schimmern, hohe, weiße, noch nicht angezündete Kerzen ragen in die Luft. Selbst die Zimmerdecke leuchtet im Widerschein der blank geputzten Ketten der Hängelampe. Kleine Berge geweihter Mazza sind in Servietten wie in Gebetsmäntel gehüllt.

Auf den Stühlen liegen große, weiße Kissen und betrachten von unten herauf verschämt die Mazzot.

Die prächtigen Einbände der Haggada funkeln mit ihren goldenen Buchstaben. Als erste kommt Mama in ihrem Feiertagskleid herein. Ihr Gesicht strahlt. Mit ihrem hochfrisierten Haar scheint sie noch größer als sonst. Das Kleid ist weit, lang, mit Spitzen, Knöpfchen, Bändchen übersät. Es reicht bis zum Fußboden, rauscht durch den ganzen Raum. Sie tritt zu den Kerzen, zündet sie an, umfängt sie mit beiden Händen, als wolle sie mit den Lichtern zugleich den ganzen Tisch segnen.

Es wird warm und hell, als seien nicht nur Mutters sieben Kerzen angezündet, sondern Hunderte von Lichtern. Ihr warmes Feuer umfängt den kalten Glanz des Tischtuchs, so wie sie selbst eben erst von Mamas Händen umfangen wurden.

Bei den Nachbarn im Hof sind ebenfalls Lichter angezündet worden. Die Strahlen der Flammen durchkreuzen sich von allen Seiten, sie funkeln wie Gold, spiegeln sich in den Fenstern, tanzen über den Tisch, spielen, flackern auf den gestickten Blumen des Tischtuchs, auf den Weinflaschen, die dastehen und warten, lassen die roten Weingläser aufleuchten.

Eine kleine Flamme nach der anderen züngelt über dem weißen Tisch auf. Er ist noch nicht ganz fertig gedeckt. Man bereitet vor, unbekümmert, ob der Tisch all die darauf aufgehäuften Dinge wird tragen können.

„Chawa, hast du die Eier geschält? Wo ist das Salzwasser?" Mutter geht rings um den Tisch, will die ganze Länge überblicken und sehen, ob etwas fehlt. „Bring noch ein Kissen. Ich habe vergessen, daß noch ein Gast kommt. Beziehe es frisch!"

Noch mehr weiße Kissen breiten sich aus.

„Mama, wer wird kommen? Wie viele werden wir sein?"

„Ach", sagt Mama, „wer wird denn zählen! Und gar noch an einem Feiertag! Still! Da kommen sie schon aus der Synagoge."

„Ruhe! Der Vater kommt!" Der Lärm verstummt.

Ich erkenne Vater kaum. Ein neuer Vater! In der Tür steht ein König von Kopf bis Fuß in Weiß gehüllt. Er verliert sich in seinem weiten, weißseidenen Überrock. Die weiße Seide schimmert, fällt in dichten Falten herab. Der breite Gürtel hält sie zusammen. Die langen, weiten Ärmel hängen wie Flügel herab und bedecken Hände und Finger. Ein weißseidenes Käppchen glänzt auf seinem weißen Haar. Ganz in Weiß sieht Vater größer und breiter aus. Sein Gesicht strahlt noch mehr. Es ist, als ginge ein weißer Schein von ihm aus. Bei der leisesten Bewegung würden ihn seine Ärmel wie Flügel erheben. Ich betrachte sein Gesicht. Heute ist er doch ein König!

„Guten Feiertag!" – „Guten Feiertag!"

Der Seder beginnt.

Bella Chagall (gekürzt)

106 Weiße Pilgergewänder

Islam

Bei der islamischen Wallfahrt ziehen die männlichen Pilger weiße Gewänder an. Weiß ist hier die Farbe der Reinheit und des Weihezustands. Ebenso sollen die weißen Gewänder Gleichheit symbolisieren.

Alter: ab 12 Jahren

„Hier bin ich, Herr! Hier bin ich! Hier bin ich, deinem Befehl zu folgen!" Ich packe den Koran aus, den ich immer im Koffer mitnehme. „Sie werden zu dir kommen zu Fuß und auf dem Kamelrücken, abgemagert von der langen Reise auf tiefen und fernen Straßen", las ich aus der Sure „Pilgerreise" und wiederholte laut Allahs Auftrag an die Muslime, die Heilige Stadt Mekka zu besuchen. Jeden anderen Gedanken aus meinem Kopf verbannend, konzentrierte ich mich ausschließlich auf Liebe und Frieden. Weltliche Probleme und Gefühle sollten nicht mitgebracht werden auf dieser Reise, ebensowenig jene Feindseligkeiten und Konflikte, die ich während der letzten Monate zu Hause erlebt hatte. Ich war wie jeder Pilger in Mekka, um mit Allah zu kommunizieren, um über seine Einheit zu meditieren und die Kraft unserer gemeinsamen Gebete zu spüren.

Mit den Ritualen der Pilgerfahrt hatte ich schon vor der Abreise aus Ägypten begonnen, indem ich mich in den Ihram, den Zustand der Reinheit, versetzte. Nachdem ich mein Make-up entfernt, meinen Schmuck abgelegt und als Symbol für die Befreiung der Seele von allen Unreinheiten ein langes Bad genommen hatte, legte ich das lange weiße Gewand der Pilger an und versteckte mein Haar unter einem sauberen weißen Tuch. Um mich ganz der frommen Reise zu weihen, hatte ich ein Gebet mit zwei Niederwerfungen verrichtet und Allah anschließend gebeten: „Allah, ich möchte die Riten der Umra vollziehen. Mach mir die Anbetung leicht und nimm sie von mir an."

Nun, in Mekka, sah ich zahllose Menschen in Ihram-Gewändern durch die Straßen schlendern und sich einen Weg zwischen Ständen hindurch bahnen, die Korane in allen Farben verkauften, zwischen den Taxis, Bussen und Autos, die vierundzwanzig Stunden am Tag Muslime zum Beginn ihrer Pilgerfahrt zur Großen Moschee bringen. Auch die männlichen Pilger tragen traditionelle Gewänder, die aus zwei losen weißen Togen ohne Nähte und einfachen Sandalen bestehen. Nach dem Besuch der Großen Moschee nehmen Männer wie Frauen die weißen Gewänder oft mit nach Hause, um sie ihr Leben lang als Erinnerung an die fromme Reise aufzubewahren und sich nach dem Tod in ihnen begraben zu lassen. (...)

Besonders glücklich dürfen sich die Pilger schätzen, die von der königlichen Familie zum Beten innerhalb der Kaaba eingeladen werden. Mir wurde die Ehre, über eine fahrbare Treppe durch die in Silber mit Koranversen verzierte Tür einzutreten, zweimal zuteil. Als ich hoch über den weißgekleideten Pilgern stand, die um die Kaaba wogten und wie weiße Engel ihre Kreise zogen, spürte ich deutlich, daß die Religion wahrhaftig der Mittelpunkt unseres Lebens ist.

Jehan Sadat

Alles, was entstanden ist, vergeht 107

Buddhismus

Sugaths Großvater ist gestorben. Sein Onkel ist als ältester Sohn für die Beerdigung verantwortlich. Wie im Judentum und im frühen Christentum ist auch im Buddhismus Weiß die Trauerfarbe. Poya (auch Puja) ist eine Andacht zur Verehrung des Buddha.

Alter: ab 13 Jahren

Das Haus der Familie von Sugaths Onkel lag etwa dreißig Meter von der Straße entfernt, verborgen hinter Hecken, inmitten eines Grundstücks, das dicht mit hochwüchsigen Kokospalmen und tropischen Obstbäumen bewachsen war. Die Blätterkronen bildeten einen natürlichen Sonnenschirm für das ganze Anwesen. Man hatte die Palmenstämme vor der Haustür dazu benutzt, über der Terrasse ein Regendach anzubringen. Heute war es mit weißen Tüchern geschmückt. Auch die Stühle, die für die Mönche bereitstanden, hatten über Lehne und Sitz einen Stoffbehang in dieser Farbe der Trauer. Haus und Garten waren voller Leute. Sugath suchte unter den Gesichtern eines, das er kannte. Aber wie sollte er die Menschen kennen, die hier in der Nachbarschaft wohnten oder in den umliegenden Dörfern, selbst wenn sie mit ihm verwandt waren? Die Frauen kamen, wie sie auch zum Poya kamen, in weißen Saris; die Mädchen in ihrer weißen Schulkleidung. Die Gäste hatten sich auf den Boden gesetzt, wo immer Platz war.

Später kamen die Mönche. Sugaths Onkel, zwei seiner älteren Söhne und ein paar Männer aus seiner näheren Verwandtschaft hoben den Sarg auf, trugen ihn aus dem Haus zur Terrasse und stellten ihn dort auf zwei kniehohe Stützen. Sie legten den Deckel so auf den Sarg, daß am Kopfende ein Stück freiblieb und Großvaters Gesicht von den umstehenden Trauergästen gesehen werden konnte.

Sugath hockte sich mit seinem Onkel und den anderen engeren Familienmitgliedern in der Nähe des Sarges nieder, halb zu den Mönchen gewandt.

Wie die meisten buddhistischen Andachten begann auch diese Trauerfeier mit dem Zufluchtsbekenntnis zu Buddha. Danach standen die Trauergäste wieder auf, und Sugaths Onkel überreichte dem ältesten Mönch ein Geschenk, eine neue Mönchsrobe, sorgfältig in Zeitungspapier eingeschlagen.

Die Mönche begannen, die heiligen Palitexte zu singen. Als sie geendet hatten, holte der Onkel einen Tonkrug mit Wasser. Die nächsten Verwandten des Toten, Tante Lokumenika, Sugath, seine Cousins und Cousinen und sein Onkel, drängten sich am Fußende des Sarges zusammen. Am Boden kauernd hielten sie gemeinsam den vollen Kug und gossen das Wasser in eine leere Tasse, die am Boden auf einem Eßteller stand, so lange, bis die Tasse überlief und das Wasser den Teller füllte und auf den Boden tropfte. Während sie das taten, sprachen sie gemeinsam:

„Der Regen ergießt sich in den Fluß.
Und der Fluß füllt sich.
Die Flüsse ergießen sich ins Meer.
Und das Meer füllt sich.

Wir gießen Wasser in ein Gefäß.
Das Gefäß füllt sich, läuft über, und das Wasser
sucht seinen Weg eben dorthin.

So möge das Verdienst,
das wir durch unsere Gabe an die Mönche
erworben haben,
unserem Verstorbenen zufließen."

Während sie den Krug hielten, spürte Sugath die heißen Hände der anderen. Das war ein gutes Gefühl. Er fühlte sich gestützt und geborgen. Anschließend hielt der älteste der Mönche eine Predigt, die sehr allgemein gehalten war. Großvater war hier unbekannt, und nur einer der Mönche hatte ihn zu seinen Lebzeiten flüchtig zu Gesicht bekommen. Nach der Predigt verließen die Mönche die Trauergemeinde und gingen zum Tempel zurück.

Sugath stand mit den Verwandten und Freunden seiner Tante in einem dichten Kreis um den Sarg. Ein älterer Mann, den Sugath nicht näher kannte, hielt eine Trauerrede, sprach über den Toten, sein Leben und seine Verdienste und wünschte ihm, daß er eine bessere Wiedergeburt haben möge. Tante Lomenika fing plötzlich, mitten in der Ansprache, an, laut zu schluchzen. Ihre Kräfte verließen sie. Tochter und Schwägerin, die neben ihr standen, hielten sie am Arm fest. Sugath sah hilflos zu, wie seine Tante auf den Boden glitt und in sich zusammenfiel.

An die nächste halbe Stunde konnte sich Sugath später nur dunkel erinnern. Die Menschen und Dinge um ihn herum schienen ihm manchmal wie Schemen und Geister. Er fühlte sich wohler in diesem Traumzustand. Die wirklichen Menschen erinnerten ihn nur daran, daß Großvater nicht mehr da war. Ihr Weinen und ihre Klagen brachten ihn nicht zurück. Sie bestätigten nur, daß alle seinen Tod annahmen. Aber Sugath wollte sich nicht mit Großvaters Tod abfinden.

Der Onkel und einige junge Männer nahmen schließlich den Sarg auf die Schultern. Zu sechst trugen sie den einfachen, mit ein paar Metallrosetten und sechs Griffen geschmückten Holzkasten durch das Gartendickicht auf dem schmalen Fußweg zur Straße. Dort war quer über den Fahrdamm in sechs Meter Höhe von einem Baumstamm zu einem gegenüberliegenden ein Seil gespannt. In der Mitte des Seils hatte man ein viereckiges weißes Tuch gehängt, unten mit einer Latte beschwert, damit es nicht flattere und die schwarze Inschrift gut zu lesen sei. Sie verkündete, daß Hinbanda Seneviratne, der am 21. Dezember 1900 in Tantirigama geboren war, hier am 24. Januar 1982 gestorben war.

Kurt Bernhard Schmaltz

Der weiße Lotos 108

Buddhismus

Im Buddhismus ist der weiße Lotos ein wichtiges Meditationsmotiv und gilt als Symbol für das „Nirwana", das Ende von Wahn und Begierde. Es gibt auch die Weiße-Lotos-Schule. Dies war eine Vereinigung von Mönchen, Nonnen und Laien, deren Ziel es war, durch regelmäßiges Anrufen des Buddha und Einhalten der Gebote alle Leidenschaft zu überwinden und im Reinen Land wiedergeboren zu werden. Die Anhänger der Weißen-Lotos-Schule waren strenge Vegetarier und legten sich besondere Bußübungen auf.

Alter: ab 13 Jahren

Es war einmal ein Lehrer mit Namen Girimanando. Er verbrachte den größten Teil des Tages unter einem weit ausladenden Korallenbaum, der einsam auf einer kleinen Anhöhe stand. Dort unterhielt sich Girimanando auch mit seinen Schülern und empfing seine Besucher. Oft aber verschwand er tagsüber für viele Stunden, und auch seine Schüler wußten nicht, wo er sich aufhielt. Selbst seinen engsten Freunden war unbekannt, aus welchem Lande Girimanando gekommen war, welcher Familie er angehörte und welchen Rang er früher bekleidet hatte. Auch sein Alter wußte niemand. Bei den

Menschen aus den nahegelegenen Dörfern stand er im Rufe großer Heiligkeit, und niemand bezweifelte, daß seine Güte so groß war, daß kein Tier des
Waldes ihm je ein Leid zufügen würde. Auch war jedermann davon überzeugt, daß seine Weisheit einem scharf geschliffenen Schwert glich, das jeden
Gedanken der Gier oder des Hasses der um ihn weilenden Menschen augenblicklich zunichte machte. Man behauptete, daß ihm die Sorgen und Küm-
mernisse seiner Besucher bekannt waren, noch bevor sie an ihn herangetra-
gen wurden.

Meister Girimanando hatte zwei Schüler, die ihr Leben mit ihm teilten.
Der ältere war dreißig Jahre alt und wurde mit Tisso angesprochen. Er war
früher Handwerker gewesen, hatte aber, als er Girimanando kennenlernte,
seinen Beruf aufgegeben und die letzten sechs Jahre seines Lebens als sein
Schüler verbracht. Er war ein stark introvertierter Mensch, der wenig sprach
und nur antwortete, wenn er gefragt wurde. – Der zweite Schüler Girima-
nandos war erst siebzehn Jahre alt und wurde mit Nandako angesprochen.
Er war seinem Lehrer in großer Liebe und tiefem Vertrauen ergeben. Immer
hatte er Fragen auf dem Herzen, die ihm der Meister oft nur teilweise oder
mit Gegenfragen beantwortete. Dies beeinträchtigte jedoch in keiner Weise
das Vertrauen Nandakos zu seinem Meister; ja, dieses Vertrauen war so
groß, daß er, wenn sein Lehrer von ihm verlangt hätte, mit ihm bis ans Ende
der Welt zu gehen, ohne Zögern seiner Aufforderung gefolgt wäre.

Eines Tages, als Meister Girimanando von seiner morgendlichen Meditation zum Korallenbaum zurückgekehrt war, erstaunte er nicht wenig, als ihn
sein sonst so schweigsamer Schüler Tisso außerhalb der für Gespräche ver-
einbarten Zeit ansprach und sagte: „Herr, jenseits dieses Waldes befindet sich
ein kleiner Teich, in dessen Mitte ich einen sich eben erst öffnenden weißen
Lotos entdeckt habe. Seine Reinheit ist so groß, daß er, obwohl er sich noch
gar nicht ganz geöffnet hat, schon jetzt den ganzen Teich in mildem Licht
erstrahlen läßt. Es drängt mich, diesen Teich aufzusuchen, ich weiß, daß der
weiße Lotos auf mich wartet. Herr, ich bitte um die Erlaubnis, mich einige
Tage entfernen zu dürfen."

„Gehe, Tisso, und mache dir die Reinheit des weißen Lotos zu eigen",
erwiderte sein Lehrer, „kehre alsdann zurück und berichte, wie es dir ergan-
gen ist."

Drei Tage waren bereits vergangen, und Tisso war noch nicht zurückgekehrt. Nandako, bereits unruhig geworden, bat seinen Lehrer, nach jenem
Teich gehen zu dürfen; er wollte sehen, ob Tisso nicht etwas zugestoßen war.
Schweigend gewährte ihm sein Lehrer die Bitte. Erst am späten Abend des
nächsten Tages kam Nandako zurück und erzählte, daß er erst nach langem
Suchen und nachdem er schon fast aufgegeben hatte, endlich jenen Teich
gefunden und Tisso gesehen habe, der sich dort, am Ufer des Teiches, auf

einem Strohhaufen niedergelassen habe, mit geschlossenen Augen, der Welt scheinbar völlig entrückt; er habe aber nicht gewagt, ihn anzusprechen, da er fürchtete, ihn in seiner Meditation zu stören. Der Teich selbst enthalte zwar ein klares, tiefblaues Wasser, aber einen weißen Lotos vermochte er beim besten Willen nicht zu entdecken. Er verstehe deshalb auch nicht, weshalb sein Freund Tisso gerade diesen Teich für seine Meditation ausgesucht habe, da es doch in allernächster Nähe noch andere Teiche gebe mit Lotosrosen, die in allen Farben leuchteten.

„Warte ab, Nandako", entgegnete der Lehrer. „Vielleicht wirst du Tisso später verstehen; er hat die große Reise ins Unbekannte angetreten."

Und wieder vergingen zwei Tage und zwei Nächte, bis dann eines Abends bei untergehender Sonne Tisso vor seinem Lehrer erschien, sich schweigend verneigte, um sich alsdann still in einiger Entfernung niederzusetzen. Nandako, der von seinem Freund einen Bericht über seine Erlebnisse erwartete, unterbrach schließlich das Schweigen, indem er sagte: „Freund Tisso, ich habe dich an jenem Teich sitzen sehen, einen Lotos habe ich aber nicht erblickt."

Als Tisso keinerlei Anstalten machte, auf die Frage Nandakos zu antworten, sagte Meister Girimanando, indem er sich an seinen Schüler wandte, mit freundlicher Stimme: „Du konntest freilich nicht den weißen Lotos erblicken, Nandako; denn unser Freund Tisso hat ihn zu sich genommen und auch mitgebracht. Sieh ihn dir doch genau an!"

Und jetzt erblickte auch Nandako jenen geheimnisvollen silbernen Schein des weißen Lotos, der einer Aureole gleich das Antlitz von Tisso verklärte. – Als man später versuchte, diesen tiefblauen Teich ausfindig zu machen, vermochte ihn niemand zu finden...

Überliefert

Rot

109   Eine Hochzeit in Ägypten

Islam

Muslime benutzen die rote Farbe Henna bei verschiedenen festlichen Anlässen. Oft werden die Handflächen rot gefärbt. Die folgende Schilderung einer ländlichen Hochzeit stammt aus Jehan Sadats Buch „Ich bin eine Frau aus Ägypten". *Zachrit* ist ein Jubelgesang von arabischen Frauen, der durch eine bestimmte Zungentechnik bewerkstelligt wird.

Alter: ab 12 Jahren

Ich selbst war wohl auf Hunderten von Hochzeiten in Mit Abul-Kum. Und immer waren die Rituale die gleichen. Mit allen Frauen des Dorfes zusammen ging ich am Morgen des Hochzeitstages ins Elternhaus der Braut, um ihr meine Glückwünsche zu überbringen. Jede Braut ist an diesem Tag besonders hübsch, denn in der Nacht zuvor sind alle ihre Freundinnen gekommen, um sie zu baden, ihre Kleider und ihren Schmuck bereitzulegen, sowie ihre Handflächen und Fußsohlen mit Henna zu färben. Henna wird seit den Zeiten der alten Ägypter als ein Kosmetikum benutzt, denn seine Farbe gilt nicht nur als schön, sondern auch als Zeichen der Reinheit.

Zwar durften nur Frauen die Braut vor der Hochzeit sehen, doch alle Männer versammelten sich kurz vor Sonnenuntergang, um den Umzug der Braut in ihr neues Heim zu feiern. „Jede Frau zieht nur zweimal in ihrem Leben um", lautet ein altes Sprichwort der Bauern. „Einmal vom Haus ihres Vaters ins Haus ihres Ehemannes, das zweite Mal vom Haus ihres Ehemanns ins Grab."

Je länger sich der Brautzug durch die Gassen von Mit Abul-Kum wand, desto ausgelassener wurde die Stimmung. Zuerst kamen alle jungen Mädchen des Dorfes, auch meine Töchter, die den Hochzeitstag mit Trommeln, Händeklatschen und Singen feierten. Dann wurde die gesamte Aussteuer der Braut – blitzblanke Kupfertöpfe, eine leuchtend buntbemalte Holztruhe, die Schlafzimmereinrichtung, bestehend aus einer neuen Matratze, einer Bettstelle, einem neuen Schrank und einem Sofa auf einen offenen Wagen oder auf Eselkarren verladen und den Neugierigen zur Schau gestellt. Während die Wagen durch die Straßen rollten, riefen wir alle Glückwünsche und riefen noch lauter, wenn die Familie der Braut in feierlichem Zug riesige Platten mit Enten, Gänsen, Gemüsen, Reis, Bohnen, Brot und Süßigkeiten herbeitrug, die beim Hochzeitsmahl verspeist werden sollten. Am lautesten ertönten die Rufe jedoch, wenn Braut und Bräutigam endlich selbst kamen.

An der Spitze des Zuges fuhr die Braut mit einigen ihrer weiblichen Verwandten in einem offenen, mit Blumen geschmückten Wagen oder einem von einem blumengeschmückten Esel gezogenen Karren. Nicht selten gaben die Männer Freudenschüsse ab, wenn die Braut mit ihrem Gefolge vorbeifuhr, während die Frauen das *zachrit* anstimmten und Salz in die Luft warfen, um den bösen Blick zu bannen. Dem Zug der Braut folgte der Bräutigam. Auch er war von seinen Freunden gebadet, auch ihm waren Hände und Füße mit Henna gefärbt worden. Sie hatten ihn mit einem Turban und einer Galabiya aus feinster Baumwolle bekleidet und ihm einen Degen in die Hand gedrückt. Nun umringten ihn seine Freunde mit Kerzen und Fackeln in der Hand und begleiteten ihn zum Haus seiner Familie, vor dem ihn seine Braut erwartete. Während der Scheich den Heiratsvertrag zwischen dem Brautvater und dem Bräutigam aufsetzte, vollführte die Braut mit ihren Freundinnen dann noch ein letztes Ritual.

In der Mitte der Freundinnen nahm die Braut auf einem Sessel Platz; auf dem Schoß hielt sie als gutes Omen dafür, daß Allah sie beschützen werde, einen Koran. Um ihr zukünftigen Wohlstand zu sichern, stellte die Braut ihre Füße in eine große Kupferwanne voll Wasser – im Winter erwärmt, im Sommer gekühlt –, während ihr die Freundinnen den Kopf mit einem Kranz aus grünen Blättern schmückten und weitere Blätter ins Wasser warfen. Damit ihr neues Leben süß begann, reichten sie ihr außerdem Zucker, den sie in den Mund nehmen mußte. Wenn der Ehevertrag unterschrieben war, feierte das ganze Dorf die Nacht hindurch bis zum Morgengrauen.

Jehan Sadat

110   Eine Kuh-Puja

Hinduismus

Die Kuh ist das Symbol des Gottes Vishnu. Der Held der Bhagavadgita, Krishna, die
achte irdische Erscheinungsform Vishnus, war in jungen Jahren ein Kuhhirte.
    Die besondere Verehrung der Inder für die Kuh kommt auch darin zum Ausdruck, daß
sie zu ihren Ehren eine besondere Feier abhalten. Hierbei wird auch die Farbe Rot als heilige Farbe und Farbe der Fruchtbarkeit verwandt. Die Kuh ist für den Inder Sinnbild der
schutzbedürftigen nichtmenschlichen Kreatur. Den Produkten der Kuh: Milch, Sauer-
milch, Butter, Urin und Dung wird heilbringende Wirkung zugesprochen. Die Kuh steht –
obwohl sie in den größeren Städten zunehmend verwahrlost – unter besonderem
Schutz. Sie ist Symbol der indischen Nation und Emblem der Kongreßpartei.
    Puja (Poya) ist normalerweise eine Andacht zur Verehrung des Buddha.

Alter: ab 9 Jahren

Vor einigen Tagen fand hier die alljährliche „Kuh-Puja" statt, und einige
Freunde, die wissen, daß ich mich für alle hiesigen Sitten und Gebräuche
interessiere, luden mich zur Zeremonie ein.
    Die Kühe werden für diesen Tag festlich aufgeputzt. Ihre Hörner bemalt
man in den zartesten Pastelltönen, wobei die Kombination Rosa und Grün
ganz besonders beliebt zu sein scheint. Einige besonders vornehme Kühe tragen versilberte Hörner, deren Enden noch mit Metallhütchen und Wimpeln
verziert sind. Reiche Blumengirlanden, Bänder und Ketten werden um den
Nacken der Tiere gewunden, und zwischen die Hörner wird mit geweihtem
Puder der rote Punkt gemalt.
    Für die Zeremonie wird in der Nähe des Stalles ein kleiner Altar aufgebaut
und der Platz davor mit Bananenblättern schön geschmückt. Die Zeremonie,
im Freien abgehalten, unterscheidet sich sonst wenig von den üblichen Tem-
pelkulten. Die Priester rezitieren Sanskrit-Sprüche, Öllämpchen brennen und
Weihrauchwolken verschleiern die Szene.
    Die schönste Kuh des Stalles ist in der Nähe angebunden, und ihr wird die
ganze Huldigung entgegengebracht. Sie steht für alle anderen Kühe im Stall.
Später betupft sie der Priester mit dem geweihten roten Pulver: zuerst kommt
das Mal zwischen die Hörner, dann wird die Schwanzgegend besprenkelt.
Zuletzt schüttet er eine Menge davon über das ganze Hinterteil des Tieres,
bis es völlig rot ist. Was vom geweihten Pulver übrigbleibt, wird unter die
Anwesenden verteilt, und jeder betupft sich damit die Stirn. Dann reicht der
Priester noch etwas „Prasad" herum, eine geweihte Speise mit symbolischer
Bedeutung, die äußerlich nicht ganz unähnlich der Hostie im Christentum ist
und aus Kokosnüssen, Bananen und Betel besteht...
    Nach der Kuh-Puja folgt dann wenige Tage später die Maschinen- und
Werkzeug-Puja. Auch die Maschinen und Werkzeuge werden von einem Prie-

ster gesegnet. Lange, duftende Blumengirlanden umrahmen und verzieren Aluminium-, Eisen- und Holzgeräte aller Art. Zuletzt betupft man mit dem roten, im Tempel geweihten Puder auch sämtliche aufliegende Arbeitswerkzeuge. Der einfache Mensch hier glaubt fest daran, daß seine Arbeitsgeräte nach dieser jährlich stattfindenden Zeremonie besser funktionieren. Dabei äußert er auch gleichzeitig in einfacher, nahezu kindlicher Form seinen Dank an diese ihm zur Verfügung stehenden nützlichen technischen Hilfsmittel.

M. C. Bürgi

Die Farbe des Chamäleons   111

Hinduismus

Der ekstatisch veranlagte Hindu-Heilige Ramakrishna (1836–1886), Gründer der sozial-engagierten Ramakrishna-Bewegung, nimmt den Farbwechsel als Symbol für die göttliche Vielfalt.

Alter: ab 13 Jahren

Zwei Menschen stritten sich heftig über die Farbe des Chamäleons. Der eine sagte: „Das Chamäleon auf diesem Palmbaum ist von einem schönen Rot!" Der andere widersprach ihm und sagte: „Du irrst, das Chamäleon ist nicht rot, sondern blau."

Da keiner seine Meinung beweisen konnte, gingen sie zusammen zu einem Menschen, der unter jenem Baum lebte und lange beobachtet hatte, wie das Chamäleon seine Farbe beständig wechselt. Einer der Streitenden sagte: „Ist das Chamäleon auf jenem Baum rot?"

Der Mann entgegnete: „Ja, Herr."

Der andere Streitende sagte: „Was? Wie ist das möglich? Bestimmt ist es nicht rot, sondern blau!"

Der Mann gab demütig zur Antwort: „Ja, Herr, es ist blau."

Er wußte, daß das Chamäleon ständig die Farbe wechselt, deshalb beantwortete er beide Fragen mit „Ja".

So ist auch das Saccidananda (= das Göttliche) verschieden gestaltet. Der Fromme, der Gott nur in einer Gestalt sah, kennt allein diese. Nur wer ihn in vielfältiger Gestalt sah, kann sagen: „All diese Formen sind die eines Gottes, denn vielgestaltig ist Gott!"

Ramakrishna

Blau

112 Die Geburtsfeier

Islam

Da die Farbe Blau nach islamischer Vorstellung vor dem „bösen Blick" schützen soll, spielt sie eine wichtige Rolle bei den Feiern, die anläßlich der Geburt eines Kindes stattfinden. In der folgenden Geschichte schildert Jehan Sadat die Geburtsfeier ihrer ältesten Tochter.

Alter: ab 12 Jahren

Doch weil das Geschenk eines Kindes das größte von allen war, fürchteten die Eltern sich oft vor Neidern. Daher waren Geschenke, die den bösen Blick bannten, auch am beliebtesten – die Hand der Fatima, der Prophetentochter, sowie auch Goldmedaillons oder Armbänder, in die Worte aus der Sure „Ya Sin" eingraviert waren. Um sich aber noch wirksamer zu schützen, flochten die jungen Eltern im Dorf dem Kind blaue Perlen in die Stirnhaare, damit jedem, der das Baby bewunderte, zuerst die Farbe Blau ins Auge fiel.

Ich hielt mich überhaupt nicht für abergläubisch, legte aber sofort eine blaue Perle in Lubnas Wiege, um „das Unheil des Neiders, wenn er neidet" abzuwenden, wie es in der Sure „Tagesanbruch" im Koran heißt. Wir Ägypter glauben nämlich, daß die Farbe Blau den bösen Blick des Neiders bannt.

Am siebten Tag nach der Geburt unserer Tochter feierten wir Lubnas *sebua* oder Geburtsfest. In Ägypten wird kein Kind – reich oder arm – geboren, für das nicht eine *sebua* gefeiert wird, denn ein Kind ist das wertvollste Geschenk, das es im Leben geben kann.

Wie es bei uns üblich ist, lag ich während der *sebua* im Bett, während sich meine weiblichen Verwandten, Freundinnen und Nachbarinnen hereindrängten, um Lubna in ihrer Wiege zu bewundern. Vorsichtshalber hatte ich mir ein paar blaue Perlen ans Bettjäckchen gesteckt, denn eine junge Mutter galt unmittelbar nach der Geburt nicht nur als besonders schön, sondern wurde unter Umständen auch um ihr Baby beneidet. Deswegen trug ich, wie so viele andere junge Mütter, zu meinem Schutz blaue Perlen, damit meine Milch nicht über Nacht versiegte.

Neben meinem Bett stand Lubnas *kolla*, der irdene Wasserkrug, den meine Verwandten am Abend zuvor mit den traditionellen Bändern, Spitzentüchern und sogar winzigen Ohrringen geschmückt hatten, um die Geburt eines Mädchens anzuzeigen. Nun tranken meine Tanten, Cousinen und Freundinnen jeweils einen Schluck Wasser aus der *kolla* – entweder, um Lubna Glück zu wünschen, oder als Symbol der Fruchtbarkeit, das vermochte ich nie zu unterscheiden. Und anschließend begann die *sebua*.

Behutsam legte Tante Zouzou Lubna in einen *chorbal*, ein geflochtenes Ledersieb aus unserer Küche, damit eventuelle böse oder neidische Geister des bösen Blicks während der Zeremonie von ihrem Körper abfließen konnten. Dann schlug Cousine Aida mit einem Stößel auf den dazugehörigen Messingmörser wie auf eine Trommel. „Gehorche deiner Mutter. Gehorche deinem Vater", sangen die dichtgedrängten Frauen in meinem Zimmer: Dann zündeten sie alle Kerzen an. Und während Tante Zouzou Lubna genauso in dem *chorbal* trug wie einst auch mich, formierten sie sich zum traditionellen Zug durch unsere Wohnung.

Angeführt von meiner Schwester Dalia mit Mörser und Stößel, zogen die Frauen, jede mit einer Kerze in der Hand, hinter ihr her. Ich selbst lag glücklich in meinem Bett und lauschte dem fröhlichen Trillern des *zachrit*, dem jubelnden Gesang. In jedem Zimmer verstreuten die Frauen Getreidekörner als Symbole des Wohlstands für das Kind und Salzkörner als Warnung. „Das Salz soll im Auge dessen brennen, der nicht den Propheten segnet", sangen sie. „Das unreine Salz brenne im Auge des Neiders." Darüber hinaus ermahnten sie Lubna in jedem Zimmer, ihren Eltern zu gehorchen und Achtung vor den Älteren zu haben, eine traditionelle Botschaft an die Neugeborenen. Selbst heute noch heißt es, daß ungehorsame Söhne und Töchter vermutlich am siebten Tag nicht in das Sieb gelegt worden seien.

Jehan Sadat

Wie Gott Shiva eine blaue Kehle bekam 113

Hinduismus

Diese Geschichte besitzt in zweierlei Hinsicht Symbolwert: Zunächst zeigt sie den Zerstörer des Bösen und Verteidiger des Guten, Shiva, in Ergänzung zum Schöpfer Brahma. Zusammen mit Vishnu, dem Erhalter, bilden sie eine göttliche Dreiheit. Das Buttern des Milchmeers steht in Verbindung zur Verehrung der Kuh. Brahma schuf die Kuh, indem er nach dem Buttern des Meers Milch trank. Shiva wird auf Gemälden stets mit einer blauen Kehle dargestellt. Die Geschichte erzählt den Entstehungsmythos hierzu.

Alter: ab 10 Jahren

Dämonen, hütet euch, wenn Gott Shiva tanzt! Er schwingt seinen Dreizack, und die Blitze zucken. Schaut nie in sein drittes Auge, das in der Mitte der Stirn brennt; denn er versengt alles mit seinem Blick. Als ein fürchterlicher

Tiger ihn in Stücke reißen wollte, lachte er bloß und riß ihm mit dem Nagel seines kleinen Fingers die Haut vom Leibe. Als eine schreckliche Schlange ihn vergiften wollte, hing er sie sich als Girlande um den Hals. Und als ein Dämon mit seiner Tatze kam, sprang Shiva auf seinen Rücken und tanzte. Wenn Shiva tanzt, dann hütet euch Dämonen, denn sein Rhythmus ist eine Falle, und sein Tanz ist der Tanz des Kosmos.

Im Anfang, als der Ozean gebuttert wurde, schauten die Götter und Dämonen zu. Shiva schaute auch zu. Er sah, wie die Schlange Vasuki als Seil um den Berg Mandrachal geschlungen war. Die Götter und Dämonen drehten den Berg wie einen Butterstock so heftig, daß Feuer und Dampf emporstiegen. Der ganze Berg wäre zerstört worden, hätte nicht Gott Indra Regenwolken mit kühlem Wasser gesandt.

Dies war das Rütteln der Schöpfung. Herrliche Dinge stiegen aus den Fluten. Da kam die wunderbare Kuh; die Göttin des Weins; der Baum des Paradieses, dessen Geruch die Welt erfüllte. Schließlich kamen Nymphen, die Apsaras genannt wurden und in Indras Himmel wohnten. Zum Schluß erschien der Mond. Das Rütteln ging weiter. Dann erschien ein weißes Pferd, das der Bewahrer, Herr Vishnu, als Reittier nahm, und ein Elefant, auf dem Herr Indra reiten sollte. Plötzlich entstieg dem gerüttelten Ozean die wunderbarste Schöpfung von allen: die Göttin Lakshmi. Sie erhob sich mit ihren vier goldenen Armen, die ausgestreckt waren, um Glück, Liebe und Reichtum zu bringen.

„Die gehört uns!" schrien die Dämonen.

„Sie ist meine Königin", sagte Herr Vishnu. Die Götter und Dämonen drehten den Berg noch heftiger, und die Schlange Vasuki litt große Qualen. Sie öffnete ihr Maul, und Ströme von blauem Gift quollen hervor. Die ganze Welt wäre zerstört worden. Da jedoch sprang Shiva hervor und schlang das Gift hinunter. Die tödliche Flüssigkeit verbrannte seine Kehle. Als er den Kopf zurückwarf, sah jeder, daß seine Kehle blau war. Die Welt war gerettet worden. Die Göttin Lakshmi saß glücklich auf dem Knie Vishnus. Und Herr Shiva hieß von diesem Zeitpunkt an „Nilkanth", das heißt „Der mit der blauen Kehle".

Nacherzählt von Monika Tworuschka

Gelb

Bänke 114

Judentum

Für Juden wurde Gelb zur Farbe der Diskriminierung und Ausgrenzung. Schon im 9. Jahrhundert mußten Juden zur Unterscheidung gelbe Kleidung tragen. Hans Peter Richter schildert in seinem Roman „Damals war es Friedrich" den Leidensweg eines jüdischen Jungen bis zum bitteren Ende. Im folgenden Ausschnitt erzählt Friedrich, wie er ein Mädchen kennenlernt. Bei einem Spaziergang im Park erfährt das Mädchen, daß Friedrich Jude ist, da Juden sich nur auf besonders für sie vorgesehene Bänke setzen dürfen.

Alter: ab 11 Jahren

Aber Helga wußte nur, daß ich Friedrich Schneider heiße, sonst wußte sie nichts von mir. Ich konnte ihr auch nichts sagen, sonst hätte ich sie doch nicht mehr abholen dürfen.

Zum vorvorigen Sonntag hatten wir uns zum erstenmal verabredet; wir wollten uns im Stadtgarten treffen. Mein Vater hatte sich schon die ganze Zeit gewundert, warum ich abends immer draußen zu tun hatte. Als er sah, wie ich mich feinmachte, da schüttelte er den Kopf und sagte: „Bedenke, was du tust. Friedrich!" Sonst hat er nichts gesagt; still war er und hat sich weggedreht. Ich bin aber doch gegangen.

Es war herrliches Wetter. Die Rosen fingen schon an zu blühen. Der Stadtgarten war ziemlich leer. Nur ein paar Mütter schoben mit Kinderwagen herum.

Helga hatte ein dunkelrotes Kleid – und dazu die schwarzen Haare und die grauen Augen. Wenn ich sie anguckte, dann spürte ich das richtig innendrin.

Ich hatte Helga so ein kleines Heftchen mit Gedichten mitgebracht. Und sie freute sich so darüber, daß ich mich schämte.

Wir gingen durch den Stadtgarten, und Helga sagte Gedichte auf. Sie konnte viele auswendig.

Ich habe immer wieder abgelegene Wege gesucht, wo wir möglichst niemandem begegneten. Als wir eine Zeit gegangen waren, wollte Helga sich setzen.

Ich wußte nicht, was ich tun sollte. Ich konnte ihr das doch nicht abschlagen. Ehe mir noch etwas eingefallen war, kamen wir an eine von den grünen Bänken, und Helga setzte sich einfach hin.

Ich stand vor der Bank herum, und ich trat von einem Bein auf das andere. Hinzusetzen getraute ich mich nicht. Dauernd guckte ich, ob nicht einer käme.

„Warum setzt du dich nicht?" fragte Helga. Aber mir fiel keine Ausrede ein. Als sie dann „Sitz nieder!" sagte, setzte ich mich tatsächlich.

Aber ich hatte keine Ruhe. Wenn ein Bekannter vorbeikäme? Ich rutschte hin und her.

Das fiel auch Helga auf. Sie nahm aus der Tasche einen kleinen Riegel Schokolade und gab mir davon.

Wie lange hatte ich keine Schokolade mehr gegessen. Aber sie schmeckte mir nicht; ich war viel zu aufgeregt. Ich habe sogar vergessen, mich zu bedanken.

Helga hatte das Büchlein mit den Gedichten auf dem Schoß liegen. Sie las nicht; sie guckte mich an. Ab und zu fragte sie etwas.

Ich weiß nicht mehr, was ich geantwortet habe, denn ich hatte schreckliche Angst auf der grünen Bank.

Plötzlich stand Helga auf. Sie nahm mich beim Arm und zog mich weiter.

Wir waren noch gar nicht weit gegangen, da kamen wir an eine gelbe Bank, wo draufstand „Nur für Juden".

Helga blieb vor der Bank stehen und fragte mich: „Bist du ruhiger, wenn wir uns hier setzen?"

Ich bekam einen Schreck! „Woher weißt du?"

Helga setzte sich auf die gelbe Bank und sagte: „Ich habe es mir gedacht!" Ganz einfach und ganz selbstverständlich sagte sie das!

Aber ich konnte doch nicht mit dem Mädchen auf der Judenbank sitzenbleiben. Ich habe Helga hochgezogen und habe sie nach Hause gebracht. Vor Enttäuschung hätte ich laut heulen können. Der schöne Sonntag! Aber ich war viel zu aufgeregt, um noch weiter so einfach Hand in Hand mit ihr gehen und erzählen zu können.

Doch Helga hat den ganzen Weg so getan, als wenn es ganz selbstverständlich wäre, mit einem Juden auszugehen. Sie hat von zu Hause erzählt, von den Kindern im Kindergarten und von den Ferien. Und meine Hand hat sie genommen und ganz fest gehalten.

Vor ihrer Haustür ist Helga dann stehengeblieben. Sie hat mich lange angeschaut. Dann hat sie gesagt: „Nächsten Sonntag treffen wir uns wieder. Wir gehen aber nicht mehr in den Stadtgarten. Wir fahren nach draußen, in den Wald. Da gibt es keine gelben Bänke!"

Ich habe es ihr ausreden wollen, aber mittendrin war sie weg, im Haus.

Den Abend und die halbe Nacht bin ich in der Stadt herumgelaufen. Erst lange nach der Sperrstunde bin ich nach Hause gekommen. Zum Glück hat mich niemand geschnappt. Aber Vater hat ziemlich geschimpft.

Die ganze Woche habe ich überlegt, ob ich hingehen soll oder nicht. Aber am Sonntag bin ich dann doch nicht gegangen. Ich kann doch nicht. Das Mädchen kommt doch ins Lager, wenn es mit mir gesehen wird!

Hans Peter Richter

Im September 1941   115

Judentum

Der Autor beschreibt die ersten Erfahrungen eines kleinen jüdischen Jungen mit dem gelben Judenstern, den alle Juden ab September 1941 tragen müssen.

Alter: ab 9 Jahren

Die Mutter biß das Ende vom Faden ab. „So, der hält", sagte sie und seufzte. Dann rief sie: „David! Hier, zieh' die Jacke einmal an, damit ich sehe, ob er auch richtig sitzt."

„Ja, Mama", antwortete David und kam in das Zimmer. Er schlüpfte in die Jacke. Stolz betrachtete er von oben herab den handtellergroßen gelben Stern auf der linken Seite, gleich über dem Herzen. In der Mitte des Sterns prangte in dicken schwarzen Lettern das Wort „Jude".

David drehte sich um sich selbst. Er stellte sich vor den zerbrochenen Spiegel. „Fein", sagte er und lächelte glücklich.

Vater räusperte sich. „Sollten wir dem Kind nicht doch erklären, was das bedeutet?" fragte er die Mutter.

Doch die schüttelte den Kopf. „Willst du das Kind mit unseren Sorgen belasten? Laß ihm das bißchen Freude, solange er es noch nicht selber spürt."

„Ich möchte damit auf die Straße gehen", bat David, „ich will Christian den Stern zeigen."

Besorgt schaute Mutter zu Vater hinüber; sie zögerte mit der Antwort.

„Du mußt sogar in Zukunft immer damit auf die Straße gehen. Morgen wird dir Mama auch noch einen solchen Stern auf das Hemd nähen. Wir alle werden einen tragen. Und du darfst nie mehr ohne Stern die Wohnung verlassen", mahnte Vater.

„Der ist so schön gelb. Wenn wir alle einen tragen, werden die Leute uns sicher anschauen und beneiden", freute sich David.

Erschreckt blickte die Mutter Vater an. „Geh' schon spielen", sagte sie dann rasch.

Mit geschwellter Brust trug David seinen Stern straßauf, straßab.

Die Leute schauten ihn tatsächlich alle an, kehrten dann aber rasch den Kopf ab. Nur eine alte Frau drückte ihm eilig ein Stückchen Zucker in die Hand und lief schnell weiter.

Endlich kam Christian aus dem Nachbarhaus. Als er David mit dem Stern sah, drehte er sich sofort um. Er tat, als habe er David nicht bemerkt.

„Christian!" rief David, „Christian!"

Aber Christian hörte nicht hin.

David lief zu Christian. „Guck hier!"

Da rannte Christian davon, als ob der Teufel hinter ihm her wäre.

Hans Peter Richter

116 Mönchsweihe

Buddhismus

Die Farbe der buddhistischen Mönchsgewänder ist gelb. In der folgenden Episode schildert Kurt Bernhard Schmaltz die Mönchsweihe des Jungen Sugath, der von da an Anuruddha heißt. Bevor der Junge die gelben Gewänder anlegt, trägt er jedoch weiße Kleidung. Weiß ist in vielen Religionen, so auch im Buddhismus, die Farbe für Übergangsriten.

Alter: ab 13 Jahren

Wenn meine Freunde mich jetzt sehen könnten! Ich sehe nur meine schwarzen Haare, die herunterfallen. Hoffentlich schneidet er mich nicht! Ich möchte nicht mit blutigem Kopf ordiniert werden. Und jetzt rasieren sie mir die Augenbrauen. Ich muß ganz nackt sein auf dem Kopf: kahl und glatt wie ein Kürbis. Warum gibt es hier keinen Spiegel? Ich muß das anfassen! Ich muß meinen kahlen Schädel anfassen. Komisch ist das!

Zum Brunnen! Einige junge Männer helfen mir, gießen mir das Wasser über den Kopf. Uuuuah, ist das kühl! Ich friere. Aber schön jetzt, sich mit dem Tuch abzureiben. Wieder helfen sie mir. Dauernd geschieht etwas mit mir. Ich bekomme einen weißen Sarong an und ein weißes Tuch als Obergewand wie eine weiße Robe. Und dann noch ein weißes Tuch auf den Kopf, einen Hut wie eine spitze Tüte.

Die blasen schon da draußen die Horonäva, und sie schlagen die Trommeln, und man wartet auf mich. Der Maha Thera, ein Mönch von hohem Rang, sechzig Jahre soll er sein, er geht voraus. Hinter ihm die anderen Mönche. Ich habe sie nicht gezählt. Es werden zwölf sein oder dreizehn. Einige sind auf Besuch, von benachbarten Tempeln.

Schmuck haben sie mir umgehängt, silberne Armreifen und eine Kette, und in den Händen habe ich eine Schale mit weißen Tempelblüten. Da warten sie vor den Klostergebäuden. Die vollzählige Familie. Nilanthe schaut ganz entgeistert drein. Er versteht nicht, was sein Bruder da macht. Indra lächelt mir zu. Upali habe ich gesehen. Vater und Mutter. Wo ist Großvater? – Reiß dich zusammen, Sugath! – Ist Großvaters Tod schuld daran, daß ich hier bin?

Wir gehen die Stufen hinauf, die kurzen in den nackten Felsen gehauenen Treppenstufen. Ich wollte sie immer zählen. Sind es zweihundert? Sie führen steil hinauf. Oben kommt man jedesmal atemlos an. Wieviele Mönche, wieviele Novizen sind sie in den vergangenen Jahrhunderten schon hinaufgelaufen? Langsam, mit ruhigen Schritten, in aufrechter Körperhaltung, der Würde der Robe angemessen.

Wir sind in dem für die Ordination vorbereiteten geschmückten Raum. Alle Mönche haben sich hingesetzt. Auf den Boden, wo man Teppiche ausgebreitet hat. Dahinter stehen die anderen, die Laien. Meine Verwandten und Freunde. Warum warten wir? Worauf warten wir? Der Maha Thera schaut auf eine Armbanduhr, die er in der Hand hält. Natürlich! Wir warten auf den richtigen Zeitpunkt, die günstige Minute. Der Astrologe hat sie genau angegeben.

Jetzt muß ich aufstehen. Mutter schluchzt irgendwo im Hintergrund. Ich höre, daß es Mutter ist. Ich schiele hinüber: Podimenika hält Mutter fest. Sie hat den Arm um ihre Schulter gelegt und tröstet sie leise. Mutter, weine nicht! Es ist gut und verdienstvoll für dich, wenn dein Sohn Mönch wird…

Die Lobpreisung Buddhas. Und die Zuflucht zu Buddha, Zuflucht zu Dhamma, der Lehre, Zuflucht zu Sangha, dem Orden. Und dann die Gebote… Mein Kleiderbündel. Jetzt brauche ich das Bündel mit der neuen Robe. Ich bin jetzt dran. Ich muß mich verbeugen, dem hohen Mönch huldigen. „Mit eurer Erlaubnis spreche ich, Ehrwürdiger Herr, bitte ich euch, als Novize aufgenommen zu werden!"

Das muß ich wiederholen. Dreimal bitte ich. Dann nimmt mir der Maha Thera das Kleiderbündel aus der Hand. Neben mir sitzt der vierzigjährige Ananda Thera. Er hilft mir, wenn ich nicht weiterweiß. Er wird mein Erzieher im Kloster sein. Ich sage zum Maha Thera: „Ich bitte euch, Ehrwürdiger Herr, mir gütig die gelbe Robe zu geben! Laßt mich eintreten in den Orden, um das Leid aufzuheben und Nirvana zu erreichen."

Wieder dreimal. Es ist ganz feierlich in diesem Raum. Sie haben ihn mit Papiergirlanden geschmückt und mit weißen Tüchern, die wie Baldachine aufgehängt sind. Jetzt löst der Maha Thera den gelben Gürtel vom Kleiderbündel und bindet ihn mir um den Hals. Dann spricht er: „Kesa loma nakha danta tako – tako danta nakha loma kesa."

Eine Formel für die Meditation über die Sterblichkeit des menschlichen Körpers. Teile, die den menschlichen Leib symbolisieren: Kopfhaare, Körperhaare, Nägel, Zähne, Haut – Haut, Zähne, Nägel, Körperhaare, Kopfhaare...

Aufstehen, Sugath! Nicht Sugath. Doch! Doch Sugath! Ich muß mit einigen Mönchen hinausgehen in einen Raum und mich umkleiden. Ich werde eingekleidet. Ich werde Mönch. Ich bekomme das gelbe Gewand: ein Tuch, das man mir rockartig um den Leib bindet und mit dem Gürtel festmacht. Dann wird das zweite große Tuch um den Oberkörper gelegt, über die linke Schulter. Die rechte muß freibleiben. Das ist schwierig. Die anderen helfen mir. Vergiß nicht deinen Spruch zu sagen, Anuruddha!

„Mit Bedacht ziehe ich diese Robe an
als einen Schutz gegen Kälte,
als einen Schutz gegen Hitze,
als einen Schutz gegen Mücken und Bremsen,
gegen Wind und Sonne,
gegen den Biß von Schlangen
und um meine Blöße zu bedecken.
Ich trage sie in Demut nur zu diesem Zweck
und nicht aus Eitelkeit,
nicht zur Schau...“

Die Musikanten schlagen die Trommel, blasen die Horonäva... Ich habe die gelbe Robe an. Die Robe zwingt mich zu einer anderen Haltung. Ich gehe zurück zu den Mönchen. Ich bin Anuruddha. Alle blicken sie auf mich. Sie setzen auf mich. Nur Mutter weint und verbirgt ihr Gesicht. Indra ist ernst geworden. Sie erhebt die aneinandergeschmiegten Hände zum ehrerbietigen Gruß. Upali lächelt unbeschwert. Er hebt die Hand, grüßt mich wie in alten Zeiten, bis ihm einfällt, daß ich Anuruddha bin, nicht mehr Sugath. Auch er legt die beiden Hände zusammen und verneigt sich.

Kurt Bernhard Schmaltz

Zahlen

Vielen Zahlen kommt eine besondere heilige Bedeutung zu. An der Spitze der Zahlenreihe steht die *Eins*. Sie ist eigentlich keine Zahl, sondern Symbol des Ur-Einen, Nichtpolaren, Göttlichen.

„Das Eine kann nicht in Zahlen geteilt werden, aber von ihm nimmt jede Zahl ihren Ausgang", heißt es bei Augustin (354–430). In der jüdisch-kabbalistischen Zahlenspekulation hat die Eins einen besonderen Mysteriencharakter: En Sof, das ist der Urgrund, aber auch das Verborgene und Nichtfaßbare. Auch hat man die Eins mit der Sonne in Zusammenhang gebracht, die als Inbegriff von Wärme und Licht Leben ermöglicht. Im chinesischen Denken stammt die Eins aus dem Tao, dem Urprinzip alles Seienden. In den indischen Upanishaden ist von dem Einen und Unverwechselbaren die Rede: „Das Absolute ist das, was außerhalb seiner selbst, neben sich, abgesondert von sich nichts hat."

Zwei ist die Zahl des Gegensatzes: Licht und Dunkel, das Bewußte und Unbewußte, Geist und Materie. Zwei Gipfel hat der babylonische Weltberg. Zwei Grundprinzipien yang (hell, männlich, stark, schöpferisch, fest, oben, Bewegung, klar und rational) und yin (dunkel, weiblich, schwach, ruhig-kontemplativ, nachgiebig, unten, Ruhe, kompliziert-intuitiv) bilden die Grundlage der altchinesischen Weltanschauung. Einen stark ausgeprägten Dualismus von Gut und Böse gibt es im parsischen Weltbild. Die gesamte Weltgeschichte wird als dauernder Kampf zwischen dem guten Gott Ahura Mazda und dem bösen Gott Ahriman verstanden. Der Islam spricht von der Dualität von Schöpfer und Geschaffenem. Wie Raum und Zeit durch den Schöpfungsakt entstehen, so offenbart sich Gott in den Paaren Majestät und Schönheit, im Wechsel von Tag und Nacht, im Ein- und Ausatmen. Der Koran beginnt mit dem Buchstaben B, der den Zahlenwert zwei besitzt.

Die Zwei steht auch für die Ambivalenz des Daseins, für Rivalität. Kain und Abel sind wie Jakob und Esau zwei feindliche Brüder.

Drei ist eine besonders heilige Zahl: Aller guten Dinge sind drei. Drei bedeutet Totalität und Abgeschlossenheit. Berühmte göttliche Triaden sind: Anu, Enlil, Ea (Himmel, Luft, Erde) im alten Sumer und Babylon; Sin, Shamash, Ishtar (Mond, Sonne, Venusstern) in Babylonien; Brahma, Vishnu, Shiva im Hinduismus. Drei Mütter (Matronen) kennt der germanische Volksglaube (Erd-, Mond-, Sonnenmutter). Drei Götterboten (Alter, Krankheit, Tod) unterscheiden die Inder. Die islamische Frömmigkeit wird in drei Formen eingeteilt: Islam, der praktische Aspekt; Iman, der innere Glaube; Ihsan, gute Werke. Muhammad pflegte seine Worte dreimal zu wiederholen. Im Christentum spielt die Trinität von Gott Vater, Sohn und Heiligem Geist eine äußerst wichtige Rolle. In der Antike wurde die Welt als Dreiheit von Himmel, Erde und Unterwelt gedeutet. Alles hat Anfang, Mitte und Ende. Die Zeit wird eingeteilt in Vergangenheit, Gegenwart und Zukunft. Auch in vielen Märchen spielt die Zahl Drei eine wichtige Rolle.

Die *Vier* ist eine kosmische Zahl. Sie ist die Zahl des geordneten Universums. Es ist diejenige Zahl, durch die das Chaos Ordnung erhält. So gibt es vier Himmelsrichtungen und vier Elemente, vier Himmelsgegenden und vier Jahreszeiten, um nur einige Beispiele der ordnenden Vier zu nennen.

Im Alten Testament durfte der Gottesname Jahwe nicht ausgesprochen werden. Er wurde aber mit den vier Buchstaben Jod, He, Waw und He aufgeschrieben. In der chinesischen Mythologie ist von vier Bergen, Meeren und Strömen die Rede. Der Hinduismus unterscheidet vier Weltperioden, vier Hauptkasten, vier Lebensstadien, vier Lebensziele.

Im Mittelpunkt des Buddhismus steht Buddhas Lehre von den vier edlen Wahrheiten. Der Islam kennt vier heilige Bücher (Tora, Psalmen, Evangelium und Koran). Dem Muslim sind bis zu vier Ehefrauen erlaubt – allerdings unter der Voraussetzung, daß er sie alle gleich und gerecht behandelt.

Vier Rechtsschulen haben sich im sunnitischen Islam herausgebildet, und die islamische Frühgeschichte wird von den vier „rechtgeleiteten Kalifen" (Abu Bakr, Umar, Uthman, Ali) geprägt. Dem vierten Kalifen wird folgendes Weisheitswort zugeschrieben: „Der Glaube ruht auf vier Säulen – Sehnsucht, Güte, Askese und Wachsamkeit."

Die *Fünf* ist die Zahl der Planeten, die Zahl der Göttin Ishtar oder ihrer späteren Nachfolgerin Venus. Die Fünf spielt ferner eine besondere Rolle in der Kosmologie des Manichäismus. Im Islam ist fünf der Zahlwert des Buchstaben H, des letzten Buchstaben im Wort Allah. Darüber hinaus ist die Fünf für den praktischen Glauben wichtig: Fünf Pfeiler des Glaubens werden aufgezählt (Glaubensbekenntnis, Pflichtgebet, Pflichtabgabe, Fasten im Monat Ramadan und Pilgerfahrt nach Mekka). Die Muslime sollen täglich fünf Pflichtgebete verrichten. Im Neuen Testament wird erzählt, daß Jesus mit fünf Broten und zwei Fischen fünftausend Menschen speiste (Mt 14, 17; Mk 6, 38; Lk 9, 13; Joh 6, 9).

Judentum, Christentum und Islam sprechen von *sechs* Schöpfungstagen. Judentum und Christentum kennen darüber hinaus einen siebten Tag, den Ruhetag (Sabbat bzw. Sonntag). Mittelalterliche Historiker entwarfen dementsprechend für die Menschheitsgeschichte sechs Weltzeitalter. Jesus wurde am sechsten Tag der Woche, am Freitag und zwar zur sechsten Stunde, ans Kreuz geschlagen.

Das Hexagramm ist der Inbegriff der Vereinigung des Entgegengesetzten. In der hinduistischen Symbolsprache wird damit die Vereinigung des schöpferischen Gottes Vishnu mit der zerstörerischen Gottheit Shiva ausgedrückt. Sechs Linien hat das chinesische Weisheitsbuch I Ging, aus dem sich 64 Möglichkeiten zur Kombination ergeben.

Sieben ist eine wichtige kosmische Zahl. Sie bildet die Zahl der Planeten, wenn man Sonne und Mond dazu rechnet. Im Mondmonat dauert jede Phase sieben Tage, und jeder Monat ist in vier solche Einheiten eingeteilt. Es gibt sieben Wochentage.

Die Bibel enthält sehr viele Hinweise auf die Sieben. So dauern Feste oft sieben Tage. Einer der beiden heiligen Leuchter ist siebenarmig. Josef träumt von sieben mageren und sieben fetten Kühen, die sieben schlechte und sieben gute Jahre symbolisieren. Im siebten Jahr (sogenanntes Jobeljahr) lagen die Felder brach, damit sich die Natur erholen konnte. Es ist von sieben Augen Jahwes die Rede. Auf sieben Säulen baut die Weisheit ihr Haus. Der Katholizismus kennt sieben Sakramente und sieben Todsünden. Aus dem Zweistromland kam die Zahl Sieben nach Indien.

Die indische Religion kennt: sieben Verse des Hymnus, sieben Weltgegenden, sieben Jahreszeiten, sieben Schichtungen des Feueraltars. Eine wichtige vedische Göttergruppe sind die sieben Adityas, an deren Spitze Mitra und Varuna stehen. Sieben Schritte schreitet die Braut bei der Hochzeit. Dies trifft auch für das Judentum zu. Auch der geistige Reifungsweg des Mystikers wird oft siebenstufig geschildert.

Im Buddhismus geht der Bodhisattva (Wesen auf dem Weg zur Buddhaschaft), sieben Schritte in alle Himmelsgegenden. Buddhas Mutter stirbt sieben Tage nach seiner Geburt. Sieben Tage Bedenkzeit verlangt Prinz Siddhartha, der spätere Buddha, angesichts des väterlichen Planes seiner Vermählung. Sieben Jahre währt sein Suchen nach Heil. Sieben Mal umkreist er den Bodhibaum. Sieben Tage weilt er unter ihm nach der Erleuchtung.

Eine besondere Rolle spielt die Sieben im Islam. Die Eröffnungssure, die Fatiha, hat sieben Verse. Sieben Mal umkreist der Pilger die Kaaba. Sieben Steinchen werden in Mina auf den Steinhaufen geworfen. Sieben Mal laufen die Gläubigen zwischen Safa und Marwa hin und her. Ebenso stellt die Sieben eine Kombination der heiligen Drei und der Heiligen Vier dar.

Im Buddhismus spielt der *acht*fache Pfad der Wahrheit eine große Rolle. Wer den achtfachen Pfad beschreitet, hat die Hoffnung, dem Kreislauf der Wiedergeburten zu entrinnen. Der achtfache Pfad, wie die acht Seligpreisungen der Bergpredigt, haben ihr Gegenstück in den acht Ratschlägen auf dem „Pfade des Djunaid" und den acht Regeln des Naqshbandi-Ordens in der islamischen Mystik. Während es nach islamischer Vorstellung sieben Höllentore gibt (Sure 15, 44), wird der Gottesthron von acht Engeln getragen (Sure 69, 17).

Neun, die verdreifachte heilige Drei, besitzt u. a. bei den Turkvölkern große Bedeutung. Die islamische Astronomie unterscheidet neun himmlische Sphären.

Weil sich der ägyptische Pharao weigert, die Israeliten ziehen zu lassen, werden die Ägypter durch die berühmten *zehn* Plagen heimgesucht. Mose wurden auf dem Berg Sinai zehn Gebote geoffenbart. Im Buddhismus spielen jeweils fünf Gebote für Mönche und fünf für Laien eine bedeutsame Rolle. Den Pythagoräern galt die Zehn als die Zahl der Vervollkommnung. Schon früh verwandten Muslime das Dezimalsystem. Der Islam kennt zehn Gefährten des Propheten, denen das Paradies zugesichert war. Berühmte Sufimeister umgaben sich mit zehn Lieblingsjüngern.

Die *Zwölf* ist die Zahl der Tierkreiszeichen. Die hebräische Bibel erzählt Geschichten von den zwölf Stämmen Israels. Das christliche Jahr hat zwölf Monate. Jesus scharte zwölf Jünger um sich. Der 12jährige Jesus überraschte durch seinen „Verstand" und seine „Antworten" die Lehrer im Tempel. Zwölf Körbe mit Brotresten bleiben nach der Speisung der Fünftausend übrig. Mit zwölf Jahren wird ein jüdischer Junge religionsmündig. Er wird Bar Mizwa, „Sohn der Pflicht". Die Hauptrichtung der Schiiten geht von zwölf Imamen aus.

In beiden Teilen der Bibel ist die *Vierzig* die Zahl der Buße, des Betens und Fastens. Die Sintflut dauert vierzig Tage und Nächte, die Wüstenwanderung der Israeliten vierzig Jahre. Jesus fastet vierzig Tage in der Wüste. Nach seiner Auferstehung erscheint Christus den Jüngern vierzig Tage hindurch.
    Die Vierzig kommt auch in arabischer, persischer und türkischer Literatur vor: Ali Baba und die vierzig Räuber; vierzig Tage wurde Nimrod von einer Mücke gequält; Festlichkeiten dauern vierzig Tage, ein Held siegt in vierzig Schlachten usw.

Daneben gibt es Zahlen, die nur in einer bestimmten Tradition Bedeutung besitzen. So ist zum Beispiel die *Neunzehn* eine besonders heilige Zahl der Bahais.

Der Islam preist die *neunundneunzig* schönsten Namen Allahs und später parallel dazu die neunundneunzig edlen Namen des Propheten.

Drei

Drei Gaben der Magier   117

Christentum

Auch wenn in dem überlieferten biblischen Text die Dreizahl nicht vorkommt, leitete die spätere christliche Tradition aus der Dreizahl der Geschenke (Gold, Weihrauch, Myrrhe) eine Dreizahl der Magier ab. Heute sprechen wir wie selbstverständlich von den „heiligen drei Königen", die den Jesusknaben in Betlehem besuchten.

Alter: ab 8 Jahren

Nachdem Jesus in Betlehem geboren worden war, kamen Sterndeuter aus dem Osten nach Jerusalem. Sie sagten: „Wir haben den Stern eines neugeborenen Königs aufgehen sehen. Wir sind gekommen, um ihm Geschenke zu bringen. Wo finden wir ihn?"

Als König Herodes das hörte, bekam er Angst. Er dachte: „Ein neugeborener König? Hier in meinem Land? Er wird mir den Thron entreißen, wenn er groß ist!" Er ließ alle Gelehrten zu sich kommen und sagte: „Steht in den alten heiligen Büchern etwas über einen König, der in meinem Land geboren wird?"

Die Gelehrten antworteten: „Der Prophet Micha hat geschrieben: Aus Betlehem wird der König kommen, der mein Volk Israel schützt und führt."

Herodes ließ die Sterndeuter heimlich zu sich holen. Er wollte ganz genau wissen, wann der Stern am Himmel erschienen sei. Dann sagte er zu ihnen: „Das Kind muß in Betlehem auf die Welt gekommen sein. Sucht es! Und wenn ihr es gefunden habt, dann sagt es mir. Auch ich möchte ihm Geschenke machen."

Die Männer brachen auf, und der Stern des neugeborenen Königs ging vor ihnen her. Erst über dem Haus, wo das Kind war, stand er still. Da gingen sie hinein und fanden das Kind mit seiner Mutter Maria. Sie warfen sich vor ihm auf den Boden und beteten es an. Dann breiteten sie ihre Geschenke vor ihm aus: Gold, Weihrauch und Myrrhe.

Aber in derselben Nacht hörten sie in einem Traum Gottes Stimme. Gott sprach: „Geht nicht zu Herodes zurück!" Da reisten sie auf einem anderen Weg in ihre Heimat.

Mt 2, 112. Nacherzählt von Werner Laubi

118 Die letzte Nacht

Christentum

In den Erzählungen von den letzten Stunden des Lebens Jesu spielt die Drei eine wichtige Rolle. Jesus sagt voraus, daß ihn einer der Zwölf drei Mal verleugnen werde. Die Drei erfüllt die Funktion der Bekräftigung, der besonderen Betonung.

Drei Jünger nimmt Jesus mit in den Garten Getsemani und läßt sie zurück, um zu beten und zu wachen. Auch das Hingehen Jesu zum Beten und sein Zurückkommen wiederholt sich dreimal. Das dreimalige Wiederholen verdeutlicht die Wichtigkeit des Geschehens.

Alter: ab 8 Jahren

Das Abendmahl

Als es Abend wurde, kam Jesus mit den übrigen der Zwölf, und sie setzten sich an den Tisch. Während des Essens sagte Jesus: „Einer von euch, der jetzt mir mir bei Tisch sitzt, wird mich verraten."

Die Jünger erschraken und fragten: „Wer? Ich? Meinst du mich?" Jesus antwortete: „Einer von euch Zwölfen wird es tun."

Dann nahm Jesus das Brot, dankte Gott, brach es in Stücke, gab sie den Jüngern und sagte: „Das ist mein Leib."

Als alle das Brot gegessen hatten, nahm Jesus den Becher mit dem Wein, dankte Gott, gab ihn den Jüngern und sagte: „Das ist mein Blut, das für viele Menschen vergossen wird. Ich werde jetzt keinen Wein mehr trinken bis zu dem Tag, an dem ich wieder im Himmelreich davon trinken werde."

Dann dankten sie Gott mit einem Lobgesang. Darauf verließen sie das Haus und die Stadt und gingen zum Ölberg. Judas aber begab sich heimlich zu den Priestern.

Unterwegs sagte Jesus zu den Elf: „Ihr werdet das, was jetzt bald geschieht, nicht verstehen. Ihr werdet mich im Stich lassen und wie Schafe ohne Hirten umherirren. Aber ich werde auferstehen und euch wieder zusammenführen."

Da drängte sich Petrus vor und rief: „Wenn alle anderen dich verlassen werden – ich bleibe bei dir!"

Jesus schüttelte den Kopf. „Bevor die Sonne morgen aufgeht und der Hahn zweimal kräht", sagte er zu Petrus, „wirst du drei mal behaupten, daß du mich nicht kennst."

„Niemals werde ich so etwas tun", beharrte Petrus. „Sogar wenn ich sterben müßte, würde ich dich nicht verlassen."

Das gleiche sagten auch die anderen Jünger.

Getsemani

Am Hang des Ölberges lag ein einsames Grundstück, das Getsemani hieß. Dorthin begab sich Jesus mit den Elf und sagte zu ihnen: „Ich will beten. Setzt euch hier auf den Boden und wartet auf mich. Petrus, Jakobus und Johannes solle mich begleiten."

Als Jesus mit den drei Jüngern weiterging, überfiel ihn so große Angst, daß er zitterte. „Es ist so schwer, was jetzt auf mich zukommt", sagte er. „Wartet hier und bleibt wach!"

Dann ging er ein paar Schritte weiter, warf sich auf den Boden und betete: „Mein Vater im Himmel! Du kannst alles machen! Laß doch das Leiden an mir vorübergehen! Erspare es mir!" Jesus hielt lange inne. Dann fuhr er fort: „Aber, Vater: Nicht, was ich will, soll geschehen. Sondern das, was du willst."

Nach einiger Zeit erhob er sich und ging zu den drei Jüngern zurück. Da sah er, daß sie eingeschlafen waren. Er weckte Petrus und sagte: „Du schläfst, Simon? Kannst du nicht eine einzige Stunde wach bleiben? Wie willst du das, was auf uns zukommt, tragen, wenn du nicht wach bleiben und beten kannst?"

Dann ging Jesus wieder weg und betete noch einmal zu Gott. Als er zu den Jüngern zurückkam, waren sie wieder in Schlaf gefallen. So geschah es noch ein drittes Mal. Da sagte Jesus: „Schlaft ihr denn immerfort? Steht auf! Meine Feinde sind schon unterwegs!"

Petrus hat Angst

Petrus hielt sich im Hof beim Feuer auf und wärmte sich. Da näherte sich ihm eine Magd, schaute ihn an und sagte: „Du bist doch auch mit diesem Jesus zusammen gewesen!"

Petrus erschrak. Er schüttelte den Kopf und antwortete: „Was redest du da? Ich habe keine Ahnung, was du meinst."

In diesem Augenblick krähte ein Hahn. Petrus schlich an den Rand des Hofes. Die Magd aber ging ihm nach und sagte zu den Herumstehenden: „Der dort gehört auch zu Jesus!"

Petrus stritt es ein zweites Mal ab.

Aber die Leute im Hof gaben nicht nach: „Natürlich gehörst du zu ihm! Man hört es ja an deiner Sprache! Du sprichst wie er!"

Da fing Petrus an zu fluchen. Er schwor: „Ich kenne diesen Menschen nicht, von dem ihr redet!"

Da krähte der Hahn zum zweiten Mal, und Petrus kam in den Sinn, was Jesus zu ihm vor ein paar Stunden gesagt hatte: „Bevor die Sonne morgen aufgeht und der Hahn zweimal kräht, wirst du drei Mal behaupten, daß du mich nicht kennst."

Da fing Petrus an zu weinen.

Mk 14, 17 ff. (in Auszügen). Nacherzählt von Werner Laubi

119 Joseph im Gefängnis

Judentum/Christentum/Islam

Die Josphsgeschichte (1. Mose 37–50 enthält viele Textstellen, in denen Zahlen eine Rolle spielen. In dem ausgewählten Ausschnitt geht es um die Zahl Drei: Joseph – zu Unrecht im Gefängnis – deutet zwei Mitgefangenen ihre Träume. Die Geschichte von Joseph (Yussuf), der von Gott wunderbar geführt wird, ist auch im Koran überliefert.

Alter: ab 8 Jahren

Eines Tages war große Aufregung im Gefängnis. Zwei vornehme Männer vom Hof des Königs wurden in Fesseln ins Gefängnis gebracht. Der oberste Bäcker und der oberste Mundschenk hatten etwas getan, über das der König zornig war, und der König warf sie beide ins Gefängnis. Und der oberste Aufseher im Gefängnis sagte zu Joseph: „Geh und sorge für die beiden."

Als sie ein paar Wochen in dem dunklen Verlies gesessen hatten, kam eines Morgens Joseph, wie jeden Tag, in ihre Zellen und fand, daß sie stumm und traurig dasaßen. Er fragte sie: „Was habt ihr heute?"

„Mir hat geträumt", sagte der Bäcker.

„Mir auch", sagte der Mundschenk. „Aber Träume sind wichtig, und man muß jemand haben, der sagen kann, was sie bedeuten."

„Erzählt mir doch eure Träume", bat Joseph, „vielleicht sagt mir Gott, was sie bedeuten."

Da erzählte der Mundschenk: „Mir hat geträumt: Da stand ein Weinstock mit drei Reben. Der grünte und wuchs und blühte, und seine Trauben wurden reif. Ich hatte den Becher des Königs in der Hand, nahm die Beeren, drückte sie in den Becher aus und gab dem König zu trinken."

Joseph antwortete: „Der Traum bedeutet: Drei Reben sind drei Tage. In drei Tagen wird dich der König aus dem Gefängnis entlassen und dich wieder in dein Amt einsetzen. Aber wenn du wieder frei bist, dann denke an mich und sage dem König, daß ich hier gefangen bin, obwohl ich nichts Böses getan habe."

Danach erzählte der Bäcker: „Mir hat geträumt: Ich trug drei Körbe mit feinem Backwerk auf meinem Kopf und im obersten davon Backwerk für den König. Aber die Vögel fraßen es aus dem obersten Korb."

Joseph antwortete: „Der Traum bedeutet: Drei Körbe sind drei Tage. In drei Tagen wird dich der König an den Galgen hängen."

Und so kam es. Der Mundschenk wurde wieder in sein Amt eingesetzt, der Bäcker wurde aufgehängt. Aber der Mundschenk dachte nicht mehr an Joseph, sondern vergaß ihn.

1. Mose 40. Nacherzählt von Jörg Zink

Dreifache Frömmigkeit   120

Islam

Es gibt zahlreiche islamische Überlieferungen, die die Zahl Drei in den Mittelpunkt stellen, um drei besondere Eigenschaften oder Gruppen von Gläubigen hervorzuheben.
Alter: ab 12 Jahren

Drei Dinge lassen dich die Liebe deines Bruders gewinnen: daß du ihn begrüßt, wenn du ihn triffst; daß du ihm Platz machst, wenn er sich zu dir setzen will; und daß du ihn mit den Namen rufst, die er am liebsten hat.

Es gibt drei Sorten von Nachbarn: den, der ein dreifaches Recht hat, den, der ein zweifaches Recht hat, und den, der ein einfaches Recht hat. Der Nachbar, der ein dreifaches Recht hat, ist der verwandte Muslim: Er hat das Recht der Nachbarschaft, das Recht des Islams und das Recht der Verwandtschaft. Der, der ein zweifaches Recht hat, ist der muslimische Nachbar: Er hat das Recht der Nachbarschaft und das Recht des Islam. Der, der ein einfaches Recht hat, ist der polytheistische Nachbar.

Wer drei Waisenkinder ernährt, ist wie der, der die ganze Nacht im Gebet verharrt, den ganzen Tag fastet, der hinausgeht und sein Schwert zieht auf dem Wege Gottes.

Die Bitte von drei Menschen wird nicht zurückgewiesen: die des Fasten-
den, bis er das Fasten bricht; die des gerechten Imams (religiöser und politi-
scher Führer der Gemeinschaft); und die des ungerecht Behandelten. Gott
trägt die Bitte über die Wolken und öffnet ihr die Pforten des Himmels. Und
Gott sagt: Bei meiner Macht, ich werde dir sicher zu Hilfe eilen, auch wenn
es erst nach einer kurzen Weile geschieht.

Prophetenworte

121   Die Ringparabel

Judentum/Christentum/Islam

In der berühmten Ringparabel, die aus Lessings Toleranzdrama „Nathan der Weise"
(1799) stammt, beschäftigt sich der Sultan Saladin mit der Frage, welche der drei durch
drei Ringe symbolisierten Religionen – Judentum, Christentum und Islam – die richtige
sei. Immer deutlicher erkennen wir heute, daß diese drei Religionen als „Abrahamsreligionen" in einer besonderen Verbindung miteinander stehen.

Alter: ab 13 Jahren

Vor langer Zeit lebte in einem fernen Land ein Mann, dem ein guter Freund
einen Ring von unschätzbarem Wert geschenkt hatte. Sein Stein war ein
Opal, der wunderbar in allen Farben leuchtete und die geheime Kraft besaß,
den, der ihn trug, bei Gott und allen Menschen beliebt zu machen.

Dem Mann gefiel das sehr. Er trug den wunderkräftigen Ring bei Tag und
Nacht an seinem Finger und sorgte sich darum, wie er ihn seiner Familie für
alle Zeiten erhalten könnte. Schließlich setzte er fest, daß nach seinem Tod
sein Lieblingssohn den Ring bekommen und ihn seinerseits wieder dem Sohn
weitergeben sollte, den er am meisten liebte. Und jeder, der den Ring besaß,
sollte der oberste Herr des Hauses sein.

So wanderte der Ring von Sohn zu Sohn und kam endlich zu einem Mann,
der drei Söhne hatte, die er alle auf die gleiche Weise liebte. Hin und wieder
nur, wenn er mit einem von den dreien allein war, schien ihm gerade dieser
der liebste zu sein. Und so geschah es, daß er am Ende allen dreien den Ring
versprach.

Als der gute Vater spürte, daß sein Tod herannahte, kam er deswegen in
große Verlegenheit. Schließlich konnte ja nur einer von den Söhnen den Ring
bekommen. Aber es tat ihm im Herzen weh, die beiden anderen zu enttäu-
schen. Darum grübelte er lange nach, wie er die Sache gerecht entscheiden
könnte.

Heimlich sandte er nach einem Künstler und bestellte bei ihm zwei Ringe, die vollkommen gleich aussehen sollten wie sein eigener. Der Künstler war ein Meister seines Fachs und gab sich große Mühe. Und als er dem Vater die beiden Ringe brachte, da glichen sie dem Musterring so vollkommen, daß nicht einmal der Vater selbst sie auseinanderhalten konnte. Der gute Vater war erleichtert. Als seine letzte Stunde herankam, rief er seine Söhne zu sich, jeden allein, segnete ihn und gab ihm einen der Ringe. Danach starb er.

Kaum war der Vater begraben, kam jeder Sohn mit seinem Ring und wollte der oberste Herr des Hauses sein. Wie groß war da die Überraschung, als die drei Söhne ihre Ringe nebeneinanderlegten! Denn wie sehr sie sich auch zankten, wie sehr auch jeder seinen eigenen Ring für den einzig richtigen hielt, so wenig konnten sie herausfinden, welcher der echte war.

Schließlich verklagten sich die Söhne gegenseitig. Jeder schwur dem Richter, daß der Vater ihm den Ring versprochen und vor seinem Tod eigenhändig übergeben habe. Der Richter hörte sich alles an, dachte darüber nach und sprach: „Soviel ich weiß, besitzt der echte Ring Wunderkraft, den, der ihn trägt, bei Gott und allen Menschen beliebt zu machen. Das wird die Wahrheit an den Tag bringen, denn die falschen Ringe werden das doch wohl nicht können!"

Er sah die drei Brüder lange an und fragt schließlich: „Nun, wer von euch ist der, den die anderen am meisten lieben? Sagt es mir! Dann weiß ich, daß es dieser ist, der den echten Ring besitzt!"

Die Brüder schwiegen. Der Richter aber sprach: „Es scheint, daß jeder von euch nur sich selber liebt. Also sind eure Ringe alle drei nicht echt. Vielleicht hat euer Vater den echten Ring verloren und ließ darum drei neue machen. Vielleicht auch wollte er die Tyrannei des einen Rings nicht länger dulden: Er hat euch alle drei gleich geliebt und wollte nicht, daß einer einen Vorteil hätte vor den beiden anderen. So geht hin und sorgt dafür, daß Gott und alle Menschen euch so lieben, als hättet ihr den echten Ring. Seid sanftmütig, verträglich, barmherzig und fromm. Viellleicht bekommt dann euer Ring die Wunderkräfte des echten Rings. Es liegt an euch!"

Damit entließ der Richter die drei Brüder.

Nach Gotthold Ephraim Lessing

122   Die drei Ausfahrten Siddharthas

Buddhismus

Siddharthas Vater möchte, daß sein Sohn nur die angenehmen Dinge des Lebens kennenlernt. Dennoch drängt es den jungen Prinzen, das Leben außerhalb der Palastmauern zu ergründen. Auf seinen Ausfahrten begegnet er Alter, Krankheit und Tod in Gestalt verschiedener Menschen. Dieses Schlüsselerlebnis führt bei Siddhartha zu der Erkenntnis, daß das Leben aus Leiden besteht. Die Begegnung mit einem Bettelmönch zeigt ihm den Weg zur Überwindung des Leidens. Am Ende dieses Weges wird er ein Buddha sein.

Alter: Ab 10 Jahren

Eines Tages verließ Prinz Siddhartha in Begleitung seines treuen Dieners Chandaka den Palast, um in die Stadt zu fahren. Auf einer von Blumen und Bäumen gesäumten Straße bemerkte er einen alten Mann. Sein Gesicht war von Falten zerfurcht. Mit gebeugtem Rücken ging er mühsam, auf einen Stock gestützt, die Straße entlang.

„Wer ist dieser Mann?" fragt Siddhartha seinen Diener. „Warum schwankt er so? Warum sind seine Haare so weiß?"

„Es ist ein alter Mann, Herr", antwortete Chandaka. „Seine Kräfte sind verbraucht. Er wird nicht mehr lange leben."

„Werde auch ich eines Tages wie dieser Alte sein?" fragte Siddhartha erschrocken.

Chandaka schlug die Augen nieder und sagte: „Ja Herr! Nichts auf dieser Welt kann uns vor dem Alter bewahren."

Bei diesen Worten füllte sich das Herz des Prinzen mit einer tiefen Trauer, und die Freude an der Spazierfahrt verging ihm. „Das genügt für heute. Fahre in den Palast zurück", sagte er zu Chandaka.

Einige Zeit später befahl Siddhartha seinem treuen Diener erneut, den Wagen anzuspannen und ihn in die Stadt zu fahren. Während sie durch den Park fuhren, bemerkte der Prinz einen Mann, der angestrengt atmete. Sein abgezehrter, kraftloser Körper zitterte.

„Wer ist dieser Mann, Chandaka? Warum sind seine Augen mit Tränen gefüllt, sein Gesicht entstellt und seine Stimme verändert?"

„Das ist ein Kranker, Herr. Ein Mann, der nur schwerlich wieder gesund wird."

„Könnte auch mich solch ein Schicksal treffen?" fragte der Prinz.

„Sicherlich, Herr. Der Mensch entkommt der Krankheit genausowenig wie dem Alter."

Das Gesicht des Prinzen verfinsterte sich, und er kehrte mit kummervollem Herzen zum Palast zurück.

Bald darauf ließ Siddhartha abermals seinen Wagen anspannen und verließ mit Chandaka die Stadt durch das weltliche Tor. Unterwegs begegneten sie einer Gruppe von Männern, die auf einer Bahre einen Leichnam trugen. Viele Verwandte gaben dem Toten weinend das letzte Geleit.

„Wer ist dieser Mann, Chandaka, dessen Augen geschlossen sind und dessen Gesicht wie Wachs ist?"

„Das ist ein Toter, Herr. Seine Eltern und seine Freunde tragen ihn zur Bestattung zum Scheiterhaufen, weil sein Leben vorüber ist. Er atmet nicht mehr, und sein Geist ist aus seinem Körper davongegangen. Er weiß nichts mehr und ist für immer von denen getrennt, die er liebt."

„Werde auch ich eines Tages auf diese Weise mein Leben beenden?" fragte Siddhartha.

„Sicherlich, Herr. Niemand kennt die Stunde des Todes, weder Reiche noch Arme, weder König noch Bettler."

Als sie aber zum Palast zurückkehrten, sah Siddhartha einen Mann, der einen langen, safranfarbenen Umhang trug. Seine Haare und sein Bart waren rasiert. In der Hand trug er eine Schale, in der er Almosen sammelte. Sein Gesicht war freundlich, sein Blick ruhig und klar. Er strahlte Frieden und Gelassenheit aus.

„Dieser Mann sieht anders aus als die anderen, Chandaka. Wer ist er?" fragte Siddhartha.

„Das ist ein Bettelmönch, Herr. Er hat seine Leidenschaften bezähmt und ist geduldig und voller Mitgefühl zu allen Lebewesen. Er hat sein Zuhause verlassen und all seinen Besitz aufgegeben, um sich ausschließlich der Suche nach der Wahrheit und dem Sinn des Lebens zu widmen."

Siddhartha hörte den Erklärungen von Chandaka mit größter Aufmerksamkeit zu. Als er wieder im Palast angekommen war, spürte er, wie ihn ein tiefer Abscheu übermannte gegen all den sinnlosen Luxus ringsumher, gegen die oberflächlichen Vergnügungen und den Müßiggang seines Lebens.

Amina Okada

Sieben

123   Am siebten Tag ruhte Gott

Judentum/Christentum

Nach der alttestamentlichen Schöpfungserzählung schuf Gott die Welt in sechs Tagen. Am siebten Tag aber ruhte er sich aus. Durch dieses Ruhen Gottes am siebten Tag wird sein Werk geheiligt. Die Heiligung des siebten Tages ist auf das ganze nun abgeschlossene Werk bezogen. In ihr ist eine Ordnung für die Menschen gesetzt, nach der die Zeit in alltägliche und heilige Zeit gegliedert ist. Darin liegt nicht nur eine Vorausnahme des israelitischen Sabbat, sondern eine Gabe des Schöpfers an die Menschheit.

Eine ähnliche Schöpfungsgeschichte wie die Bibel kennt auch der Koran. Jedoch ist dem Islam der Gedanke eines ruhenden Gottes fremd, weil Gott in seiner großen Macht nicht der Ruhe bedarf.

Alter: ab 8 Jahren

Am Anfang schuf Gott Himmel und Erde. Alles war dunkel und ohne Ordnung, und Wasser bedeckte alles. Noch lebte kein Mensch, und es gab weder Tiere noch Pflanzen. Aber Gott war da. Und Gott sprach: „Es soll hell werden." Da wurde es hell. Gott freute sich über das Licht. Er nannte es Tag; die Dunkelheit nannte er Nacht. So ging der erste Tag zu Ende.

Gott sprach: „Jetzt soll ein Gewölbe entstehen." Das Gewölbe trennte das Wasser in zwei Teile, oben und unten. Gott nannte das Gewölbe Himmel. So ging der zweite Tag zu Ende.

Gott sprach: „Das Wasser, das die Erde bedeckt, soll sich in großen Becken sammeln, damit das Land und das Wasser getrennt sind." Gott nannte das Land Erde, die großen Wasser nannte er Meere. Dann befahl er: „Auf der Erde sollen Bäume und Büsche, Blumen und Gräser wachsen. Sie sollen Früchte und Samen tragen und die Erde grün und bunt machen." Da wuchsen aus dem Boden Bäume und Büsche, Blumen und Gräser. Gott freute sich, weil alles gut war. So ging der dritte Tag zu Ende.

Gott sprach: „Am Himmel sollen Lichter leuchten. Sie sollen nicht nur den Tag, sondern auch die Nacht hell machen. Nach diesen Lichtern soll man auch die Zeit einteilen können: die Tage, die Wochen, die Monate, die Jahre und die Feste." Gott schuf zwei große Lichter: die Sonne für den Tag, den Mond für die Nacht; dazu auch viele kleine Lichter: die Sterne. Alles war gut, und Gott hatte Freude daran. So ging der vierte Tag zu Ende.

Gott sprach: „Im Wasser und in der Luft sollen Tiere leben." So schuf er die großen und die kleinen Fische, die Krebse und Krabben, die Adler und

Spatzen und sprach zu ihnen: „Vermehrt euch und bevölkert die Meere und die Luft." Gott freute sich, denn alles war gut. So ging der fünfte Tag zu Ende.

Gott sprach: „Jetzt soll es auch noch Tiere geben, die auf der Erde leben: Kühe und Rehe, Ziegen und Schafe; auch wilde Tiere wie Löwen und Nashörner. Dazu Käfer und Schmetterlinge, Schnecken und Würmer." Gott hatte Freude an allem, denn es war gut. Er sprach: „Ich will noch Lebewesen schaffen, die mir ähnlich sind."

Und Gott schuf die Menschen. Er schuf sie so, daß sie ihm ähnlich waren; als Mann und Frau schuf er sie. Er segnete die Menschen und sprach zu ihnen: „Euch vertraue ich alles an, was lebt: Fische, Vögel und die anderen Tiere, den Wald mit allen Bäumen, die Blumen und die übrigen Pflanzen. Geht sorgsam mit allem um!"

Jetzt schaute Gott an, was er geschaffen hatte. Alles war gut, und an allem hatte er Freude. So ging der sechste Tag zu Ende.

Am siebten Tag ruhte Gott von seiner Arbeit aus. Er sprach: „Dieser Tag gehört mir. Er ist ein heiliger Tag. Ein Ruhetag."

Nacherzählt von Werner Laubi

Lenas Hochzeit   **124**

Judentum

Bei der jüdischen Hochzeit spielt die Zahl Sieben eine wichtige Rolle. Überhaupt begegnen uns in der Religionsgeschichte sehr oft „sieben Schritte", wenn ein Vorgang als heilig hervorgehoben werden soll.

Alter: ab 12 Jahren

Die Lichter verglommen. Es wurde ganz still. An der Tür stand der Hochzeitszug bereit. Und dann begann der feierliche Umzug.

Onkel Hyman hatte keine Mutter mehr, die ihn hätte zum Altar führen können; so ging Mama neben ihm unter dem Baldachin. Es gab keinen Brautvater, der Lena hätte weggeben können, so vertrat Papa die Stelle des Brautvaters. Lena hatte den Schleier über ihr Gesicht gezogen, die Schleppe des Brautkleides hinter sich, stützte sie sich auf Papas Arm.

Langsam, unsicher begann sie den langen Weg. Die Gäste sahen ihr freundlich und wohlwollend zu, als Lena ein wenig schwerfällig dahinging, ihr lahmes Bein nachziehend. Lena aber hatte für nichts ringsum Augen. Sie trug den Kopf hoch und stolz. Sie blickte nur auf den Brauthimmel, unter dem Onkel Hyman auf sie wartete. Tapfer versuchte sie, ihren Schritt den Klängen der Musik anzupassen.

„Pst!" winkte jemand heftig den Musikern. „Langsamer, spielt langsamer!"

Die Musiker begriffen sogleich. Der Hochzeitsmarsch zog sich in die Länge. Hinter Lena folgten langsam die Brautjungfern und ihre Begleiter.

Endlich war Lena unter dem Chuppah angelangt. Die Musik verstummte. Die Braut wurde siebenmal um den Bräutigam geführt, und dann begann die Hochzeitszeremonie.

Der Rabbi hob einen Kelch mit Wein und sprach den Segen. Er bot Braut und Bräutigam den Kelch an, und beide nippten sie an dem Wein. Ein schmuckloser Goldring wurde an Lenas linke Hand gesteckt. Sie erhielt den Hochzeitskontrakt, und der Rabbi sprach sieben Hochzeitsgebete. Er erhob einen zweiten Kelch mit Wein und sprach einen Segensspruch. Wieder trank das Paar. Diese beiden Kelche bedeuten den Trank der Freude und den Trank der Sorgen.

Dann wurde ein Glas auf den Fußboden gestellt. Onkel Hyman mußte darauf treten und es unter seinem Fuß zerbrechen. Das bedeutete Glück. Er hob den Fuß. Die Schwestern hielten den Atem an. Wenn das Glas mit einem einzigen Tritt zerklirren konnte, bedeutete das besonderes Glück! Und schon klirrte und knirschte das Glas unter Hymans Ferse. Lauter Beifall erklang rundherum.

Der Rabbi segnete das Paar, und Onkel Hyman küßte die Braut. Plötzlich wurde ein Oberlicht-Fenster aufgestoßen und aus einem Käfig Tauben hereingelassen. Wirbelnd und flügelrauschend kamen sie heruntergeflogen und kreisten rund um den Brauthimmel.

Die Lüster flammten wieder auf. Die Musikanten begannen fröhlich zu spielen und der Saal widerhallte von Glückwünschen. „Mazel tov! Mazel tov!" Das heißt: Viel Glück! Die Leute stürzten auf das Brautpaar zu, um dem Bräutigam die Hand zu schütteln und die Braut zu küssen – die nun Mann und Frau waren.

Sydney Taylor

Joseph deutet die Träume des Pharao   **125**

Judentum/Christentum/Islam

In der Josephsnovelle (siehe Nr. 119) wird erzählt, wie unter Gottes Führung alles zu einem guten Ende kommt. Durch seine Fähigkeit, Träume zu deuten, erlangt Joseph die Gunst des Pharao. Viermal kommt die Zahl Sieben in den Träumen des Pharao vor. Die Deutung der viermaligen Siebenzahl ergibt sich aus dem Traum als Ganzem. Die Geschichte von Josephs (Yussufs) Traumdeutung wird auch im Koran überliefert.

Alter: ab 8 Jahren

Als Joseph ungefähr zehn Jahre im Gefängnis gewesen war, geschah es eines Tages, daß der König selbst einen Traum hatte. Als er erwachte, war er sehr unruhig. Er ahnte, daß der Traum etwas Wichtiges bedeutete, aber er wußte nicht was. Er stand auf und befahl: „Laßt sofort alle Traumdeuter und alle weisen Männer von Ägypten kommen."

Als sie alle da waren, ein ganzer Saal voll von klugen Männern, rief er: „Hört meinen Traum und sagt mir, was er bedeutet!

Mir träumte, ich stand am Nil und sah sieben schöne, fette Kühe aus dem Wasser steigen und auf einer Wiese weiden. Danach sah ich sieben häßliche, magere Kühe aus dem Wasser kommen. Die gingen zu den schönen, fetten Kühen und fraßen sie auf. Da erwachte ich. Als ich wieder einschlief, träumte mir noch einmal: Ich stand auf einem Feld. Da war ein Getreidehalm, aus dem wuchsen sieben Ähren, voll und dick von Körnern. Danach gingen sieben dürre Ähren auf, in denen kein Korn war, und die sieben dürren Ähren fraßen die sieben vollen Ähren. Wieder erwachte ich. Und jetzt, ihr klugen Leute, sagt mir, was Gott mir im Traum hat sagen wollen!"

Da dachten die Männer lange nach; es war ganz still, einige schlossen die Augen, damit sie besser denken konnten, andere setzten sich nieder und senkten die Köpfe, aber es wollte ihnen nichts einfallen.

Als der König sah, daß sie nichts wußten, rief er: „Ihr seid mir schöne Traumdeuter! Hinaus mit euch!"

Als sie alle draußen waren und der königliche Saal ganz leer war, ging der oberste Mundschenk zum König, neigte sich zur Erde und sagte: „Mein Herr! Ich weiß einen Mann, der dir helfen kann. Es ist ein Sklave aus dem Land Kanaan. Der hat mir im Gefängnis einmal einen Traum gedeutet, und so wie er es gesagt hat, ist es dann auch gekommen. Er weiß mehr von Gott als wir Ägypter, und darum versteht er auch die Träume, die Gott sendet, besser als wir."

Der König antwortete: „Hole ihn her!" Der Mundschenk holte Joseph aus dem Gefängnis, gab ihm neue Kleider und machte ihn so schön, wie er sein mußte, wenn er zum König gehen sollte.

Als Joseph hereintrat, sagte der König zu ihm: „Ich höre, daß du Träume deuten kannst." Joseph antwortete: „Das kann nur Gott. Er selbst muß es uns Menschen sagen." Da erzählte der König seine Träume, den Traum von den Kühen und den Traum von den Ähren. Joseph dachte eine Augenblick nach, dann fing er an zu reden: „Mein König! Gott hat dir gezeigt, was er tun will. Die beiden Träume bedeuten dasselbe. Die sieben schönen Kühe und die sieben dicken Ähren sind sieben reiche Jahre. Es werden sieben Jahre kommen, in denen Ägypten reich sein wird an Vieh und Getreide. Die sieben mageren Kühe und die sieben dürren Ähren sind sieben Jahre der Hungersnot. Die werden nach den sieben reichen Jahren kommen."

Der König erschrak. „Was soll ich tun?" fragte er.

Joseph antwortete: „Du kannst die Hungersnot lindern, wenn du in den sieben reichen Jahren einen Vorrat zurücklegst für die sieben Jahre der Not. Du mußt einen tüchtigen und klugen Mann einsetzen, der in den reichen Jahren Getreide einsammelt und es in den Jahren der Hungersnot wieder verteilt."

Der König stand auf, gab Joseph die Hand und sagte zu ihm: „Du bist frei. Du bist kein Sklave mehr. Ich setze dich zu meinem Stellvertreter ein. Sorge du dafür, daß das Getreide in den reichen Jahren eingesammelt und in den Jahren der Not verteilt wird." Und er hängte ihm eine goldene Kette um den Hals, gab ihm königliche Kleider und einen goldenen Wagen. In dem fuhr Joseph von da an durch das Land.

Und er sammelte sieben Jahre lang den Überfluß an Getreide, der im Land wuchs, bis alle Scheunen und Hallen voll waren. Danach kamen die sieben Jahre der Not. Die Menschen hungerten überall im Land, aber sie hungerten nicht nur in Ägypten, sondern auch in den Ländern um Ägypten her. Nur Joseph hatte Getreide in seinen Vorratshäusern. So kamen die Leute aus Ägypten und aus den umgebenden Ländern zu Joseph und kauften bei ihm Korn.

1. Mose 41. Nacherzählt von Jörg Zink

Pilgerfahrt nach Mekka

126

Islam

Die Sieben hat bei der islamischen Pilgerfahrt eine mehrfache Bedeutung. Deshalb wird sie bis in die Architektur berücksichtigt (sieben Tore, sieben Minarette). Haram ist der besondere heilige Bezirk.
Siebenmal wird die Kaaba umschritten. Siebenmal laufen die Pilger zwischen Safa und Marwa hin und her, um an Hagars Wassersuche zu erinnern. Mit sieben Steinen steinigen die Gläubigen den Teufel symbolisch. Diese Steinigung findet nur während der großen Pilgerfahrt statt, während Jehan Sadat die kleine Pilgerfahrt schildert.

Alter: ab 12 Jahren

„Allah, du bist der Friede, von dir strömt Friede aus. O unser Herr, empfange uns in Frieden!" betete ich mit all den anderen Pilgern, als wir das Tor des Friedens erreichten, das in den Haram führt, den weiten weißen Marmorhof der Großen Moschee. Da der Prophet alle Bewegungen stets mit der rechten Körperhälfte begonnen hatte, betraten auch wir den Haram nun mit dem rechten Fuß zuerst.

Die Ausmaße des Harams verschlugen mir den Atem. Sieben Haupttore führten auf den riesigen, rechteckigen Innenhof, der eine halbe Million Menschen zu fassen vermochte. Auf allen Seiten war er von Bogen und Säulengängen aus weißem Marmor umschlossen. Sieben reichverzierte Minaretts überragten das breite Flachdach über den Kolonnaden.

Unversehens verstummten die Rufe der Pilger, die beim Betreten des Harams noch mit lauter Stimme Allah gepriesen hatten. Seit Jahrtausenden, ja schon bevor es den Islam gab, war der Haram ein Heiligtum, ein Ort des Friedens. Und auch heute noch herrscht hier vollkommene Stille. Selbst die Vögel, die nach Mekka ziehen, wagen es nicht, die Große Moschee zu überfliegen, weil sie fürchten, die Atmosphäre der Harmonie zu stören. (...)

Nach den Gebeten begab ich mich mit vielen anderen Pilgern zur Kaaba, dem sechzehn Meter hohen und elf Meter langen steinernen Bauwerk in der Mitte des Haram. Hier hatte unser Patriarch Ibrahim, den Christen und Juden Abraham nennen, vor über dreitausend Jahren den ersten, einem einzigen Gott geweihten Tempel erbaut. Die Kaaba ist ein sehr schlichtes Bauwerk, eigentlich kaum mehr als ein riesiger Würfel mit einer einzigen Tür, zwei Meter hoch über dem Erdboden. Die Macht dieses Gebäudes ist jedoch unendlich groß. Hierher wenden sich fünfmal am Tag alle Moslems der Welt, ein Fünftel der Erdbevölkerung, und verneigen sich im Gebet. (...)

In die Südostecke der Kaaba ist der Schwarze Stein eingelassen, das Symbol unserer Konzentration auf die Liebe Gottes. Nur zwanzig Zentimeter im Durchmesser und in Silber gefaßt, nimmt der Schwarze Stein in unserer Tra-

dition einen sehr wichtigen Platz ein. Der Prophet Mohammed persönlich
soll den Stein geehrt haben, indem er ihn küßte, als er half, ihn in die Kaaba
einzufügen. Und nun trat auch ich mit Tausenden von anderen Pilgern zum
nächsten Ritus der Pilgerfahrt, dem *tawwaf* oder dem Umgang, an, um es
ihm gleichzutun.

Siebenmal umschritten wir die Kaaba entgegen dem Uhrzeigersinn – denn
das Gebäude mußte stets links von uns liegen – begannen jeden Umgang am
Schwarzen Stein und beteten jedesmal, wenn wir an ihm vorbeikamen:
„*Allahu Akbar,* Allah ist groß." Hunderte eilten dann nach vorn, um einen
Blick auf den Stein zu werfen, ihn zu berühren oder sogar, wie der Prophet,
zu küssen. Weil das Gedränge viel zu groß war, verzichtete ich selbst jedoch
– wie auch viele andere – darauf, sondern nickte nur und hob die Arme zum
Gruß, wenn wir die Ecke der Kaaba umrundeten, in der er eingefügt war.
(…)

Nach der Beendigung des *tawwaf* zogen wir alle zur Station des Ibrahim
in der Großen Moschee weiter und vollführten dort zwei Niederwerfungen.
Indem wir uns so vor Allah verneigten, erinnerten wir uns daran, daß der
Umgang nicht etwa der Verehrung der Kaaba selbst, sondern der Anbetung
Allahs dient. Anschließend verließen wir den Haram und begaben uns zu den
Stätten der nächsten Rituale: zur Quelle Zamzam und zur Masa, dem „Ort
des Laufens".

Hier, auf den Ebenen der Umgebung Mekkas, hatte Ibrahim seine zweite
Frau Hagar und seinen ältesten Sohn Ismael zurückgelassen, als er mit seiner
Frau Sara und seinem Sohn Isaak nach Palästina weiterzog. Dort gründeten
Isaaks Nachkommen die jüdische und die christliche Religion, während
Ismaels Nachkommen in Arabien den Islam vervollkommneten. Weil Isaak
und Ismael beide Ibrahims Söhne waren, nennen wir Sara die Mutter der
Juden und Christen, während Hagar die Mutter der Muslime ist, und halten
uns alle, Muslime, Christen und Juden, für Cousins.

Hagar, mit nur einem Sack Datteln in der Wüste zurückgeblieben, suchte
verzweifelt nach Wasser, um ihren und den Durst ihres kleinen Sohnes zu stillen. Siebenmal lief sie zwischen den beiden Bergen Safa und Marwa hin und
her und hoffte, eine Quelle zu finden, an der sie und Ismael trinken konnten.
Schließlich füllte der Engel Gabriel durch Allahs Gnade zu Ismaels Füßen
eine versiegte Quelle mit frischem, klarem Wasser, um Hagars Leben und das
ihres Kindes zu retten. Diese Quelle wurde Zamzam genannt und sprudelt
noch heute frisch und klar.

Nach Beendigung des Rituals im Haram dürfen die Pilger jederzeit aus der
Quelle Zamzam trinken, ich selbst und viele andere gingen jedoch zunächst
weiter, um das *saay,* das „Laufen", hinter uns zu bringen. Siebenmal folgten
wir unserem *mutawwif* zwischen den Hügeln Safa und Marwa hin und her

und sprachen dabei unablässig Verse aus dem Koran. Entlang der Wegstrecke gab es Markierungen, die den Männern signalisierten, wann sie laufen und wann sie gehen mußten, während die Frauen nur zu gehen brauchten. Für uns waren die Bedingungen natürlich weit leichter als damals für Hagar, denn heute ist der Pfad zu einer überdachten, sehr breiten, klimatisierten Marmorgalerie ausgebaut worden, deren Mittelteil für die Tragbahren und Rollstühle freiblieb. Die Lehre, die wir aus dem Ritual ziehen sollten, nämlich Ausdauer und Geduld zu üben, wirkte trotzdem nachhaltig. Genau wie Hagar flehten wir um Allahs Barmherzigkeit. Und genau wie Hagar erfrischten wir uns anschließend an der Quelle Zamzam, die mit einer wunderschönen Marmorkuppel überdacht und mit Hunderten von Wasserhähnen ausgerüstet ist, um den Durst der Gläubigen zu stillen.

Jehan Sadat

Die Siebenschläfer von Ephesus   127

Christentum

Die „Siebenschläferlegende", wie sie Gregor von Tours (538–594) überliefert, erzählt von sieben Brüdern, die sich während der Christenverfolgung durch Kaiser Decius (250) in einer Höhle bei Ephesus versteckten. Eingemauert schliefen sie dort bis zu ihrer Entdeckung im Jahre 446. Dem Kaiser Theodosius bekannten sie den Glauben an die Auferstehung des Fleisches. Ihr wundersamer Schlaf weist auf die Glaubenswahrheit der Auferstehung hin. Im Orient war die Verehrung der Siebenschläfer weit verbreitet. Dem Abendland wurden sie seit den Kreuzzügen, vor allem im 17. und 18. Jahrhundert, bekannt.

Alter: ab 12 Jahren

Mit den sieben Gefährten, die einst bei der Stadt Ephesus in einen tiefen Schlaf gefallen waren, hat es folgende Bewandtnis: Zur Zeit des Herrschers Decius brach über die Christen eine Verfolgung herein. Damals ergriff man auch sieben Männer und brachte sie vor den Fürsten. Sie hießen: Maximian, Malchus, Martinian, Konstantin, Dionysius, Johannes, Serapion. Man verhörte sie auf verschiedene Weise, so daß sie überhaupt nicht zur Ruhe kamen, um sie zum Nachgeben zu zwingen.

Doch der Herrscher gewährte ihnen auf Grund ihrer edlen Haltung noch eine Bedenkfrist, damit sie nicht augenblicklich hingerichtet würden. Da verbargen sie sich in einer Höhle und blieben dort viele Tage. Jeweils einer von ihnen ging hinaus, um Lebensmittel zu kaufen und was sie sonst benötigten.

Als die Frist abgelaufen war, beteten sie zum Herrn, daß er sie erretten möge, und als ihr Gebet beendet war, sanken sie zu Boden und schliefen ein.

Doch der Herrscher brachte in Erfahrung, daß sie in jener Höhle verweilten und befahl, den Höhleneingang mit großen Steinen zu vermauern, wobei er sprach: „Dort sollen zugrundegehen, die unseren Göttern nicht opfern wollten." Noch bevor die Höhle zugemauert wurde, schrieb ein Christ ihre Namen und ihr Martyrium auf eine bleierne Platte und verbarg diese heimlich im Eingang der Höhle.

Nach Ablauf vieler Jahre fanden die Kirchen Frieden. Es herrschte aber Theodosius, ein Christ. Zu seiner Zeit hatte sich die gottlose Häresie der Sadduzäer erhoben, die die zukünftige Auferstehung der Toten leugnete.

Damals beabsichtigte ein Bürger von Ephesus, bei eben jenem Berg Ställe für seine Schafe zu errichten. Er wälzte Steine herab, um ihren Pferch zusammenzufügen. Dabei legte er den Eingang zur Höhle frei, ohne Kenntnis davon zu haben, was im Inneren geschehen war, denn er kannte das Geheimnis nicht, was sich in der Höhle verbarg.

Der Herr aber sandte den Geist des Lebens zu den sieben Männern, und sie erhoben sich. Dabei meinten sie, nur eine Nacht geschlafen zu haben. Sie schickten einen jungen Mann aus ihrer Gruppe los, um Lebensmittel zu kaufen.

Als dieser sich der Stadt näherte, sah er auf dem Stadttor das Zeichen des ruhmreichen Kreuzes, und er hörte die Leute im Namen Christi schwören. Da geriet er außer sich. Als er aber die Münzen, die er seit der Zeit des Decius besaß, hervorzog, packte ihn der Händler, indem er ihn ansprach: „Du hast wohl einen verborgenen Schatz aus alter Zeit gefunden."

Weil er es aber abstritt, brachte man ihn vor den Bischof und vor den Richter der Stadt. Deren Anklagen gegen ihn stellten ihn vor die Notwendigkeit, das verborgene Geheimnis zu enthüllen. Da führte er sie zu der Höhle, in der sich die Männer befanden. Und als der Bischof in die Höhle eintreten wollte, fand er die bleierne Tafel, auf der alles, was sich zugetragen hatte, schriftlich festgehalten war. Darauf redete er mit ihnen; und der Bischof und der Richter berichteten dies alles auf schnellstem Wege dem Herrscher Theodosius.

Als der Kaiser kam, beugte er sich zum Boden und betete sie an. Sie aber begannen folgendes Gespräch mit dem Fürsten: „Ruhmreicher Augustus! Es hat sich eine Häresie erhoben, die das christliche Volk von den Verheißungen Gottes abbringen will: Man soll sagen, daß es keine Auferstehung von den Toten gibt. Damit du also Bescheid weißt, denn wir alle müssen gemäß dem Wort des Apostels Paulus vor dem Richtstuhl Christi stehen, befahl uns der Herr aufzuwachen und dir dies mitzuteilen. Siehe daher zu, daß du nicht verführt wirst und vom Reich Gottes ausgeschlossen bleibst!"

Als der Herrscher Theodosius dies vernahm, rühmte er den Herrn, der nicht zulassen wollte, daß sein Volk zugrundeging. Die Männer aber sanken wieder zu Boden und entschliefen. Da wollte Theodosius ihnen Grabmäler aus Gold errichten, doch ein Gericht hinderte ihn an der Ausführung. Die Männer aber ruhen bis zum heutigen Tag an eben diesem Ort, bekleidet mit seidenen oder leinenen Gewändern.

Gregor von Tours

Der geheimnisvolle Leuchter   128

Judentum

Der sehnlichste Wunsch von Rabbi Ramban ist es, nach Jerusalem zu reisen und dort zu sterben. Seine Schüler sind tief betroffen über diesen Entschluß ihres verehrten Lehrers. *Bet-Midrasch* ist das rabbinische Lehrhaus. Die *Mikwe* ist ein Becken für rituelle Reinigungen.

Alter: ab 12 Jahren

Nach einiger Zeit des betretenen Schweigens begann einer der Schüler, der etwas mutiger und forscher war als die anderen, und sagte: „Verehrter Lehrer, ihr wollt euch nun auf die Reise begeben in das Land, in dem unsere Vorväter, unsere Propheten und unsere Weisen begraben sind. Möge Gott euch noch viele und glückliche Jahre gewähren! Aber wenn jener Tag gekommen ist, an dem ihr diese Welt verlassen werdet, wie können wir dann eure Todesstunde erfahren, um Trauer um euch zu tragen? Wird es doch viele Monate dauern, bis diese Nachricht uns vom Heiligen Land erreicht. Und es würde uns tief bekümmern zu wissen, daß unsere Trauer verspätet sein wird."

Denn in jenen Tagen reisten nur wenige Leute aus der Diaspora in das Heilige Land und von dort in die Diaspora. Allein die Reise selbst war beschwerlich und dauerte mehrere Monate, ja, sie konnte noch viel länger dauern, wenn irgendein Unglück oder dergleichen das Unternehmen verzögerte. Überdies gab es keine andere Möglichkeit, Briefe und Nachrichten zu übermitteln, als sie vertrauenswürdigen Boten zu geben, die ebenso diese lange und gefahrvolle Reise auf sich nehmen mußten.

Als der Schüler nun seine Rede beendet hatte, bekräftigten seine Kameraden dessen Besorgnis: „Ja, dann werdet ihr weit weg in der Ferne sterben. Wir hier können nichts davon erfahren."

Da erwiderte der Rabbi: „Die Tora, die ich euch gelehrt habe, wird euer Führer sein an meiner Statt. Wenn ihr sie mit Fleiß studiert, wird sie euch die Geheimnisse enthüllen ohne meine Hilfe. Und wenn meine Todesstunde kommen wird, werdet ihr eine Nachricht erhalten, so daß ihr für mich beten könnt."

„Aber wie soll das vor sich gehen, daß wir genau in diesem Augenblick davon erfahren?" fragten sie ihn voller Zweifel. „Gib uns doch dann ein Zeichen, dem wir Vertrauen schenken können!"

Der Rabbi antwortete ihnen folgendermaßen: „An jedem siebten Tag des Monats sollt ihr einen von euch in der Morgendämmerung zu dem alten Friedhof schicken und ihn das Grab meiner Mutter besuchen lassen. Am Tage meines Todes wird er dort einen siebenarmigen Leuchter sehen, dessen mittlere Kerze leuchten wird. An diesem Zeichen soll er erkennen, daß dieses eine Licht für meine Seele brennt, die aus dieser Welt geschieden ist."

Nach diesen Worten nahm der Rabbi Abschied von seinen Schülern. Jeder von ihnen kam und küßte seine Hand, während der Rabbi seine Schüler segnete und ihnen einen Kuß auf die Stirn gab. Dann verließ er sie, indem er seine Kutsche bestieg und losfuhr. Die ganze jüdische Gemeinde aber begleitete ihn traurig bis zum Tor der Stadt.

Sogleich trafen sich die Toraschüler in der Bet-Midrasch und fällten den Beschluß, jeden Monat das Los zu werfen, und wer dadurch bestimmt war, sollte das Grab auf dem Friedhof aufsuchen. Aber zuvor müsse derselbe sich sieben Tage lang reinigen und läutern, indem er sich ganz untertaucht in den Fluten der Mikwe und sich im ständigen Gebet darauf vorbereitet.

So vergingen viele Monate, und jeder Schüler kam einmal an die Reihe, den Friedhof in besagter Weise aufzusuchen. Es hielt sie nichts von dieser streng befolgten Gewohnheit ab, einmal im Monat zum Grab auf dem Friedhof zu gehen, weder Regen noch Wind, weder Kälte noch Hitze; die Toraschüler standen unerschütterlich dort, von der Morgendämmerung bis zum Sonnenuntergang, ohne auch nur einmal den Blick vom Grabstein zu wenden.

Im dritten Jahr am siebten Tag des Monats Adar – dem Tag, an dem unser Vorvater Mose geboren und gestorben war – stand einer der älteren Schüler am Grabstein. Und genau in dem Augenblick, als das erste morgendliche Sonnenlicht auf das Grab fiel, brach der Grabstein in der Mitte entzwei, und in dem Spalt, der einen Fuß breit war, erschien plötzlich ein goldener Leuchter, der dem Kandelaber im Tempel aufs Haar glich. Der Leuchter war aus massivem Gold mit sieben Armen, und in der Mitte brannte eine große Kerze. Der Schüler fiel augenblicklich vor der überirdischen Erscheinung auf sein Antlitz. Als er sich von seinem ersten Schrecken erholt hatte, lief er mit eiligen Schritten in die Stadt, zerriß seine Kleider und schlug sich vor Trauer und Schmerz auf die Brust. Als seine Kameraden ihn so sahen, wußten sie sogleich, was sich ereignet haben mußte. Bald hörte man in der ganzen Stadt an diesem Morgen ihr lautes Klagen und Weinen. Alle Toraschüler zerrissen ihre Gewänder und saßen in großer Trauer, so daß die Männer, Frauen und Kinder der Stadt herbeieilten, um der Totenklage beizuwohnen und für die Seele des gerade zur ewigen Ruhestätte eingegangenen Rabbi zu beten. Der Grabstein auf dem Friedhof aber war wieder ein unversehrtes Stück wie vorher, doch konnte man auf ihm das schattenhafte Bild eines siebenarmigen Leuchters mit einer brennenden Kerze in der Mitte sehen, das in den Stein wie eingemeißelt war. Und immer dann, wenn die Juden der Stadt in Bedrängnis oder Not waren, gingen sie zu diesem Grab und beteten vor dem im Grabstein sichtbaren Leuchter. Und stets wurde ihr Bitten und Flehen vom Himmel erhört.

Überliefert

Die Geburt des Prinzen Siddhartha   129

Buddhismus

Prinz Siddhartha, der später Buddha wird, ist der erste Sohn des Königs Shuddhodana und der Königin Maya. Schon vor seiner Geburt wird seinen Eltern prophezeit, daß er der „Größte aller Weisen" werden würde. Wie die Geburt anderer Religionsstifter ist auch die Geburt des zukünftigen Buddhas von besonderen Zeichen in der Natur begleitet. Eine wichtige Rolle spielt die Zahl Sieben: Der Neugeborene macht sieben Schritte in alle Himmelsrichtungen, um zu zeigen, daß er Macht über die ganze Welt hat. Seine Mutter stirbt am siebten Tag nach seiner Geburt. Bis zum Alter von sieben Jahren zieht ihn eine Tante auf zu Buddha (siehe Nr. 3 und 130).

Alter: ab 10 Jahren

Eines Tages im Mai, in der Zeit des Vollmondes, bekam Königin Maya Lust, im Garten von Lumbini spazierenzugehen, der erfüllt war vom Gesang der Vögel und dem Duft der Blumen. Die Königin ging von Baum zu Baum und bewunderte die grünen Blätter, die frisch aufgesprungenen Blüten und die Zweige, die voll im Saft standen.

Plötzlich sah sie einen besonders stattlichen Baum, der ihr seine untersten Zweige entgegenzustrecken schien. Die Königin hob die Arme, um einen der Zweige zu ergreifen. In diesem Augenblick glitt das Kind, das sie unter dem Herzen trug, zu ihrer rechten Körperseite heraus, ohne ihr Schmerzen zuzufügen oder sie zu verletzen. Die Götter Indra und Brahma fingen den Neugeborenen auf, als er aus dem Schoß seiner Mutter kam und wickelten ihn in ein himmlisches Seidentuch. Zwei Regenschauer, erfüllt vom Duft kostbarer Blumen, der eine kalt, der andere warm, fielen vom Himmel, damit er sein erstes Bad erhalte. Dann löste er sich aus der Umarmung der Götter und machte sieben Schritte in jede der vier Himmelsrichtungen. So zeigte er, daß er Macht über die ganze Welt hatte.

Als seine Mutter mit ihm in den Palast zurückgekehrt war, untersuchten die Brahmanen und Hellseher den Neugeborenen und bestätigten, daß er an seinem Körper die zweiunddreißig Zeichen trug, die einen Auserwählten von den gewöhnlichen Sterblichen unterscheiden. Vor allem hatte er ein kleines Haarbüschel zwischen den Augen und einen Höcker auf dem Scheitel, der mit Haaren bedeckt war. Seine Finger waren mit Schwimmhäuten verbunden, und seine Handflächen und Fußsohlen trugen den Abdruck des Rades der Lehre – das Chakra.

Bei Hof zweifelte keiner mehr daran, daß der Prinz Siddhartha – so lautete der Name, den man ihm gegeben hatte – der Herrscher der Welt werden würde.

Im ganzen Königreich begrüßte man das freudige Ereignis mit Volksfesten und Feierlichkeiten. Trotzdem kam Trauer über den Palast, denn Königin Maya starb sieben Tage nach der Geburt des Kindes.

Siddhartha wurde bis zum Alter von sieben Jahren von einer Tante mütterlicherseits aufgezogen. Dann unterwies ihn ein Meister in den vierundsechzig Künsten, die ein Prinz seit altersher lernen mußte. Siddhartha hatte Freude am Lernen. Er glänzte ebenso in Sprachen wie in der Musik oder der Mathematik und war genauso hervorragend im Schachspielen wie im Ringen und im Umgang mit den Waffen. Schon früh zeigte er eine erstaunliche Neigung zu Fragen der Weisheit und half seinem Vater, wenn dieser Recht sprach.

Amina Okada

130   Ein vollkommen Erwachter

Buddhismus

Unter dem Bodhibaum wird Siddhartha die Erleuchtung zuteil, wie das Leiden überwunden werden kann. Vorher führt ihn Mara in Versuchung. In anderen Berichten heißt es, daß seine Suche nach Heil sieben Jahre dauerte und daß er den Bodhibaum sieben Mal umschritt, bevor er sich darunter niederließ.

Alter: ab 10 Jahren

Die Götter des Himmels unterstützten die Suche des Prinzen. Mara aber, der Herr der Finsternis und des Todes, ahnte, daß die Erkenntnisse Siddharthas seine Macht über die Menschen bedrohte. Und er beschloß, ihm einen erbarmungslosen Kampf zu liefern. Um Siddhartha bei seiner Meditation zu stören und zu verhindern, daß in ihm die höchste Erkenntnis erwachte, schickte Mara seine Armeen aus. Sie bestanden aus abscheulichen, mißgestalteten Dämonen mit roten Augen und abstoßenden Gesichtern. Manche hatten aufgedunsene Bäuche und Münder, die Flammen oder Gift spuckten.

Alle diese Kreaturen, die aus der Hölle entwichen waren, griffen nach Siddhartha. Aber kaum streckten sie die Arme aus, da verwandelten sie sich in Blumen, ohne daß die Meditation des Prinzen gestört wurde. Dieser Blumenregen steigerte die Wut Maras. Er schickte seine drei Töchter, die die Namen Begierde, Vergnügen und Leidenschaft trugen – damit sie den Weisen mit ihrem Zauber und ihren sinnlichen Tänzen störten. Aber Siddhartha richtete seinen Blick, der klar war wie ein Diamant, auf die drei Schönheiten und verwandelte sie in häßliche alte Frauen. Darauf berührte Siddhartha mit seinen Fingern leicht den Boden. Das bedeutete, daß die Erde Zeugin war für den Sieg, den er über den Herrn der Finsternis und des Todes davongetragen hatte.

Die ganze Nacht hindurch meditierte Siddhartha. Als aber der Tag anbrach und die Sonne die schlafende Welt mit ihren goldenen Strahlen berührte, war er ein vollkommen Erwachter, der die höchste Erkenntnis besaß. Er wußte nun, daß die Begierde die Ursache allen Leidens ist. Wer die Begierde, die Gewalt und die Unwissenheit überwindet, der kennt keine Leiden mehr, der unterbricht die endlose Kette der Wiedergeburten und geht ins Nirwana ein.

Aus dem Prinzen Siddhartha war der Buddha – der Erleuchtete – geworden. Noch sieben weitere Tage blieb er unter dem Bodhibaum in tiefer Meditation sitzen.

Amina Okada

Zehn

131   Die zehn ägyptischen Plagen

Judentum/Christentum

Weil der Pharao das Volk der Israeliten nicht ziehen läßt, bestraft Gott die Ägypter, indem
er ihnen zehn Plagen schickt.

Alter: ab 9 Jahren

Gott sprach zu Mose: „Der Pharao ist unnachgiebig. Alles Reden nützt
nichts. Ich muß ihn strafen. Morgen früh wird er von seinem Palast zum
Nilfluß hinuntergehen. Stell dich ihm am Ufer in den Weg. Sag zu ihm: Laß
mein Volk aus Ägypten ziehen! Bis jetzt hast du nicht auf mich gehört. Heute
will ich dir zeigen, daß es der Gott unseres Volkes ernst meint. Auf Befehl
unseres Gottes schlägt mein Bruder mit dem Stock auf das Wasser des Nils.
Es wird blutig rot werden. Die Fische werden sterben. Dann wird der Fluß so
verschmutzt sein und so stinken, daß kein Ägypter mehr sein Wasser trinken
kann."

Am andern Morgen gingen Mose und Aaron an das Ufer des Nils. Der
Pharao kam. Mose und Aaron richteten ihm Gottes Botschaft aus. Aaron
schlug mit dem Stab auf das Wasser. Das Wasser wurde blutig rot. Aber das
machte dem Pharao keinen Eindruck. Er sagte: „Es gibt noch genügend frisches Wasser unter dem Boden!" Er befahl seinen Leuten: „Grabt so lange,
bis genug Wasser für Mensch und Tier vorhanden ist."

Sieben Tage später sandte Gott Mose wieder zum Pharao. Mose sagte zu
ihm: „Laß mein Volk aus Ägypten ziehen! Wenn du es nicht tust, wird Gott
ganz Ägypten mit Fröschen plagen."

Der Pharao hörte nicht auf Mose und schickte ihn weg. Da wimmelte es
in allen Flüssen, Kanälen, Seen und Teichen von Fröschen. Sie kamen aus
dem Wasser, hüpften durch die Straßen und drangen in die Häuser. Auch der
Palast des Pharao war voll von Fröschen. Selbst in sein Bett kamen sie gekro-
chen.

Da ließ der Pharao Mose zu sich rufen. „Bitte Gott, daß er uns von den
Fröschen befreit!" sagte er zu ihm. „Dann will ich euch ziehen lassen, damit
ihr eurem Gott opfern könnt."

Mose betete zu Gott, und Gott befreite die Ägypter von der Froschplage.
Aber der Pharao hielt sein Versprechen nicht. Er ließ die Israeliten nicht wegziehen.

Da flogen Schwärme von Stechmücken über das Land und plagten Menschen und Tiere. Aber der Pharao ließ die Israeliten nicht wegziehen.

Darauf wurde das Land von Ungeziefer heimgesucht. Schnell breitete es sich in den Häusern der Ägypter und im Palast des Pharao aus. Nur das Gebiet, in dem die Israeliten wohnten, wurde verschont.

Da ließ Pharao Mose zu sich rufen und sagte: „Ihr könnt eurem Gott opfern. Aber es muß hier in Ägypten geschehen. Ich will nicht, daß ihr wegzieht."

„Wir können unserem Gott nur am Gottesberg in der Wüste opfern", antwortete Mose.

„So bitte Gott, daß er uns vom Ungeziefer befreit. Dann will ich euch ziehen lassen."

Mose betete zu Gott, und Gott befreite die Ägypter von dem Ungeziefer. Aber der Pharao hielt sein Versprechen nicht. Er ließ die Israeliten nicht wegziehen.

Da wurden die Tiere der Ägypter krank. Pferde, Esel, Kamele, Rinder, Schafe und Ziegen starben. Aber auch das machte dem Pharao keinen Eindruck.

Danach erkrankten die Menschen. An ihrem Körper bildeten sich Geschwüre. Aber der Pharao blieb starrsinnig.

Da kündigte Mose ein schweres Unwetter an. Er warnte die Ägypter: „Bringt eure Herden in die Ställe! Bleibt in euren Häusern!" Manche hörten auf ihn. Da zogen sich schwarze Wolken über dem Land zusammen. Unaufhörlich zuckten Blitze. Der Donner grollte. Es begann zu hageln. Die großen Hagelkörner zerfetzten die Pflanzen und rissen Äste von den Bäumen. Sie töteten Menschen und Tiere, die sich im Freien aufhielten. Ein solches Unwetter hatten die Ägypter noch nie erlebt.

Da ließ der Pharao Mose und Aaron wieder zu sich rufen. Er sagte: „Ich habe Unrecht getan. Ich habe mein Versprechen nicht eingelöst. Es ist alles meine Schuld."

„Ich will Gott bitten, daß er euch vom Unwetter erlöst", antwortete Mose. „Aber ich trau deinem Wort nicht, Pharao. Was du bis jetzt versprochen hast, hast du nie gehalten." So war es auch diesmal. Der Pharao blieb starrsinnig.

Wieder ging Mose in den Palast und sagte zum Pharao: „Warum glaubst du nicht, daß Gott mächtiger ist als du? Der Hagel hat den Flachs und die Gerste vernichtet. Nur der Weizen, der später sproßt, wächst. Aber wenn du die Israeliten nicht ziehen läßt, werden Heuschrecken kommen und die Weizenfelder kahlfressen."

Die Minister des Pharao rieten ihm: „Laß die Israeliten ziehen! Sie sollen ihrem Gott opfern. Was willst du unser Land noch weiteren Gefahren aussetzen?"

„Wer von den Israeliten geht denn zum Opferfest mit in die Wüste?" wollte der Pharao wissen. Mose antwortete: „Alle Israeliten. Die Jungen und Alten, die Knaben und Mädchen, die Frauen und Männer, die Schafe, Ziegen und Rinder. Alles kommt mit."

Da lachte der Pharao und rief: „Das könnte euch so passen! Für einen Opfergottesdienst genügen die Männer. Sie können gehen. Aber die Frauen und Kinder bleiben hier!"

Da kamen die Heuschrecken. In Schwärmen flogen sie von Osten über das Land und ließen sich auf den Feldern nieder. Der ganze Boden war schwarz von ihnen. Sie fraßen alles, was der Hagel verschon hatte: Gras, Pflanzen, Früchte.

Wieder sprach der Pharao: „Ich lasse die Israeliten ziehen, wenn Gott uns von den Heuschrecken befreit." Aber als der Wind die Heuschreckenschwärme ins Meer geweht hatte, hielt der Pharao sein Versprechen nicht.

Da kam eine Finsternis über das Land. Drei Tage lang konnte man die Sonne nicht sehen. Als auch das dem Pharao keinen Eindruck machte, ging Mose ein letztes Mal zu ihm und sagte: „Um Mitternacht wird Gottes Engel durch Ägypten ziehen. Dann werden alle Erstgeborenen sterben: die in einer Familie zuerst geborenen Knaben, die in einer Herde zuerst geborenen Schafe, Ziegen und Rinder. Gottes Engel macht keinen Unterschied, ob es der erstgeborene Sohn einer Sklavin oder der erstgeborene Sohn der Frau des Pharao ist. Dann werden alle deine Minister zu mir kommen und mich auf den Knien bitten: Geh weg mit deinem ganzen Volk!"

Aber auch dieses Mal hörte der Pharao nicht auf Mose.

2. Mose 7, 14 ff. Nacherzählt von Werner Laubi

132 Die zehn Gebote

Judentum/Christentum

Warum Mose gerade zehn Gebote auf dem Sinai geoffenbart wurden, obwohl in biblischen Zeiten die Zahl Zwölf viel bedeutungsvoller war, ist nicht leicht zu begründen. Es mag eine Rolle spielen, daß der Mensch fünf Finger an jeder Hand hat und damit zehn Gebote besonders gut aufzählen kann.

Alter: ab 9 Jahren

Endlich kamen die Israeliten zum Gottesberg. Auf der Ebene am Fuß des Berges fanden sie einen Lagerplatz. Dort stellten sie ihre Zelte auf. Mose aber stieg auf den Berg.

Gott sprach zu ihm: „Sag den Israeliten: Ich, euer Gott, habe euch bis hierher gebracht. Kein Mann, keine Frau und kein Kind ist auf dem Weg verhungert. Niemand ist verdurstet. Alles, was es auf der Erde gibt, habe ich geschaffen: alle Pflanzen, Tiere und Menschen. Mit euch Israeliten aber habe ich etwas Besonderes vor. Ich will einen Freundschaftsbund mit euch schließen. Wie ein Mann und eine Frau einander auswählen, so wähle ich euch aus. Ihr seid für mich wie eine Braut. Ich beschütze euch. Ihr aber müßt meine Gebote halten!"

Mose stieg vom Berg wieder hinunter in die Ebene. Das ganz Volk kam zu ihm. Er wiederholte den Israeliten alles, was Gott zu ihm gesprochen hatte. „Gott will mir in drei Tagen seine Gebote geben", fuhr er fort. „Darum sollen die nächsten Tage heilige Tage, Feiertage, sein. Wandert nicht umher! Bleibt im Lager! Niemand darf auf den Berg steigen außer mir. Nicht einmal mit dem Fuß dürft ihr ihn berühren!"

Am anderen Morgen hüllte eine dichte Wolke den Gottesberg ein, und er bebte gewaltig. Wie Posaunen tönte es aus dem Nebel. Da bekamen die Israeliten Angst.

Mose aber stieg auf den Berg. Als die Zeit gekommen war, gab ihm Gott die Gebote und sprach:

„Ich bin der Herr, dein Gott. Ich habe dich aus Ägypten geführt.
Du sollst keine anderen Götter außer mir haben.
Du sollst dir von mir kein Bild machen und keine Götterbilder anbeten.
Du sollst den Namen des Herrn, deines Gottes, nicht mißbrauchen.
Du sollst den Feiertag heilig halten.
Du sollst deinen Vater und deine Mutter ehren.
Du sollst nicht töten.
Du sollst die Ehe heilig halten.
Du sollst nicht stehlen.
Du sollst über andere Menschen keine Lügen verbreiten.
Du sollst nicht neidisch sein auf das, was anderen gehört."

Und Gott gab Mose zwei steinerne Tafeln. Darauf waren die Gebote geschrieben.

2. Mose 19, 1–20, 17. Nacherzählt von Werner Laubi

133   In der Synagoge

Judentum

Zehn Männer (ein „Minjan") sind erforderlich, um einen ordentlichen jüdischen Gottesdienst abhalten zu können. Die Szene stammt aus Harry Kemelmanns Buch „Am Freitag
schlief der Rabbi lang."
   Kaddisch: liturgisches Gebet für Verstorbene.
Alter: ab 13 Jahren

Sie saßen im Betsaal und warteten. Neun Männer, die auf den zehnten warteten, um den Morgengottesdienst beginnen zu können. Jacob Wasserman,
der bejahrte Gemeindevorsteher, hatte die Gebetsriemen bereits befestigt. Der
junge Rabbi David Small war gerade eingetroffen, zog den linken Arm aus
der Jacke und rollte den Hemdsärmel bis zur Achsel hoch. Er legte die kleine
schwarze Kapsel mit den Tora-Stellen auf den linken Oberarm gegenüber
dem Herzen, wickelte den einen Gebetsriemen siebenmal um den Unterarm,
dreimal um den Handteller – das bedeutet den ersten Buchstaben vom
Namen des Herrn – und schließlich um den Mittelfinger, als Symbol für den
Bund mit Gott. Nun befestigte er den zweiten Gebetsriemen mit der Kapsel
an der Stirn; zusammen mit dem ersten gilt das als buchstäbliche Erfüllung
des biblischen Gebotes: Und sollst die Worte Gottes binden zum Zeichen auf
deine Hand, und sollen dir ein Denkmal vor deinen Augen sein.
   Die anderen, die mit Fransen besetzte seidene Gebettücher und schwarze
Käppchen trugen, saßen in Gruppen herum und unterhielten sich. Von Zeit
zu Zeit verglichen sie ihre Armbanduhren mit der runden Wanduhr.
   Der Rabbi war jetzt für das Morgengebet bereit und schlenderte den Mit-
telgang auf und ab, nicht ungeduldig, eher wie ein Reisender, der zu früh auf
den Bahnhof gekommen ist. Gesprächsfetzen drangen an sein Ohr: Geschäft-
liches, Familie und Kinder, Urlaubspläne, die Chancen einer Baseballmann-
schaft wurden erörtert. Nicht gerade passende Themen, wenn man beten
will, dachte er, und wies sich sofort zurecht. War nicht übertriebene Frömmigkeit gleichfalls Sünde? Sollte der Mensch nicht die guten Dinge dieses
Lebens genießen – die Freuden, die Familie, Arbeit und Ruhe nach der Arbeit
schenken? Er war noch sehr jung, knapp dreißig, und selbstkritisch, so daß
er ständig Fragen aufwarf und diese wiederum in Frage stellte.
   Wasserman war hinausgegangen und kam jetzt zurück. „Ich habe eben bei
Abe Reich angerufen. Er ist in etwa zehn Minuten hier, hat er gesagt." Ben
Schwarz, ein kleiner, rundlicher Mann in mittleren Jahren, sprang auf. „Mir
reicht's", murrte er. „Wenn ich diesem Reich noch dankbar sein muß, daß
wir mit ihm den Minjan zusammenkriegen, bete ich lieber zu Hause."

Wasserman eilte ihm nach und holte ihm am Ende des Ganges ein. „Du willst uns doch jetzt nicht etwa sitzenlassen, Ben? Dann sind wir ja wieder nur neun, auch mit Reich."

„Tut mir leid, Jacob", sagte Schwarz steif, „ich habe eine wichtige Verabredung und muß weg."

Wasserman hob die Hände. „Du bist doch extra hergekommen, um den Kaddisch für deinen Vater zu sagen. Wieso hast du es da plötzlich so eilig mit deiner Verabredung, daß du nicht mal die paar Minuten warten kannst, um für deinen toten Vater zu beten?" Wasserman war Mitte Sechzig und somit älter als die meisten Gemeindemitglieder. Er hatte einen leisen Akzent, der sich vor allem in seinen Bemühungen um eine besonders korrekte Aussprache äußerte. Er merkte, daß Schwarz schwankend wurde. „Übrigens hab ich selber heute Kaddisch, Ben."

„Schon gut, Jacob, hör mit der Seelenmassage auf. Ich bleibe." Er grinste sogar.

Harry Kemelmann

Zwölf

Denksteine am Jordan

Judentum/Christentum

Es wird vermutet, daß die Israeliten bald nach ihrer Landnahme in Kanaan einen sakralen Verband von zwölf Stämmen gründeten. Die Zwölfzahl, die im antiken Denken eine wichtige Rolle als Symbol für Ganzheit, Gesamtheit spielt, soll zeigen, daß Israel ein ganzes Volk ist. In unserem Text ist die Landnahme idealisiert dargestellt als geschlossener Einzug aller Stämme. Hinter dieser Darstellung aber steht ein Prozeß, der sich in Wirklichkeit über längere Zeit erstreckte. Die zwölf Stämme wurden nicht alle zur gleichen Zeit in Kanaan seßhaft. Die vorliegende Erzählung gehört zur Gattung der Sagen, einer sprachlichen Form, in der sich Völker der Frühzeit mit ihrer Vergangenheit auseinandersetzen und ihre geschichtliche Erinnerung in Worte fassen.

Alter: ab 9 Jahren

Zwei Tage später überquerte Josua mit dem ganzen Volk den Jordan. An der Spitze gingen die Priester mit der Bundeslade. Als sie das Flußbett betraten, staute sich das Wasser des Jordans. Die Priester blieben mit der Lade mitten im Flußbett stehen, bis alle Israeliten das andere Ufer erreicht hatten. Dort schlugen sie das Lager auf.

Josua bestimmte aus jedem Stamm einen Mann. Jeder der zwölf Männer mußte im Jordan einen Stein holen. Die zwölf Steine wurden beim Lagerplatz als Denkmal aufgestellt. Josua sagte: „Wenn euch später eure Kinder fragen: Was bedeuten diese zwölf Steine?, dann antwortet: Hier ist das Volk trockenen Fußes durch den Jordan gegangen, als es in das Land Kanaan eingewandert ist."

Nach und nach wurden die Israeliten in Kanaan seßhaft. Sie lebten jetzt nicht mehr in Zelten, sondern bauten sich Häuser und wurden Bauern und Viehzüchter. Jeder der zwölf Stämme lebte in einem bestimmten Gebiet des Landes. Nur der Stamm Levi besaß kein eigenes Stammesgebiet, denn seine Männer waren Priester und lebten im ganzen Land verteilt.

Damals hatten die Israeliten noch keinen König. Die Stämme wurden von Stammesfürsten regiert. Man nannte sie die „Ältesten". Ein- oder zweimal im Jahr kamen die Stammesfürsten und das Volk bei den zwölf Steinen am Jordan zusammen. Dort feierten sie einen Gottesdienst. Sie bekannten ihre Sünden und versprachen Gott, seine Gebote zu halten.

Josua 4, 1–9. Nacherzählt von Werner Laubi

135   Die Wahl der Zwölf

Daß Jesus gerade zwölf Jünger wählt, geschieht nicht zufällig. Die Zwölf hat ihre typologische Entsprechung zum Zwölfstämmevolk Israel als die von Jesus eingesetzten „Stammväter" des Gottesvolkes des neuen Bundes. Nach Mt 19, 28 haben sie das Recht, am Ende die zwölf Stämme Israels zu richten. Die Einsetzung der Zwölf ist daher eine Gleichnishandlung, mit der die besondere Beziehung der Sendung Jesu zu Israel gezeigt werden soll.

Alter: ab 8 Jahren

Jesus ging oft hinaus an den See. Das ganze Volk kam zu ihm, und er lehrte die Menschen. Als er einmal am Zollhaus von Kafarnaum vorüberging, sah er dort den Zolleinnehmer Levi sitzen. Er sagte zu ihm: „Komm mit mir!" Da stand Levi auf und folgte Jesus.

Später war Jesus bei Levi eingeladen.

Viele Zolleinnehmer und andere Menschen, die einen schlechten Ruf hatten, saßen mit Jesus und seinen Jüngern am Tisch, denn es waren viele, die sich Jesus angeschlossen hatten.

Als die Schriftgelehrten sahen, daß Jesus mit Zolleinnehmern und Sündern aß, sagten sie zu seinen Jüngern: „Wie kann euer Meister mit diesem Gesindel zusammen essen?"

Jesus aber hörte es und sagte zu ihnen: „Die Starken haben keinen Arzt nötig. Aber die Kranken brauchen ihn. Für sie bin ich da. Sie will ich zu Gott bringen."

Immer mehr Menschen folgten Jesus nach und wurden seine Jünger und Jüngerinnen. Aus ihnen allen wählte Jesus zwölf Männer. Sie sollten ihn überallhin begleiten und auch selber in die Dörfer und Städte gehen, um zu predigen und zu heilen. Diese Zwölf aber waren:

Simon, dem Jesus später den Namen Petrus gab; Andreas, der Bruder Simons; Johannes und Jakobus, die Söhne des Zebedäus. Ihnen gab Jesus den Zunamen „Donnersöhne". Philippus und Batholomäus; Matthäus und Thomas; Jakobus, der Sohn des Alphäus, und Thaddäus; Simon und Judas Iskariot, der Jesus später verriet.

Jesus sagte zu den Zwölf: „Ihr habt viel von mir gelernt. Geht jetzt zu zweit in die Städte und Dörfer im Land. Ihr dürft Sandalen anziehen und einen Stock in die Hand nehmen, damit ihr euch darauf stützen und euch gegen wilde Tiere wehren könnt. Aber einen Geldbeutel, Geld oder ein zweites Gewand oder Brot dürft ihr nicht bei euch haben. Wenn euch unterwegs jemand in sein Haus aufnimmt und euch zu essen und einen Schlafplatz gibt, dann bleibt dort. Aber wenn euch an einem Ort niemand zuhören will und kein Mensch euch etwas zu essen gibt, dann verlaßt den Ort sofort."

Da machten sich die Zwölf auf den Weg. Überall verkündeten sie die frohe Botschaft von Jesus. Sie heilten auch viele Kranke.

Mk 2, 13–17; 3, 13–19; 6, 7–12. Lk 8, 1–3. Nacherzählt von Werner Laubi

136   Die wunderbare Speisung

Christentum

Auf den ersten Blick wird in dieser Geschichte kein Gebrauch gemacht von symbolisch bedeutsamen Zahlen. Nicht drei, sieben oder zwölf Brote bzw. Fische verteilt Jesus, sondern ganz unspektakulär fünf Brote und zwei Fische. Um so stärker wirkt der Schluß, an dem von zwölf Körben die Rede ist, die mit den Resten gefüllt werden. Die Zwölf, eine der bedeutendsten biblischen Zahlen, will hier die Fülle ausdrücken, die dem zuteil wird, der Jesus vertraut.

Alter: ab 8 Jahren

Nach einiger Zeit kamen die Zwölf wieder zu Jesus und berichteten ihm von ihrer Wanderschaft. Da sagte er zu ihnen: „Wir wollen an einen ruhigen Platz gehen. Dort könnt ihr ausruhen." Denn es kamen und gingen in einem fort Leute, so daß Jesus und die Zwölf nicht einmal Zeit zum Essen hatten.

So fuhren sie mit dem Schiff an einen ruhigen Ort. Aber die Leute sahen sie wegfahren. Aus allen Ortschaften liefen sie ihnen nach, und als das Schiff ans andere Ufer stieß, wartete dort schon eine große Menschenmenge. Jesus sah die Leute und hatte Erbarmen mit ihnen. Sie glichen einer Schafherde ohne Hirten. Also setzte er sich hin und redete mit den Menschen.

Als es Abend wurde, sagten die Zwölf zu Jesus: „Es ist schon spät. Sag den Leuten, daß sie gehen sollen, damit sie sich in den Bauernhöfen und Dörfern in der Nähe noch etwas zu essen kaufen können."

„Gebt ihr ihnen doch zu essen!" antwortete Jesus.

Die Jünger riefen aus: „Wenn wir das wollten, müßten wir ja für zweihundert Denare Brot kaufen!"

„Schaut nach, wieviel Brote ihr bei euch habt!" befahl Jesus.

Die Jünger zählten die Vorräte und sagten: „Es sind fünf Brote und zwei Fische da."

Jesus befahl, sich gruppenweise ins grüne Gras zu setzen. Da ließen sich die Leute in Gruppen zu hundert und zu fünfzig nieder. Jesus nahm die fünf Brote und die zwei Fische, blickte zum Himmel, sprach das Dankgebet, brach die Brote und gab sie den Jüngern. Die Jünger gaben die Brote weiter an die Gruppen.

Das gleiche geschah auch mit den zwei Fischen: Jesus teilte sie unter alle. Und alle aßen und wurden satt. Mit den Resten füllten sie sogar noch zwölf Körbe.

Etwa fünftausend Männer, dazu ihre Frauen und Kinder, waren bei dem Mahl dabeigewesen.

Nach Mt 14, 13–21. Nacherzählt von Werner Laubi

Warum die Schiiten im Iran sich Zwölferschiiten nennen

137

Islam

Die folgende Geschichte erklärt den Namen der bedeutendsten Untergruppe der Schiiten, die heute hauptsächlich im Iran lebt.

Alter: ab 12 Jahren

Als der Prophet Muhammad im Jahr 632 starb, waren die Muslime sich nicht darüber einig, wen sie als Nachfolger wählen sollten. Ein Teil der Gläubigen war der Ansicht, daß Abu Bakr, der Schwiegervater und Weggefährte Muhammads, der würdigste Nachfolger (Kalif) sei. So geschah es auch. Aber es gab auch Männer und Frauen, die lieber Ali, den Vetter und Ehemann der Prophetentochter Fatima als Nachfolger gesehen hätten. Schließlich hatte Ali zu den ersten Getreuen Muhammads gehört, hatte Entbehrungen auf sich genommen und war mit ihm nach Medina ausgewandert.

Nach Abu Bakr wurden Umar und dann Uthman Kalifen. Dann kam es zum Bürgerkrieg, denn Uthman fand nicht die gleiche Zustimmung wie vor ihm Abu Bakr und Umar. Uthman hatte nämlich erst den Islam angenommen, als der Glaubensübertritt kein Risiko für Leib und Leben mehr darstellte. Außerdem bevorzugte er Verwandte bei der Besetzung wichtiger Ämter. Uthman wurde ermordet und Ali zum Kalifen proklamiert. Aber auch Alis Regierungszeit war von blutigen Auseinandersetzungen begleitet. Sein Gegenspieler war Muawiya, der Gouverneur von Syrien. Dieser verlangte Rache für den Tod seines Verwandten Uthman.

Bei Siffin kam es zu einer Entscheidungsschlacht zwischen Muawiya und der Partei (Schiat) Alis. Aus der Mehrheit der Muslime, die auf der Seite Muawiyas stand, wurden später die Sunniten und aus den Anhängern Alis die Schiiten. Zwei Jahre nach der Schlacht, aus der Muawiya siegreich hervorging, wurde Ali ermordet. Seine Partei aber, die Schiiten, bestand weiter in Kufa im Irak.

Ali hatte zwei Söhne hinterlassen: Hassan und Husain. Während Hassan es vorzog, sich mit den Kalifen in Damaskus zu arrangieren und auf alle Ansprüche zu verzichten, beschloß der jüngere Bruder Husain zu kämpfen. Mit ein paar Getreuen zog er aus Mekka, wo er sich gerade auf Pilgerfahrt befand, in den Irak. Bei Kerbela kam es 680 zur Entscheidung. Husain weigerte sich, dem neuen sunnitischen Kalifen Yezid zu huldigen. Die Truppen des Kalifen richteten unter Husain und seinen Kampfgefährten ein Massaker an, und alle Männer wurden getötet.

Bis heute sind die Schiiten durch dieses Ereignis erschüttert. Schließlich war Husain ein Enkel des Propheten Muhammad. Einmal im Jahr gedenken die Schiiten des Märtyrertodes Husains und veranstalten in Kerbela Passionsspiele.

Der Widerstand der Schiiten gegen das sunnitische Kalifat blieb. Von nun an nannten die Schiiten ihr Oberhaupt Imam. Imame sind rechtmäßige Nachfahren von Ali und Fatima, der Tochter Muhammads. Nach Husains Tod wurde sein Sohn Ali als Imam betrachtet. Dieser war in Kerbela verschont geblieben, weil er krank im Zelt gelegen hatte und nicht an den Kämpfen teilnehmen konnte.

Seine Nachfolger sind von unterschiedlicher Bedeutung. Einige kämpften, andere blieben eher im Hintergrund. Besonders wichtig waren der fünfte Imam, Zaid Ibn Ali, und der siebte, Ismail. Nach ihnen benennen sich die Zaiditen, die auch Fünferschiiten genannt werden, und die Ismailiten, die auch Siebenerschiiten heißen. Die Fünferschiiten erkennen nur die fünf Imame bis zu Zaid Ibn Ali an; die Siebenerschiiten nur die sieben Imame bis zu Ismail.

Groß war die Bestürzung, als behauptet wurde, der elfte Imam, Hassan al Askari (gest. 873), habe keinen männlichen Nachkommen hinterlassen. Die Gläubigen waren verwirrt. Da trat ein Mann auf und behauptete, daß Hassan nicht kinderlos gestorben sei, sondern einen Sohn Muhammad gehabt habe, der 869 geboren wurde. Sein Vater aber habe ihn versteckt, damit er nicht vom Kalifen gefunden werden könne. Nur enge Freunde und Vertraute der Familie hätten das Kind zu Gesicht bekommen. Jetzt sei er immer noch irgendwo verborgen, würde aber bald erscheinen, um seine Rechte geltend zu machen. Geheimnisvolle Briefe tauchten auf, in denen der verborgene Imam seine Anweisungen für die Gemeinde gab. Auch traten Botschafter des Imams auf, die seine Beschlüsse übermittelten. Dann aber teilte der verborgene Imam in einem Brief mit, daß er nun alle Kontakte mit seiner Gemeinde abbräche, bis er endgültig zurückkehren würde. Jeder, der behaupten würde, zu ihm Kontakt zu haben, sei ein Lügner.

Die Abwesenheit des zwölften Imams dauert bis heute an. Und bis heute hoffen die Schiiten auf seine Wiederkehr. Dann sei alles ganz anders, sagen sie. Dann gäbe es Gerechtigkeit und Frieden auf der Welt.

Nach dem Platz, den der verborgene Imam in der Reihenfolge der Imame einnimmt, nennen seine Anhänger sich Zwölferschiiten.

Monika Tworuschka

Glossar

Ahura Mazda: „Weiser Herr". Der von dem altiranischen „Priester-Popheten" Zarathustra im 13. Jahrhundert vor Christus verkündete Gott.

Anahita: Semitische Göttin, die Aufnahme in die altiranische Götterwelt fand. Sie wird mit Fruchtbarkeit in Verbindung gebracht.

Asen: Großes germanisches Göttergeschlecht, im Gegensatz zu den Vanen. Ihr Wohnort ist Asgard.

Asgard: Germanischer Götterstaat, das von den Asen bewohnte „Gehöft". Sie befindet sich über „Midgard", der Menschenwelt, und „Utgard", der Welt der Riesen.

Ashoka: König Ashoka (273–233 v. Chr.) wurde unter dem Einfluß des Buddhismus zu einem der entschiedensten Pazifisten der Weltgeschichte. Er trat für Toleranz unter den Religionen ein. Es ging ihm um ein „Wachsen des Wesentlichen" in allen Religionsgemeinschaften. Ashoka sah in allen Religionen eine tiefe Einheit und Gemeinsamkeit, die zur „inhaltlichen Toleranz" im Sinne Gustav Menschings führt, d. h. zur Möglichkeit der Begegnung mit anderen Religionen auch in anderen als der eigenen Religion (vgl. Gustav Mensching, Toleranz und Wahrheit in der Welt, mit einem Vorwort von Hans Küng neu hg. von U. Tworuschka, Weimar – Jena 1996).

Balder: „Herr". Dieser Sohn Odins und Friggs gilt als einer der schönsten germanischen Götter.

Bani Israel: Arabisch: „Söhne"/„Geschlecht Israels".

Banzai: Japanisch: „tausend Jahre". Dreimalig wiederholter Ausruf bei Feierlichkeiten, zur Ermahnung und Ermutigung (vergleichbar dem „hipp hipp hurra"). Wunsch zu einem „langen Leben".

Bet Midrasch: Rabbinisches Lehrhaus.

Bhajan: Im Hinduismus eine Form der Anbetung und Verehrung Gottes, verbunden mit Musik und Gesang.

Bifröst: „Zitterweg". Die Brücke in der germanischen Mythologie, die Himmel und Erde verbindet (Milchstraße bzw. Regenbogen).

Bodhi: Sanskrit/Pali, abgeleitet von der Wurzel „budh": „erwachen", „verstehen". Zustand der Erwachung bzw. Erleuchtung, den ein Buddha erreicht hat.

Bodhisattva: Sanskrit: „Erwachungswesen". Im Hinayana-Buddhismus Bezeichnung für ein auf die „Erwachung" (bodhi) zugehendes Wesen („Buddha-Kandidat", Gustav Mensching). Im Mahayana-Buddhismus Bezeichnung für ein Wesen, das durch systematische Übung der Tugendvollkommenheiten die Buddhaschaft anstrebt, aber so lange auf das Eingehen in das Nirvana verzichtet, bis alle Wesen erlöst sind. Im Mahayana werden irdische von himmlischen Bodhisattvas unterschieden, die zum Teil als Gnadengottheiten verehrt werden.

Brahma: Der große Schöpfergott des Hinduismus. Nicht mit Brahman zu verwechseln, welches das ewige, impersonale Absolute, die höchste Wirklichkeit bedeutet.

Brahmane: Vertreter der obersten der vier hinduistischen Kasten.

Broche: „Segen", Segensspruch im Judentum.

Chadidscha: Erste Frau Muhammads.

Chuppa: Der „Brauthimmel" im Judentum, ein auf vier Stangen ruhender Baldachin, unter den das Brautpaar tritt.

Haggada: Jüdische Überlieferungen nicht-religionsgesetzlicher Art, Legenden, Sagen, Anekdoten.

Haoma: Opfergetränk in der altiranischen Religion. Heilig sind nicht nur der Trank selber, sondern auch die Geräte, mit denen er hergestellt wurde.

Heimdall: In der germanischen Mythologie der Sohn Odins. Wenn er das Horn bläst und die Asen zum Kampf auffordert, bricht der Weltuntergang an.

Höd: Sohn Odins, Bruder Balders in der germanischen Mythologie.

Indra: Hinduistischer Gott. Zur Zeit der frühen Veden war er der oberste aller Götter, verbunden mit Wetter, Regen, Blitz und Donner.

Jiddisch: Volks- und Bildungssprache der jüdischen Aschkenasen (mittel-, nord- und osteuropäische Juden), entstand im Rheinland aus dem mittelalterlichen Deutschen, nahm viele hebräische und slawische Elemente auf. Ursprünglich nur Umgangssprache, wurde das Jiddische ab dem späten 13. Jahrhundert schriftlich tradiert. Es existiert eine reichhaltige jiddische Literatur.

Kaaba: Arabisch: „Würfel". Großes würfelförmiges Gebäude in der Moschee zu Mekka. Die Kaaba war bereits ein vorislamisches Heiligtum und wurde durch Muhammad zum Symbol des Monotheismus. Nach islamischer Auffassung wurde die Kaaba von Abraham und seinem Sohn Ismael erbaut.

Kami: Im japanischen Shintoismus Ausdruck für „der Obere, der Höhere, übergeordnet, mächtig". Gemeint ist eine den Menschen überlegene geistige Kraft, die in erster Linie das Naturgeschehen kontrolliert, aber auch das Schicksal der Menschen. Die Übersetzung mit „Gott" ist nicht hinreichend.

Kasten: Religiös begründete Gesellschaftsordnung im Hinduismus. Ursprüngliche Bezeichnung für das portugiesische Wort „casta" war „varna", worunter die gesellschaftliche Teilung aufgrund unterschiedlicher Hautfarbe gemeint war. Es gibt vier klassische Kasten: Brahmanen (Priester, Gelehrte), Kshatriyas (Krieger), Vaishyas (Händler) und Shudras (Dienstleistungsberufe).

Lakshmi: Göttin des Überflusses und Glücks im Hinduismus, Symbol der Schönheit, Gemahlin Vishnus.

Magier: Wer genau die „magoi" waren, die dem Jesuskind in Matthäus 2 huldigten, ist umstritten: Angehörige der iranisch-medischen Priesterklasse, Mithras-Anhänger oder einfach Sterndeuter, die aus dem Iran, Babylonien oder aus dem arabischen Raum stammten?

Maha Thera: Oberhaupt des buddhistischen Ordens.

Mantra: Ein an sich sprachlich bedeutungsloser Klang, der innere Schwingungen hervorruft, die zur Konzentration und zur Selbsterkenntnis führen sollen. Ein Beispiel ist die Silbe „Om". Im Hinduismus wurden ursprünglich nur bestimmte heilige Verse der Veden so bezeichnet. Gurus, geistliche Seelenführer im Hinduismus, geben ihren Schülern bei der Initiation ein Mantra.

Mazza/Mazzot: Ungesäuertes Brot.

Menora: Siebenarmiger Leuchter im Judentum.

Midgard: In der germanischen Mythologie die Stätte der Menschen. Dieser eingefriedete Bereich wird von der Midgardschlange umlagert, die es zu zerstören droht.

Mikwe: Rituelles Tauchbad im Judentum.

Minarett: Arabisch: „Ort des Lichtes und des Feuers". Ein Turm bei der Moschee, von dem aus der Muezzin (bzw. heutzutage oft ein Tonband) zum rituellen Pflichtgebet ruft.

Mobad: Altiranisch: „Herr der Priester". Hoher Priester des zoroastrischen Feuertempels.

Muezzin: Gebetsrufer, der die gläubigen Muslime vom Minarett der Moschee zum Gebet ruft.

Mutawwif: Pilgerführer bei der islamischen Pilgerfahrt.

Namaz: Türkische Bezeichnung für das islamische rituelle Pflichtgebet.

Niflheim: In der germanischen Mythologie das Reich des Nebels und der Dunkelheit des Todes. Ursprungsort der kalten Ströme, die zu Eis wurden.

Nirvana: Sanskrit: „Nicht mehr wehen", Verwehen, Verlöschen. Das Heilsziel aller Buddhisten besteht im Ausscheiden aus dem Kreislauf der Wiedergeburten und kann als das Ende des „Leidens" definiert werden.

Odin (bzw. Wotan/Wodan): In der germanischen Mythologie „Fürst der Asen", „Lenker von Himmel und Erde". Er steht an der Spitze der germanischen Götterwelt.

Om: Im Hinduismus eine Silbe (Mantra), die voll magischer Kraft ist. Berühmt ist die Formel aus dem tibetischen Buddhismus „Om mani padme hum": „Om, du Trägerin des Lotus".

Pali: Indischer Dialekt, vom Sanskrit abgeleitet. Auf Pali sind die kanonischen Texte des Theravada-Buddhismus (auch Hinayana-Buddhismus genannt) geschrieben.

Rabbiner: Hebräisch: „Meister, mein Meister". Ursprünglich Titel autorisierter jüdischer Gelehrter und Vorsteher von Lehrhäusern, in denen die Toraschüler in der Auslegung der Heiligen Schrift unterrichtet wurden. Heute übt der Rabbiner Richterfunktionen aus, ist Lehrer, Prediger, auch Seelsorger.

Ramadan: Dieser neunte Monat des islamischen Mondkalenders ist die Zeit des Fastens. Im Ramadan wird der Offenbarung des Korans gedacht. Dieser Monat ist eine Zeit der Selbstbesinnung und der Buße.

Saccidananda (oder: Sat-Chit-Ananda): Umschreibung des abstrakten Begriffes Brahman (das eine Göttliche), wobei „Sat" das ewige, absolute, unwandelbare Sein, „Chit" das absolute Bewußtsein und „Ananda" die absolute Seligkeit bedeutet, die nur im meditativen Bewußtseinszustand, jenseits von Wachen, Träumen und Tiefschlaf, erfahrbar ist.

Sanskrit: Wörtlich: „vollkommen, vollendet". Sprache der nach Indien im zweiten vorchristlichen Jahrtausend eindringenden Völkerstämme. Sanskrit ist wie Latein heute eine „tote" Sprache. Es ist aber *die* heilige Sprache der Hindus, in der alle heiligen Schriften (u. a. Veden, Upanishaden, Bhagavadgita) geschrieben sind.

Shinto: Chinesisch „shin" = Geisterkult; to = tao = Weg: „Weg der Geister". Die einheimische Religion Japans, die bis zum Auftreten des Buddhismus zu Anfang des 6. Jahrhunderts in Japan allein herrschend war.

Shiva: Sanskrit: „der Gütige, der Freundliche". Einer der monotheistischen Hauptgötter des Hinduismus. Oft wird Shiva in Vereinigung mit seiner Gemahlin Shakti dargestellt.

Sure: Abschnitt des Korans.

Thor (bzw. Donar): Großer germanischer Wettergott, Beschützer von Erde und Familie. Unser „Donnerstag" bzw. das englische „Thursday" sind nach ihm benannt.

Tofalare: Zu den Turkstämmen gehörendes Volk in Östl. Sajan (GUS). Tofa und Tofalare sind die Selbstbezeichnungen der Karagassen.

Vanen: Uraltes Göttergeschlecht der germanischen Mythologie. Nach einem Krieg mit den Asen (Vanenkrieg) herrscht Einigkeit zwischen den Göttergeschlechtern.

Vishnu: Einer der monotheistischen Hauptgötter des Hinduismus. Zusammen mit Brahma, dem Schöpfer, und Shiva, dem Zerstörer, wird Vishnu, der Erhalter, im späteren Hinduismus zum Teil einer göttlichen Dreiheit.

Zarathustra: Stifter der nach ihm benannten altiranischen Religion des Zarathustrismus bzw. Zoroastrismus.

Die Geschichten auf einen Blick

Titel	Autor(in)	Religion	Alter ab Jahren	Vorlesez./Min.	Nr.
Licht					
Die Verkündigung an die Hirten, Lk 2,4–20	Markus Hartenstein	Christentum	8	3	1
Die Ankündigung und Geburt des Propheten Muhammad	Ibn Ishaq	Islam	9	2	2
Ein Buddha wird er sein, ein Erleuchteter	Paul Schwarzenau	Buddhismus	12	3	3
Indische Weihnacht	Klaus Klostermaier	Hinduismus	13	5	4
Zeige mir deinen Gott	Jüdisches Märchen	Judentum	10	2	5
Saulus, Apg 9,1–25	Werner Laubi	Christentum	10	4	6
Gott ist das Licht von Himmel und Erde	Abd ar-Rahim	Islam	13	4	7
Vom allerersten Adventskranz	Rolf Krenzer	Christentum	8	3	8
Luzia hilft in der Hungersnot	Rolf Krenzer	Christentum	8	2	9
Ein Ostermorgen	Heinz Strothmann	Christentum	12	3	10
Lichter neu anzünden	Friderun Krautwurm	Christentum	8	6	11
Chanukka auf Massada	René Süss	Judentum	11	12	12
Das Lichterfest	Sydney Taylor	Judentum	9	6	13
Festtage	Clara Asscher-Pinkhof	Judentum	10	3	14
Sabbat in einer polnischen Familie	Bella Chagall	Judentum	10	8	15
Ramadan in der Türkei	al-Fajr	Islam	9	3	16
Aschule und seine Lichterschiffchen	Elfriede Becker	Hinduismus	9	4	17
Divali	Malcolm Bosse	Hinduismus	12	6	18
Feuer					
Mose erhält einen Auftrag, 2 Mose 3,1–4,17	Werner Laubi	Judentum	8	5	19
Musa führt die Bani Israel aus Ägypten	Halima Krausen	Islam	10	4	20
Im Feuertempel	Ulrich Mann	Parsismus	13	6	21
Wie Gott Agni versuchte, sich zu verstecken	Monika Tworuschka	Hinduismus	12	3	22
Das Gleichnis vom brennenden Haus	Aus dem Lotos-Sutra	Buddhismus	13	8	23
Die Feuerprobe, Daniel 3	Marianne Timm	Jud./Chr.	12	5	24
Über das Feuer	Abd ar-Rahim	Islam	13	5	25
Osternacht, wunderbare Nacht	Eva Leineweber	Christentum	9	6	26
Die Feier der Osternacht	Rolf Krenzer	Christentum	8	2	27
Wie Nikola das Osterfeuer brachte	Heti Karig	Christentum	9	6	28
Wenn das Feuer vom Himmel fällt	Christoph Strack	Christentum	11	1	29
Die Verbrennung	Malcolm Bosse	Hinduismus	13	13	30

Titel	Autor(in)	Religion	Alter ab Jahren	Vorlesez./Min.	Nr.
Wasser					
Ea, Ziusdra und die große Flut	Monika Tworuschka	Babyl. Rel.	8	6	31
Die Arche Noachs, 1 Mose 6,1–9,17	Werner Laubi	Jud./Chr.	8	4	32
Nuh und die große Flut, Sure 11,25–48	Halima Krausen	Islam	9	9	33
Manus Arche	Monika Tworuschka	Hinduismus	10	3	34
Die große Flut	Überlieferung aus Peru	Indianer-Rel.	12	2	35
Die Rettung, 2 Mose 14	Werner Laubi	Jud./Chr.	9	3	36
Mose teilt das Meer, Sure 2,50; 7,136	Halima Krausen	Islam	9	5	37
Manna, Wachteln, Wasser	Werner Laubi	Jud./Chr.	8	4	38
Allah hat schon für euch gesorgt	Halima Krausen	Islam	8	2	39
Wassersuche in der Wüste, 1 Mose 21,8–20	Markus Hartenstein	Jud./Chr./Isl.	8	2	40
Zam-Zam	al-Fajr	Islam	9	2	41
Die Reise zum Wasser des Lebens, Sure 18,60–64 und 35,12,25,53,55,19	Monika Tworuschka	Islam	12	2	42
Der wunderbare Strom aus dem Tempel	Ez 47,1.8–10,12	Judentum	13	2	43
Das Wasser des Lebens	Überliefert	Judentum	12	3	44
Das Lebenswasser	Überliefert	Sib. Rel.	12	5	45
Elisa und Naaman, 2 Kön 5,1–19	Werner Laubi	Jud./Chr.	10	3	46
Jesus und die Frau am Brunnen	Joh 4,5–26	Christentum	13	3	47
Jesus heilt einen Kranken am See Betesda	Joh 5,1–16	Christentum	12	2	48
Die Odilienquelle	Renate Schupp	Christentum	13	2	49
Man muß glauben	Renate Schupp	Christentum	13	9	50
Wie der Fluß Ganga zur Erde kam	Monika Tworuschka	Hinduismus	10	3	51
Die Fülle des Nils	Jehan Sadat	Islam	11	2	52
Barbara wird getauft	Irene Thalmann-Sager	Christentum	8	3	53
Tauffeier bei den Baptisten	Michael Kotz	Christentum	11	4	54
Das Tauchbad	Noah Gordon	Judentum	13	11	55
Waschungen vor dem Gebet	Jehan Sadat	Islam	10	6	56
Die Reinigungszeremonie	Kurt B. Schmaltz	Buddhismus	13	8	57
Bad im Ganges	Elfriede Becker	Hinduismus	10	5	58
Wer hier gebadet hat, wird immer rein sein	Vijay Singh	Hinduismus	8	3	59
Baum					
Das verlorene Paradies, 1 Mose 3,1–24	Werner Laubi	Jud./Chr.	8	4	60
Adam und Hawwa	Halima Krausen	Islam	8	3	61
Die verbotene Frucht	Überliefert	Christentum	10	4	62
Der Baum der Erleuchtung	Silacara	Buddhismus	12	3	63
Der Weltenbaum	Überliefert	German. Rel.	13	6	64
Der ist wie ein Baum… Ps 92,13–16 u. a.	Bibl. Überlieferung	Jud./Chr.	13	4	66

Titel	Autor(in)	Religion	Alter ab Jahren	Vorlesez./Min.	Nr.
Ein gutes Wort ist wie ein guter Baum, Sure 14,24–27		Islam	12	1	67
Christus als Lebensbaum	Herrmann Rathjens	Christentum	11	3	68
Der Hochzeitsbaum	Ingrid Abou Rikab	Christentum	9	3	69
Das Gleichnis vom Feigenbaum, Lk 13,6–9	Elmar Gruber	Christentum	12	1	70
Gott gehört die Welt	G. F. Cashman	Judentum	13	5	71
Gleiche nicht dem Nimbabaum	Jataka	Buddhismus	11	7	72
Der erbarmende Geist des großen Salbaums	Jataka	Buddhismus	11	9	73
Die Geschichte vom Bambus	Überliefert	Buddhismus	12	3	74
Freunde, daß der Mandelzweig…	Schalom Ben Chorin	Judentum	13	1	75
Der Geburtstag der Bäume	Susie Morgenstern	Judentum	11	3	76
Der Mandelbaum	Überliefert	Judentum	9	4	77
Honi und der Apfelbaum	Überliefert	Judentum	8	4	78
Die Belohnung	Überliefert	Islam	8	2	79
Bäume umarmen	Rainer Hörig	Hinduismus	12	5	80
Berg					
Der Berg Gottes	2 Mose 19	Christentum	12	4	81
Die Offenbarung Muhammads auf dem Berg Hira	Ibn Ishaq	Islam	11	5	82
Wo Gott wohnt	J. Kerschensteiner	Jud./Chr./Isl.	10	3	83
Die Ahnen der Inkas	Monika Tworuschka	Inka-Rel.	11	2	84
Fuji und Tsukuba	Überliefert	Buddhismus	13	3	85
Der heilige Berg Japans	Dierk Stuckenschmidt	Buddhismus	13	6	86
Das Land der Götter	Anagarika Govinda	Hind./Buddh.	13	9	87
Stein					
Jakob flieht und träumt	Werner Laubi	Jud./Chr.	8	3	88
Jesus und Petrus, Mt 16,18	Werner Laubi	Christentum	9	1	89
Die Kaaba	Udo Kelch	Islam	11	4	90
Der Mensch und sein Stein	Robert Romanski	Buddhismus	13	5	91
Wind					
Elija auf dem Gottesberg, 1 Kön. 19,1–21	Werner Laubi	Jud./Chr.	9	3	92
Elijas Himmelfahrt, 2 Kön 2,1–18	Werner Laubi	Jud./Chr.	9	3	93
Jesus stillt den Sturm, Mk 4,35–41	Werner Laubi	Christentum	8	1	94
Gott schenkt seinen heiligen Geist, Apg 1,12–2,40	Werner Laubi	Christentum	9	3	95

Titel	Autor(in)	Religion	Alter ab Jahren	Vorlesez./Min.	Nr.
Die Gestirne					
Begrüßung der Sonne	Herbert Kühn	Hinduismus	12	1	96
Aufgang der Sonne	Herbert Kühn	Hinduismus	12	3	97
Warum heißt der erste Tag der Woche „Sonntag"?	Balthasar Fischer	Christentum	8	4	98
Neumond	Jehan Sadat	Islam	12	1	99
Vollmond	unbek. Verfasser	Buddhismus	13	5	100
Die Sterndeuter aus dem Morgenland, Mt 2	Jörg Zink	Christentum	8	6	101
Abraham vertraut Gott, 1 Mose 12,1–9; 15,1–6	Werner Laubi	Christentum	8	3	102
Ibrahim und die Götter seines Vaters	Halima Krausen	Islam	8	11	103
Farben					
Weiß					
Christiane geht zur Erstkommunion	Edmund Jung	Christentum	8	3	104
Sedervorbereitung	Bella Chagall	Judentum	10	4	105
Weiße Pilgergewänder	Jehan Sadat	Islam	12	3	106
Alles, was entstanden ist, vergeht	Kurt Schmaltz	Buddhismus	13	6	107
Der weiße Lotos	Überliefert	Buddhismus	13	6	108
Rot					
Eine Hochzeit in Ägypten	Jehan Sadat	Islam	12	4	109
Eine Kuh-Puja	M. C. Bürgi	Hinduismus	9	3	110
Die Farbe des Chamäleons	Ramakrishna	Hinduismus	13	1	111
Blau					
Die Geburtsfeier	Jehan Sadat	Islam	12	4	112
Wie Gott Shiwa eine blaue Kehle bekam	Monika Tworuschka	Hinduismus	10	3	113
Gelb					
Bänke	Hans Peter Richter	Judentum	11	6	114
Im September 1941	Hans Peter Richter	Judentum	9	3	115
Mönchsweihe	Kurt B. Schmaltz	Buddhismus	13	6	116
Zahlen					
Drei					
Drei Gaben der Magier, Mt 2,1–12	Werner Laubi	Christentum	8	2	117
Die letzte Nacht, Mt 14,1–17ff.	Werner Laubi	Christentum	8	6	118

Titel	Autor(in)	Religion	Alter ab Jahren	Vorlesez./Min.	Nr.
Joseph im Gefängnis, 1 Mose 40	Jörg Zink	Jud./Chr./Isl.	8	2	119
Dreifache Frömmigkeit	Prophetenworte	Islam	12	2	120
Die Ringparabel	Gotthold E. Lessing	Jud./Chr./Isl.	13	5	121
Die drei Ausfahrten Siddharthas	Amina Okada	Buddhismus	10	5	122
Sieben					
Am siebten Tag ruhte Gott	Werner Laubi	Jud./Chr.	8	3	123
Lenas Hochzeit	Sydney Taylor	Judentum	12	3	124
Joseph deutet die Träume des Pharao, 1 Mose 41	Jörg Zink	Jud./Chr./Isl.	8	5	125
Pilgerfahrt nach Mekka	Jehan Sadat	Islam	12	6	126
Die Siebenschläfer von Ephesus	Gregor von Tours	Christentum	12	5	127
Der geheimnisvolle Leuchter	Überliefert	Judentum	12	6	128
Die Geburt des Prinzen Siddhartha	Amina Okada	Buddhismus	10	3	129
Ein vollkommen Erwachter	Amina Okada	Buddhismus	10	3	130
Zehn					
Die zehn ägyptischen Plagen, 2 Mose 7,14ff.	Werner Laubi	Jud./Chr.	9	7	121
Die zehn Gebote, 2 Mose 19,1–20,17	Werner Laubi	Jud./Chr.	9	3	132
In der Synagoge	Harry Kemelmann	Judentum	13	3	133
Zwölf					
Denksteine am Jordan, Josua 4,1–9	Werner Laubi	Jud./Chr.	9	2	134
Die Wahl der Zwölf, Mk 2,13–17	Werner Laubi	Jud./Chr.	8	3	135
Die wunderbare Speisung, Mt 14,13–21	Werner Laubi	Christentum	8	3	136
Warum die Schiiten im Iran sich Zwölfer-schiiten nennen	Monika Tworuschka	Islam	12	5	137

Quellenverzeichnis

Nachstehenden Autoren und Verlagen danken wir für freundlich erteilte Abdruckerlaubnis:

1   Aus: Markus Hartenstein, „Meine erste Bibel", © Quell Verlag, Stuttgart
2   Aus: „Das Leben des Propheten", Erdmann Verlag, Tübingen, © Gernot Rotter
3   Aus: Paul Schwarzenau, „Buddha – Einführung in die Geschichte und Lehre Siddhartha Gautamas durch interpretierendes Erzählen", © beim Verfasser
4   Aus: Klaus Klostermaier, „Christ und Hindu in Vrindaban", © Hegner Verlag
5   Aus: Israel Zwi Kanner (Hrsg.), „Jüdische Märchen", © 1976 Fischer Taschenbuch Verlag, Frankfurt am Main
6   Aus: Werner Laubi/Annegert Fuchshuber, „Kinderbibel", Verlag Ernst Kaufmann, Lahr
7   Aus: Abd-ar Rahim, „Das Totenbuch des Islam", © deutsche Rechte by O. W. Barth Verlag (im Scherz Verlag), Bern und München
8   Rechte beim Verfasser
9   Rechte beim Verfasser
10 Aus: Krenzer, Kurze Geschichten 2, © Verlag Ernst Kaufmann, Lahr und Kösel Verlag, München
11 Aus: „Vorlesebuch Erzähl mir vom Glauben", © Verlag Ernst Kaufmann, Lahr – Gütersloher Verlagshaus, Gütersloh
12 Aus: „Ein Licht auf unserem Weg – Geschichten zu jüdischen Festtagen", Rheinischer Verband für Kindergottesdienst, Düsseldorf, Graf-Recke-Str. 209
13 Aus: Sydney Taylor, „Neues aus der Mädchenfamilie", © Georg Bitter Verlag, Recklinghausen
14 Aus: Clara Asscher-Pinkhof, „Sternkinder", © Cecilie Dressler Verlag, Hamburg
15 Aus: Bella Chagall, „Brennende Lichter", © 1966 by Rowohlt Verlag GmbH, Reinbek
16 Aus: al Fajr, „Islam für Kinder"
17 Aus: Elfriede Becker, „Die kleinen Teppichknüpfer", © 1987 by Verlag Jungbrunnen, Wien – München
18 Aus: Malcolm J. Bosse, „Ganesh oder eine neue Welt", © Harper Collins Children-Books, New York; deutsche Übersetzung: Wolf Haranth, Arena Verlag, Würzburg
19 (Siehe Geschichte Nr. 6)
20 Aus: „Geschichten der Propheten aus dem Qur'an", herausgegeben vom Islamischen Zentrum, Hamburg
21 Ulrich Mann
22 Nacherzählt von Monika Tworuschka
23 Aus: Margarete von Borsig (Übers.), „Lotus-Sutra", © Lambert Schneider Verlag, Gerlingen
24 Aus: Marianne Timm (Hrsg.), Biblisches Lesebuch, © Vandenhoeck & Ruprecht, Göttingen
25 (Siehe Geschichte Nr. 7)
26 Aus: „Vorlesebuch Ökumene", Verlag Ernst Kaufmann, Lahr
27 Rechte beim Verfasser
28 Rechte bei der Verfasserin
29 Gekürzt nach Christoph Strack, aus dem KNA-Sonderdienst/Karwoche/Ostern vom 08. 03. 1990
30 (Siehe Geschichte Nr. 18)
31 Nacherzählung von Monika Tworuschka
32 (Siehe Geschichte Nr. 6)

33 (Siehe Geschichte Nr. 20)
34 Nacherzählung von Monika Tworuschka
35 Überlieferung aus Peru
36 (Siehe Geschichte Nr. 6)
37 (Siehe Geschichte Nr. 20)
38 (Siehe Geschichte Nr. 6)
39 (Siehe Geschichte Nr. 12)
40 (Siehe Geschichte Nr. 1)
41 Entnommen aus: „Buddhistische Schatzkiste", gesammelt und zusammengestellt von Ingetraud Anders, © Buddhistisches Seminar, Bindlach-Benk
42 Nacherzählung von Monika Tworuschka
43 Bibeltext
44 Überlieferung aus dem Orient
45 Überlieferung
46 (Siehe Geschichte Nr. 6)
47 Bibeltext
48 Bibeltext
49 Originalbeitrag
50 Originalbeitrag
51 Nacherzählung von Monika Tworuschka
52 Aus: Jehan Sadat, „Ich bin eine Frau aus Ägypten", © deutsche Rechte by Scherz Verlag, Bern und München
53 Rechte bei der Verfasserin
54 (Siehe Geschichte Nr. 26)
55 Aus: Noah Gordon, „Der Rabbi", © Paul Zsolnay Verlag GmbH, Wien/Hamburg
56 (Siehe Geschichte Nr. 52)
57 Aus: Kurt B. Schmaltz, „Der Kindermönch", © Arena Verlag, Würzburg
58 (Siehe Geschichte Nr. 17)
59 Nacherzählt von Monika Tworuschka
60 (Siehe Geschichte Nr. 6)
61 (Siehe Geschichte Nr. 20)
62 Überlieferung aus Afrika
63 (Siehe Geschichte Nr. 41)
64 Überlieferung
65 Aus: Otto Zierer, „Sternstunden der Weltgeschichte", Wiener Verlag, Wien; © Arkaden-Verlag, Gröbenzell
66 Bibeltexte
67 Aus dem Koran
68 Aus: „Jahreszeiten – Menschenleben – Wie die Tage eines Baumes", Rufer Versandbuchhandlung Essen, © beim Verfasser
69 Aus: E. Domay, „Vorlesebuch Symbole", © Verlag Ernst Kaufmann, Lahr; Patmos Verlag, Düsseldorf
70 Bibeltext
71 (Siehe Geschichte Nr. 12)
72 (Siehe Geschichte Nr. 41)
73 (Siehe Geschichte Nr. 41)
74 Überlieferung
75 Schalom Ben Chorin
76 Aus: Susie Morgenstern, „Les deux Maitiés de l'Amitié", © Agentur Michelle Lapautre, Paris, deutsche Fassung: „Hallo Sarah, hier ist Salah", Arena Verlag, Würzburg

77 Überlieferung
78 Überlieferung
79 Überlieferung aus dem Orient
80 Rainer Hörig
81 Bibeltext
82 (Siehe Geschichte Nr. 2)
83 Aus dem Hebräischen übertragen von J. Kerschensteiner, in: „Der Prediger und Katechet Nr. 1/1981", © J. Pfeiffer Verlag, München
84 Nacherzählt von Monika Tworuschka
85 Überlieferung
86 Aus: Dierk Stuckenschmidt, „Japan mit der Seele suchen"
87 Anagarika Govinda – nacherzählt von Monika Tworuschka
88 (Siehe Geschichte Nr. 6)
89 (Siehe Geschichte Nr. 6)
90 Aus: Steinwede, „Vorlesebuch Religion 2", Verlag Ernst Kaufmann, Lahr, Vandenhoeck & Ruprecht, Patmos und TVZ
91 Aus: „Yana – Zeitschrift für Buddhismus und religiöse Kultur", Utting-Ammersee
92 (Siehe Geschichte Nr. 6)
93 (Siehe Geschichte Nr. 6)
94 (Siehe Geschichte Nr. 6)
95 (Siehe Geschichte Nr. 6)
96 Aus: Herbert Kühn, „Das Antlitz Indiens", © Schwabe Verlag, Basel
97 (Siehe Geschichte Nr. 96)
98 Aus: „Zeichen der Liebe"
99 (Siehe Geschichte Nr. 52)
100 Rechte beim Verfasser
101 Aus: Jörg und Marianne Zink, „Der Morgen weiß mehr als der Abend", © Kreuz Verlag, Stuttgart
102 (Siehe Geschichte Nr. 6)
103 (Siehe Geschichte Nr. 20)
104 Aus: Krenzer, Kurze Geschichten 1, © Verlag Ernst Kaufmann, Lahr und Kösel Verlag, München
105 (Siehe Geschichte Nr. 15)
106 (Siehe Geschichte Nr. 52)
107 (Siehe Geschichte Nr. 57)
108 Überlieferung
109 (Siehe Geschichte Nr. 52)
110 Aus: M. C. Bürgi, „…dennoch lächelt Indien", © Strom Verlag, Luzern
111 Überlieferung
112 (Siehe Geschichte Nr. 52)
113 Nacherzählt von Monika Tworuschka
114 Rechte beim Verfasser
115 Rechte beim Verfasser
116 (Siehe Geschichte Nr. 57)
117 (Siehe Geschichte Nr. 6)
118 (Siehe Geschichte Nr. 6)
119 (Siehe Geschichte Nr. 101)
120 Prophetenworte
121 Nach Gotthold Ephraim Lessing
122 Aus: Amina Okada, „Der Prinz, der zum Bettler wurde", © Gallimard jeunesse, Paris; deutsche Rechte: Verlag Ernst Kaufmann, Lahr und Klett Verlag, Stuttgart

123   (Siehe Geschichte Nr. 6)
124   (Siehe Geschichte Nr. 13)
125   (Siehe Geschichte Nr. 101)
126   (Siehe Geschichte Nr. 52)
127   Legende
128   Überlieferung
129   (Siehe Geschichte Nr. 122)
130   (Siehe Geschichte Nr. 122)
131   (Siehe Geschichte Nr. 6)
132   (Siehe Geschichte Nr. 6)
133   Aus: „Am Freitag schlief der Rabbi lang", thriller 2090, © 1966 by Rowohlt Taschenbuch-
      verlag, Reinbek
134   (Siehe Geschichte Nr. 6)
135   (Siehe Geschichte Nr. 6)
136   (Siehe Geschichte Nr. 6)
137   Nacherzählt von Monika Tworuschka

Leider war es uns trotz sorgfältiger Recherchen nicht möglich, alle Rechtsinhaber ausfindig zu machen. Für Hinweise sind Verlag und Herausgeber dankbar.